Gunter Hofmann
Willy Brandt und Helmut Schmidt

Gunter Hofmann

Willy Brandt und Helmut Schmidt

Geschichte einer
schwierigen Freundschaft

C.H. Beck

«*Lieber George, es gab keine andere Möglichkeit als den Rücktritt – aber Schwermut beschleicht einen doch dabei und Kummer über die Unzulänglichkeit allen Daseins. Helmut Schmidt ist der einzige, der potentiell in der Lage sein wird, die verfahrene Situation zu retten und dem dies wohl auch praktisch gelingen wird. Er hat die Intelligenz, richtig zu analysieren, Vernunft und Erfahrung genug, um zu wissen, was durchsetzbar ist, und er verfügt über die Kraft, dies solchermaßen als machbar und richtig Erkannte dann auch auszuführen. Daß die Kombination dieser drei selten gemeinsam auftretenden Fähigkeiten in der Lage ist, Außerordentliches zu leisten, weiß man. Aber man hätte sich so gewünscht, einmal zu erfahren, dass auch ein Mensch ohne Arg, ein Träumer, der gleichzeitig ein großer Realist ist, eine mythenbildende Persönlichkeit zum selben imstande ist.*»

Marion Dönhoff an George Kennan, 29. Mai 1974[*]

Für
Theresa und Kalle

Mit 21 Abbildungen

2. Auflage. 2012

© Verlag C. H. Beck oHG, München 2012
Gesetzt aus der Sabon bei der Janß GmbH, Pfungstadt
Druck und Bindung: CPI – Ebner & Spiegel, Ulm
Umschlagentwurf: Kunst oder Reklame, München
Umschlagabbildung: Helmut Schmidt und Willy Brandt, 1977,
© Robert Madden/National Geographic/Getty Images
Gedruckt auf säurefreiem, alterungsbeständigem Papier
(hergestellt aus chlorfrei gebleichtem Zellstoff)
Printed in Germany
ISBN 978 3 406 639777

www.beck.de

Inhalt

I. Letztes Bild

Keines Blickes würdigte Willy Brandt Helmut Schmidt beim Kölner Sonderparteitag der SPD im November 1983 in den tristen Messehallen, und auch der Kanzler a. D. wollte offenkundig am liebsten nicht mehr zum Parteivorsitzenden Brandt hinsehen: blass, versteinert ihre Mienen, kein Sieger, nirgends. Lediglich noch dreizehn von vierhundert Delegierten hatten sich soeben bei der Abstimmung bereit gezeigt, Helmut Schmidts Position mitzutragen, die überwältigende Mehrheit votierte mit Willy Brandt endgültig dagegen, dass atomare Mittelstreckenraten auf deutschem Boden stationiert werden. Es war das Ende eines vierjährigen Konflikts, wie ihn die Bundesrepublik selten erlebt hatte. Einsam war es um Schmidt geworden, der in der Welt ähnlich viel Respekt genoss wie Brandt. Als Kanzler war er bereits abgewählt, dreißig Kilometer entfernt von der Messehalle saß Helmut Kohl als sein Nachfolger im Kanzleramtsbüro und leitete vom leicht erhöhten Chefsessel aus die Kabinettssitzungen. Kühl verkündete er, Schmidts Kurs zu vollenden und die Raketen zu stationieren – dass er auch Kontinuität in der Brandt'schen Ostpolitik wahren wolle, davon sagte er nichts. Nach seinem Amt verlor Schmidt jetzt auch noch diesen Konflikt in der eigenen Partei.

In diesem Bild, Brandt und Schmidt, die sich nicht anblickten, leuchtete die ganze komplizierte Beziehung noch einmal auf. Lange hatten sie verschleiern wollen, dass sie in unterschiedliche Himmelsrichtungen zerren – aber nun kam es zum Schwur. Es sah so aus, als kollidierten Realpolitik (Schmidt) und Idealismus (Brandt), und der führende Exponent der Realpolitiker unterlag. Natürlich war das eine trügerische Vereinfachung, Brandt war kein Idealist. Aber Schmidt selbst hatte dazu beigetragen, dass man ihren Zwist so deutete; seine Widersacher, spitzte er gerne zu, verweigerten sich den Realitäten. Daher hatte diese Szene etwas von *High Noon*. Ein Hauch von Bitterkeit haftete dem an, alle drängte es aus dem Saal, als wollten sie flüchten.

Auf der Rolltreppe in der Messehalle begegneten sie sich noch einmal auf dem Weg zu ihren schwarzen, bleiverglasten Limousinen und den wartenden Chauffeuren. Journalisten, die es beobachteten, haben die wenigen Sekunden nie vergessen: Sie sahen sich an, Willy Brandt und Helmut Schmidt, und sie sahen sich nicht. Was man sich spontan wünschte, war offenbar ganz und gar unmöglich für sie – sie gingen nicht aufeinander zu, keiner schüttelte dem anderen versöhnlich die Hand. Den ersten Schritt, dachte man unwillkürlich, hätte in diesem Augenblick Brandt machen müssen, denn er hatte sich durchgesetzt. Aber zu viel war geschehen. So blieb das haften, als enthülle das letzte, dramatische Bild ein endgültiges Zerwürfnis – und die nackte Wahrheit. Diese Geschichte ist nie zu Ende erzählt worden.

Der eine war in der Emigration, der andere Wehrmachtssoldat. Der eine hatte eine normale Jugend in Deutschland erlebt, der andere gehörte zu den raren Ausnahmen, er wich vor Hitler über Dänemark nach Skandinavien aus, die Nationalsozialisten expatriierten ihn und er wurde norwegischer Bürger. Nur fünf Jahre trennten sie, nicht viel, wie man meinen könnte. Willy Brandt kam am 18. Dezember 1913 zur Welt, Helmut Schmidt am 23. Dezember 1918, entscheidende fünf Jahre, nach seiner festen Überzeugung. Der Ältere wurde im Jahr 1969 Kanzler, 1974 trat er in der Affäre um den Ostberliner Agenten im Kanzleramt, Günter Guillaume, zurück; der Jüngere folgte ihm – zögernd – nach und blieb bis zum Herbst 1982 strapaziöse achteinhalb Jahre im Amt. Beide, Brandt wie Schmidt, hatten in diesen dreizehn Jahren das Bild der Republik – damals noch geteilt – weltweit verändert; und die Welt interessierte nicht, ob sie sich überworfen hatten. Gleichwohl, politisch bedeutsam und folgenreich war ihr kompliziertes Verhältnis untereinander, und das hing mit ihren Lebensgeschichten zusammen. Vielleicht hat das Duo Brandt-Schmidt, gerade weil sich so wenig zu fügen schien, am Ende gemeinsam eine solche Wirkung entfaltet?

Mit einem Lob für Willy Brandt und Herbert Wehner ließ Helmut Schmidt bewusst eines seiner Erinnerungsbücher, *Weggefährten*, ausklingen. Das Triumvirat, wünschte der Autor Schmidt sich nachdrücklich beim Rückblick, habe Anspruch auf Respekt vor der gemeinsamen dauerhaften Führungsleistung. Sie hätten gestritten – aber nicht öffentlich. Selten sei es laut zwischen ihnen geworden wie im Jahr 1974 in jenen dramatischen Stunden in der Klausur von Münstereifel, als die Führungsgarnitur der Sozialdemokraten mit Willy Brandt über sein Verbleiben oder seinen Rücktritt nach der Enttarnung Guillaumes beriet und er zornig dagegen plädierte. Geschämt habe er sich später dafür. Fast etwas wie Abbitte leistete Schmidt in einem Aufwasch gleich auch noch für das Jahr 1972: Wenn Brandt nach seinem triumphalen Erfolg bei den Bundestagswahlen den Eindruck gehabt haben sollte, er hätte ihm diesen Sieg nicht gegönnt, sei das falsch. «Nicht im Traum» habe er an eine eigene Kanzlerschaft gedacht. Und dann Schmidts Erinnerung an ihr letztes Treffen, bei seinem Besuch in Unkel am Rhein in Brandts Privathaus kurz vor dessen Tod, eine Erinnerung, die in einem Bekenntnis, beinahe einem Seufzer, ja einer versöhnlichen Formel für die Ewigkeit mündete. Streit und Dissens, das leugnete er nicht, habe es im Laufe ihrer langen gemeinsamen Geschichte gegeben – «jedenfalls aber war dies 1992 bei ihm genauso vergessen oder abgesunken wie bei mir Willy Brandts Votum gegen den Nato-Doppelbeschluß im Jahr 1983.» Rechtzeitig hätten sie sich «als Freunde wiedergefunden».[1] Aus dem Protokoll der Geschichte war, wie Helmut Schmidt es sah, all dieser Kleinkram fortan gelöscht. Ähnlich wiederholte es der Autor in seinen *Erinnerungen* später noch einmal, als solle man es bloß nicht überlesen oder vergessen: «Wir haben uns als Freunde empfunden – und ich werde mich auch fürderhin einen Freund Willy Brandts nennen.»[2]

Freunde? Ja, Freunde seien sie gewesen, auch mir gegenüber bekräftigte der alte Herr es noch einmal in seinem Büro im Hamburger Pressehaus am Speersort, in dem er so gern residiert. Ihre Konflikte ließen sich nicht aus dem Protokoll der Geschichte streichen, aber mit «1989» hatten sie sich doch einfach erledigt, gibt er mir zu verstehen. Und dann, geradezu um Verständnis werbend für seinen Vorgänger im Kanzleramt: Ob ich mir klar sei darüber, wie sehr Brandt unter Depressionen litt? Er jedenfalls sei sich sicher, ohne diesen Befund könne man vieles an Brandts Verhalten nicht richtig verstehen.

In den Sinn kamen mir beim Zuhören einige Zeilen des Brandt-Biographen David Binder, eines renommierten Korrespondenten der *New York Times*, der beide Kanzler gut kannte und den sie schätzten. Binder erinnerte sich folgendermaßen an Schmidts Worte: «Ich habe ihm meine Freundschaft angeboten. Das muss 1959 gewesen sein, denke ich. Aber er wollte sie nicht. Ich denke, er ist sehr einsam. Ich denke auch, er hat Sorge, von Leuten ausgenutzt zu werden, die ihm zu nahe kommen.»[3] 1959!

Aus Schmidts Sicht zählte Brandt zu jener Generation, die gerade schon alt genug war, um zu erkennen, was mit Hitler auf Deutschland und Europa zuzukommen drohte. Andererseits rechnete er ihn bei dem kleinen Altersunterschied noch fast zur eigenen Generation, sodass er ohnehin kaum erwarten konnte, einmal Anspruch auf das Kanzleramt anmelden zu können – falls Brandt will, gebührt ihm der Vortritt, das wusste er und daran rüttelte er auch nicht. «Schmidt hatte ja Recht», räsoniert Horst Ehmke altersmilde, ihre Kriegsbeile haben sie beide längst begraben – «wenn Brandt nicht alles passiert wäre, was ihm passierte, wäre es ja auch durchaus möglich gewesen, dass Schmidt nicht Kanzler wird.»

Blieb dieser Willy Brandt ihm ein Rätsel, das sich nicht recht entschlüsseln lässt? Helmut Schmidts Antwort auf meine Frage, nach einem Moment des Nachdenkens, lautet streng und ohne zu zögern: «Nein!» Aber Fragen hätte er an ihn. Was beispielsweise? Dass er sich zum Schluss auf die Seite der Friedensbewegung stellte, erwiderte Helmut Schmidt, obwohl er doch «kurz zuvor» noch ausdrücklich den Doppelbeschluss der Nato unterstützt habe. Bis heute kann oder will er nicht recht glauben, dass dieser Positionswechsel Brandts wirklicher innerer Überzeugung entsprach. Oder weshalb er in den späten 8oer Jahren von der «Lebenslüge» Wiedervereinigung sprach, als hätte er die Einheit aufgegeben. Weshalb er Machtworte derart scheute. Und dann – «können Sie sich erklären, weshalb Brandt nicht in Auschwitz war?»

Beide trauten sich erstaunlich früh das Regieren im Adenauer- und CDU-Staat zu, Brandt und Schmidt (auch Fritz Erler, der früh starb, müsste man noch hinzuzählen), sie ließen sich nicht den Schneid abkaufen, als sei ihre Partei auf ewig zur Opposition verdammt, und als beherrschten sie das nicht auch, diese Kunst des Regierens. Noch gaben die Älteren den Ton an in ihrer Partei, Kurt Schumacher, Erich Ollenhauer, Carlo Schmid und Herbert Wehner. Ein kleiner Nebenkanzler aber war Brandt ohnehin, seit er 1957 in Berlin zum Regierenden Bürgermeister gewählt worden war und die Interessen der Stadt auch in den großen Hauptstädten der westlichen Welt vertrat – eine Mission, die der christdemokratische Kanzler in Bonn von Brandt sogar wünschte. Helmut Schmidts Name prägte sich in der Republik spätestens mit der Hamburger Flutkatastrophe im Februar 1962 ein, seitdem galt er als begnadeter Krisenmanager, der auch anderen Herausforderungen gewachsen wäre. Mit seinem Buch *Verteidigung oder Vergeltung* (1965) schrieb er sich hinein in die internationale militär-strategische Community. Den Weltblick eignete er sich systematisch an, den Brandt als Emigrant gewann, seit er inkognito mit der Bahn in der Holzklasse nach Paris, Barcelona, Prag oder heimlich sogar Berlin reiste, um für den Widerstand gegen Hitler Fäden zu knüpfen.

Von Rut (Hansen) Brandt, die ihren Mann 1944 in Schweden kennenlernte und mit ihm noch zusammenlebte, als er dreißig Jahre später, 1974, als Kanzler demissionierte, stammt jene kleine Episode über ihren Gatten, die man nicht vergessen sollte. Bei ihren Parteitagen ließ die SPD den Berliner Politiker regelmäßig schnöde durchfallen, wenn er sich wieder mal um einen Platz im Vorstand bewarb, und es half ihm auch nicht, dass er aus der Frontstadt kam.

Schweigsam und verschlossen, so schilderte Rut Brandt es, habe er jedes Mal auf diese Niederlagen reagiert und den Parteihickhack zu verdrängen gesucht. Als sie ihn darauf ansprach, warum denn Einfluss für ihn so wichtig sei – sie sei eben «keine gute Stütze» für ihn gewesen, flocht sie noch entschuldigend ein –, sie hätten sich doch jenseits der Politik ein ruhiges Leben gönnen können, erwiderte er spontan: «Verstehst du denn gar nicht, dass ich Macht will!»

Macht sei für sie etwas Diktatorisches gewesen, erinnerte Rut Brandt sich, «das wir von der Besatzungszeit kannten», «Willy» sei alles andere als ein Machtmensch gewesen. Viele Jahre später, nachdem er «Macht» bekommen hatte, sei sie im Gespräch mit ihm auf die Episode zurückgekommen, «er konnte sich aber nicht daran erinnern». Damals habe sie besser verstanden, was er in Berlin meinte, als er so explodierte. «Er war in die Heimat zurückgekehrt», so deutete sie seine Reaktion, «um sich für seine Ziele einzusetzen, um auf die Entwicklung einzuwirken, um beim Aufbau eines neuen Deutschland dabei zu sein.» Für ihn sei durchaus entscheidend gewesen, sich dort zu platzieren, «wo er den größten Einfluß ausüben konnte.»[4] Und das war das Palais Schaumburg, in dem damals noch der alte Fuchs und Rosenzüchter, der Kölner Katholik Konrad Adenauer residierte, als sei es für immer. Willy Brandt hätte es so direkt, klar und schnörkellos wohl nie formuliert wie Rut, aber in dem Sinne wollte er Macht, und es war daher auch keineswegs Herbert Wehner allein, der ihn 1960 zum Kanzlerkandidaten der SPD beförderte.

War Helmut Schmidt ein Machtmensch, drängte ihn Ehrgeiz ins Kanzleramt, oder was war sein Movens? Diese Kategorie, erwiderte er dem früheren ZEIT-Chefredakteur Theo Sommer, mit Schmidt seit Jahrzehnten eng verbunden, habe für ihn nie eine Rolle gespielt. Ein Politiker brauche «Tatkraft», manchmal gewinne er Einfluss, «aber Macht übt er kaum aus». Schmidt, ungnädig: Einem Soziologen oder einem Politologen oder einem Journalisten angemessen seien solche Fragen vielleicht, er selber habe die «Macht» nicht empfunden. Verantwortung sei eine «ziemliche Last, und sie ist unvermeidlich».

Theo Sommer: «Macht – kein Aphrodisiakum?»

Helmut Schmidt: «Nein.»

War er dann froh, nach achteinhalb Jahren die Last abgeben zu können?

«Auch nicht. Ich wollte es ja. Ich war darauf eingestellt. Man muss dazu wissen, was die Öffentlichkeit vielleicht nicht richtig mitbekommen hat. Als ich 1974 das Kanzleramt von Willy Brandt übernahm, tat ich das in der Vorstellung, es sei meine Aufgabe, die Koalition bis zur nächsten Bundestagswahl mit Anstand zu Ende zu führen. Ich sah eine Regierungszeit von zweieinhalb Jahren vor mir und nicht etwa von achteinhalb Jahren.»

Er blieb länger, bis ans Limit, wie er später sagte, nach einer so langen Amtszeit sei man einfach erschöpft. Hat ihn der Machtverlust geschmerzt?

Schmidt wortkarg: «Nein.»[5]

Aber das waren Antworten des alten Herrn, als junger Mann hat er die Sache mit dem «Ehrgeiz» und der «Macht» auch anders gesehen.

Willy Brandt wollte sich «platzieren», um etwas zu erreichen, Helmut Schmidt wollte – im Rückblick aus großer Distanz jedenfalls – der Verantwortung gerecht werden nach seinen Maßstäben. Unterschiedliche Motive waren es ganz gewiss, die sie das Kanzleramt früh anvisieren ließen, Brandt zielstrebiger als Schmidt, und sie verbanden auch andere Vorstellungen damit.

Das Wort «Glück» kam bei ihm oft vor, wenn man mit ihm sprach und er den Blick zurückschweifen ließ auf sein Leben, ausgerechnet der Mann, der nach einem schönen Wort von Günter Grass so gern seiner Melancholie Termine einräumte. Glück, weil es ihm gelang, nach Norwegen zu fliehen 1933, als junger Mann. Glück, als «Hitler-Gegner» den Krieg überlebt zu haben, im Untergrund quer durch Europa Freunde gewinnen zu können, und im Exil eine zweite Heimat zu finden in Norwegen. Glück schließlich, weil er Anschluss in der neuen Bundesrepublik fand, und das auch noch in Berlin, wo er als Regierender Bürgermeister quasi automatisch eine bundespolitische Rolle spielte und eine Alternative zum Kanzler in Bonn bildete – dem Weimarianer, der noch hineinragte aus der Vor-

Hitler-Ära in die neue Bundesrepublik. Glück, dass er zum ersten sozialdemokratischen Kanzler gewählt wurde, und erst recht, weil er die Ostpolitik seiner sozialliberalen Koalition gegen alle Widerstände über die parlamentarischen Hürden brachte und realisierte. Nicht einmal das Gefühl, nach nur vier Jahren, 1974, als Kanzler zurücktreten zu müssen und damit um seine Chance betrogen worden zu sein, hat ihm dieses Empfinden, «Glück», auf ewig vergällt.

Anders Helmut Schmidt: Weil er fünf Jahre jünger war als Willy Brandt, so empfand er es, habe er zu jener Generation gehört, die 1933 und in den folgenden Jahren nicht erwachsen genug war, um ganz zu begreifen, was in Deutschland geschah, die aber um ihre Jugendjahre betrogen worden sei, weil sie im Uniformrock von «Adolf-Nazi» – wie er es gern ausdrückt – steckte. Das war das deutsche Unglück und sein Pech, Lebenspech. Früh traute man ihm zu, dass er das Kanzleramt ausfüllen könne, und auch er schien zu bedauern, dass ihm diese Chance versagt bleiben werde, nachdem der wenig ältere Brandt nun einmal Kurt Georg Kiesinger im Palais Schaumburg abgelöst hatte. Es war Brandts Recht, fand Schmidt aber.

Lebensalter, Chronologie, Hackordnung führten zur Entscheidung zugunsten der Kandidatur Brandts, erstmals im Jahr 1960. Herbert Wehner versprach sich schlicht von dem populären Berliner Bürgermeister die größten Chancen für seine Partei. Loyal trug Schmidt das mit.

Willy Brandt schaffte tatsächlich den Sprung ins Kanzleramt an der Spitze einer sozialliberalen Koalition. Helmut Schmidt avancierte zur «Nummer eins», zum Kronprinzen, der im Falle des Falles nachrücken könnte. Brandt nahm ihn allerdings häufig auch als jemanden wahr, der an seinem Stuhl säge. Unbelastet war ihr Verhältnis – bei allen konjunkturellen Schwankungen – praktisch nie. Eruptiv äußerte sich das 1972, die Ostverträge waren gerettet und wirksam, er ging bei den vorzeitigen Wahlen als Sieger hervor, aber seine Kräfte überstieg dieser politische Dauergewaltakt seit 1969 eindeutig. Er zog sich ins abgedunkelte Zimmer zurück und nahm seine Auszeit. Horst Ehmke suchte ihn nach einigen Tagen auf, wie er sich erinnert, bei einer Flasche Rotwein tauschten sie sich aus über das, was ihn plage, und vor allem darüber, was von Schmidt und Wehner zu halten sei. Da brach es aus Brandt heraus: «Schmidt und Wehner sind Arschlöcher!» Danach, lacht Ehmke, raffte er sich wieder auf zum Regieren.

Als ihm dann im Jahr 1974 wegen der Enttarnung des kleinen Mitarbeiters Günter Guillaume Willy Brandt seine Rücktrittsabsichten gestand und ihm zuraunte, «Helmut, Du musst es machen!», zauderte Schmidt ernsthaft. Weshalb? Er sah die ungeheure Bürde auf sich zukommen. Wenn, dann wollte er es richtig machen nach seinen eigenen Maßstäben. Und natürlich spürte er auch die veränderten Vorzeichen in der Weltökonomie, die den Wohlfahrtsstaaten künftig enge Grenzen ziehen würden, und damit auch gerade einer Partei wie der SPD. Dennoch stimmte er zu. Zwei Legislaturperioden blieb er im Amt, mit Brandt als Parteivorsitzendem (bis 1987) an der Seite.

All das war passé, im November 1983. Nun schien der Bruch besiegelt. Helmut Schmidts Partei hatte beschlossen, kurz vor dem geplanten Stationierungstermin zu entscheiden, ob sie endgültig der Nachrüstung zustimme. Schmidt hatte das so gewollt und drei Jahre lang den Sozialdemokraten immer wieder die Zustimmung zu seinem Kurs abgerungen, auch die Willy Brandts. Um ein «Schlusswort» der Sozialdemokraten zu ihrem Nachrüstungsstreit ging es also nur noch. Aber insgeheim stand auch auf der Tagesordnung, wem ihre Loyalität gelte: Schmidt oder Brandt? Zu entscheiden war nichts mehr wirklich. Solange Willy Brandt Parteichef war, hatte er strikt darauf geachtet, es darüber nicht zum Bruch mit dem Kanzler kommen zu lassen. Und seine Partei zwang sich dazu, Brandt dabei zu folgen. Brandt fürchtete auch, die SPD breche auseinander, oder die neue grüne Partei sammle eine verärgerte junge Generation auf, die sich von Schmidts Politik verprellt sah.

Die Ostpolitik befürwortete Schmidt zwar auch. Aber prinzipielle Differenzen in Stil und Sache pflasterten dennoch seit Mitte der 60er Jahre häufig ihren gemeinsamen Weg. Und in diesem Konflikt über den Sinn und Segen der Drohpolitik, die Gefahren der Überrüstung, der Flucht ins Militärische statt dem Vertrauen in Politik, bündelte sich das alles. Schmidt meinte, oder sagte es jedenfalls so, Brandt hätte gegenüber der «Linken» nur ein Machtwort sprechen müssen, dann wäre der Konflikt aus der Welt gewesen. Ein solches Machtwort wollte Brandt nicht sprechen, ja, er war davon überzeugt, das könne es in Wahrheit auch nicht geben.

Köln! Ein solcher Film lief noch einmal ab vor den eigenen Augen, als Helmut Schmidt sich mit seinen dreizehn Getreuen, Hans-Jürgen Wischnewski, Georg Leber oder Hans Apel darunter, blass und ernst, tapfer und mit wehenden Fahnen, plötzlich derart an den Rand gedrängt sah. Die Zeit schien in dem Moment ungnädig über ihn hinweggegangen zu sein. Was für ein bitterer Schlusspunkt für den Kanzler a. D.! Aber die Stunde der wahren Empfindung war es doch auch. Willy Brandt machte sich nach langem Rücksichtnehmen auf den Regierungschef endlich ehrlich. Er triumphierte nicht. Denn Sieger waren nicht die Kritiker und die Friedensbewegung, die SPD befand sich in der Opposition, die Geschichte setzte sich über sie hinweg und fest stand, die Nuklearwaffen würden bald nach Mutlangen transportiert. Und die neue Partei an der Seite, die Grünen, formierte sich. Häme war auf keiner Seite zu spüren, auch nicht Zorn, eher Enttäuschung, Erschöpfung und Traurigkeit.

Vor Augen hat man das Bild vom großen Zerwürfnis in Köln, im Ohr hat man aber auch Schmidts Worte nach dem Besuch bei dem Todkranken: «… ich werde mich auch fürderhin einen Freund Willy Brandts nennen.» Davon, vom Ungesagten zwischen den beiden, handelt das Buch.

II. Zweierlei Irrtümer

Bloß keine Autobiographie! Streng verordnet hat sich Helmut
Schmidt, kein Buch zu schreiben, in dem er sich selbst inspiziert.
Versteckt in einem kleinen Sammelband aus dem Jahr 1992, hat er
dennoch einen persönlichen, fast intimen Einblick in sein Leben ge-
währt, auch wenn er wortkarg blieb an manchen Stellen. Auf immerhin 73 Seiten brachte er zu Papier, was er die Öffentlichkeit
über die Jahre seiner Adoleszenz wissen lassen wollte; eingerahmt
wurde diese Spurensuche von den Jugenderinnerungen sechs weiterer Autoren, Schmidts Ehefrau Hannelore, Hamburger Freunde
und der *ZEIT*-Journalist Dietrich Strothmann darunter.

72 Jahre war Schmidt alt, als er sich zu dieser Niederschrift entschloss. Ein Lebensbericht, aber eingebettet in die Texte Gleichgesinnter als Zeugnis einer Generation. Mit achtzig, hat Norbert Elias
gesagt, fange man an, seine Biographie umzuschreiben. Vielleicht
setzte das bei Schmidt doch ein wenig früher ein? Jedenfalls zeichnete er das Bild, das er zu dem Zeitpunkt von sich als junger Mann
und von seiner Zeit hatte – und sicher auch das, von dem er
wünschte, dass es so öffentlich in Erinnerung bleibe.

Gelesen habe ich seine Jugenderinnerungen parallel zu Willy
Brandts schönstem Lebensbuch, dem er nach langem Zögern den
Titel *Links und frei* gab. Geschwankt hatte er anfangs, wie er mir

erzählte, als das Buch noch im Werden war, ob er diese Autobiographie *Rot oder braun* nennen solle. Ausdrücklich konfrontiert hätte er auf die Weise aber die Deutschen mit der großen Alternative, vor der sie gestanden hatten. Er selber entschied sich als junger Mann eindeutig: lieber rot, lieber Exil und lieber Untergrund. 1982 veröffentlichte Brandt diese Memoiren – also in dem Jahr, in dem Schmidt abgewählt wurde und ohne Bitterkeit ging. *Mein Weg 1930–1950*, lautete der Untertitel. Wieso war ich, wie ich war, mal links, mal rechts, dann wieder links?

Nichts, was er nach dem Rücktritt verfasste, kam einer Selbstinspektion derart nahe.[1] An seine Begegnung mit dem Psychoanalytiker Wilhelm Reich – den er als Exilanten kennenlernte und schätzte – knüpfte er die merkwürdig distanzierte Bemerkung, seine Erfahrungen mit den Seelenforschern hätten ihn dazu gebracht, sich ihrer Hilfe Zeit seines Lebens *nicht* zu bedienen. Ohne sie sei er so weit gekommen, wie er gekommen ist. Er gab Rätsel auf, er war sich selber manchmal ein Rätsel. Vielleicht verschwieg er manches sogar vor sich.

«Als Hitlers Herrschaft im Jahr 1933 begann, war ich soeben vierzehn Jahre alt geworden»: Damit eröffnete Schmidt seinen Bericht unter der Überschrift «Politischer Rückblick auf eine unpolitische Jugend.» Als tastenden jungen Mann beschrieb er sich, nicht berstend vor Neugier, Wissen oder Vorausahnungen, sondern – ein Blatt im Wind. Wogegen man sein solle, habe er früh gewusst, wofür, das sei ihnen nie beigebracht worden, wurde er nicht müde zu beteuern. Ordnung wollte er ins eigene Leben bringen, sich selbst Rechenschaft ablegen und unsereins auch.[2]

Er glaube «nicht an vorbestimmte Geschichtsabläufe», bekannte Brandt in seinen *Erinnerungen*, also halte er auch nichts von denen, «die auf mehr oder weniger gelehrte Weise nachweisen wollen, daß die Weimarer Republik auf jeden Fall hätte zugrunde gehen müssen». Mit den üblichen Historiker-Thesen zum unvermeidlichen Untergang Weimars haderte er ohnehin – zeitlebens. Zu Schmidts holzschnittartiger Darstellung, wie es zum schier unaufhaltsamen Aufstieg Hitlers kam, äußerte er sich nie. Seine Politisierung begann in der Auseinandersetzung mit der Weimarer Republik und deren Untergang, den man hätte verhindern können und müssen. Dass es keine Chance dazu gab, das hielt er für «Historikergeschwätz». Alternative Pfade gibt es immer, man muss es nur wollen! Für ihn war, anders als für Helmut Schmidt, die Weimarer Erfahrung noch lebendig und prägend.

«Wer war ich? Ein norddeutscher Arbeiterjunge, der in die sozialistische Bewegung hineingeboren wurde. Ein Aufstiegsschüler, der sich auf ein anderes Berufsleben als das seiner Familie oder seiner sozialen Umgebung vorbereitete. Die Hansestadt, in der er aufwuchs, war nur bedingt typisch für die deutsche Wirklichkeit zwischen den beiden Weltkriegen. ‹Bei uns› in Lübeck waren die sozialistischen und demokratischen Kräfte – in dieser Reihenfolge – wesentlich stärker als in anderen Teilen des Reiches. Aber die norddeutschen Hochburgen eines sich aberwitzig übersteigernden Nationalismus waren nur einen Sprung weit von uns entfernt. Dort hatten die ‹Völkischen›, wie die Vorläufer der Nazis hießen, schon Anfang der zwanziger Jahre breiten Anhang gewonnen. Gewalttaten der ihnen nahestehenden Freikorps verbreiteten Schrecken. Eines ihrer Kampflieder kennzeichnete ‹das Arbeiterschwein› als den eigentlichen Feind … Sie sprachen Gefühlsschichten an, die mit einer rationalen Argumentation nicht zu erreichen waren – und das Gros der Linken war schrecklich vernünftig.»[3]

Mit «ich» begann er, aber gleich darauf fuhr Brandt bereits fort in der dritten Person; von «er» sprach der Autor fortan meist, wenn er sich meinte. Und ungeduldig, als wäre selbst das schon zu viel an Intimität, skizzierte er sofort, in diesem einzigen Absatz über seine Kindheit und Jugend, die Fronten der politischen Welt, in die er hineinwuchs. Sein Leben war Politik, in dieser Hinsicht hatte er keine freie Wahl.

Dass Helmut Schmidts Leben Politik würde, war keineswegs programmiert. Sucht man etwas, was sich mit Brandts Rückblende vergleichen ließe, dann sind es wohl jene gerafften Sätze, mit denen er sich in seinen *Erinnerungen* von 1987 vorstellte: «Dies ist der persönlich bestimmte Bericht eines Mannes, der am Ende des Ersten

Weltkrieges geboren wurde, der als Jugendlicher – seines Elternhauses wegen – kein Nazi geworden ist, der gleichwohl als wehrpflichtiger Soldat im Zweiten Weltkrieg glaubte, übergeordnete patriotische Pflichten erfüllen zu müssen. Dieses Buch gibt Einsichten und Erfahrungen eines Mannes wieder, der als Kriegsgefangener, sechsundzwanzig Jahre alt, dank des hilfreichen Einflusses sehr viel älterer Kameraden zum Sozialdemokraten wurde und relativ spät im Leben – dank der westlichen Alliierten, vor allem Englands und Amerikas – erstmals selbst Demokratie erlebte. Von Kants kategorischem Imperativ und von Marc Aurels Selbstbetrachtungen bin ich stärker geprägt worden als von Lassalle, Engels oder Marx; am stärksten aber formten mich ältere sozialdemokratische Zeitgenossen und Freunde. Die welterfahrenen Bürgermeister Max Brauer, Wilhelm Kaisen, Ernst Reuter und Herbert Weichmann und die Führer der sozialdemokratischen Bundestagsfraktion Fritz Erler, Carlo Schmid und Herbert Wehner haben mich außenpolitisch erzogen; und was ich ökonomisch gelernt habe, verdanke ich zuallermeist Heinrich Deist, Karl Klasen, Alex Möller und Karl Schiller.»[4]

Jedes Wort, jeden Satz in diesem kleinen Text kann man lesen als Extrakt lebenslangen Nachdenkens. Auf diese gestanzten Formeln hat Helmut Schmidt sich im Laufe der Jahrzehnte mit sich selber verständigt: Das ist mein Leben, mein Werdegang, hoch komprimiert.

1930 Seltsam sicher war Brandt sich, wogegen er sein müsse und wofür. Eindeutig sah er seinen Platz auf der Seite dieser «Arbeiterschweine», wie die Völkischen ihren «eigentlichen Feind» in der rechten Presse beschimpften. Weder der Junge, als Herbert Frahm geboren, noch der alte Willy Brandt, der schreibend zurückblickte, reagierte auf solche Feindseligkeiten selbst mit Feindbildern.

Brandt: Der Wahlerfolg der Nazis im September 1930 kam für einen «Jungen meines Schlages» gewiss nicht aus heiterem Himmel. Der Sog der beginnenden Weltwirtschaftskrise machte sich bemerkbar, die Verfassungsparteien kamen damit nicht länger zurecht.

Große Teile des Volkes hatten sich in der Republik, der die Folgen des verlorenen Krieges zur Last gelegt wurden, von Anfang an nicht zu Hause gefühlt. Und dann, voller stolz auf das eigene Milieu: «In meiner Heimatstadt habe ich die Erfahrung eingesogen, daß unter den ärmsten Söhnen der Republik auch ihre treuesten waren. Nach dem Zusammenbruch von 1918 war die Demokratie in Deutschland tatsächlich nicht viel stärker als die Arbeiterbewegung.»[5] Buchstäblich von Haus aus sei er in der Vorstellung aufgewachsen, «daß Sozialismus von der Gleichwertigkeit der Bürger handele.»[6] Das blieb ihm die Richtschnur fürs Leben.

Frei von Selbststilisierung blickte auch er nicht zurück: Klassenbewusstsein, nicht Klassenhass, würde nötig sein, wenn der «Zukunftsstaat» heraufziehen solle, formulierte er etwas gravitätisch in seinen *Erinnerungen*, die 1989 erstmals erschienen, «so hatte ich es gelernt, von Kindheit an». Zukunftsstaat – so sei jenes Gemeinwesen genannt worden, in dem Vorrechte, auf Geburt, Besitz, Bildung beruhend, dahin seien und Gleichheit und Gerechtigkeit ihren Einzug halten würden. «Was sonst hätte Bebel, der gestorben war, als ich zur Welt kam, und von dem ich reden hörte wie von einem Mythos, anderes verkörpert?»[7] Ohne zu zögern stellte er sich in diese Tradition.

Ein Hauch von Rechtfertigung schwang mit bei Helmut Schmidt. Offenherzig ließ er seine Jugendjahre deshalb Revue passieren, weil er sich verbitten wollte, dass zumal Jüngere, die nie unter einer totalen Diktatur gelebt haben, «an Menschen meines Jahrgangs vorwurfsvolle Fragen stellen». Sich selbst hielten diese jugendlichen Moralapostel «beinahe für Helden»! Wie ihn das zornig machte! Und hat sich dieser Schüler, der gerade 14 wurde, als Hitlers Herrschaft im Januar 1933 begann, nicht sogar ganz vernünftig verhalten? Jedenfalls legte Schmidt den wohlwollenden Lesern diese Annahme nahe. Die «ersten kleinen Ansätze zu selbständigem Denken» konzedierte er sich im Rückblick. Dem Zeitgeist hätte er doch durchaus erliegen und ein «kleiner Nazi werden können». War es die Kenntnis über den jüdischen Großvater, die das verhinderte? Ein «Schatten», meinte er gelegentlich, sei das immer für ihn geblieben.

Explizit allerdings gab Schmidt an der Stelle seiner Jugenderinnerungen über den «Schatten» keine Auskunft, als gehörte es nicht in diesen Zusammenhang. Von der Existenz dieses Großvaters hatte die Öffentlichkeit erst Jahre *nach* Schmidts Abschied vom Kanzleramt erfahren.[8] Im *Rückblick auf eine unpolitische Jugend* hingegen hielt Helmut Schmidt eilig bereits in der achten Zeile fest, kein «kleiner Nazi» geworden zu sein. Die Informations- und Erziehungsdiktatur der zwölf Hitler-Jahre habe seine Jugend beeinflusst, räumte Schmidt unumwunden ein. Manchen sei es wohl ähnlich ergangen, spekulierte er weiter, aber «viele andere» sind dem Zeitgeist erlegen und erst später aufgewacht. Aber «alle» sind verstrickt gewesen ins Verhängnis, «und nur die wenigsten haben das Verhängnis durchschaut, ehe es zu spät war».[9]

Ähnlich gepeinigt sah Schmidt sich auch von Fragen wie jener, ob wir Deutschen unsere Geschichte denn «aufgearbeitet» hätten. Für die meisten Deutschen, die – «als Soldaten draußen, in den Kellern der brennenden Städte oder auf der Flucht aus ihrer Heimat» – den Krieg miterlebt hatten, sei danach «nicht mehr viel zu bewältigen» gewesen. Selbst diejenigen, die noch bis in die letzten Monate an die Nazi-Ideologie glaubten, sind damals weitgehend davon geheilt worden, «als alle grauenhaften Tatsachen bekannt geworden sind». Den Rest, die Minderheit der Unbelehrbaren, musste man kaltstellen und «auslaufen» lassen.[10]

Er wollte nicht richten über andere. Ausdrücklich zählte er sich zu den «normalen» Deutschen: Fast allen, die wie er vor 1933 noch Kinder waren, habe jegliche Erziehung zur Demokratie gefehlt, wie ihm. Wer während der Hitler-Jahre keine stetige Auslandsberührung hatte, verallgemeinerte er seine Erfahrungen, konnte als Deutscher kaum die wesentlichen Tatsachen kennen. «Überblick» habe nur jemand zu gewinnen vermocht, der in einer Spitzenstellung des Deutschen Reiches tätig war. Und «wir» übrigen Deutschen? «Wie kam es eigentlich, daß wir, die wir schon längst keine Nazi-Anhänger mehr waren oder nie Nazis gewesen waren, gleichwohl bis zum Ende – als Soldaten, als Beamte, als Lehrer oder als Arbeiter – die Pflichten erfüllt haben, welche der NS-Staat uns auferlegte? Haben wir dafür eine sittliche Rechtfertigung?»[11] Für ihn, auch das spürt man, blieb das die Frage aller Fragen.

Hineingeboren war er nicht wie Willy Brandt in die Arbeiterbewegung und den Sozialismus, Helmut Schmidt wuchs in eine Welt, die ihre – wie er es formulierte – «Pflicht» erfüllt, aber wenig durchschaut hat. Den eigentlichen Erinnerungen an die jungen Jahre schickte er einen kleinen Bericht über ein Gespräch zwischen ihm und dem damaligen sowjetischen Generalsekretär Leonid Breschnew voraus, den er im Mai 1973 zum ersten Mal kennenlernte. Willy Brandt bat ihn seinerzeit, an einem privaten Abendessen in seiner Amtswohnung auf dem Bonner Venusberg mit dem Gast aus Moskau teilzunehmen. Rasch kamen Breschnew und Schmidt dabei auf ihre Soldatenjahre zu sprechen. Breschnew hielt einen «Monolog über die Leiden der Völker der Sowjetunion während des Zweiten Weltkrieges», besonders über das Leiden der Menschen in der Ukraine, wo er als Generalmajor Politkommissar der 18. Armee war. In eine «bewegte und bewegende Schilderung immer neuer Details, der Greuel des Krieges und auch der völkerrechtswidrigen, verbrecherischen Untaten der Deutschen» habe er sich hineingesteigert, wobei er von den Deutschen als «faschistischen Soldaten» oder «faschistischen Invasoren» sprach. Helmut Schmidt fuhr fort: «Ich hatte den gleichen Krieg miterlebt; ich wußte, wie recht er hatte; ich wußte auch, wie sehr er im Recht war, so zu reden – obgleich er an einigen Stellen zu übertreiben schien.» Nachvollziehbar machen wollte Breschnew seinen Gastgebern, welche Selbstüberwindung es ihn als Russen gekostet hatte, sich zur Zusammenarbeit und zum Besuch in Bonn, «bei den ehemaligen Feinden», durchzuringen.

Sie bildeten eine Schicksalsgemeinschaft! An seine eigene Kriegszeit dachte er, «an den Geruch im brennenden Sytschowka, an die Leichen an den Straßenrändern; meine Batterie hatte immer wieder Befehl bekommen, mit 2-cm-Flakgeschützen die Dörfer in Brand zu schießen, um feindliche Widerstandsnester an den Dorfrändern auszuräuchern». Sein verständnisloses Entsetzen hatte er noch im Sinn, als er die unmenschlichen Bedingungen eines Gefangenentransportes erlebte. Natürlich fiel ihm auch der Kommissarbefehl[12] ein, dessen Vollzug sie zwar nicht miterlebten, von dem sie jedoch wussten. Die gegenseitige Angst kam in den Sinn, die deutsche Soldaten und russische Zivilbevölkerung voreinander hatten, als sie nach Einbruch des Winters nach langem Zögern schließlich doch Zuflucht in den Häusern suchten, um wenigstens etwas zu schlafen – die Deutschen auf dem Fußboden und die Russen auf dem Ofen. «Aus dem Vergessen stieg wieder meine panische Angst, als wir im Dezember 1941 bei Klin abgeschnitten und eingekesselt waren und uns die Gefangenschaft bevorzustehen schien. Breschnew hatte recht: Der Krieg war schrecklich gewesen, und wir Deutschen hatten ihn in sein Land getragen.»

Nur zu einseitig fiel Breschnews Urteil aus, und dem Wort von den «faschistischen Soldaten» musste er widersprechen! Aber was ging in ihnen vor? Nachts haben sie Hitler und den Krieg verflucht, «tagsüber als Soldaten aber unsere Pflicht erfüllt.» Breschnew hörte dem Minister aufmerksam zu. Er glaube, resümierte Schmidt rückblickend, zum gegenseitigen Respekt habe das offene Gespräch viel beigetragen, sie trauten einander fortan.[13] Viel Wert legte er an dem Abend in Brandts Villa darauf, jeden Zweifel auszuräumen, dass er schon lange vor diesem Gespräch ein «überzeugter Verfechter der doppelten Notwendigkeit» gewesen sei, die weitere Expansion der Sowjetunion durch einen verteidigungsfähigen Westen einzudämmen, aber mit ihr auch zu kooperieren.[14] Schmidt wollte klar machen, dass er eine Annäherung wünsche wie Brandt, auch wenn er ihm – wo immer notwendig – widersprach.[15]

Ohne diese harten Lehrjahre, wollte Schmidt sagen, wäre schwer zu verstehen, wie er sich später als Politiker verhielt, darin erging es ihm nicht anders als seinem Gesprächspartner beim Abendessen, Breschnew.[16]

Willy Brandt suchte das Versagen nicht auf der anderen Seite, er suchte es bei sich selbst. Zu dem, was die Deutschen angerichtet hatten in den Hitler-Jahren, habe er sich vorgenommen zu schweigen, hat er mir einmal bei einem Besuch in seinem südfranzösischen Landhaus im abgelegenen Dörfchen Garnières sein Verhalten nach der Rückkehr aus Norwegen erklärt. Fest entschlossen war er, nicht

Gymnasiast in Lübeck, 1930.

als moralischer Generalstaatsanwalt aufzutrumpfen. Wie denn auch, das Gros der Männer in seinem Alter hatte Militärdienst geleistet wie Schmidt, auch viele der eigenen Parteifreunde. Sehr wohl allerdings wollte Brandt die Fehler der eigenen Bewegung aufspießen, der er anhing.

Die Welt, die in Scherben fiel, das unglückliche Ende der Weimarer Republik, nahm er anders wahr als Helmut Schmidt. Der letzte unmittelbare Eindruck, den Herbert Ernst Karl Frahm mitnahm aus Lübeck vom 1. April 1933, war der vom «Judenboykott». Widerwärtige Bilder hatte er im Kopf wie jene von den Bücherverbrennungen im Mai, Professoren in Talar nahmen teil daran, mehr als einmal geriet er in Versuchung, sich seiner deutschen Herkunft zu schämen, wie er notierte.

Seine Mutter, Martha Frahm, kleine Verkäuferin in einem Konsumverein, hatte den Namen des Vaters im Standesamt nicht genannt, als ihr Sohn ins Register eingetragen wurde. In der Gemeindekirche durfte er als nichteheliches Kind nicht getauft werden, das besorgte das Pastorat II der St. Lorenz Kirche in Lübeck. Für eine ordentliche Schulbildung sorgte der Stiefgroßvater, bei dem er aufwuchs, 1932 machte er sein Abitur am Johanneum in Lübeck. Journalist wollte er werden, seit 1929 veröffentlichte er regelmäßig Texte im «Volksboten». Der Name des Chefredakteurs, der den jungen Herbert Frahm schätzte und förderte: Julius Leber. Zum Studium fehlten ihm die Mittel. Im Jahr 1932 begann Herbert Frahm eine Lehre bei der Reederei Bertling KG. Zwischen Arbeiterbewegung und Journalismus, das war und blieb sein Milieu.

Auf das Verbot der Arbeiterpartei nach der «Machtergreifung» 1933 reagierten die jungen Sozialisten in Lübeck spontan mit dem Entschluss, in den Untergrund zu gehen. Was das bedeutete, ist später oft unterschätzt worden – für die Nationalsozialisten galten die Aktivitäten der jungen Leute, allein schon das Verbreiten illegaler Flugblätter, als «Hochverrat». Herbert Frahm, der sich nun den Tarnnamen Willy Brandt zulegte, erhielt den Auftrag, an Stelle eines verhafteten Freundes in Oslo eine Exil-Zelle zu organisieren. Mit durchaus gemischten Gefühlen blickte der Autor Brandt offensichtlich auf diesen jungen Frahm zurück: War er das, dieser Herbert Frahm, wirklich? Ihm sei bewusst, urteilte Brandt beim Memoirenschreiben selbstkritisch, dass er sich als Angehöriger einer Bewegung, die versagt hatte, ins Exil begab; «versagt, weil sie es nicht vermocht hatte, die Unmenschen von der Macht fernzuhalten; versagt auch, weil sie nicht einmal imstande war, das Ausmaß des moralisch Ungeheuerlichen deutlich zu machen».

Auch deswegen bemühte er sich noch im Jahr 1982, strikt jeden Anschein von Triumph zu vermeiden: «Wir ließen uns nicht ins Ungeheuerliche verstricken», wog Brandt sorgfältig ab, «doch im Laufe weniger Jahre wurde mir immer klarer, daß man auch als deutscher Antinazi keinen Grund hatte, sich auf ein hohes Roß zu setzen. Wir gingen mit sauberen Händen, aber doch mit der Last der Mitverantwortung für das Scheitern der deutschen Demokratie: damit für das Unglück, das über Deutschland und Europa kommen sollte.»[17] Viel lud er sich und seinen Freunden damit auf die Schultern, erstaunlich viel. Aber ernst war es ihm damit.

Weshalb empfand er seinen Irrtum als derart belastend? Klarer wird Willy Brandts Motiv, wenn man der Stimme von Julius Leber lauscht, besonders einigen seiner bitteren und anklagenden Passagen aus den Gefängnisaufzeichnungen. Leber war für ihn nicht irgendwer, er kannte und verehrte ihn als Chefredakteur. Als er mit 16 Jahren einen Artikel für eine Parteizeitschrift schrieb, der den sozialdemokratischen Funktionären als gar zu kritisch erschien, zitierte Leber ihn zwar zu sich, aber nicht etwa, um ihm Vorwürfe zu machen. Leber: «Junger Freund, Sie können schreiben. Ich rate Ihnen, wenn Sie etwas geschrieben haben, dann legen Sie es in die Schublade und schauen es sich am nächsten Tag wieder an. Und wenn's geht, danach noch einmal. Dann wird es oft besser.»[18] Dringend gewarnt hatte der Ältere den Adepten vor der Lust an der Ohnmacht als einer sozialdemokratischen Erbsünde, statt auf eine linke Jugendsekte solle er auf eine kämpferische, entschiedene und geeinte Sozialdemokratie bauen.[19]

«Ohne Schonung» äußerte Leber sich damals über radikale junge Leute wie ihn, «und wir blieben ihm nichts schuldig.»[20] Zwei Jahre später, im Januar 1933, kam Julius Leber nach einem Überfall durch SA-Leute ins Gefängnis. Bitter dachte er dort über die «Todesursachen der deutschen Sozialdemokratie» nach, Lebers Leidensweg hatte begonnen. Im gleichen Jahr, in dem Brandt Deutschland verließ, schrieb Leber resigniert, die deutsche Sozialdemokratie als Organisation sei tot. Was folgte, erschien Brandt so wichtig, dass er es wörtlich wiedergab: «Man schwamm nicht mit dem Strom, man schwamm auch nicht dagegen. Man stand erstaunt und hilflos am Ufer. Und als der Damm brach, und das Ufer versank, da gab es nur noch einen Ausweg, die rettende Flucht ...» Selbstironisch ergänzte Brandt, er wolle sich von der Kurzformel, «man hatte das beste gewollt», keineswegs ausnehmen, obwohl er auf «Jugendamnestie» plädieren könnte. Ohne die Unzulänglichkeiten der Linken, der demokratischen Kräfte, hätte Hitler nicht siegen können, wiederholte er auch bei dieser Gelegenheit.[21] Dies meine er nicht, fügte er hinzu, als Entlastung für Hugenberg, Schacht, Papen und die anderen Reaktionäre, die glaubten, sich der Nazis als Lakaien bedienen zu können. Sie verdienten kein Mitleid, «sie kamen nach 1945 viel zu leicht davon». Und dennoch: Das Hauptaugenmerk des Autors Brandt beim Rückblick auf den jungen

Julius Leber verehrten Brandt und Schmidt gleichermaßen. Der Chefredakteur des sozialdemokratischen Lübecker Volksboten und Reichstagsabgeordnete war väterlicher Mentor des jungen Schülers Brandt, damals Herbert Frahm. Bereits vor dem Attentatsversuch auf Hitler vom 20. Juli 1944 verhaftet, wurde Leber am 5. Januar 1945 in Plötzensee hingerichtet. Ein Foto des Widerständlers während des Schauprozesses vor Freislers Volksgerichtshof hängt seit seinen frühen Bonner Jahren als Bundestagsabgeordneter bis heute auch im Büro Helmut Schmidts.

Frahm galt der verpassten Chance: Nicht an die Mutterpartei SPD richtete er die Kritik, sondern an sich.

Auffallend rasch ging Brandt in seinen Jugendmemoiren *Links und frei* über seine Kindheit hinweg. Von einer politischen Jugend wollte er berichten, ganz anders als Schmidt. August Bebel hieß auch für ihn «Kaiser der kleinen Leute», er galt als die «eigentliche Gegenfigur zu Bismarck». Von sich selber erwähnte er immerhin, wie kärglich das Leben gewesen sei: Magermilchsuppe bekam er als kleiner Junge, kaufte sich für einen Groschen gelegentlich einen Ring trockener Feigen, die wenigstens das Gefühl gaben, satt zu machen; zu einem ungeschriebenen Gesetz wurde es für ihn bis ins Alter, Brot nicht wegzuwerfen.[22] Aber wieder wechselte der Autor rasch die Perspektive und wandte sich den großen Linien zu, dem Niedergang der Weimarer Republik und dem Weg eines «schreibenden Bürgers» zum Sozialisten. Kein Marxist wie die meisten der

30

Freunde, aber einer, der gegen Ungerechtigkeit und Unterdrückung protestierte! Er, dieser fremde «Er»!

Martha Frahm, seine Mutter, noch nicht einmal zwanzig Jahre älter, gehörte der «Freien Jugend» an, einem Teil der Arbeiterjugend. Naturverbunden und kulturhungrig war sie, das Abonnement bei der «Volksbühne» bedeutete ihr viel. Er war gerade acht oder neun, erinnerte Brandt sich, als er zur Kindergruppe der Arbeiter-Turner kam, später zum Arbeiter-Mandolinenclub, mit 14 zu den Falken, ein Jahr darauf zur Sozialistischen Arbeiterjugend. Eine «eigene Welt» war das, viele Männer schlossen sich dem «Reichsbanner» an, dem republikanischen Verband ehemaliger Frontkämpfer. Zu Hause las man den «Volksboten», das Parteiblatt (während die Kinder bei den Schmidts keine Zeitungen lesen sollten), viele liebten den Kleingartenverein oder bauten ein paar Kartoffeln an. In die Welt einer «aufsteigenden Klasse» geriet Herbert Frahm.[23]

Im Alter von 15 Jahren wählten die Freunde ihn bereits zum Vorsitzenden einer der Ortsgruppen der Sozialistischen Arbeiterjugend (SAJ). Die Kittel der Jungen wurden von blauen Hemden abgelöst, «nicht das stumpfe Blau der Schlosseranzüge, sondern das leuchtende der Kornblumen», dazu ein Halstuch im Rot der Mohnblüten![24] Fast Wehmut umflorte in diesem Moment seinen Blick zurück.

«Karl Marx» nannte sich eine Gruppe, «Paul Levi» eine andere, radikal wollten sie klingen, sich möglichst abheben von der Mutterpartei. Mit sechzehn wurde er aufgenommen in die SPD, die er mit achtzehn trotz Julius Lebers Warnung bereits wieder verließ. Von «rechthaberischen Anfechtungen», so Brandt, waren sie nicht frei. Bücher verschlang er schon damals: Jack London, Upton Sinclair, B. Traven, Martin Andersen Nexö, Ludwig Renn, Henri Barbusse, Maxim Gorki, Ernst Toller! In seinem Abituraufsatz zum Thema, ob die Schule eine Jugend ohne Hoffnung entlasse, bekannte er ohne Schnörkel, ja, diese These stimmt, und eine wirkliche demokratische Basis gibt es nicht! Zugleich dachte er nach über Mitteleuropa und neue Gesellschaftsmodelle, damals schon. Lübeck bildete natürlich das geistige Zentrum. Auch später ging ihm die Stadt nie aus dem Sinn. Wann immer er darauf zurückkam, Brandt hatte feine Leute vor Augen, die begüterten Kaufmannsfamilien, die

Manns und Eschenburgs erwähnt er namentlich, die unüberseh-
baren Klassenabstufungen – «ein Nebeneinander, das für meinen
Blick schon das Stadtbild prägte».[25]

«Eine unbehauste Jugend»: Unter dieser Überschrift kam er auf
jene Zäsur zu sprechen, ab der ihn sein Lebenslauf ernsthaft be-
schäftigte. Für einen Moment jedenfalls konnte er plötzlich wieder
«ich» sagen. «Ein schwerer Abschied war es nicht, den ich, an einem
der ersten Apriltage des Jahres 1933, von Lübeck nahm. Ich mußte
weg, wenn ich nicht Leib und Seele riskieren wollte, und den Blick
nach draußen wenden. Wo hätte ich die Muße hernehmen sollen für
den Blick zurück?»[26]

Fünfeinhalb Jahre später, im Oktober 1938, sollte er in Paris
einen Sprössling aus der Mann-Familie treffen, Heinrich, unter radikal anderen Umständen. Das Münchner Abkommen, mit dem Hitler
seine Machtansprüche auf die Tschechoslowakei geltend machte, war
kurz zuvor unterzeichnet worden. 67 Jahre war sein Lübecker Lands-
mann alt, Brandt war 25 Jahre jung. Mit Tränen und Trauer in der
Stimme prognostizierte Heinrich Mann, die sieben Lübecker Türme
würden sie wohl nie wiedersehen. Ihm blieb dieser Augenblick unvergesslich, notierte Brandt. Dann fügte er den Satz hinzu, voller Ambivalenz – das Gefühl, dass das Lübeck der Senatorensöhne Mann
«das meine nicht gewesen war, versank, ohne daß ich es hätte vergessen können». Das Exil relativierte vieles.

Noch hatte er beim Zurückblicken als Autor nichts über seine Herkunft, über seine Eltern preisgegeben, und doch schickte er eilends
die Bemerkung voraus, sich später «gegen Unterstellung» (!) nicht
energisch gewehrt zu haben. Mit besonderer Rücksichtnahme begründete er das ausdrücklich – «auf die Stimmung der Landsleute,
die die Ausnahme von der Regel nicht erklärt wissen wollten». Un-
beholfen geantwortet hingegen habe er auf die «Nachrede», «weil
ich nichts dafür konnte und doch ein Stachel eingepflanzt war».
Warum hat er es sich so schwer gemacht, fragte der Autor grüble-
risch sich selbst? Warum hat er sich damit zufrieden gegeben, dass
es beileibe mehr Lübecker Arbeiterkinder gab, die ihren Vater nicht
kannten und den mütterlichen Namen trugen?

Warum, fragte er sich rückblickend gequält, hat er auch dann noch nicht zurückgeschlagen und die «banale Personalie» auf den Tisch gelegt, als Konrad Adenauer einen halben Wahlkampf mit seiner Herkunft bestreiten ließ und ihn am Tag nach dem Mauerbau – man bedenke! – als «Herr Brandt alias Frahm» titulierte? Die tollsten Namen (eines angeblichen Vaters) seien durch die Zeitungen gegeistert, von Julius Leber bis zu einem bulgarischen Kommunisten – aber alles ließ er sich brav gefallen. Die Hemmungen, die er in sich verbarg, «reichten tief, zu tief, als daß ich die Befangenheit hätte ablegen können».[27]

Mit anderen Worten: Unter der «Herkunft» litt er, als würde er dieses Brandmal nie los, das war die Lebenswunde; und das Exil wiederum, das er nicht als Wunde empfand, das wollte er wohlweislich nicht mit Stolz vorzeigen, weil er ahnte, wie kritisch andere darauf sahen. Beides verschloss ihm den Mund.

Über seinen Vater sprachen weder die Mutter noch der Großvater, bei dem er aufwuchs. Es verstand sich von selbst, dass er nicht fragte. Über dreißig Jahre war er alt, zur Wiedereinbürgerung nach dem Krieg brauchte er genaue Personenangaben – jetzt erst fragte er brieflich seine Mutter nach dessen Namen. Prompt sandte sie einen Zettel zurück, auf dem der väterliche Name vermerkt war: John Möller, Hamburg.

Von einem Vetter, Gerd André, den er bis dahin nicht kannte, erfuhr Brandt am 1. Juni 1961, dass sein Vater und dessen Mutter Geschwister waren. Er berichtete ihm, dass John Möller 1958 in Hamburg gestorben ist. Von Beruf war er Buchhalter, eine schwere Verwundung im Ersten Weltkrieg beeinträchtigte sein Erinnerungsvermögen. Brandt deutete an, diesen Hinweis habe er so verstanden, dass er milde gestimmt werden sollte gegenüber dem unbekannten leiblichen Vater, der sich nicht um den Sohn kümmerte. Oft habe der Vater nach dem Lübecker Sohn gefragt – «aber nichts unternommen», vergaß Brandt freilich nicht hinzuzufügen. Und dann, lapidar: «Als Herbert Ernst Karl Frahm war ich zwei Tage nach meiner Geburt am 18. Dezember 1913 ins hansestädtische Geburtsregister eingetragen worden», ohne den Namen des Vaters. Dem Vetter zufolge war er außerordentlich begabt. Brandt referierte trocken, Stellung nahm er dazu nicht.

Als der Sohn vierzehn war, heiratete die Mutter einen mecklenburgischen Maurerpolier, den er «Onkel» nannte. «Papa» hingegen hieß für ihn Großvater Ludwig Frahm, der 1875 geboren wurde. Noch in seinem Reifezeugnis tauchte dieser Großvater als «Vater» auf. Das familiäre Chaos, so Brandt, sei aber nicht einmal damit komplett beschrieben. Ein Onkel deutete ihm nämlich bereits 1934 an, Ludwig Frahm sei wahrscheinlich nicht der leibliche Vater seiner Mutter – also nicht sein wirklicher Großvater, sondern der «Stiefgroßvater». Im alten Mecklenburg, spekulierte der Autor laut vor sich hin, hatten Landarbeiterinnen wie seine Mutter durchaus üblicherweise dem «gutsherrlichen Recht der ersten Nacht» zu gehorchen. Nur so viel, mehr nicht.[28]

Wenn die familiären Wurzeln im späteren Leben des Politikers Brandt nie ihre Bedeutung verlieren, muss man ein weiteres «Detail» erwähnen – auch wenn es das Bild noch verwirrender macht. Ausgerechnet am Tag vor seinem Kniefall in Warschau, auf der Fahrt vom Flughafen Okęciec in die Stadt am 6. Dezember 1970, gab der Besucher aus Bonn dem polnischen Premierminister Józef Cyrankiewicz ein kleines Geheimnis preis. Seine Großmutter, so Brandt, sei polnischer Abstammung. Nur beiläufig erwähnt das in seinen Erinnerungen Mieczysław Tomala, der als Dolmetscher mit in der Limousine saß – ohne Hinweis darauf, ob der Warschauer Gastgeber nachgefragt habe. Hinterher, schreibt er nur, sprachen sie über das Moskauer «Hotel Lux», in dem Wehner einst Zuflucht gefunden hatte. Könnte es sein, dass Brandt auf seine Art mit diesem Hinweis auf die Familiengeschichte besondere Nähe zu dem Land bekunden wollte, das – moralisch besehen – im Zentrum der Ostpolitik und des Denkens stand?[29]

Herkunft Der eine kennt seinen Vater nicht und leidet ewig unter diesem «Makel»; der andere erfährt erst spät von seiner Mutter, dass sein vermeintlicher Großvater nicht der wirkliche Großvater sei, sein leiblicher Großvater wiederum sei Jude. Extrem bedeutsam war für beide, Brandt und Schmidt, ihre «Herkunft», sie empfanden es als dunkle Flecken in ihren

Familiengeschichten, beide begruben sie das lange in ihrem Herzen.

Willy Brandt, unbehaust, wie er sagte, wurde erwachsen vor der Zeit, die Verhältnisse zwangen dazu, die Politik betrachtete er als seine Familie. Helmut Schmidt genoss eine behauste Jugend, er hatte seine Familie, an die er sich klammerte, wenn auch wenig sonst.

Fünf Jahre lagen zwischen ihren Geburtsdaten.

Während Schmidt klagte, ihm habe das «Wofür» gefehlt, bedauerte Brandt, niemand habe ihm «beizeiten» beigebracht, Demokratie sei nicht Mittel, sondern Ziel, und Freiheit sei mehr als ein «Abglanz von Gleichheit».

Brav bleiben wie Großvater Frahm, den er eine «treue und genügsame Seele der Mehrheitssozialdemokratie» nannte, brav wie Julius Leber, das wollte der heißspornige Sozialist keinesfalls. Er mochte sich nicht mit dem Hinweis abfinden, dass die Arbeiterbewegung seit den Sozialistengesetzen in Wahrheit doch viel erreicht habe, vom Acht-Stunden-Tag bis zu den Staatsbürgerrechten. Zu eng wurde es ihm einfach. Sturm und Drang! Fast «bemitleidenswert», das Wort fällt, fand er das normale sozialdemokratische Dasein.[30] Im Juni 1931 war die Notverordnung «Zur Sicherung von Wirtschaft und Finanzen» erlassen worden, die ohnehin magere Arbeitslosenversicherung wurde um zehn Prozent gekürzt, Reichskanzler Heinrich Brüning[31] und die eigene Parteiführung spielten sich in die Hände – das war ihm alles zuviel. Bei der letzten Wahl, erinnerte er sich, hatte die Mutterpartei Geld für Kinderspeisungen statt für Panzerkreuzer gefordert, aus Gründen der Staatsräson ließ sie sich wenig später das Gegenteil abhandeln. Und schließlich, führte er ins Feld, habe er von der neuen Partei erhofft, sie werde die Spaltung der Linken überwinden helfen, also die Nazigegner vereinen.

Noch bevor er das Abitur absolvierte (1932), schloss er sich – trotz Großvater, trotz Julius Leber – der kleinen SAP (Sozialistische Arbeiterpartei, gegründet 1931) an, die er selbst ideologisch zwischen SPD und KPD verortete. Man musste nicht links sein, rechtfertigte er sich noch in der Rückschau, um die SPD als «vergreist» zu empfinden, schließlich verloren doch weite Teile der Jugend den Halt und ließen sich von den «Rattenfängern» einfangen. Er bereue den «Umweg» nicht.[32] Dass dieser Willy Brandt später, anders als Helmut Schmidt, fast grenzenloses Verständnis für «Umwege» aufbrachte, war seitdem vorgezeichnet.

Sie schirmten sich ab von der Außenwelt, um das Fortkommen nicht zu gefährden: Dieses Bild vor allem bleibt nach der Lektüre von Helmut Schmidts Jugenderinnerungen im Kopf. Martha Frahm, und Brandts Großvater, der Lastwagenfahrer, suchten hingegen begierig, sich für die Welt um sie herum zu öffnen, denn nur so würde der Junge überhaupt eine Aufstiegschance erhalten.

In Barmbek wuchs Schmidt auf, in einem Arbeiterstadtteil, einer der «sogenannten besseren Straßen», wie er anmerkte, in der oberen Etage eines Hauses aus der Gründerzeit. Der Vater, Jahrgang 1888, war Sohn eines ungelernten Hafenarbeiters. Sein Großvater, «Opa Schmidt», hatte weder richtig lesen noch schreiben gelernt, dagegen konnten die Großeltern mütterlicherseits fast als arriviert gelten. Opa Koch, der Vater seiner Mutter, zählte zur «Arbeiter-Aristokratie», er hatte setzen und drucken gelernt, beides hochgeschätzte Handwerke. Die Kochs unterhielten ein kleines Wäsche- und Kurzwarengeschäft, Oma (Amalie) Koch, Tochter eines Korbmachers aus Mecklenburg, saß dort hinter der Ladenkasse. Die Großfamilie liebte die Musik, so mussten auch Helmut Schmidt und sein jüngerer Bruder Wolfgang (widerwillig, wie er es schilderte) Klavierspielen lernen.

In diesem Jahr, zwischen 1930 und 1931, in dem der zwölfjährige Helmut Schmidt einmal wöchentlich eineinhalb Stunden von Eilbek zum Winterhuder Weg stapfte zum Musikunterricht, entdeckte Herbert Frahm gerade seinen Überdruss an der angepassten, langweiligen SPD, seltsam schwelgerisch überzeugt von der «Großartigkeit» der Herausforderung, mit linken Gesinnungsfreunden in der SAP den Aufstieg Hitlers zu bremsen.

Dass seine langjährige Klavierlehrerin Lilly Sington-Rosdal Jüdin war, erfuhr Helmut Schmidt als Erwachsener, eher zufällig und erst Jahrzehnte nach dem Krieg. Schmidt zufolge blieb es im eigenen Umfeld bis in die Nazi-Zeit hinein ganz ohne Bedeutung, ob jemand Jude war, zu Hause wurde darüber nicht gesprochen. Kommentarlos referierte er das. «Kinder lesen keine Zeitung!», dekretierte sein Vater, bei politischen Unterhaltungen wurden sie aus dem Zimmer geschickt. Die ganze Sippe, urteilte er knapp, sei unpolitisch gewesen.[33] Seine Mutter, Jahrgang 1890, glaubte wohl bis zum Ende ihres Lebens an das populäre Urteil, «politisch Lied ist ein garstig Lied». Der Vater, Volksschüler wie seine Mutter, wurde «Rechtsanwalts-Schreiberlehrling», nach einigen Jahren stieg er zum Volksschullehrer auf. Vom August 1914 bis 1919, im Ersten Weltkrieg, diente er als Soldat – und überlebte. Mitte der zwanziger Jahre schließlich avancierte er zum Studienrat an einer Handelsschule. Weshalb ihn die Nazis 1937 von der Schulleitung absetzten, weiß Helmut Schmidt nicht.

Schmidt: Ein «innerlich unpolitischer Mensch» blieb sein Vater auch weiterhin, der berufliche und soziale Aufstieg verschlang alle Energien. Bis 1933 wählte er manchmal die Deutsche Volkspartei, manchmal die Deutschen Demokraten.[34] Bloß keine Extreme! Weshalb in Hamburg Kommunisten und SA plötzlich aufeinander schossen, nichts davon kam zu Hause zur Sprache. Selbst als der Sohn, Helmut, zum Minister und Kanzler aufstieg, auch dann noch setzte sich das fort – die Politik «blieb außerhalb des Gesichtskreises meiner Eltern». War sein Elternhaus sogar anti-politisch? Er selbst fragte sich das so.[35] Ein sehr deutsches Familienalbum meint man aufzublättern bei solcher Lektüre. Ganz so, als hätten die Eltern sich – und erst recht den Kindern – Augen und Ohren zugehalten, ja als wollten und sollten sie nicht sehen, was um sie herum geschieht.

Glück hatte er nach der Grundschule damit, dass er als Zehnjähriger statt auf ein Gymnasium in die Lichtwarkschule geschickt wurde, eine «Deutsche Oberschule». Sehr idealistisch ging es dort zu. Während Brandt selbständig zu denken lernte in der Sozialistischen Arbeiterpartei, genoss Schmidt die Chance, sich selbst zu entfalten. «Partnerschaftlich» sollten Lehrer und Schüler sich begegnen, jenseits der üblichen Hierarchien und formalen Autorität. Loki lernte er hier kennen, seine spätere Frau. Allerdings schlossen die Nationalsozialisten im Jahr 1937 die Schule, die er so liebte.

Aber in einer Hinsicht unterschied sich seine Schule offenbar kaum vom Elternhaus: Nach Schmidts Erinnerung vermieden die Lehrer in seiner Klasse bis 1933 jede politische Beeinflussung, der Geschichtsunterricht konzentrierte sich vornehmlich auf Kunst und Literatur. Auch dort kam er also in eine Welt für sich, die sich abschirmte nach außen. Nicht als Schüler, sondern erst lange nach 1933 begriff Helmut Schmidt beispielsweise, dass einige der Lehrer Juden waren. Bis Ostern 1933 zumindest einte sie alle, das festzuhalten war ihm wichtig, dass es sich um besessene Pädagogen handelte, besessen von ihrer erzieherischen Aufgabe.

Ob es besser so war, abgeschirmt zu werden von der Politik, in der Lichtwarkschule wie im Elternhaus? Ja, erheblich besser!, lautete eindeutig seine Auskunft.[36] Wichtiger aber erschien ihm ohnehin anderes: Zwar wurden im Jahr 1933 die Direktion der Schule und Lehrer ausgetauscht und von linientreuen Parteigängern ersetzt, aber nicht einmal bis 1937 war ein merklicher nationalsozialistischer Einfluss auf die Schule zu spüren. Machte sie immun gegen die Gefährdungen der Zeit? Man liest es – und staunt zunehmend über diese kleine, heile Welt.

Stutzig machte den Schüler auch nicht, dass viele der jüdischen Mitschülerinnen und Mitschüler aus der Nachbarklasse 1933/34 von der Schule «abgemeldet» wurden, darunter sogar sein enger Freund Hellmuth Gerson. Zu Ostern des Jahres 1935 jedenfalls besuchte kaum einer der jüdischen Mitschüler mehr seine Schule. Da es einen allgemein großen Schülerabgang gegeben habe, fiel der «Abgang» der jüdischen Schüler nicht auf. Nein, er erinnerte sich nicht, dass der «jüdische Exodus» innerhalb seiner Schulklasse ein Thema gewesen sei. Als ungerecht empfand er die «Herabsetzung» der Juden. Dass sie wegen der öffentlichen Diffamierungen auswandern wollten, verstand er. Sah er kein Drama darin? Offenbar nicht, einige Jahre später «habe ich selbst auswandern wollen». Dass aber Gefahr für ihr Leben entstehen würde, wenn sie blieben, «davon hatte ich keine Ahnung».[37] Auch von den Bücherverbrennungen hörte er nichts, davon erfuhr er erst nach dem Krieg.

Kollektiv wurde seine Ruder-Riege der Marine-Hitler-Jugend angegliedert (MHJ), einen Ariernachweis benötigte er dazu nicht.[38]

Und wieder geriet er in ein Milieu, in dem keiner sich als überzeugter Nazi oder «alter Kämpfer» erwies. Verstellte ihm die «unpolitische Jugend» den Blick? Natürlich ist von einem Vierzehnjährigen, Fünfzehnjährigen nicht zu erwarten, dass er begreift, wie die Welt um ihn herum zerfällt. Verstehen möchte man aber gleichwohl, wieso diese Erziehung zur «Selbständigkeit» nicht zugleich auch Blicke nach draußen erlaubte. Kann man erfüllt sein von einer pädagogischen Aufgabe, das aber abtrennen von einer Vorstellung, wofür und wogegen man die Kinder erzieht? Ist ein partnerschaftliches Verhältnis zwischen Lehrern und Schülern nicht auch eine Einübung in jene Demokratie, von der er sagt, er kannte sie nicht? Schmidts Schilderung einer unpolitischen Jugend sucht Antworten, drängt aber auch viele Fragen auf. Die Botschaft, die ihm am Herzen liegt, wird dennoch klar – dass es ein richtiges Leben im falschen gab.

Schmidt: Den Grund, weshalb er nicht zur HJ dürfe, hatten ihm die Eltern lange nicht verraten. Etwa im Herbst 1933 kam es darüber zu einer «ernsten Unterhaltung» zwischen seiner Mutter und ihm: Der Fünfzehnjährige wollte endlich den Grund erfahren. Schließlich gab seine Mutter ihm das Geheimnis preis: «Weil du einen jüdischen Großvater hast.» Völlig unbekannt sei ihm gewesen, dass «Opa Schmidt» gar nicht sein leiblicher Großvater, sondern der Ziehvater seines Vaters war. Sein leiblicher – und unehelicher – Vater, erfuhr er jetzt von seiner Mutter, hieß Ludwig Gumpel (geboren am 18. April 1888). Auch Jahrzehnte später sei es ihm nicht gelungen, über diesen Gumpel und seinen Lebensweg Genaueres zu erfahren. Von der Mutter seines Vaters, Friederike Wenzel, kannte er nichts als den Namen und das Geburtsdatum, denn sie hatte ein Kind von Ludwig Gumpel.

An dieser Ahnengeschichte Helmut Schmidts laborierten natürlich auch seine Biographen heftig herum. Hartmut Soell, der keine Spur unbeachtet lässt, vermutet: Wenn es geheißen hätte, «jüdischer Großbürger verführt armes, junges Mädchen», wäre das noch Kindern und Kindeskindern nachgeredet worden.[39] Gustav Ludwig Schmidt, Helmut Schmidts Vater, hieß zunächst Gustav Ludwig

Wenzel. In der Geburtsurkunde wurde der Name Gumpel nicht angeführt. Das Schicksal ihres leiblichen Vaters, nimmt Soell an, sei den Kindern jedenfalls verborgen geblieben.[40]

Helmut Schmidt: «Nach dem Kriege habe ich begriffen: In den Augen meines Vaters war es keineswegs ein Makel, daß er einen jüdischen Vater hatte; doch lag für ihn durchaus ein Makel darin, unehelich geboren worden zu sein – die Vorstellungswelt meiner Familie war sehr kleinbürgerlich».[41] Mit niemandem durfte er über «die Sache» reden, schärfte die Mutter ihm ein, die Schulbehörde wisse nicht, dass ihr Mann Halbjude sei. Selbst mit dem eigenen Vater hat er nur ein einziges Mal «und auch nur andeutungsweise» über diesen Aspekt der Familiengeschichte gesprochen, 1942, als Loki und er heiraten wollten.[42] Sein romantischer Wunsch, auch zur HJ zu gehören, ging also erst in Erfüllung, als alle Mitschüler gemeinsam eintraten. Helmut erhielt seine blaue Uniform, die Armbinde der Hitler-Jugend und den Titel eines «Kameradschaftsführers» der MHJ.

Aber was hat Helmut Schmidt später bewogen, die «Sache» auch für sich zu begraben? Einfühlsam versucht Hartmut Soell eine Antwort auf diese Frage: «Wie sollte es denn einem Jugendlichen ergehen, der bisher nicht einmal eine vage Vorstellung vom Judentum hatte entwickeln können und dem seine jüdische Herkunft zu einer Zeit offenbar wurde, in der das Judesein zum Inbegriff des Negativen geworden war? Mußte er es nicht schon vor der Soldatenzeit überspielen, in die Tiefen seiner Psyche abdrängen?»[43]

Bloß, war Schmidt sich denn darüber klar, dass es sich um den «Inbegriff des Negativen» handelte? Wenn es so war, erscheint es noch rätselhafter, wieso ihm das Schicksal der Juden in Deutschland unbekannt blieb, mehr noch, weshalb er also der sichtbaren Spur in seiner Umgebung – den vielen «Abgängen» – nicht besonders leidenschaftlich nachging. Eigentümlich, dass die Familiengeschichte immer einen «Schatten» warf, wie er es ausdrückte, und doch nicht, fast nie präsent war.

Hartmut Soell stolpert allerdings über einen anderen Aspekt: «Zweifel kommen aber da auf, wo es an gleicher Stelle heißt: ‹So war seit jenem Gespräch mit meiner Mutter im Herbst 1933 für mich entschieden, dass ich innerlich kein Nazi mehr werden konnte.»" Konnte man als Jugendlicher «äußerlich» ein begeisterter Hitler-Junge werden, fragt der Biograph, «innerlich» aber abseits stehen?[44] Distanz und Kritik auf Einzelfeldern haben nicht grundsätzlichen Dissens bedeutet. Soell fährt fort: «Bis es mit dem Letzteren soweit war, dauerte es mehrere Jahre. Das sieht auf den ersten Blick wie ein hohes Maß an Verdrängung aus. Es genauer zu bestimmen fällt schwer, weil das Tabu, mit dem in der Familie die Existenz des jüdischen Großvaters belegt war, nicht nur verhinderte, daß dieser Teil der familiären Identität geworden war, sondern auch das Faktum der Verfolgung der Juden weitgehend ausblendete».[45] Warum machte das Tabu der Familie blind – blind für die Verfolgung der Juden – und nicht sehend?

Auch seiner Tochter, Susanne, muss der Vater Rätsel aufgegeben haben, denn sie schrieb ihm nach Lektüre der ersten Fassung des Kindheitsberichtes, das «Nicht-Wissen» oder «Nicht-Wissen-Wollen» über die «Judenfrage» komme entschieden zu kurz. Tief verletzte sie ihn damit; unverändert aber hielt Schmidt auch ihr gegenüber seine vertraute Erklärung aufrecht, er habe sich doch – wenn er nicht bei seiner Flak Dienst schob, dem «anständigen Verein» – in einen privaten Glückswinkel mit Loki zurückgezogen.[46] Lag denn nicht alles einfach und klar zutage? Der Weg führte von der unpolitischen elterlichen Familie in die politikferne Lichtwark-Schule, und von dort ins private Glück mit der Ehefrau. Immer konnte er sich einrichten in einer Trutzburg, die das Böse fernhielt.

1936 Im Sommer 1936 – Brandt bereitete gerade seine geheime Reise von Oslo nach Berlin unter einem Tarnnamen vor – nahm Helmut Schmidt, siebzehn Jahre alt, an einem Fußmarsch quer durch Deutschland teil, von Hamburg zu einem der Reichsparteitage in Nürnberg. Dieser «Adolf-Hitler-Marsch» reizte ihn, wie er einräumte, schon weil es eine physische Herausforderung war.[47] Beim Parteitag allerdings wurden die Jugendlichen als «Kulisse missbraucht». Sein Widerwille wuchs im Jahr darauf, 1937, als die

Ausstellung «Entartete Kunst» eröffnet wurde. All diese angeprangerten Maler gehörten doch zu seinen Idolen, und nun dröhnte es propagandistisch, man müsse sie «ausmerzen». «Verrückt!» Das Verbot der deutschen Expressionisten und die Entdeckung des jüdischen Großvaters, diese beiden Faktoren hätten ihn am stärksten gegen die Nazi-Ideologie aufgebracht und verhindert, beteuerte er einmal mehr, «daß ich als Jugendlicher ein Anhänger Hitlers geworden bin.»[48]

Drei Jahre blieb er in der Hitlerjugend, dann machte der 19-Jährige sich mit flotten Sprüchen über Baldur von Schirach, den Reichsjugendführer, unbeliebt und wurde ausgeschlossen. In diesem Jahr, 1937, legte er das Abitur ab und meldete sich als Wehrpflichtiger, um später ohne Unterbrechung Architektur studieren zu können. Was er nicht wissen konnte: Acht Jahre sollte er nun Soldat bleiben, länger als viele, weil er sich so früh gemeldet hatte. Aber beim Militär fügte es sich wie bei den Ruderern, wie es sich eigentlich immer fügte – die lange Soldatenzeit hatte auch ein Gutes, vermerkte Schmidt, denn «seit 1937 bin ich jedem bewußten NS-Einfluß so gut wie entzogen gewesen».[49]

Er hatte seine nächste Trutzburg gefunden, die ihn behütete.

«Hitler persönlich ausgenommen»

Keinen Nazi habe es auf ihrer Stube gegeben, berichtete Helmut Schmidt gleich zu Beginn seiner Schilderung über die «acht Jahre Soldat», die er absolvieren musste. Nach dem Abitur im Jahr 1937 kam er zunächst zum Arbeitsdienst, und noch im gleichen Jahr wurde er einberufen zur leichten Luftwaffen-Flak nach Vegesack (nahe Bremen). «Gott sei Dank, jetzt sind wir endlich im einzig anständigen Verein», stellte die Stubengemeinschaft der zehn Soldaten übereinstimmend fest. Schmidt: Keinerlei NS-ideologischen Berieselung waren sie ausgesetzt, nach der Zeit bei der Hitler-Jugend und im Arbeitsdienst erschien den jungen Männern das Soldatenleben geradezu als Oase.[50]

Sein Wort von der Wehrmacht als dem «einzigen anständigen Verein im Dritten Reich» hat er auch später entschieden verteidigt, es sollte große Bedeutung gewinnen für ihn. Das Antragsformular zur Aufnahme in die SS, das die NSDAP auf der Suche nach Freiwilligen verteilte, füllte er nicht aus. Als die Judenpogrome am 9. November 1938 ausbrachen, die «Reichskristallnacht», wie es im Jargon des Regimes hieß, müsse das an ihm «vorüber gegangen» sein. «Sonderbarerweise», gestand er, könne er sich daran nicht recht erinnern.

Exakt mit neunzehn, als Schmidt zur Flak kam, setzte Brandt sich heimlich nach Norwegen ab. Unter den Stubenkameraden Schmidts sprach sich herum, was am 9. November geschehen war. In seinen Notizen aus dem Kriegsgefangenenlager – aus denen er in seinen Jugenderinnerungen zitierte – hielt er für Ende 1938 im Stenogrammstil fest: «Scham über die Judenverfolgung». Dann der eigentümliche Einschub: «Nunmehr klare Kontra-Stellung zum N.S., lediglich Hitler persönlich noch ausgenommen.» Sein «persönliches Vertrauen zum Führer» habe erstmalig einen «Knacks» bekommen, heißt es weiter, aber zugleich trennte er das offenbar ab von den «NS-Ideen», denen er nicht länger folgte.[51]

Lediglich Hitler persönlich noch ausgenommen? War er fasziniert? Wie lange hielt das an? Wie konnte bei «klarer Kontra-Stellung zum N.S.» gerade Hitler ausgenommen werden? Von Konzentrationslagern hätten sie gewusst, berichtete er, er habe sich darunter «notdürftig improvisierte Gefängnisse» vorgestellt für Menschen, die ohne Prozess inhaftiert wurden. Und dann noch einmal, als drücke ihn das besonders: «Sehr lange» habe er gebraucht, um zu begreifen, «daß Hitler die Quelle allen Übels war».[52]

Gerade wegen solcher Widersprüche und Ungenauigkeiten gewinnt man den Eindruck, dass der Autor seine Empfindungen getreulich notierte. Olga Bontjes van Beek ragte für ihn heraus in der Fischerhuder Künstlergemeinde, ihr Haus, gestand er, wurde in den prägenden Jahren vor dem Krieg und zu Kriegsbeginn für ihn «die wichtigste Quelle geistiger Orientierung». Häufig kamen andere Künstler zu Besuch, viele aus dem Ausland. Und wieder – «es waren fast nie Nazis dabei».[53] Über Literatur, Kunst, Musik sprachen sie, Politik war kein Thema – falls ausnahmsweise aber doch, sollten alle sich vorsehen, sei vorher leise geraten worden. Für die eigene

Leutnant der Luftwaffe Helmut Schmidt, 1940. Die längste Zeit verbringt er bei der Flak, einige Monate an der Ostfront in Russland. «In meinen acht Jahren als Soldat habe ich mehr gelernt als jemals sonst.»

innere Verwirrung legte er sich die Formel zurecht, er sei «damals bereits zum Gegner der Nazis geworden, aber ich war doch auch, ohne dabei innere Zweifel zu haben, ein pflichtbewußter deutscher Patriot».[54]

Weltbürgerlich orientiert waren Helmut Schmidts Fischerhuder Freunde. Cato Bontjes war jünger, aber hatte immerhin schon in England und Holland gelebt und gelernt, aus Distanz auf das eigene Land zu blicken. Von seinen «teilweise jüdischen Vorfahren» habe er nichts erzählt, berichtete Schmidt. Warum nicht? Auf eine Erklärung verzichtete er. Eigentümlich halbwach bleibt die Befindlichkeit dieses 19-Jährigen, folgt man seinem Selbstportrait. Es hat den Anschein, als wollte er sich einspinnen in den Kokon des Nicht-Politischen – oder als wolle er sich von der Außenwelt nicht gefährden und so unsicher machen lassen, um darüber nicht den Boden unter den Füßen zu verlieren. Machten ihm die Künstlerfreunde nicht klar, dass der Patriotismus auch eine Patria braucht, für die man überzeugt einstehen kann? Wem diente er «pflichtgemäß»? Diese Patria aber vertraten doch die Nationalsozialisten, die er inzwi-

*1942 heiratet Schmidt seine
Schulfreundin Hannelore
(Loki) Glaser.*

schen ablehnte, samt Adolf Hitler, den er «persönlich» wiederum von dieser Ablehnung ausnahm.

1939 wurde er zum Unteroffizier befördert – «keiner von uns zu jener Zeit sieben oder acht jüngeren Reserveoffiziers-Anwärtern (R. O. A.) war Nazi» –, wiederholte er seinen Refrain. Alle seien sie besorgt gewesen wegen der Außenpolitik Hitlers, aber begriffen hätten sie gleichwohl nicht, dass Hitler wirklich den Krieg wollte. Anders als seine Freunde überfielen ihn Ahnungen, dass es bald zu einer «Weltkoalition» gegen Hitler kommen werde.[55]

Das Bewusstsein gespalten? Es nimmt sich tatsächlich so aus. Auch manches am Soldatenleben sog ihn auf: Seit dem Frühjahr 1940 wollte er unbedingt weg von der Flak und hin zur kämpfenden Truppe oder zumindest zu einer anderen Waffengattung.[56] Es sollte noch länger brauchen, bis der Wunsch sich erfüllte.

Der Lichtblick für ihn in finsterer Zeit, kaum überraschend: Loki, das private Idyll. Rasch wurde er sich mit ihr in all diesen Turbulenzen einig, dass sie zusammengehören – für immer, der «kleine, etwas rundliche Junge» (Loki), den sie seit der fünften

Schulklasse kannte, und die Mitschülerin. Bald nach Beginn des Russland-Feldzugs wurde er an die Ostfront versetzt, wenn auch nur vorübergehend. Seine Division rückte nach Leningrad, später in die Nähe Moskaus mit vor. Ein paar Monate also erlebte und erlitt er den Krieg von seiner härtesten Seite, am 6. Dezember 1941 wurde klar – der Rückzug beginnt. Aber die Flak vermisste den jungen, kompetenten Mann am Schreibtisch und beorderte ihn zurück – anfangs nach Berlin ins Reichsluftfahrtministerium, später nach Bernau. Schmidt: In stillen Stunden beim Militär verschlang er den Text, den er am meisten liebte, Marc Aurel – zur Selbstberuhigung der Seele. Ostern 1942 verlobten Hannelore («Loki») Glaser und er sich, am 1. Juli 1942 wurden sie in der St.-Cosmae-und-Damiani-Kirche zu Hambergen getraut.[57] Naheliegende Fragen stellte er nicht, zumindest berichtete er nicht darüber. Woher erhielt Hitler seine Mehrheiten? Wer jubelte ihm zu? Diejenigen, die er traf und sprach, waren in der Regel Patrioten wie er, wie ihre Väter im Ersten Weltkrieg und wie ihre Vorväter 1870/71 auch.

Etwas seltsam Aseptisches, nahezu Unschuldiges gewinnt in dieser Beschreibung Deutschland in den Jahren unter Hitler, insbesondere aber – die Wehrmacht.

Wegen Beihilfe zum Hochverrat wurde Cato Bontjes van Beek, die er so schätzte, im Jahr 1942 verhaftet, zum Tode verurteilt und am 5. August 1943 in Plötzensee hingerichtet. Schmidt erfuhr erst Jahre später von ihrem gewaltsamen Tod. Er schämte sich, als er die Nachricht erhielt, lange Jahre hatte er keine Verbindung mehr zu der Künstlerfreundin gesucht. Vor leichtfertigen Auftritten hätte er sie warnen sollen, warf er sich vor – aber da war es längst zu spät.

Schmidt: Wer auch nur wenige Jahre älter war als er, hatte immerhin etwas Demokratie miterlebt in Weimar und brachte Vergleichsmaßstäbe mit. Es habe «plausible Gründe» gegeben, dass die große Mehrheit der jungen Leute moralische Pflichten, die dem Befehl übergeordnet waren, objektiv nicht hätten erkennen können. Objektiv! «Glückliche persönliche Umstände oder Erlebnisse» setzte es voraus, räsonierte er weiter, wenn damals junge Menschen nicht auf den Nationalsozialismus ansprachen. Die

Älteren konnten Glück haben in ihrem Beruf mit ihren Kollegen oder Meistern, die sie auf Distanz hielten; die Jüngeren konnten das Glück eines bewusst demokratischen, liberalen oder sozialdemokratischen, katholischen oder evangelischen Elternhauses haben oder das Glück aufrechter Lehrer oder Lehrerinnen. Freilich sei das nicht häufig gewesen, und oft habe es als Gegengewicht gegen Propaganda und Massenhysterie nicht ausgereicht.[58]

«Prädisponiert» waren viele Soldaten aus dem spezifischen Kameradschaftserlebnis heraus für den Sozialismus, «wenn dessen Träger das bloß richtig begriffen oder ausgenutzt hätten». Im Grunde stecke «dasselbe Solidaritätsprinzip» darin. Als Oberleutnant geriet er im April 1945, mit 26 Jahren, in Soltau (Lüneburger Heide) in britische Kriegsgefangenschaft.[59] Besonders beeindruckte ihn Hans Bohnenkamp, ein hochdekorierter Oberstleutnant, der im Gefangenenlager davon berichtete, wie er in den dreißiger Jahren zum religiösen Sozialisten geworden sei. Das Volk sei «verführt» worden, die Soldatenjahre habe er als «Gemeinschaft» erlebt, die ihn vor der Versuchung bewahrte. Begeistert lauschte der junge Schmidt. Bohnenkamp, schwärmte er später, habe ihm die letzten Illusionen über den Nationalsozialismus geraubt und aus dem «damaligen unklaren Anti-Nazi einen bewussten Sozialdemokraten» gemacht. Schmidt-Biograph Hartmut Soell hält das, milde, für «etwas verkürzt».[60] Dennoch, es ist das Bild, das Schmidt von sich hat und von dem er wünschte, dass es bleibe.

Ziemlich gelacht habe Brandt, erinnert Horst Ehmke sich, als er Helmut Schmidts Darstellung jener Jahre hörte: Das Gemeinschaftsgefühl unter den Soldaten und in der Gefangenschaft als Vorstufe zu dem Gemeinschaftserlebnis SPD, da habe «der Helmut» vielleicht doch etwas verwechselt! Schmidts Wahrheit war es aber, auch an diesem Leitmotiv hielt er seit 1946 unbeirrt fest, kein Gelächter konnte ihn irritieren.

Er habe zu jener Generation gehört, sollte er später häufig seufzen, die ihre besten Jahre im Krieg verbringen musste, in dieser «Scheiße», «Adolf-Nazi» hatten sie zu dienen. Gar nicht rüde genug konnte dann seine Sprache werden, um klar zu machen, was damit über ihn und Millionen Leidensgenossen hereingebrochen war und wie sehr er haderte mit seinem Schicksal. Als junge Soldaten mussten sie beweisen, dass sie erwachsen sind, mit Entbehrungen umgehen können, Mut haben, zu Opfern bereit sind. Das war sein Pech. Andere hatten mehr «Glück», andere wie Willy Brandt.

Was er erlebt hatte, war die Regel – Brandts Weg war die Ausnahme. Wie bei Brandt die Exil-Erfahrung, so sorgte bei Schmidt die Soldatenzeit häufig für ein gewisses Verbundenheitsgefühl, das parteiübergreifend war. Selbst mit Franz Josef Strauß, der ihm politisch fremd blieb, verband ihn dieses unausgesprochene Band; besonders aber den Fraktionschef der CDU/CSU, Rainer Barzel, schätzte er nicht zuletzt, weil sie ihre Lebenserfahrungen als junge Männer teilten. «Wir alle hungerten, nicht nur aus dem Bauch»: Mit diesem Blick zurück auf die Nachkriegsjahre sollte Barzel sich am 10. September 1986 aus dem Parlament verabschieden, und Schmidt fand, er hätte es nicht besser ausdrücken können. Ja, so sah er das auch, sie hungerten.

Als «geistiges Problem nach dem Krieg» beschrieb er, dass die positive Seite fehlte. Schmidt: Mit einem Wissensstand von Null, sogar von Minus, mit falschem Wissen hätten sie damals angefangen.[61] Der Gedanke liegt nahe, dass Schmidt seit dieser selbstkritischen Einsicht zögerte, sich festzulegen auf Neues, Unbekanntes, es konnte wieder potentiell «falsches Wissen» sein. Im zerstörten Hamburg begann er sein Studium der Volkswirtschaftslehre. Vor dem Schritt in die Politik zögerte er wie so viele seiner Generation auch, sie waren gebrannte Kinder.

Halt und Orientierung jedoch suchte er, möglichst rasch. Freimütig und nicht ohne Stolz erinnerte Helmut Schmidt sich an seine raschen sozialdemokratischen Anfänge im Jahr 1946: «Ich bin von mir aus hingegangen und habe gesagt, ich will mitmachen. Was die gar nicht so gerne hatten, denn ich kam im abgeschabten Offiziersledermantel. Das war denen ziemlich unheimlich.» Für ihn war es ein selbstverständlicher Weg. Er hatte verstanden, Sozialdemokrat würde er sein Leben lang bleiben. Partei, aber nicht Parteisoldat.

Und was führte ihn dann unmittelbar in die Politik? Ehrgeiz, nein, Ehrgeiz war es nicht, darauf beharrte der alte Herr im Gespräch. Die eigentliche Antriebskraft für ihn lag woanders, und das sei typisch für seine Generation: «Wir kamen aus dem Kriege, wir haben viel Elend und Scheiße erlebt im Kriege, und wir waren alle entschlossen, einen Beitrag zu leisten, dass all diese grauenhaften Dinge sich niemals wiederholen sollen in Deutschland».[62] Das war bereits aus der Sicht desjenigen formuliert, der gelassen auf ein Leben mit «Politik als Beruf», im Geiste Max Webers, zurückblickt.

Muschkote Wer war immun? Angespannt ist ein Gespräch darüber zwischen Helmut Schmidt, Richard von Weizsäcker und Marion Gräfin Dönhoff verlaufen, das sie im Jahr 1994 anlässlich des 50. Jahrestages des Attentats auf Hitler geführt haben. Dieses Nachdenken über den Widerstand im Kreise von Freunden fand neun Jahre nach jener berühmten Rede Weizsäckers vom 8. Mai 1985 zum Kriegsende statt. Niemandem habe entgehen können, formulierte Weizsäcker damals abwägend, dass Deportationszüge rollten, wenn er es denn wissen wollte. Seinerzeit bereits hatte dieser Satz dem Kanzler a. D., Schmidt, keine Ruhe gelassen, also schrieb er Weizsäcker, verbunden mit überwältigend herzlichem Dank für dessen konsensstiftende Rede generell, welche tiefen Vorbehalte er gegen diese Zuspitzung geltend zu machen habe.

Im Gespräch für die *ZEIT*, 1994, kam er auf jenen Dissens noch einmal zurück: «Jemand, der der gesellschaftlichen Oberschicht angehörte, konnte sehr viel mehr wissen als jemand, der ein einfacher kleiner Muschkote war wie ich.» Auf der Rekrutenstube Schmidts, fasste er seine Befindlichkeit von damals in Worte, fühlten sie sich «sozusagen in einer Schutzzone». «Wir hatten keine Ahnung von den Deportationen. Wir haben in der Kaserne nicht einmal die ‹Reichskristallnacht› mitgekriegt.»

Dazu Weizsäcker: «Na ja.»

Schmidt: «Das glauben Sie nicht, aber so war es.»

Weizsäcker: «Natürlich glaube ich es Ihnen, da Sie es so schildern.»

Der Judenstern, fügte Weizsäcker dann allerdings hinzu, sei wie befohlen sichtbar getragen worden. Er selbst habe das am 9. November 1938 in Berlin und rings um die Gedächtniskirche in voller Öffentlichkeit erlebt.

Schmidt: «Ich insistiere hier noch einen Augenblick, weil ich besorgt bin, dass das Bild entsteht, als ob alle anständigen Deutschen hätten wissen können, was passierte. Mein Vater war nach den Nürnberger Gesetzen ein Halbjude. Er hat das durch Manipulation seiner Abstammung verheimlichen können. Er war Lehrer. Seine Angst war nur, dass er aus dem Dienst entfernt würde. Seine Angst ging nicht irgendwie weiter. Er wusste auch nichts von der Vernichtung der Juden, bis zum Kriegsende nicht.»

Der Freiherr und der Muschkote: Über eine schmerzende Wunde Richard von Weizsäckers sprachen sie bei der Gelegenheit freilich auch. Als Weizsäcker die Attentatspläne seines engsten, bewunderten Freundes Axel von dem Bussche auf Hitler schilderte, war es Schmidt, der sein indigniertes «Na ja» zu Protokoll gab. Viele derer, die sich später zur Beseitigung Hitlers entschlossen hätten, haben zunächst «an der Befestigung seiner Macht mitgewirkt».

Das wiederum ging Weizsäcker zu weit: «Na ja, sie haben sich an der Befestigung der Situation Deutschlands beteiligt».

Schmidt: «Sie haben sich auch am Aufbau der damaligen Wehrmacht beteiligt.»

Weizsäcker: «Ja, sicher.»

Schmidt: «Und haben schnelle Karriere gemacht.»

Weizsäcker: «Ja, sicher.»

Schmidt: «Wurden in sehr jugendlichem Alter Oberste im Generalstab.»

Weizsäcker: «Ja, gut. Aber sie haben es nicht mit dem Ziel gemacht, die Macht Hitlers zu stärken. Sondern sie haben sich daran beteiligt, zu sagen: Na ja, wenn es mit Deutschland wieder aufwärts geht, dann sind wir dabei.»

ZEIT: «Und dafür haben Sie Hitler in Kauf genommen.»

Weizsäcker: «Ja.»[63]

Entschieden verteidigt Hartmut Soell Schmidt gegen den Vorwurf Rainer Küchenmeisters, er sei ein «Heuchler», weil erst in seinen späten Erinnerungen das Schicksal Catos aus Fischerhude sowie der jüdische Großvater einen größeren Raum einnähmen. Heuchler? Besonderes Gewicht erhielt die Kritik Küchenmeisters, der als Maler zum Fischerhuder Kreis gehörte, weil er als Sohn eines hingerichteten Widerständlers zeitweise in der selben Zelle eingesperrt war wie Cato Bontjes van Beeck: Öffentlich habe Schmidt über Cato nicht gesprochen, als die Rote Kapelle diskriminiert wurde; und seinen jüdischen Großvater habe er nicht erwähnt, weil das nicht opportun erschien. Überhaupt sei der Satz, die Wehrmacht sei «der einzig anständige Verein» gewesen, eine einzige Ungeheuerlichkeit, fügte Küchenmeister hinzu. Schmidt selber reagierte darauf nicht. Seinem Biographen zufolge hat er davon – ohne Einzelheiten – erfahren, als die «Rote Kapelle» noch kein Begriff war. Erst als er seine Beziehungen zu Fischerhude erneuerte, habe er gehört, dass die Familie van Beeck nach langem Streit mit den Behörden ihre Anerkennung als politisch Verfolgte erreicht hatte. Soweit die Auskunft, die Schmidt Soell dazu gab.

«Haltlos» findet es Soell daher, dass Schmidt seinen Großvater instrumentalisiert habe. Sein eigener Einwand zielt auf etwas anderes: Den Vorwurf, dass sich ohne die tüchtigen Offiziere der hitlersche Wahnsinn nicht hätte entfalten können, müsse Schmidt sich gefallen lassen, meint auch er, und Schmidt habe nichts unternommen, ihn zu korrigieren. Damit habe er «eine Art Reue» gezeigt, fügt er allerdings hinzu, die nicht sehr häufig vorkomme in seiner Generation, schon gar nicht in den Offiziersrängen.[64]

Schmidt hat das Gefühl nicht mehr verlassen, vermutet er, dadurch schuldig geworden zu sein, dass er als Beteiligter an der Eroberung des Raumes im Osten die «objektiven Voraussetzungen» für das Vernichtungswerk mitgeschaffen habe. Soell: «Dieses Schuldgefühl äußerte sich auf unterschiedliche Weise: Öffentlich häufig in der Polemik sowohl gegen Ältere, von denen er meinte, sie hätten alles verhindern können, wie gegen Jüngere, die sich aus seiner Sicht in Sackgassen verirrt hatten; privat in Gefühlen des Zweifels und der Befangenheit gegenüber Menschen, die Widerstand geleistet hatten.»[65] Als «Ersatzhandlung» bezeichnet Soell das offen.[66]

Die Verdienste des Widerstands inmitten des moralischen Verfalls seien «unvergänglich», sollte Helmut Schmidt später einmal festhalten, Willy Brandt hätte es nicht pointierter formulieren können. Schmidt: Claus von Stauffenberg habe Mut gehabt, sein Respekt vor ihm sei enorm.[67] Aber – er verteidigte zugleich auch die Millionen einfacher Soldaten, die keine Chance gehabt hätten, wirklich zu durchschauen, was geschah. Zu ihnen zählte er auch sich selbst. Ihn quälte besonders die Frage, woher auch bei ihm das Gefühl der «verdammten Pflicht und Schuldigkeit» gekommen sei. Schmidt: Möglicherweise war dieses Pflichtgefühl auch «ein psychologisch notwendiges Korrelat zu dem Übermaß von Angst, mit dem wir die ganze Zeit zu leben hatten – physische Angst und metaphysische Angst».[68]

Mein Name sei Brandt Willy Brandts Refrain handelte von einem «Irrtum» ganz anderer Art. Im Alter von knapp siebzig Jahren, 1982, hat er noch einmal laut räsoniert über seine Versäumnisse in der Jugend: «Wäre eine Festlegung der Hitlerdiktatur im gleichen Maße oder überhaupt möglich gewesen, falls der Anspruch auf demokratische Rechtmäßigkeit, wenn auch vielleicht ohne momentanen Erfolg, militant verteidigt worden wäre?» Brandt zufolge hat sich diese Frage noch einmal gestellt für die Wochen vor und nach dem 30. Januar 1933, als Hitler Reichskanzler wurde. Falls es noch Chancen für eine Wende oder mindestens für eine ehrenvolle Niederlage gegeben haben sollte, «sie sind nicht wahrgenommen worden». Das schreibe einer, fügte er hinzu, dem nichts ferner liege, als auf Kosten anderer tapfer reden zu wollen.[69] Im Nachhinein ging Brandt sogar weiter: Viel spreche für die Vermutung, dass die Masse der kommunistischen Anhänger mitgerissen worden wäre, wenn man sich allen Bedenken zum Trotz für eine konstruktive Krisenpolitik und zum demokratisch-militanten Widerstand entschlossen hätte.[70]

Im Jahr 1933 jedenfalls, als Helmut Schmidt in die Lichtwarkschule aufgenommen wurde, stürzte der 20-jährige Brandt sich kopfüber in die politische Arbeit bei der SAP. Mit dem «Allerweltsnamen Willy Brandt getarnt», reiste er nach Dresden, um am 11. und 12. März 1933 an einem Parteitag der Arbeiterpartei im Untergrund teilzunehmen. Einige der jungen Mitglieder in der Sozialistischen Arbeiterpartei sollten ins Ausland gehen, um von dort die Arbeit zu Hause zu unterstützen und um die Hilfe von Freunden zu werben. Brandt erhielt zunächst nur den begrenzten Auftrag, dem Publizisten und Luxemburg-Biographen Paul Fröhlich bei der Flucht über Dänemark nach Oslo zu helfen. Bereits auf der Insel Fehmarn aber scheiterte das Unternehmen, Fröhlich flog auf und wurde verhaftet (er hatte Glück und wurde bald entlassen, Brandt traf ihn 1934 in Paris wieder) – Brandt notierte, danach sei es in Lübeck noch weniger sicher für ihn gewesen. Also wurde er von der SAP und ihrem neuen Chef, Jacob Walcher, für die Aufgabe in Oslo auserwählt, die ursprünglich Fröhlich zugedacht war.

Zurechtgelegt habe Willy Brandt sich die Version, die Flucht aus Lübeck nach Oslo angetreten zu haben wegen der Nazis, meint sein Biograph Peter Merseburger; es habe sich um eine «Parteimission» gehandelt, um die SAP in Norwegen aufzubauen.[71] Das ist sicher korrekt, mit Recht stellt Merseburger ohnehin viele der Selbstbildnisse Brandts in Frage. Aber dennoch – Freunde von Brandt wurden bereits verfolgt, sodass sie sich Decknamen gaben und ihre Parteitreffen in den Untergrund verlegten. War es Flucht oder Parteiauftrag? Der junge Mann befand sich jedenfalls in Opposition gegen Hitler, sie arbeiteten in der Illegalität trotz aller Strafandrohungen, das allein schon war ein existenzielles Risiko.

Es begannen die langen Jahre des Exils, der Ausbürgerung, der norwegischen Staatsbürgerschaft, auch der «Schule des Nordens», wie er es gern formulierte.[72] Er sei «nicht schlechten Gewissens an Bord des Fischkutters» gegangen, der ihn über die Ostsee brachte, schilderte Willy Brandt seine Gemütsverfassung beim Abschied. «Kein typischer Weg», überschrieb er dieses Kapitel, in dem er sarkastisch fragte: Sollte er es dem Zufall überlassen, früh in einem Keller erschlagen zu werden oder später in einem hassenswerten Krieg verheizt? Hätte er mit Schlimmerem als einer «Tracht Prügel» rechnen müssen? Polizei und Justiz, rechnete er seinen hämischen

Kritikern vor, waren noch nicht völlig gleichgeschaltet, aber in Kellern und provisorischen Straflagern seien manche Rechnungen «falsch aufgemacht und böse beglichen» worden. «Ob ich ohne Szenenwechsel überlebt hätte? Das war eher zu bezweifeln.» Untypisch bleibe sein Lebensweg ohnehin. Rechtsradikale warfen ihm damals «Vaterlandsverrat» vor – hinzufügen muss man, das Ressentiment reichte in Wahrheit weit in bürgerliche Kreise hinein.[73] Einen Moment muss man an der Stelle den Blick nach vorne schweifen lassen. Denn wie eine böse Reminiszenz an die erste Welle der Verratsvorwürfe muss es Brandt erschienen sein, als er im Konflikt um die Ostverträge 1970/71 erneut als Verräter beschimpft worden ist. Dieses Mal, weil er angeblich auf deutsches Territorium im Warschauer Vertrag freiwillig verzichtete, also die Oder-Neiße-Grenze anerkannte, und obendrein mit dem Grundlagenvertrag auch noch den Anspruch auf Einheit preisgegeben habe. «Brandt an die Wand!», skandierten NPD-Anhänger vor laufenden Kameras – es war wieder vieles möglich in Deutschland.

Im Osloer Exil während des Krieges verteidigte er als Journalist seine Landsleute zu Hause: Große Teile des deutschen Volkes treffe die Verantwortung für das Geschehen, aber es gebe auch ein anderes Deutschland – und nicht nur Deutsche machten sich schuldig, lautete seine unermüdlich wiederholte Botschaft.[74] Und das sollte Verrat sein? Er differenzierte auf eine Weise, wie es in kein Klischee passte. Er hatte zwei Vaterländer, gewiss, aber aufgegeben hat er das erste Vaterland nie.

«Auf jeden Fall», hielt er fest, «liegen für gewisse Teile des deutschen Volkes ‹mildernde Umstände› vor.» Außerdem sei die Frage, ob es angebracht sei und zu was es führe, ein ganzes Volk wegen seiner Handlungen, die seine Regierung begangen hat, «kollektiv zur Verantwortung zu ziehen». In diesem Fall, fügte er hinzu, wäre zum Beispiel das englische Volk für die Unterstützung der englischen Kriegsvorbereitungen durch Chamberlain verantwortlich».[75]

Brandt: Seine Feinde – ja, Feinde, schrieb er ausnahmsweise zornig – hätte er entschiedener auf «das Wesentliche» hinweisen sollen,

Jung in der Opposition: Als «Willy Brandt» in Oslo 1933, wo er seit diesem Jahr unter dem Tarnnamen im Exil lebt.

wenn sein Lebensweg von dem der meisten seiner Landsleute erheblich abwich, dann war das «nicht deren Schuld, doch auch nicht meine Schande.»[76] Als junger Mann habe er mit dem deutschen Staat, den er für rechts- und menschenfeindlich hielt, nichts zu tun haben wollen. Denen, die eine Pflicht zur nationalen Solidarität erwarteten, wenn das eigene Land in die Hände verbrecherischer Machthaber gefallen ist, habe er nicht gerecht werden können; er habe es als einen «Vorzug, auch als ein Vorrecht betrachtet, nicht mit dem Verderben paktieren zu müssen».[77] Spät, sehr spät schrieb er sich das von der Seele.

Kurz nach seinem Verschwinden wurde in Lübeck eine Anzahl von Freunden verhaftet. Glimpflich kamen sie nur davon, weil sie sich mit «Hinweisen» auf ihn entlasteten. Ähnlich widerfuhr ihm das in den kommenden Jahren häufig, so dass sein Sündenregister bei der Gestapo anschwoll. Noch einmal brach es aus ihm heraus – «Feigheit musste ich mir jedenfalls auch später nicht vorwerfen.»[78]

Sein Antinazismus war «unehrenhaft»? Der aufgeregte Ludwig Erhard, der es später nicht an Respekt habe mangeln lassen, meinte «mir vorwerfen zu sollen, dass ich in der ersten Nachkriegszeit, noch nicht einmal wieder ‹deutscher Staatsbürger› gewesen sei.»[79] Alles war ihm präsent, nichts vergaß er von dieser Dauerverfolgung, bei der er praktisch als vogelfrei galt. Obwohl er die Angriffe auf seine Person nicht gerne dramatisierte, sah er sich sogar bemüßigt, sich an Theodor Heuss zu wenden. Das Wort des Bundespräsidenten von der «Kollektivscham» der Deutschen wegen der nationalsozialistischen Vergangenheit (wider den Begriff von der Kollektivschuld) hatte die Junge Union Saarland in einem Flugblatt gegen Brandt aufgegriffen, auf dessen Vorderseite prangte: «Fragen an Herrn Bürgermeister Brandt alias Frahm – Wer Brandt kennt, wählt Adenauer.» Mit Bezug auf seine Exilzeit gifteten die Autoren, dass eine derart schillernde Persönlichkeit kandidiere, um an die Spitze eines jüngst noch geschmähten Volkes zu treten, könne jeden Anständigen dazu bringen, «sich, um mit Professor Heuss zu sprechen, kollektiv zu schämen».

Heuss hatte daraufhin brieflich Brandt gebeten, ihm die Belege zukommen zu lassen, und sich von den Urhebern klar distanziert. Brandt erwiderte, ob eine solche Verwilderung der politischen Sitten wirklich als etwas Unvermeidbares hinzunehmen sei. Er habe gehört, dass im Mai vorigen Jahres in Karlsruhe Eugen Gerstenmaier und Kurt Georg Kiesinger, beide führende Köpfe der CDU, vor einer Diffamierungskampagne gewarnt, sich aber nicht durchgesetzt hätten. Er wisse, dass auch ein Teil des Katholischen Klerus diese Kampagne mit großen Bedenken sehe. Der Einzige, der sie beenden könne, nämlich der Bundeskanzler, lasse sie geschehen, ohne sich damit identifizieren zu müssen. Er habe sich nicht entschließen können, mit Adenauer darüber zu sprechen, «weil ich dabei in die Gefahr geraten wäre, in der Rolle eines Bittstellers in eigener Sache zu erscheinen». Er sei auf Steigerungen gefasst, endete der Brief, glaube aber trotzdem nicht, dass die Mobilisierung niedriger Instinkte ziehen wird. «Verzeihen Sie, dass ich Sie hiermit behelligt habe. Mit herzlichen Grüßen Ihr sehr ergebener Willy Brandt.»[80]

Das Bedürfnis nach einem frühen Schlussstrich war überaus populär. Eilig, im Jahr 1951 bereits, hatte der Bundestag das «131er»-Gesetz verabschiedet, das Beamten die Rückkehr in den öffentlichen Dienst erlaubte, wenn sie nicht als besonders belastet galten – nahezu sämtliche Abgeordneten stimmten dafür. Und 1960, als seine Partei ihn erstmals als ihren Spitzenmann ins Rennen schickte, fand gerade die erste Verjährungsdebatte statt: Nur gegen den heftigen Widerstand prominenter Fürsprecher gelang es, die Verjährung nationalsozialistischer Verbrechen nach zwanzig Jahren – wie sie für Mordtaten generell galt – zu verhindern; und es brauchte zweier weiterer Anläufe, 1965 und 1969, bis die Verjährungsfrist endgültig aufgehoben wurde. In der CDU dominierte Konrad Adenauer, der unbescholten das «Dritte Reich» überwintert hatte, auch selbst verhaftet worden war. Aber er kannte seine Pappenheimer, er wusste, wie viele seiner «bürgerlichen» Anhänger über den Lebensweg Brandts dachten. Deshalb zündelte der Kanzler sogar selbst.

Dem britischen Journalisten Terence Prittie, der an einer Biographie über ihn arbeitete, gestand Brandt 1972, er habe – nachdem er in zwei Wahlkämpfen «nicht gerade mit Samthandschuhen» angefasst wurde – zwar nicht nach Norwegen, wohl aber nach Berlin zurückkehren wollen, ohne allerdings den Parteivorsitz aufzugeben. Freunden, die seinetwegen angegriffen wurden, habe er einfach zu viel zugemutet. Eine «late reaction» nenne man das auf englisch, erwiderte Prittie daraufhin verständnisvoll. Worauf Brandt ironisch relativierte, ja, das treffe zu, zudem sei er 1963 fünfzig Jahre alt gewesen, und da kämen eben Männer leicht in die Krise ...

Eine normale *Midlife-Crisis*? Ob er sich nicht wirklich zwischen Leben und Tod befunden habe, insistierte Prittie. Darauf Brandt abwiegelnd: Einige Wochen habe er sich schonen müssen, aus gesundheitlichen Gründen. Vieles habe er nicht mehr so wichtig genommen, und noch deutlicher als 1961 sei es «mehr eine äußere Sache» gewesen, er wollte «nichts mehr werden»: «No more ambition.» Unter Umständen, habe er gelernt, könne man sogar effektiver sein, wenn man einmal an diesem Punkt angelangt sei. Denn dann komme es mehr darauf an, «was andere einem zutrauen».[81] Er drängte nicht mehr, er ließ sich bitten, hieß das.

Weggefährten wie Egon Bahr und Horst Ehmke, aber auch sein Sohn Peter sind sich in der Rückschau einig darin, diese «Kampagnen», ja das latent wabernde und geschürte Ressentiment wegen eines «Verrats» am eigenen Land hätten Brandt heftiger getroffen, als er zeigen wollte, weit tiefer sogar noch, als er in den *Erinnerungen* offenbarte, nie seien die Narben wirklich verheilt. Egon Bahr: «Wenn er zuweilen unerklärlich verkrampft erschien, so war das auch eine Reaktion des Körpers, bewußt oder unbewußt, auf die erfahrene Verletzlichkeit und den erlebten Schmerz. Wie konnte er sicher sein, daß die dünne Haut nicht wieder zerfetzt würde?»[82]

Von den wahren Detonationswirkungen der Kampagnen hatte er einige Jahre zuvor noch ganz anders gesprochen, und man sollte es nicht vergessen. Dass er 1961 und 1965 nach den Niederlagen geradezu kollabierte, hing wohl direkt damit zusammen. Für einen Moment blitzte das auf in einem Gespräch mit *Spiegel*-Journalisten, die wissen wollten, ob die persönlichen Angriffe wegen der Emigration ihn wütend, traurig und auch mutlos machten. Zunächst erwiderte er noch abwiegelnd: «Nicht mehr, nicht mehr.» *Spiegel*: «Aber?» Ein eher verzweifelter Brandt grübelte dann: «Manchmal frage ich mich, ob es richtig war, daß ich mich jemals überhaupt gegen die Vorwürfe zur Wehr gesetzt habe. Das ist das einzige, was mich beschäftigt.» Wie um sich selbst Mut zuzusprechen, fügte er noch hinzu, es werde ihn «nicht mehr stören und mir nicht unnötig Kraft nehmen wie in früheren Jahren».[83]

Womit er irrte. Nichts davon verschwand spurlos aus seinem Leben.

Jahre der Selbstvergewisserung erlebte er in Norwegen. Fast ein bukolisches Bild zeichnete er von dem Zufluchtshafen: Jeder bestimmte über sich selbst, kein verordnetes Glück, Rechtsstaatlichkeit, die Arbeiterbewegung als Boden der Demokratie, soziale Kämpfe, die im Rahmen der Verfassung ausgetragen werden konnten – für ihn wurde das, was er dort erlebte, zum bleibenden Maßstab.

Nach einem schwierigen Start erwies sich der Alltag als sorgenfreier als jener der meisten Schicksalsgefährten in anderen Ländern, Brandt hungerte nicht, materiell reichte es. Den Freunden in Deutschland blieb er verbunden, aber in vielem und für lange Perioden lebte und dachte er wie die jungen norwegischen Arbeiter und Studenten, bei denen er künftig zu Hause war.[84] Er schrieb viel, meist für Zeilenhonorar. Als «Emigrant», der untätig abseits steht, wollte er sich nicht verstanden wissen.

Bewundernd nahm er zur Kenntnis, wie generös die Führer der norwegischen Arbeiterpartei über die Allüren des jungen Kritikasters aus dem Nachbarland hinwegsahen, nicht einmal sein Faible für die Linksfraktion *Mot Dag* (*Dem Tag entgegen* – eine kommunistische Vereinigung norwegischer Intellektueller) verübelten sie ihm; nein, sie behielten Recht, vom «Gruppendenken», wie sie es nannten, war der Deutsche nach kaum einem Jahr geheilt.

Mot Dag war, wie er rückblickend urteilte, eine ordensähnliche Gruppe, aber ihn lockte diese Fraktion mit den «begabten Intellektuellen», die den Menschen das richtige Bewusstsein beibringen, sie in einen elfenbeinernen Turm zwingen, die Arbeiterbewegung auf ihrem reformistischen Kurs bremsen wollte. Eine Art Selbstkritik also schickte er seinen Schilderungen aus dem Exil voraus. Aber den linken Dogmatikern geriet er bald in den Verdacht «mangelnder Prinzipientreue». Die «Thesentheologen aller Art» überwarfen sich mit ihm, dem «wortradikalen Weg» schwor er ab.[85] Willy Brandts Häutungen begannen, die es so schwierig machen, ihn und sein Leben auf einen Nenner zu bringen. Denn er brach nicht mit allen Freunden, die er gewonnen hatte, auch wenn sich ihre ideologischen Wege trennten.

Allmählich lernte er, auf sich selber zu hören, statt an eine neue Menschheit zu glauben. Schützend hielt der Vorsitzende der Sozialdemokraten, Oscar Torp, seine Hand über den jungen Exilanten. Immer wieder drängte die Fremdenpolizei auf Ausweisung, Torp bewahrte ihn davor. 1944 dann sollte Brandt wieder in die Reihen der Sozialdemokratie – in Norwegen freilich – zurückkehren, der er so viel zu verdanken hat in diesen langen Exiljahren.

Gegen den nazistischen Terror suchten er und seine Freunde nach dem Reichstagsbrand, Hilfe in Skandinavien zu mobilisieren. Wachrütteln wollten sie die Schläfrigen in Europa. Deshalb machten sie sich für einen «schon halb totgeprügelten Pazifisten» als Kandidaten für den Friedensnobelpreis 1936 stark. Sein Name:

Carl von Ossietzky.[86] Für ihren Heros, eine leuchtende Symbol-figur für die Deutschen im Exil, starteten Brandt und seine Freunde eine Kampagne, und es will etwas heißen, dass es ihm noch im Alter wichtig war zu betonen, von Anfang an sei er dabei gewesen. Für sein «anderes Deutschland», hoffte er, könnte ein Friedens-nobelpreis-Träger namens Ossietzky ein großer moralischer Erfolg werden. Es glückte, das norwegische Preiskomitee entschied sich tatsächlich für den inhaftierten Deutschen, dem der Friedens-nobelpreis 1936 zuerkannt wurde. Willy Brandt und seine Freunde feierten es als einen bedeutenden moralischen Sieg – und das war es zweifellos auch. Carl von Ossietzkys Ehrung, so formulierte er es sorgsam noch 1971, als ihm selbst der Friedensnobelpreis ver-liehen wurde, war ein «Sieg über die Barbarei».[87] Diesem Nazi-Gegner und -Opfer galt seine uneingeschränkte Bewunderung.

Rastlose Exilzeiten wurden es für ihn. Immerhin acht Mal besuchte er von Oslo aus Paris, ein Mal kehrte er insgeheim und in großer Furcht vor Entdeckung für einige Wochen sogar nach Berlin zu-rück, ein Abenteuer ganz eigener Art. Jacob Walcher hatte ihn mit der Visite beauftragt, Brandt tarnte sich als Student mit dem Na-men Gunnar Gaasland und blieb von September bis Dezember 1936 in Deutschland. Als Sprachtalent, das er war, sprach er zur Tarnung deutsch mit norwegischem Akzent.[88] Brandt lernte das Leben im Exil und im Untergrund kennen, gelegentlich sogar, wie man Ge-heimtinte benutzt, obwohl ihm derlei nicht sonderlich lag. Die Emi-gration war kein Abenteuer, und schon gar nicht ein Kinderspiel. Fast könnte man den Satz überlesen, so beiläufig flocht Brandt ihn ein: Immer wieder neu schwor er sich, nicht Selbstmord zu begehen – die Versuchung war da, und sie war groß. Brandt: «Warum sich stärker machen, als man war?» Nicht aus heiterem Himmel, aber nackt und unvermittelt starrt einen beim Lesen dieser Satz an.[89]

Ende Januar 1937 brach er aus dem Exil in Oslo inkognito nach Spanien auf, um sich ein eigenes Bild zu machen und über die Lage im Bürgerkrieg für norwegische Zeitungen zu berichten. Spanien, notierte er, war doch die Hoffnung aller europäischen Antifaschisten. Franco und mit ihm Hitler sollten auf spanischem Boden besiegt werden. Umso größer die Desillusionierung, als er selbst erlebte, wie es unter Franco-Gegnern zu blutigen Auseinandersetzungen kam. Verantwortlich dafür waren 3000 sowjetische «Berater», die einen Geheimdienst aufzubauen begannen. Die bunt gemischte Arbeiterbewegung aus ganz Europa, die zur Solidarität herbeigeeilt war, sollte auf Moskauer Linie gebracht werden. Brandts SAP, mit der katalanischen POUM verbunden – zu der auch George Orwell gehörte – hielt hingegen zu den Anarchosyndikalisten engen Kontakt, die auf Distanz zu der Moskau-Fraktion gingen. Die Flügelkämpfe, die Front in Aragón, der Gedankenaustausch mit dem Schriftsteller George Orwell, der schwer verwundet wurde – Willy Brandt lernte unversehens eine neue Seite des Exils kennen: Die Wirklichkeit, auch auf der Linken, sah anders aus, als er dachte. Auch die POUM, die als befreundete Organisation galt, erwies sich als doktrinär und wollte keinen Unterschied machen zwischen Faschisten und Demokraten, ja, sie nahm «in fast jeder praktischen Frage eine falsche Position ein».[90]

Brandt beim Blick zurück: Zwischen den Stühlen habe er sich plötzlich befunden, er wisse, fügte er hinzu, das sollte ihm später noch oft widerfahren. Selbst von denen, die er für eng und doktrinär hielt, wollte er sich aber nicht einfach distanzieren, denn verfolgt, verhaftet, ermordet wurden sie weiterhin. Zur Opposition gegen Franco (und Hitler) zählten sie schließlich alle. Nur sah er seinen Argwohn zunehmend bestätigt, die Kommunistische Internationale (Komintern) wolle «alle Linken gleichschalten». Während die Kommunisten von Demokratie sprachen, versuchten sie ihre Widersacher – oder die, die sie dazu ernannten – zu eliminieren.[91]

Seiner letzten Illusionen beraubte ihn ein blutiger «Unterkrieg», den er in Barcelona erlebte: Von 3. bis 6. Mai prallten Linke mit Linken zusammen in Straßenkämpfen, die zahlreiche Tote forderten. Die führenden POUM-Leute – von denen Brandt selbst abrückte – wurden zu Sündenböcken gemacht, man wollte «auch den unbequemen Anarchisten das Kreuz brechen».

Zum einzigen Mal jedoch nahm der Journalist, der lieber schrieb, beobachtete, redete, eine Waffe in die Hand. Mit dem absurden Bürgerkrieg, erinnerte er sich, wollte er zwar nichts zu tun haben, «und mochte doch die Waffe nicht von mir weisen, als ich eine der Nächte bei Freunden verbrachte, die es übernommen hatten, ein bestimmtes Gebäude an den Ramblas zu bewachen». Wenn es notwendig geworden wäre, fügte er hinzu, zum eigenen Schutz und dem seiner Freunde zu schießen, «hätte ich daran auch nichts ändern können».[92]

1936: Zersplitterung, fehlende Anerkennung der Demokratie als Wert an sich, papierene Doktrinen, mangelnder Wirklichkeitssinn, kein Gespür für die Machtfrage – am spanischen Beispiel lernte Brandt alles kennen, was die Linke in ihrem Verbesserungs- oder Weltverbesserungseifer falsch machte. Mit George Orwell lernte er hier nach einiger Zeit, den Terror der Kommunisten offen zu geißeln, ja im Rückblick bekannte Brandt von sich, «ein für allemal» hätten ihn diese totalitären Schreckensvisionen gelehrt, es gebe kein höheres Gut als die Freiheit, «und es muß gegen mehr als eine Seite verteidigt werden».[93] Freunde und Bekannte, prominente Schriftsteller wurden verfolgt und liquidiert. Kommunisten in der DDR wie Karl Mewis, auf die er schon in Barcelona traf, behaupteten später, auch Brandt sei unbedingt für die «Einheit» der Linken eingetreten – als hätte er sich erst im Nachhinein distanziert. Aber im Juni 1937 bereits, nachdem Kommunisten in Barcelona POUM-Mitglieder und -Anhänger verhafteten, setzte Brandt sich eilig ab. Kaum in Paris, schrieb er seine Eindrücke nieder – *Ein Jahr Krieg und Revolution in Spanien* – und warnte wütend, die Komintern wolle in ihrem Wahnwitz alle Kräfte vernichten, die sich nicht gleichschalten lassen.

Zurück in Oslo, schickte er nach einiger Verzögerung ein Buch hinterher über *Die Komintern und die kommunistischen Parteien*, um klarzumachen, dass die elementarsten Grundsätze der Arbeiterbewegung von dieser Seite verletzt wurden. Der Bruch war damit perfekt. Selbst wenn er die Politik der Moskauer Kommunisten zu spät durchschaut hatte, Brandt lernte schnell, und er zögerte nicht, Positionen zu räumen, die er selbst einmal innehielt.

Keine Volksfront, das wurde Brandt und seinen Freunden Ende September 1938 klar, konnte verhindern, was doch angeblich der

Zweck dieses Bündnisses war: Der Zug in Richtung Krieg, so sahen sie es, war abgefahren. Sie sollten bald Recht bekommen. Zuerst besetzten die Deutschen die Tschechoslowakei, am 1. September 1939 marschierten sie ein in Polen. Damit hatte sich aber aus Brandts Sicht auch eine Koalition der Unvereinbaren erübrigt.

In drei Sätzen, die klarer nicht sein können, summierte Brandt die Lektion, die er in den ersten fünf Jahren des Exils gelernt hat: «Eine Volksfront ohne Volk auf die Beine stellen zu wollen grenzt an Hybris; auch die Annahme, das deutsche Volk warte nur darauf, Hitler und das ‹deutsche System der Willkür› loszuwerden. Zu meinen, mit den KP-Leuten von Walter Ulbricht gemeinsame Sache machen zu können, war Naivität.» Er fügte hinzu, Heinrich Mann – dem er unverändert großen Respekt zollte – habe das nicht bemerkt und sich missbrauchen lassen, als der Irrtum bereits unübersehbar war. Von sich gestand Brandt, nun sei er sich endlich «seiner Sache sicher» gewesen und «nicht länger ein Suchender».[94] Er hatte geglaubt, zu wissen, wofür man sein müsse. Aber dieses «Wofür» trog.

Zwar wuchs Norwegen ihm als neue Heimat ans Herz, aber einer der deutschen Emigranten blieb er dennoch. Aus beiden Perspektiven, als Norweger wie als Deutscher, empfand er es als einen radikalen Einschnitt, als Hitlers Truppen am 22. Juni 1941 in die Sowjetunion einmarschierten. Polen war seit dem Herbst 1939 bereits besetzt, es sollte als Aufmarschgebiet für den Einfall in die Sowjetunion dienen. Die Entwicklung bestätigte ihm, was er inzwischen über die Moskauer Politik dachte, die Besetzung Lettlands, der Druck auf Finnland, das alles vertiefte noch die Distanz, auch wenn «die Hauptfront der Weltdemokratien diejenige gegen Hitler bleiben müsse».[95]

Im Jahr 1941 wurden «klare Verhältnisse» geschaffen, wie Brandt es ausdrückte: Als er gegen Jahresende zurückkehrte nach Oslo, erfuhr er, dass im *Deutschen Reichsanzeiger* seine Ausbürgerung annonciert worden war. Ausbürgern, kommentierte er das mit einem Brecht-Wort, heiße «entnazen».[96] Ob er es damals auch so kühl sah, oder nur im Rückblick? Schwer zu sagen. Praktisch habe es nicht viel bedeutet, berichtete er lakonisch, er habe seinen deutschen Pass ohnehin nicht benutzt. «Immerhin, ich war nun einer von schließlich 38 766 Deutschen – zusätzlich zu all den deutschen Juden, die nicht mal mehr dieser Prozedur unterworfen wurden –, die nach Naziwillen in aller Form nicht mehr Deutsche sein sollten.»[97]

Auffallend genau allerdings wurde Brandt an dieser Stelle, ein Tag wie jeder andere kann das kaum gewesen sein: Auf der 51. Ausbürgerungsliste stand sein Name, auf der 52. fand sich, wie er sorgfältig vermerkte, der Waldemar von Knoeringens, auf der 54. der Name Max Brauers, des späteren Hamburger Bürgermeisters, und Rudolf Katz›, der als Kieler Justizminister nach dem Krieg für seine Wiedereinbürgerung sorgte. Ein wenig rätselte der Autor freilich daran herum, weshalb seine Enttarnung nicht schon früher erfolgte, immerhin wurden bereits im Jahr 1934 Gefährten von ihm aus den Niederlanden ausgeliefert, und im gleichen Jahr war er in Oslo offensichtlich beschattet worden. Ein «gewisser Herbert Frahm» reise als Kurier für Emigrantenorganisationen durch Europa, hieß es bereits 1937 in einem Bericht der Pariser Botschaft für das Auswärtige Amt in Berlin. Viel stimmte daran nicht, fand er, als er es las. Aber wie die Botschaft in den Besitz seines abgelaufenen Passes gelangt war, blieb ihm ein Rätsel.[98] Die Gestapo wusste damit, dass Brandt mit Frahm identisch war und hatte ihn auf die Liste der Ausgebürgerten gesetzt.[99]

Der Staatenlose zögerte nicht und beantrage die norwegische Staatsbürgerschaft. Als die Deutschen Norwegen besetzten, tauchte Brandt unter und floh, zu bekannt war er als «Deutscher» im Exil, um ein Risiko eingehen zu können. Er musste nicht lange nachdenken darüber, was als neuer Zufluchtsort für ihn dienen könne: Schweden natürlich.

Seine damalige Stimmungslage beschrieb er so: «Ich war ein freier Mann, der zum zweitenmal seine Heimat verloren hatte und zum zweitenmal Exil suchte und es zum erstenmal nicht mehr ausschloß, daß Hitler den Krieg gewinnen könne; ein Deutscher, der nach Norwegen geflohen, und ein Norweger, der nach Schweden entkommen war.» Norwegens Exilregierung in London bestätigte ihm die Einbürgerung, in der Gesandtschaft in Stockholm erhielt er seinen Pass.

Sein wirkliches Drama verbarg sich in der Bemerkung, dass er nun einen Sieg Hitlers nicht mehr für unmöglich hielt. Nicht einmal Schweden erschien ihm noch als sicherer Ort. 1942, als in Stockholm niemand mehr darauf wetten wollte, die Deutschen würden das Land verschonen, ließ er sich vorsichtshalber bei der amerikanischen Botschaft registrieren, um im Notfall die Chance auf ein Visum zu haben.

Offenkundig schwankte er zwischen Fatalismus und Zuversicht, die Nachrichten von der Lage an der Ostfront flossen spärlich. Ende 1941 beispielsweise richtete Brandt an Arne Ording, den außenpolitischen Berater des norwegischen Außenministers, einen Brief, in dem er dringend davor warnte, die Gräuelpropaganda Goebbels' über das Inferno, das die Deutschen nach dem Krieg erwarten könnte, auch noch zu bedienen. Eine günstigere Wirkung jedenfalls, mahnte er, könne man sich in gewissen Kreisen Deutschlands erhoffen, wenn man eine Zusammenarbeit ins Auge fasse, die auf eine «deutsche Umwälzung» und «die Einordnung eines demokratischen Deutschlands in einen größeren europäischen Zusammenhang zielt».[100]

Als er neue Hoffnung schöpfte, Hitler werde scheitern, drängte er seine norwegischen Freunde eilig, sie sollten mit den deutschen Besatzern auf eine möglichst humane Weise umgehen. Viele Soldaten, kalkulierte er, würden sich gegen die Gestapo und die SS-Leute wehren, ja, er ließ sogar die Bemerkung einfließen, dass man möglichst bald schon über einen «gerechten Frieden» nachdenken müsse.[101]

Nichts spürt man von Lust auf Revanche bei ihm, im Gegenteil. Seine Hoffnung auf eine «deutsche Umwälzung», wie er es nannte, hing mit dem Eindruck zusammen, auch neun Jahre NS-Herrschaft hätten die Jugend «nicht einfach vergiftet». Eher könne man sagen, sie sei völlig apolitisch.[102]

So sehr er sich auch zu Hause fühlte in Norwegen, er blieb für viele dennoch auch – Exilant oder Vaterlandsloser. Eine der Polemiken gegen ihn in der Zeitung *Ny Dag*, gegen die er sich vehement wehrte, trug die Schlagzeile: «Der Deutsche in Stockholm». Dieser «Deutsche mit zweifelhaftem Hintergrund», wie es hieß, gehöre zu den «bittersten Feinden der Sowjetunion innerhalb der Arbeiterbewegung».[103] Nichts anderes als Rassismus sehe er darin, erwiderte Brandt seinen Kritikern. Mit tausend Banden fühle er sich Norwegen verbunden, «aber ich habe niemals Deutschland – das andere Deutschland aufgegeben». Unbeirrt hielt er gegen jede «emotionale Deutschfeindlichkeit». Es musste nicht alles so kommen, wie es kam, widersprach er allzu pauschalen Urteilen, niemand werde als Verbrecher geboren, besondere Eigenschaften habe ein Volk, unwandelbare nicht. Offene Ohren fand er selten damit, im Nachhinein sieht es fast so aus, als habe er gegen Windmühlen gekämpft.[104]

Widerstand Er zählte sich zur Opposition gegen Hitler im Exil, als Widerständler bezeichnete er sich gleichwohl nicht. Erst spät und beiläufig gewährte Willy Brandt näheren Einblick, wie konkret seine eigenen Verbindungen zu Persönlichkeiten des deutschen Widerstands waren. Theodor Steltzer, Leiter des Transportwesens beim Generalobersten von Falkenhorst, dem deutschen Oberbefehlshaber im besetzten Norwegen, lernte er durch Vermittlung eines deutschen Geschäftsmannes kennen, der selber von Oslo nach Stockholm geflüchtet war. Steltzer, früher Landrat, gehörte zum Kreisauer Kreis Helmuth James Graf von Moltkes. Den aktiven Widerstand unterstützte er, Attentatspläne gegen Hitler allerdings lehnte er ähnlich wie Moltke ab. Bei einem abendlichen Gespräch in Stockholm – 1942 oder 1943, vermutete Brandt – berief er sich ihm gegenüber darauf, er wolle keine Themen erörtern, die ihn als Offizier in Gewissenskonflikte brächten. Nach dem 20. Juli wurde auch Steltzer verhaftet und zum Tode verurteilt, aber skandinavische Interventionen retteten ihm das Leben. Sein Gesprächspartner, dessen enge Beziehung zur Norwegischen Kirche Brandt kannte, weihte ihn ein «in die Gedankengänge der maßgebenden oppositionellen Kräfte im Reich».[105]

Im Juni 1944 suchte ihn Adam von Trott zu Solz auf, Legations-
rat im Auswärtigen Amt und Sohn eines preußischen Kultusminis-
ters, die Schwedische Kirche hatte das Treffen vermittelt. Der Emissär eröffnete das Gespräch, Brandt zitierte es wörtlich, mit dem
Satz: «Ich bringe Ihnen Grüße von Julius Leber. Er bittet Sie, mir zu
vertrauen.» Von ihm erfuhr er nach langer Zeit erstmals wieder etwas über das Schicksal Lebers, vor allem darüber, welche Rolle er
unter den Berliner Verschwörern einnahm. Aufregend neu war für ihn Trotts «Fingerzeig», dass ein Attentat
bevorstehe. Die Struktur einer neuen Regierung sei weitgehend fest-
gelegt, vielleicht aber werde Julius Leber, nach vier Jahren 1937 aus
der Haft entlassen und als Kohlenhändler getarnt in Berlin, noch
eine bedeutsamere Stelle einnehmen als die des Innenministers, wie
bislang geplant. Trott behielt für sich, dass er nach der Verhaftung
Moltkes außenpolitischer Berater Stauffenbergs geworden war. Anders als Carl Goerdeler, der die Umsturzregierung leiten sollte, vertrat Trott die Ansicht, Deutschland müsse ganz kapitulieren, es sei
sinnlos, den Krieg bis zu einem «gerechten» Frieden fortzusetzen. So
behielt Brandt das Gespräch jedenfalls in Erinnerung.

Warum war Trott zu Brandt gekommen? Von dem «Norweger»
wollte er wissen, ob er sich einer neuen Regierung zur Verfügung
stellen würde, auch wenn er einstweilen für eine noch näher zu be-
stimmende Aufgabe in Skandinavien ausharren sollte. Brandt hielt
es für sicher, dass diese Frage an ihn indirekt von Julius Leber
stammte, ohne Zögern beantwortete er sie daher mit Ja. Auf Umwegen wollte er zudem erfahren, wie Moskau sich verhalten würde,
falls der Widerstand gegen Hitler Erfolg hat.[106]

Es gehöre zu den vielen Legenden, dass die Widerständler einen
Separatfrieden mit den Westmächten angestrebt hätten, fügte
Brandt hinzu. Trotts Wunsch bewies ihm das Gegenteil: Es ging
nicht darum, dass die Offiziere, die zur Revolte entschlossen waren,
danach den Krieg gegen die Sowjetunion hätten fortsetzen wollen.
Im Westen wäre niemand dazu bereit gewesen, und Leber wie
Stauffenberg war klar, «daß das nachhitlersche Deutschland nicht
zwischen den Mächten in West und Ost schaukeln oder gar mit
ihnen spielen dürfe.»[107] Die einzige Chance für die Opposition habe

er in einem Sturz Hitlers gesehen, dem ein Waffenstillstandsangebot folgen sollte. Trott zu Solz – den Brandt noch ein zweites Mal traf, jetzt aber in bedrückter Stimmung – wurde fünf Tage nach dem 20. Juli verhaftet und einen Monat später hingerichtet. Julius Leber hingegen war bereits am 5. Juli ein weiteres Mal festgenommen worden. Oberst Stauffenberg setzte Annedore Leber in Kenntnis, nach der Verhaftung ihres Mannes werde er das Attentat auf jeden Fall wagen.

Lübecks Arbeiter, erinnerte Brandt sich bei dieser Gelegenheit, verehrten Leber schrankenlos, er genoss ihr Vertrauen. Ein «borniertes Bürgertum» hingegen habe ihm blanken Hass entgegengebracht. Für ihn war er ein Vorbild – «ein höheres Lebensziel als das eines Chefredakteurs und Reichstagsabgeordneten konnte ich mir ohnehin nicht vorstellen.» Als 30-Jähriger war Leber aus dem Elsass 1921 nach Lübeck gekommen. Die ersten drei Jahre, schrieb er seiner Frau Annedore, seien seine einheitlichsten und folgerichtigsten gewesen, nämlich «Jahre des unerbittlichen Kampfes gegen die reaktionäre Indolenz bürgerlichen Durchschnittsgeistes und zugleich gegen die passive Mittelmäßigkeit der eigenen Partei». Fast genüsslich, meint man herauszuspüren, zitierte Willy Brandt solche Sätze. «Im Reichstag», fuhr Leber fort, «lernte ich dann die Macht des Mittelmaßes kennen und die noch größere Indolenz der sogenannten Radikalen in unseren Reihen.»[108] Brandt leistete Abbitte, ohne es sagen zu müssen.

Ergriffen und mit tiefstem Respekt schilderte Brandt Lebers Ende, das Todesurteil im Oktober 1944, ein Aufschub, weil die Henker ihn als Geisel behalten wollten, die Vollstreckung des Urteils am 5. Januar 1945, und schließlich die Worte, die er seinen Angehörigen noch zukommen ließ: «Für eine so gute und gerechte Sache ist der Einsatz des eigenen Lebens der angemessene Preis. Wir haben getan, was in unserer Macht gestanden hat. Es ist nicht unser Verschulden, daß alles so und nicht anders gekommen ist.»

Nicht einmal vier Monate später, und Leber wäre ein freier Mann gewesen! Mehr noch, ein sozialdemokratischer Parteiführer wäre er geworden, da war Brandt sich sicher, einer, der das Zeug zum Kanzler ganz gewiss gehabt hätte, so wie er war – «weltoffen und wagemutig, charismatisch und machtbewusst».[109]

Aus solcher inneren Nähe, mit dieser Empathie wie über Julius Leber hat Brandt – man muss es kaum erwähnen – nur über wenige Menschen, denen er begegnete in seinem Leben, gegrübelt, geurteilt und geschrieben.

9. Mai 1945 Am 9. Mai 1945 wurde Norwegen endgültig wieder ein freies Land, bereits am Tag darauf saß Willy Brandt im Zug zurück nach Hause, nach Oslo. Die Etappen, die folgten, ließ er als Memoirenschreiber an sich rasch vorbeifliegen. Natürlich ließ er sich die Chance nicht entgehen, als ihm im Herbst 1945 angeboten wurde, für skandinavische Zeitungen über die Nürnberger Kriegsverbrecherprozesse zu berichten. Nicht *die* Deutschen, die er so oft in Schutz nahm, sondern die Verantwortlichen an der Spitze und Mittäter aus den Eliten, die für ihn die Schuldigen waren, saßen dort vor dem Internationalen Tribunal.

Auf dem Weg nach Nürnberg besuchte er seine Familie, eine aufregende, aber mecklenburgisch-wortkarge Begegnung muss es gewesen sein nach dreizehn Jahren der Trennung. Was haben sie gewusst von den Verbrechen, wollte der Sohn wissen? Martha Frahm und der Stiefgroßvater Ludwig Frahm, «Papa», beide unerschütterliche Nazi-Gegner, gaben vor, wie Brandt verwundert notierte, von Massenvernichtungen keine Ahnung gehabt zu haben. Es sei nicht schwer gewesen, zu fühlen, was in ihnen vorging: Die Anschuldigung, dass alle Deutschen Mörder seien, lastete auf ihnen und die wollten sie nicht tragen.[110]

Wenn Brandt bis dahin noch geschwankt haben sollte, wie er sich dazu verhalten solle, jetzt stand für ihn endgültig fest: Er hatte sich nicht geirrt in Norwegen, die Kollektivschuldthese erwies sich beim ersten Hinsehen bereits als zerstörerisch. Brandt: «Die Fähigkeit der Menschen, sich blind zu stellen, ist nahezu unbemessen und gilt nicht nur für die Deutschen, die im Land geblieben waren. Es ist eine der wesentlichen Einsichten, die der Nazismus und auf andere Weise der Stalinismus vermittelt hatten.»[111]

Brandt: «Was war Schuld? Was Verantwortung? Wo wird aus Mitwisser- eine Mittäterschaft?» Seit dieser Stippvisite im Lübecker Elternhaus zeigte er sich finster entschlossen, nicht pauschal anzuklagen, vor allem aber, sich nicht etwa selbst mit seinem Lebenslauf zu schmücken.

Rasch griff er zu, als Halvard Lange, ein Mitstreiter aus Oslo, ehemaliger KZ-Häftling, inzwischen Außenminister, ihm eine Stelle an der norwegischen Botschaft in Berlin anbot. Herbert Ernst Karl Frahm, «genannt Willy Brandt», wie es in einer offiziellen Bescheinigung hieß, nahm als Presseattaché für seine zweite Heimat, Norwegen, die diplomatische Arbeit in der Hauptstadt auf, als Major und in Uniform.

Im Jahr 1939 hatte er sich von seiner Jugendliebe Gertrud Meyer getrennt, der engen politischen Mitstreiterin, die auch der SAP angehörte. Sie hielt sogar Brandt persönlich, nicht nur die SAP finanziell mit über Wasser. An der «i-Arbeit» (illegale Arbeit), wie sie es nannten, war sie so intensiv und aufopfernd beteiligt wie er. Sie begleitete ihn ins norwegische Exil und war ebenso tief in den Widerstand verwickelt wie Brandt, der als Publizist eine «geistige Gegenwelt zur NS-Ideologie und zur moralischen Stärkung sowie zur politischen Verständigung der SAP-Genossen im Reich und im Exil» bildete. Im März 1940 hat Brandt sich – zunächst zögernd – bereit erklärt, in die USA auszuwandern. Aber für ihn wuchs die Gefahr, nach Deutschland ausgeliefert zu werden. Noch im Oktober 1940 ging sie fest davon aus, Brandt werde zu ihr nach New York übersiedeln.[112]

Im Mai 1941 heiratete er in Stockholm die zehn Jahre ältere Norwegerin Carlota Thorkildsen, die ihm während eines Fliegeralarms im April 1940 gestanden hatte, schwanger zu sein. Ihre Tochter, Ninja, kam Ende Oktober 1940 zur Welt. Aber auch diese Ehe mit Carlota scheiterte bereits zwei Jahre später. Inzwischen hatte er Rut Bergaust (geborene Hansen) kennengelernt, gleichfalls eine Norwegerin, die schon jung zur Arbeiterbewegung gestoßen war. Zeitungslektüre hatte sie zuvor vertraut gemacht mit dem Namen Brandt, dem Deutschen, der ein norwegischer Staatsbürger geworden war. Trotz solcher privaten Affären und Bindungen also und trotz der Liebe zu Norwegen, das ihm mehr bot als Asyl – es brauchte nicht sehr lange, bis er, damals 33 Jahre alt, erstmals an eine Rückkehr dachte, nach Deutschland und nach Berlin.

Zurück nach Deutschland? In der ersten Heimat, dem zerstörten und demoralisierten Deutschland, war zwar prinzipiell die Nachfrage groß nach unbelasteten, jungen Leuten, die sich politisch engagierten. Die Genossen in seiner Partei aber zeigten sich hin- und hergerissen: Emigranten hatten nicht nur Freunde zu Hause, wie er bald zu spüren bekommen sollte. Hatte dieser «Brandt» sich nicht im Exil ausgerechnet mit Jacob Walcher befreundet, einer der bedeutenden Figuren der Arbeiterbewegung und führenden Kopf der SAP im Exil? Die Kommunisten hatten ihn zwar als Abweichler aus ihren Reihen ausgeschlossen, aber als Kommunist oder revolutionärer Sozialist galt er weiterhin.[113]

In Skandinavien galt er als der «hervorragendste Exponent der deutschen politischen Emigration», wie sein Exil-Freund Bruno Kreisky es formulierte. Kurt Schumacher, der erste SPD-Vorsitzende nach dem Krieg, kannte sehr wohl den Namen des jungen Mannes, der zur SAP abgewandert war; «wesensverwandt» jedoch, das räumte Brandt ein, waren sie wahrlich nicht.[114] Erich Ollenhauer, der gleichfalls «draußen» war während der Hitler-Jahre, wünschte ihn sich als Verbindungsmann des SPD-Vorstands zu den Alliierten in Berlin, aber Kurt Schumacher bremste. Er war Parteichef, nahezu unumschränkt. Willy Brandt, gerade 34 Jahre alt, entschloss sich, offensiv zu werden. An den sperrigen Schumacher richtete er einen Brief, wie nur er es konnte: fordernd, voller Selbstbewusstsein, ohne Arroganz, und mit der Ankündigung verknüpft, sich nie jemandem fügen zu wollen, auch wenn er Parteivorsitzender sei. So hatte er sich behauptet in der Emigration, so hatte er überlebt, so gedachte er zu bleiben. Kompromisse ja, aber nicht immer und nicht gegenüber jedem. Ein solcher Punkt war jetzt erreicht. Er spürte, was auf der Kippe stand.

Dann endlich, nach einer langen Geduldsprobe, klopfte im Oktober 1947 der SPD-Parteivorstand offiziell bei Brandt an, ob er für die Sozialdemokraten «Berlin-Beauftragter» werden wolle. Er zögerte nur kurz. Rut Bergaust (Hansen), mit der er verlobt war, erklärte sich einverstanden, mit ihm zu gehen. Brandt aber, der sich nach außen nichts anmerken ließ, muss diese Erfahrung tief getroffen haben, die er in jenen Monaten sammelte, als er sich derart angeprangert fühlte. Einen Bonus hatte er vielleicht nicht erwartet, aber tiefste Vorbehalte? Noch in seinen *Erinnerungen* bebte das alles nach, als er von «miesen Denunziationen» und «geistig Minderbemittelten» schrieb. Es muss in jener kurzen Zeitspanne zwischen neuer und alter Heimat gewesen sein, in welcher er schwankte, wie er mit Nachreden umgehen solle, dann aber den Entschluss still für sich fasste, seine Gefühle *nicht* zu zeigen und einen Preis für die Rückkehr zu bezahlen: Bald wurde es zur Regel, dass andere – nicht viele, um die Wahrheit zu sagen – ihn vehementer verteidigten als er sich, darunter übrigens ein fünf Jahre jüngerer Parteifreund aus Hamburg.

Der Preis schloss Kompromisse mit ein, die nicht immer leicht zu begreifen sind. Zu Recht ist gefragt worden, weshalb ausgerechnet Brandt – mit dieser Lebensgeschichte – zu Beginn der sechziger Jahre dem Parteiausschluss von engen Freunden aus den Zeiten des Exils in Norwegen zustimmte. So verteidigte er den «Sofortausschluss» Max Köhlers, der in Ungnade gefallen war, weil er einen kirchenkritischen Aufsatz publiziert hatte. Unter Brandts Ägide ging die Parteiführung ebenso rigoros gegen Minderheitsmeinungen vor wie zuvor unter Franz Neumann, seinem Widersacher in Berlin. Geschlossenheit galt als unbedingtes Ziel. So locker und demokratisch wie in Oslo nahmen sich die Sitten in Berlin wahrlich nicht aus. Aber dieser Heimkehrer, der wieder Anschluss finden und Einfluss gewinnen wollte, schluckte verblüffend viele Kröten und verbog sich – auch wenn er es nicht immer so empfunden haben mag.[115]

Andererseits: Gerade auch in den frühen Berliner Jahren verfestigten sich die Bande, die dauerhaft hielten. Unermüdlich diskutieren konnte er mit Egon Bahr, Klaus Schütz oder Heinrich Albertz, die sich auf seiner Wellenlänge bewegten, ihnen gegenüber blieb er kompromisslos loyal, er öffnete sich ihnen, soweit er sich öffnen konnte, lebenslange Weggefährten wurden sie. Egon Bahr und Klaus Schütz nahm er später sogar mit ins Auswärtige Amt nach Bonn.

Am 1. Juli 1948 erhielt er den Bescheid, er sei wiedereingebürgert. Im Herbst kam der erste seiner drei Söhne aus der Ehe mit Rut zur Welt, Peter. Zehn Monate später beantragte er offiziell eine Namensänderung, weil der legale Name und das «behördlich bestätigte Pseudonym» oft zu Missverständnissen führten, er sei als Journalist nun einmal unter dem Namen «Willy Brandt» bekannt.

Als «Niemandsland am Rande der Welt» empfand er Berlin. Seine Berliner Karriere beschrieb er einmal folgendermaßen: Gegen diejenigen in der Partei habe er sich durchsetzen müssen, die gerne «nein» sagten, während er «ja» sagen wollte. Nein hatte er oft genug gesagt, Nein zu den Nationalsozialisten, Nein zur SPD, Nein zur bürgerlichen Welt, der er etwas vage Idealistisches entgegenstellte. Brandt zog es längst vor, zu sagen, *wofür* er ist. Das hatte er übrigens mit einem gemein, den er bis dahin nicht kannte – Helmut Schmidt.

Sein erstaunlichstes Buch, *Verbrecher und andere Deutsche* (Im Original: *Forbrytere og andre tyskere)*, 1946 in Oslo veröffentlicht, ist ein Schlüssel zum Verständnis von Brandt geblieben. Vor allem seine Erfahrungen beim Nürnberger Kriegsverbrecher-Tribunal inspirierten ihn zu diesem Text. Brandt übersetzte den Titel selbst mit *Verbrecher und die anderen Deutschen.* Damit sei schreckliche Verwirrung gestiftet worden, notierte er, denn mit der Publikation habe er gerade die Mehrheit der Deutschen gegen die Minderheit der Verbrecher in Schutz genommen. Tatsächlich diente gerade dieses Buch, das in deutscher Übersetzung seinerzeit nicht zu lesen war, lange Zeit als Beleg dafür, dass er die Kollektivschuld-These vertrete. In Wahrheit verteidigte er darin seine «erste Heimat» – jedenfalls das, was zu verteidigen war – verblüffend konsequent.

Besonders dem Widerstand galt sein ungeteilter Respekt. Ihm ging es in Oslo vergleichsweise besser als vielen jener Kommunisten und Sozialdemokraten, Priester und Einzeltäter, preußischen Adligen oder Offizieren des 20. Juli, die den Kampf gegen Hitler zu ihrem obersten Ziel gemacht hatten. Viele hatten dafür mit ihrem Leben gebüßt.

Mit der «Beseitigung von Ruinen» wolle er sich befassen, schrieb Willy Brandt darin, «Ruinen auf den Straßen und in den Hirnen».[116] Hitler – und andere vor ihm – hatten versucht, den Deutschen einzureden, dass sie berufen seien, die Herren Europas und der Welt zu sein, schrieb der Autor bereits im ersten Kapitel unter der Überschrift «Herrenvolk oder Verbrecherbande?» Die wahnwitzigen Ambitionen endeten mit einem gewaltigen Fall. Der Hitlerismus habe zwar alles getan, um sich «so viele Mitschuldige wie möglich zu schaffen». Wunschdenken wäre es zu behaupten, räsonierte er allerdings auch, eine bestimmte Gruppe oder Klasse sei gegen das nazistische Gift immun gewesen.[117] Das sei aber nicht dasselbe, als wären die Deutschen zu einer Nation von Verbrechern prädisponiert. Sie sind, fuhr er fort, auf vielerlei Weise ein unreifes Volk – «sie werden aber nicht als SS-Männer geboren.» Besondere Umstände haben die Deutschen zu «Werkzeugen – und Opfern – des Nazismus werden lassen».[118] Eine «Gemeinschaft in Not» sei nicht der schlechteste Nährboden für einen «neuen Patriotismus», sinnierte Brandt sogar laut, vielleicht habe die deutsche Kultur hier eine Aufgabe zu erfüllen, auch wenn er sich darüber im Klaren sei, dass das so kurze Zeit nach Majdanek, Bergen-Belsen und Auschwitz «eine kühne Hoffnung ist».

Brandt: Nur von außen betrachtet sähen die Deutschen wie ein Block aus, weil sie bis zu «the bitter end» marschiert seien, weil keine «innere Erhebung» folgte und der Nazismus «durch die Armeen der alliierten Nationen zerschlagen» wurde.[119] Die Verantwortung müssten alle tragen, gleichbedeutend mit Schuld sei das jedoch nicht.

Verblüffend breit war das Panorama des Widerstands, das Brandt zu einem so frühen Zeitpunkt ausbreitete. Weit hinaus über die Männer des 20. Juli führte es, schloss Einzelne, Oppositionelle, Sozialdemokraten, Kommunisten, Kirchenmänner und die militärische Opposition der ersten Phase mit ein, getragen von einem großen Respekt, der auch denjenigen galt, die nicht Demokraten waren.

Selbst 1982, als er seine *Erinnerungen* zu Papier brachte, fand er Anlass zur Klage, die große geschichtliche Würdigung des deutschen Widerstands und seiner Opfer sei noch nicht geschrieben.[120] Brandt: Unterschätzt wurden die Kräfte im Untergrund, zu lange habe man sich in phantasieloser Einseitigkeit auf das gestützt, was die Gestapo schriftlich darüber festgehalten habe. Allerdings wandte er auch kritisch ein, zu ausschließlich habe sich das Interesse auf den 20. Juli 1944 konzentriert, man dürfe den Widerstand der Antifaschisten darüber nicht vergessen. Mit der Aufmerksamkeit der Welt habe er nicht rechnen können, aber umso größere Tapferkeit von allen Beteiligten habe es verlangt – «sie dienten Europa, aber auch Deutschland» –, seien sie nun Sozialisten oder Kommunisten, Konservative oder Liberale, Christen, Juden oder Atheisten gewesen.[121]

Ausdrücklich erwähnte Brandt ihre Namen, er wollte sie ehren: Landesbischof Wurm in Württemberg, Bischof Galen in Münster, der in seiner Predigt vom 3. August 1941 die Morde an den Geisteskranken enthüllte, der protestantische Pfarrer Stellbrink und drei katholische Priester in seiner Geburtsstadt Lübeck, die wegen Hochverrats, Begünstigung des Feindes und Abhörens feindlicher Sender zum Tode verurteilt wurden, ein Pfarrer aus Plötzensee, Peter Buchholz, Dr. Metzger, der Hitler mutig davor warnte, den Krieg fortzusetzen, Dr. Kiep aus dem Auswärtigen Amt ... Es lag ihm am Herzen, die Breite des Spektrums zu zeigen und zu illustrieren, dass die Hitler-Gegner aus allen Schichten stammten.

Auch aus den Gestapo-Berichten geht hervor, dass es mehr Widerstand gab, als man während des Krieges in Erfahrung brachte.[122] Zum Beleg führte Brandt Äußerungen des «Reichsleiters» Alfred Jodl an vom 7. November 1943, der während einer Konferenz davon gesprochen hat, im Volk machten sich feindliche Propaganda, Kleinmut und böswillige Gerüchte breit, der «Teufel der Zersetzung» schreitet voran, «alle Feigen» suchen nach einer politischen Lösung.[123]

Brandt, um Verständnis bemüht: «Es hat etwas von einem Mysterium an sich, dass die Nazis so lange weitermachen konnten. Es kann nur mit der phantastischen Macht erklärt werden, die sie in ihrer Hand vereinigt hatten.» Deswegen sei die Opposition gespalten und unentschlossen gewesen, sie war «nicht vom Glück begünstigt». Aber umso nachdrücklicher wollte der Autor festhalten: Gefehlt hat es nicht an Leuten, die bereit waren, ihr Leben einzusetzen. Zehn von den zwölf Sozialdemokraten des zentralen Arbeitsausschusses, der im Jahr 1933 gebildet wurde, verloren ihr Leben. Als die Gewerkschaftsbewegung nach dem Krieg wiedergegründet wurde, bestand die Leitung aus acht Personen, alle hatten in Gefängnissen und Konzentrationslagern gesessen. Endlich «die Männer des 20. Juli»,[124] die auch mit ihm Kontakt aufgenommen hatten: Um den Versuch einer «geschlossenen Widerstandsgruppe» handelte es sich, nur endete er unglücklich. Als Prozessbeobachter in Nürnberg sah er bereits einen kleinen Ausschnitt aus den Filmaufnahmen von den Verhandlungen vor dem Volksgerichtshof. «Es ist schäbig, die Ehre der Opfer anzugreifen.» Brandt, kategorisch und ohne jeden Vorbehalt: Der 20. Juli war eine «Revolution». Sie war nicht erfolgreich. Es ging ihr um eine Befreiung «von innen».

Auch die ersten Attentatspläne skizzierte er, wieder mit Namen, von Halder, Harnack, Canaris, später der junge von Schlabrendorff, Axel von dem Bussche ... «Phantastisch», dass dies «mitten im Gestapo- und Mörderreich» möglich war. Brandt: «Doch noch phantastischer ist, dass aus so viel Verschwörung so wenig herauskam.»

Ein Beleg mehr war es für seine Überzeugung: Chancen, das Schicksal zu wenden, gibt es immer, wenn man nur hinreichend entschlossen ist; und jedenfalls gab es sie, diese «anderen Deutschen», auch wenn das «andere Deutschland» am Ende der «Geburtshilfe der Alliierten bedurfte».[125] Der Frage, wie dem Wiederaufbau eine «europäische Perspektive» verliehen werden könne, widmete er sein Schlusskapitel.[126] Die «Rettung» sah er nicht in einem Versuch, die Kontinuität zu bewahren, sondern in einem «entschlossenen Neubeginn»: «Die Nazis versuchten, Europa zu verdeutschen. Jetzt kommt es darauf an, Deutschland zu europäisieren. Das geschieht nicht durch eine Zerstückelung ... Das Problem

Deutschlands und Europas kann nur dadurch gelöst werden, dass man West, Ost – und das, was in der Mitte liegt – vereint.»[127]

«Nur verneigen» könne man sich vor der «unglaublichen Kenntnis, der moralischen Strenge und der historischen Fairness» des Autors, gestand freimütig Richard von Weizsäcker, als er im Deutschen Historischen Museum Berlins eine Neuausgabe dieses Buches präsentierte. Erst 32 Jahre sei der Autor alt gewesen. Seine Freunde und ihn selbst – kaum jünger als Brandt – hätten damals Überlebenssorgen geplagt, das Essen und die Heizung im Ofen, und da komme dieser Willy Brandt daher und urteile über die Zeitverhältnisse, über die Schwierigkeiten, nach dem großen Versagen wieder eine Nation zu werden, über die Unfähigkeit, ein verlässliches Bürgertum zu bilden, er schreibe fair über das Ende des Ersten Weltkrieges und fasse ein «europäisches Deutschland» ins Auge – und nicht zu vergessen, er versuche den europäischen Nachbarn klar zu machen, dass es neben den Verantwortlichen auf der Nürnberger Anklagebank trotz allem diese «anderen Deutschen» gab.[128]

Von Berlin aus denken Was aus Deutschland werden würde, so der frisch Wiedereingebürgerte, «lag im Dunkeln».[129] Aber er wollte mit dabei sein, wenn das Land – von den Siegermächten geteilt – eine neue Chance erhielt, dafür hatte er im Exil doch immer geworben. Trotz aller Widerstände und Widrigkeiten in der Berliner Politik – von dieser Stadt aus sah er auf Ost- und Westdeutschland, hier gewann er seine Kategorien, Berlin wurde zum politischen Kern seines nächsten Lebens. Brandt lernte und blickte nach vorn, wie er es liebte. Offener, unbefangener, freier fühlte er sich gewiss als viele in dem demoralisierten Land, das er 1933 verlassen hatte und das von außen befreit worden war. Gleichwohl passte er sich geschmeidig den Verhältnissen an, er wollte nicht anecken, sondern ankommen. Peter Merseburger geht so weit zu sagen, Brandt habe damals ein «taktisches» Verhältnis zur eigenen Vergangenheit entwickelt.[130] Das Exil, Norwegen, Schweden, alles rückte weit weg.

77

Gelernt hatte er jedenfalls in Skandinavien, den anderen zuzuhören und sich um Verständnis zu bemühen, bevor er Position bezog. Es gibt nicht nur eine Wahrheit! Auf ein funktionierendes Parlament – nicht auf eine Räterepublik – hoffte er wie viele andere
auch, im Sinn hatte er dabei die norwegischen Erfahrungen, die an-
gelsächsische Demokratie, vor allem die westliche Zivilisation mit
ihrem Ankerpunkt, Amerika.[131]

Reuter Lange brauchte es nicht, bis dieser junge Mann aus dem
Exil in Westberlin als Kopf der «amerikanischen Frak-
tion» an der Seite Ernst Reuters galt, des führenden Kopfes der So-
zialdemokraten in Berlin.[132] Über Reuter, Oberbürgermeister seit
Ende 1948 (seit 1950 hieß es Regierender Bürgermeister) verfasste
Brandt kurz nach dessen Tod im September 1953 (gemeinsam mit
Richard Löwenthal) eine umfangreiche Biographie, die einzige, die
er je schrieb.[133]

Auch Ernst Reuter war zurückgekehrt aus dem Exil. Zuflucht
gefunden hatte er in der Türkei, allein das schon band sie aneinander; aber er war in vielerlei Hinsicht eine imposante Figur, die
Brandt unumschränkt respektierte. Was fesselte Brandt derart an
Reuter, der eine Generation älter war? Zunächst einmal – selbstbewusst, aber nicht selbstherrlich fand er ihn. Das war nach seinem
Geschmack. Dass sie beide «draußen» waren, wog sehr viel. Vor
allem aber kam es darauf an, «wie einer die Emigration erfahren
hatte, wie er die Geschichte der Partei, der Weimarer Republik,
auch die eigenen Wege und Irrwege verarbeitet hatte und ob der
Sinn für das Wirkliche geschärft worden war».[134] Der Sinn für das
Wirkliche geschärft – das war der entscheidende Satz. Das Leben
hatte sie beide zu Realisten erzogen, wollte Brandt sagen, darin entdeckte er eine Parallele, aber auch das Faszinosum. Der «Regierende» war um viele Erfahrungen reicher, er war durch viele Täler
gegangen, hatte sich selber vielfach korrigiert, stellte sich ein auf
Neues – kurzum, von Reuter konnte man lernen.

Tatsächlich war es Reuters Stimme, die bald nach dem Krieg
über die Stadtgrenzen hinaus, ja weltweit vertraut wurde; am

24. Juni 1948, nach Verhängung der Blockade gegen Berlin, klang sie folgendermaßen: «Volk von Berlin! In diesen Stunden schwerster Entscheidungen rufen wir euch zu: Laßt euch von niemandem und von nichts beirren. Geht euren Weg unangefochten geradeaus.»[135] Selbst sein Pathos beeindruckte Brandt, der zu Pathos selten neigte.

Vor 80 000 Menschen erklärte Reuter auf dem Herthasportplatz im Arbeiterviertel Gesundbrunnen am Tag des Blockadebeginns seinen Zuhörern, worum es nach seiner Meinung ging: Nicht einfach um einen Währungskonflikt, sondern um ein «Symbol des Kampfes zweier verschiedener wirtschaftlicher und politischer Systeme, der nun einmal hier in Berlin und um Berlin zum Austrag kam.» Reuter weiter: «Wir haben unter einer solchen Sklaverei im Reiche Adolf Hitlers gelebt. Wir haben genug davon. Wir wollen keine Wiederkehr ... Heute weiß die ganze Welt, daß wir nicht die heimliche, sondern die wirkliche Hauptstadt Deutschlands sind.»[136]

Wenn Reuter für Brandt das Vorbild war, dann Churchill für Reuter: Schon in den Wartejahren des Exils hatte er ihn bewundert, vor allem die Entscheidung des Briten im Sommer 1940, nach dem Zusammenbruch Frankreichs den Widerstand gegen den siegreichen Diktator fortzusetzen – «if necessary alone». Für diesen Redner waren die Berliner nicht die Stimme Amerikas, wie ihm Kritiker vorwarfen; die Sache sei umgekehrt, erwiderte ihnen Reuter, «die Amerikaner sind die Stimme Berlins».

Es fiel dann das Wort, seine Entscheidung zum Widerstand aus moralischen Überlegungen heraus habe sich als die «einzige Realpolitik»[137] erwiesen. Die Biographen, Brandt und Löwenthal, gingen noch weiter: Sie meinten, Reuter habe damit die Krise nicht etwa verschärft und die Weltkriegsgefahr erhöht, im Gegenteil, ohne solche Entschlossenheit hätte man sich möglicherweise bald im dritten Weltkrieg befunden.

9. September 1948: 350 000 Berliner zogen an diesem Tag mit der größten Demonstration der Nachkriegszeit den schwankenden Alliierten Rückgrat ein, die bereits einen Kompromiss mit den Sowjets suchten. Wieder war es Reuter, der für sie die richtigen Worte fand: «Völker der Welt! Schaut auf Berlin und das Volk von Berlin.»[138] Zum Standhalten rief er auf, aber er moderierte zugleich:

1947: Die beiden starken Männer der Berliner Sozialdemokraten, Otto Suhr, Vorsteher der Berliner Stadtverordnetenversammlung, und Oberbürgermeister (später Regierender Bürgermeister) Ernst Reuter. Brandt galt als Reuters «junger Mann». 1957 folgt er beiden als «Regierender» im Schöneberger Rathaus nach.

Leicht hätte der Kalte Krieg umschlagen können in einen militärischen Konflikt; dass Stalin selbst für den Fall eines amerikanischen Panzerdurchbruchs auf den Zufahrtswegen zu einer strikt defensiven Reaktion neigte, wusste man seinerzeit nicht.[139] Am 12. Mai 1949, nach 322 Tagen, ließ der Moskauer Diktator die Blockade beenden. Die Luftbrücke hatte nicht nur funktioniert, sie hatte erfolgreich den Überlebenswillen Berlins unterstrichen. Nicht zuletzt war es ein Triumph für Reuter.

Aus jenem Chaos sei Ernst Reuter gekommen, schwärmte Brandt noch in seinen *Erinnerungen*, das allein «große Führer» hervorbringe. Große Führer? Nicht einmal diese Vokabel schreckte ihn, er benutzte damit eine Formulierung des anderen politischen Kopfes, den er ähnlich verehrte, Julius Lebers.[140] Reuters Vita nahm sich noch abenteuerlicher aus als seine eigene. 1889 geboren, hatte er sich als junger Mann hinreißen lassen von der russischen Oktoberrevolution, schloss sich der KPD an, war Volkskommissar an der Wolga, erschrak allerdings über die radikalen, autoritären Praktiken der Komintern und ging auf Distanz; später wurde er *Vorwärts*-Redakteur, Oberbürgermeister von Magdeburg, bis er vor den Nationalsozialisten nach Ankara emigrierte. 1946 kehrte er heim nach Berlin, zunächst als Stadtrat für Verkehr. Mit diesem Reuter – Revolutionär, Journalist, Politiker wie er – war Brandt «fast ein Herz und eine Seele»,[141] wie er in einer selten emotionalen Anwandlung gestand.

Bereits 1952 ermutigte der Patron seinen 24 Jahre jüngeren Schützling Brandt, sich um den Parteivorsitz in Berlin zu bewerben. Aber Chancen hatte er keine, mit eindeutigen 296 zu 135 Stimmen schlug Franz Neumann, ein «mutiger, aber zu enger» Traditionalist, den Newcomer, obwohl auch Brandt sich offen zur Parteirechten zählte. Unbeirrt wie Reuter hielt er fest an einer engen Anlehnung an die USA – während selbst der moderate Erich Ollenhauer warnte, man müsse sich nicht «unbedingt noch amerikanischer gebärden als die Amerikaner».[142]

Zu denen, die Ernst Reuter gleichermaßen verehrten, zählte Helmut Schmidt, aber vor dem Hintergrund eines ganz anderen Lebensweges. Unter der Überschrift «Leitbilder» nahm er ihn in seinen Erinnerungen an die «Weggefährten» an prominenter Stelle auf. Es lohnt sich, einen Moment lang auch den Gründen für seine Verehrung nachzulauschen.[143] Denn nicht immer haben Brandt und Schmidt ihre Bewunderung für dieselben Personen geteilt.

Während der Blockade, schwärmte Schmidt ähnlich wie Brandt, inspirierte Reuter in mitreißender Art den Willen der Berliner, sich nicht unterkriegen zu lassen, genoss die Sympathie der Amerikaner, die die Luftbrücke organisierten, sogar den grimmigen Respekt der Sowjets erwarb er sich. In Erinnerung rief er aber besonders einen Auftritt Reuters im Herbst 1953, kurz nach der Bundestagswahl: Es omme darauf an, dem Volke zu sagen, *wofür* die SPD eintrete, statt immer nur zu sagen, *wogegen* sie sei, referierte er ihn. Nichts hätte seinem Grundbedürfnis mehr entgegenkommen können. Kurt

Schumachers ständiges Dagegen-Sein störte ihn, und so hielten es viele seiner Parteifreunde. Vor allem mit dessen außenpolitischen Leitlinien haderte er – ganz wie Brandt.

Kurt Schumacher war bereits tot, als Schmidt 1953 in den Bundestag kam. Mit Erich Ollenhauer hatte die SPD zum zweiten Mal bei den Bundestagswahlen weniger als 29 Prozent eingefahren, Schmidt glaubte nicht, dass sich die Ausgangslage mit ihm verbessern ließe. Ollenhauers konzeptionelle Kraft, seine Vitalität, seine Beredsamkeit, das alles reichte erkennbar nicht aus, um die Opposition zu führen und die Regierung abzulösen. Das war der Grund, erinnerte Schmidt sich, weshalb viele von ihnen damals ihre Hoffnung auf Reuter setzten.

Besonders für eine eindeutige Anlehnung an den Westen plädierte der Regierende, das wog am schwersten. Seine ökonomischen Einschätzungen klangen zudem realistisch. Aufgeblickt habe er daher zu dem Mann, der fast im Alter seines Vaters war, bekannte Schmidt unumwunden, ja, so sehen zukünftige Führer der Sozialdemokratie aus! Zutiefst erschütterte Loki und ihn daher die Nachricht von Reuters Tod, die sie wenige Tage später im Autoradio überraschte – «so, als sei mein eigener Vater gestorben». Ungewohnt offen notierte er, er habe gefürchtet, die «Kontrolle über meinen Wagen zu verlieren». Am Straßenrand musste er anhalten, um sich zu sammeln.[144]

Für längere Zeit, schrieb Schmidt, sei er nun ohne einen «Leitstern» geblieben.[145] Brandt wiederum entschloss sich spontan, eine Biographie über den verehrten Reuter zu beginnen.

Exklusiv freilich band Brandt an Reuter eine Erfahrung, die Schmidt nicht hatte sammeln können – im Exil suchte und verteidigte Ernst Reuter, fast ein Vierteljahrhundert früher geboren, bereits sehr früh und leidenschaftlich jenes «andere» Deutschland, auf das auch Brandt so unverbrüchlich hoffte. Der entscheidende Wendepunkt des Zweiten Weltkrieges sei erreicht worden, glaubten der Ältere wie der Jüngere um die Jahreswende 1942/43, beide fragten sich, ob die schlimmsten Folgen der Katastrophe für Deutschland noch abgewendet werden können. Voller spürbarer Sympathie schilderten daher die Biographen Brandt und Löwenthal, wie Reuter darauf drängte, dass alle «namhaften Deutschen im Exil, alle, die sich Sauberkeit und Anständigkeit erhalten hatten, zu einem gemeinsamen Schritt entschließen».[146] Brandt hielt seinerzeit eine «Volksfront» für sinnvoll, während Reuter 1943 an Thomas Mann appellierte, das Schlimmste für Deutschland zu verhindern und dem deutschen Volk nicht die «Alleinverantwortung für alles» aufzubürden.[147]

Was aber die Westorientierung der Bundesrepublik angeht, die Reuter antizipierte – darin folgten ihm Brandt und Schmidt gleichermaßen. Nur, ohne die Hilfe einer solchen Autorität wie Reuter traute sich keiner der Jüngeren zu, gegen Schumacher und die Phalanx der Granden eine große Kurskorrektur durchzusetzen. Herbert Wehner hatte zu dem Zeitpunkt noch nicht hinreichend Einfluss, und er dachte auch nicht wirklich «transatlantisch». Erst 1960 setzte er sich an die Spitze der Wende.

Brandt verband der Glaube an das «andere Deutschland» mit Reuter, Schmidt verehrte vor allem den Mann, der ihm eine künftige Politik vorzeichnete – ein «Wofür». Zur Projektionsfläche wurde er für beide gleichermaßen, für Brandt und für Schmidt. Ihre Verehrung für Ernst Reuter spiegelte wider, wie sie sich trotz der unterschiedlichen Lebenserfahrungen annäherten und in den Grundfragen der frühen Bundesrepublik einen gemeinsamen Nenner fanden.

III. Mauerbau und Sturmflut

17. Juni 1953 Ein Volksaufstand brach aus am 17. Juni 1953, kurz nach Stalins Tod, der blutig niedergeschlagen wurde. Nicht nur in Ostberlin, in vielen Städten der DDR erhoben sich Arbeiter, der Protest – soziale und nationale Motive vermischten sich – war breiter und ging tiefer, als man im ersten Augenblick sah. Unruhe im westlichsten Vorposten ihres Imperiums – für Moskau war es ein Alarmzeichen, und es lag nahe, dass der Kreml ein für alle Mal gerade in Ostdeutschland, an der empfindlichsten und exponiertesten Nahtstelle zum Westen, ein Exempel statuieren würde. Osten und Westen standen sich acht Jahre nach Ende des Zweiten Weltkrieges waffenstarrend gegenüber, die Bundesrepublik allerdings – noch nicht wiederbewaffnet – war vollkommen auf den Schutz der USA angewiesen. Würde es zu einer Eskalation kommen? Der Berliner Brandt trat ausdrücklich als Moderator im Parlament auf, nicht als Scharfmacher, auch das hatte er von Reuter gelernt – die richtigen Worte zur richtigen Zeit, das hieß nicht einfach, rhetorisch aufzurüsten und den Kalten Krieg anzuheizen. Brandt: Weiterhin gebe es keinen anderen Weg als den, eine «friedliche Lösung der deutschen Frage» zu suchen, nur Verhandlungen könnten helfen. Die 18 Millionen Menschen in der Ostzone dürften «weder durch unser Zutun noch durch unser

Nichtstun» der Gefahr ausgesetzt werden, dass die Verhältnisse betoniert würden. Brandt aber räumte ein, über was von wem verhandelt werden solle, wie die gewünschte Aktivität, Zielklarheit und Entschlossenheit zu beweisen sei, auf all diese Fragen hätten sie selber keine fertige Antwort gehabt.[1] Unter dem Strich war es eine wohldosierte Mahnung zur Besonnenheit. In Ostberlin setzten sich – mit Moskaus Hilfe – die Hardliner durch, die SED in Ostberlin betonierte sich ein, lange bevor dann die Mauer durch Berlin gebaut wurde.

Auch Kurt Schumachers Nachfolger Erich Ollenhauer – nach dessen Tod hatte er beide Ämter, Partei- und Fraktionsvorsitz, übernommen – fehlten der Mut und die Weitsicht, am sozialdemokratischen «Nein» zur Westintegration zu rütteln. Er galt als integer, aber als «Nummer zwei», nur vom Zufall an die Spitze befördert. Aber den Berliner Mahner schätzten die Genossen nicht sonderlich, auch seine umsichtige, standfeste Haltung beim Volksaufstand beeindruckte sie offenbar wenig. Das sollte sich bald ändern: Am 29. September 1953 starb überraschend Berlins erster großer Repräsentant, Ernst Reuter, die ganze Stadt trauerte, Brandt traf sein Tod besonders tief. Mit Otto Suhr wurde eine ähnlich imposante Figur zum Nachfolger Reuters ins Amt des Regierenden Bürgermeisters gewählt, Willy Brandt folgte ihm als Präsident des Abgeordnetenhauses nach. Notgedrungen arrangierte sich die Berliner SPD allmählich mit dem jungen Mann Reuters, dem Mann von der «amerikanischen Fraktion». Sein Aufstieg kündigte sich an.

Aufstand in Ungarn   Drei Jahre nach den Ostdeutschen probten die Ungarn unter Imre Nagy den Aufstand – die Suez-Krise war kaum vorbei –, sowjetische Panzer walzten die Freiheitsbewegung nieder. Die Nachrichten aus Budapest, schrieb Willy Brandt später, hätten die Erinnerung an die Ostberliner Erhebung geweckt, kaum vernarbte seelische Wunden seien wieder aufgebrochen.[2] Es handelte sich um das zweite Exempel im Moskauer Imperium, das damit statuiert wurde. Das Risiko eines atomaren Konflikts lag in der Luft – und bremste Übereifrige, die den Mund in der Auseinandersetzung mit Moskau und seinen Satrapen zu voll genommen hatten. Vergeblich versuchten Franz Neumann und Ernst Lemmer, die starken Männer der Sozialdemokraten und der CDU, die empörten Berliner zu besänftigen. Willy Brandt, der nach ihnen ans Mikrophon trat, forderte die Menge dazu auf, sich am Steinplatz in Charlottenburg vor dem Denkmal für die Opfer des Stalinismus zu versammeln – mit dem Hintergedanken, so einen Protestmarsch nach Ostberlin abzuwenden. Vor dem Denkmal stimmte er das Lied vom guten Kameraden an, zahllose Berliner fielen mit ein. Mehrere Tausende zogen gleichwohl zum Brandenburger Tor. Brandt kletterte eilig auf ein Auto und «setzte noch einmal brutal auseinander, daß ein blutiger Zusammenstoß den Ungarn nicht helfen, wohl aber einen Krieg entfesseln könnte».[3] Die Berliner nahmen ihn ernster als manche Parteifreunde. Brandt war es plötzlich, der sie an Reuter erinnerte. Auch Otto Suhr, der überaus populäre Regierende Bürgermeister, starb bald, 1957, gerade vier Jahre war er im Amt. Trotz der Vorbehalte gegenüber Brandt in der SPD gab es nun also keinen Streit mehr, der Jüngere rückte automatisch an die Spitze des «Reuter-Fügels».

In Bonn eroberte Konrad Adenauer bei den Wahlen vom 15. September mit über fünfzig Prozent die absolute Mehrheit, Ollenhauer und die SPD landeten abgeschlagen bei 31,8 Prozent. Nun schwenkte auch der Vorsitzende resigniert ein, entzog dem traditionalistischen Flügel um Neumann in Berlin die Gunst und unterstützte erstmals ausdrücklich Brandt, der am 3. Oktober 1957 mit überwältigender Mehrheit zum Regierenden Bürgermeister gewählt wurde.

An der Spitze stand damit ein 43-jähriger Sozialdemokrat, aus dessen Sicht Berlin nicht nur eine Kernfrage der deutschen Politik darstellte, sondern der davon überzeugt war, die Bundespolitik müsse mit der Erfahrung und Perspektive der ehemaligen Hauptstadt enger verknüpft werden. Berlin bildete in Brandts Augen früh durchaus einen eigenen Pol, ja einen Gegenpol zu Konrad Adenauers katholischem, konservativem und rheinischem «Treibhaus» Bonn. Und das war es objektiv auch.

13. August 1961 «Es war zwischen vier und fünf Uhr in der Frühe, der Wahlsonderzug aus Nürnberg hatte gerade Hannover erreicht, als ich geweckt wurde. Ein Bahnbeamter übergab eine dringende Mitteilung aus Berlin. Absender: Heinrich Albertz, Chef der Senatskanzlei. Inhalt: Der Osten schließe die Sektorengrenze. Ich möge umgehend nach Berlin zurückkehren.» Brandt und seine Helfer setzten sich eilig ins Flugzeug.[4]

Wohin sie auch kamen, Potsdamer Platz, Brandenburger Tor, überall im Herzen Berlins bot sich ihnen wenig später das gleiche Bild: Bauarbeiter, Hindernisse, Betonpfähle, Stacheldraht, Militärs der DDR. Rings um die Stadt, erfuhr er im Rathaus Schöneberg, seien sowjetische Truppen in Bereitschaft gegangen, Walter Ulbricht habe den mauerbauenden Einheiten bereits gratuliert.

Ich entsinne mich, im Jahr 1988 in Garnières mit ihm darüber gesprochen zu haben. Erstmals trat er 1961 als «Kanzlerkandidat» für seine Partei gegen den 85 Jahre alten Patriarchen Konrad Adenauer an. Mit der plötzlichen Nachricht vom Mauerbau in Berlin hatte den Kandidaten die Realität eingeholt. Sehr frisch hatte er das alles präsent im Gespräch, man spürte, es handelte sich um einen der dramatischsten Momente seines Lebens. Brandt: Am nächsten Tag musste er die aufgebrachte Berliner Bevölkerung beruhigen, explosiver konnte die Lage kaum sein!

«Die Wahrheit wurde enthüllt», so urteilte er im Rückblick, erst jetzt wurde klarer, «selbst auch mir», wie sehr wir aneinander vorbei gedacht hatten. Wir im Westen! John F. Kennedy, der das nicht offen ausgesprochen habe, fiel ein Stein vom Herzen an diesem Tag. Nun war gesichert, dass Ost und West ihre Claims abgesteckt hatten, ein Unruhefaktor weniger in der Welt. Der Westen musste sich nicht mehr sorgen, dass Moskau Berlin zum Testfall für den Ost-West-Konflikt mache. Und die SED musste nicht länger Angst haben, das Land blute aus. Für Kennedy, Brandt war sich ganz sicher in seiner Einschätzung, war es eine Beruhigung, dass Nikita Chruschtschow sich nur um Ostberlin kümmerte.

Ohne Zweifel war der Mauerbau *die* Krise für den Mann, der 1957 als Nachfolger Ernst Reuters und Otto Suhrs zum Regieren-

Kanzler Konrad Adenauer lässt sich Zeit mit einem Besuch in Berlin
nach dem Mauerbau. Bei seiner Ansprache nach der Ankunft am
20. August 1961 auf dem Flughafen Tempelhof erwartet ihn der Kanzler-
kandidat der Opposition, Berlins Regierender Bürgermeister Brandt.
Neben ihm Senatspressesprecher Egon Bahr, der zum Vertrauten und
Freund wird.

den Bürgermeister Berlins gewählt worden war. Es waren große
Fußstapfen. In dem Augenblick aber schaute nicht nur die Stadt,
sondern die Welt auf ihn. Im Gespräch ging Brandt nicht weiter
darauf ein, wie Konrad Adenauer seinerzeit reagierte – das war für
ihn Schnee von gestern. Ungerührt hatte der Kanzler im fernen
Bonn noch am Tag danach, am 14. August, den Wahlkampf auf
seine Weise fortgesetzt: Er unterbrach seine Wahlreise nicht, gering-
schätzig spöttelte er aber in Regensburg über den Mann, der gegen
ihn als «Kanzlerkandidat» aufgebaut würde, als «Brandt alias
Frahm». Ähnlich, ja noch niederträchtiger hatte das bereits im Februar Franz Josef Strauß in Vilshofen gehalten, als er den berühmten
Satz formulierte: «Eines wird man Herrn Brandt doch fragen dür-

fen: Was haben Sie zwölf Jahre lang draußen gemacht? Wir wissen, was wir drinnen gemacht haben.»[5]

Der 13. August 1961 zwang dazu, urteilte Brandt in ruhigeren Zeiten, sich der eigenen Illusionen zu entledigen und noch einmal neu anzufangen, intellektuell und politisch. Wirklich überrascht vom Vorgehen der SED konnte er kaum sein, die Alarmzeichen aus Ostberlin hatten sich gemehrt, unendlich enttäuscht von der Reaktion des Westens klang Willy Brandt aber dennoch. Der amerikanische Kommandant in Berlin ließ durchblicken, was Washington ihm aufgetragen hatte: Keine unüberlegten Reaktionen dürfe es geben, bloß kein *trouble*, Westberlin sei nicht direkt bedroht. John F. Kennedy erholte sich weiter auf seiner Yacht – obgleich er, wie Brandt später erfuhr, beizeiten informiert worden war über das, was Berlin bevorstand. Ihn habe lediglich interessiert, ob Rechte der Alliierten in West-Berlin verletzt worden seien, nicht aber, ob Rechte, «das ganze Berlin betreffend, in den Abfalleimer der Geschichte» gewandert sind.

Noch deprimierender reagierte das offizielle Bonn. Kennedy wollte wissen, ob Chruschtschow etwas gegen West-Berlin unternehme, der Rest war bedauerlich, aber egal. Der Außenminister, Heinrich von Brentano, der sich am Telefon bei ihm meldete, ließ unverbindlich wissen, man müsse nun eng zusammenarbeiten. Erst neun Tage nach dem Mauerbau schaute Konrad Adenauer in Berlin vorbei. Drei Tage zuvor immerhin, am 19. August, war bereits Lyndon B. Johnson als Emissär Kennedys dort eingetroffen und jubelnd empfangen worden, ohne freilich viel Neues sagen zu können. In einem klugen, natürlich ernüchternden Brief, den er vom Präsidenten mitbrachte, hieß es, ein militärischer Konflikt könne keinesfalls in Betracht gezogen werden. Buchautor Brandt fragte beim Rückblick eher rhetorisch – «war es dieser Brief, der den Vorhang wegzog und eine leere Bühne zeigte?»[6]

Seine Enttäuschung war verständlich, aber was genau hatte Brandt gewünscht? Sein Biograph, Peter Merseburger, ist sich sicher, Brandt sei nicht nur erregt gewesen, er habe tatsächlich erwartet, amerikanische Panzer würden die Straßensperren niederwalzen. Versucht man sich hineinzuversetzen in die Stimmung jener Tage – und ein Blick in die damaligen Tageszeitungen verrät das ungeheure Ausmaß der Erregung –, erscheint der Gedanke überraschend plausibel. Angewöhnt hat man sich, Brandts Bild im Filter der Deutschland- und Ostpolitik zu betrachten. Aber auch er war Teil des Kalten Krieges; die Springer-Zeitungen, die ihn später zum Feind erklärten, hofierten ihn und heizten die Emotionen noch an – gut möglich, dass er sich aus dieser Eskalation nicht mehr hätte befreien können. Dieses eine Mal nicht! Aber das bleibt reine Mutmaßung.

Von den drei westalliierten Stadtkommandanten verlangte er öffentlich «Schritte der westlichen Regierungen auf hoher diplomatischer Ebene bei der UdSSR». Kühl ließen sie ihn abblitzen, sie warteten auf Anweisungen aus ihren Hauptstädten. «Diese Scheißer schicken nun wenigstens Patrouillen an die Sektorengrenze, damit die Berliner nicht denken, sie sind schon allein», zitierte Egon Bahr seinen Chef Brandt. Penibel listete also der Regierende Bürgermeister vor dem Abgeordnetenhaus die Rechtsbrüche der Ost-Seite auf, was aber dagegen unternommen werden solle, blieb schlicht offen.

In seiner Sprache allerdings präsentierte Brandt sich unmissverständlich, und die Berliner erkannten sich darin wieder – im Westen wie im Osten. «Empörendes Unrecht» sei diese Abriegelung der Sowjetzone und des Sowjetsektors von West-Berlin. Mitten durch Berlin sei «nicht nur eine Art Staatsgrenze, sondern die Sperrwand eines Konzentrationslagers» gezogen worden. Und dann in den Worten Ernst Reuters, in dessen Tradition er sich sah: «Der Senat von Berlin erhebt vor aller Welt Anklage gegen die widerrechtlichen und unmenschlichen Maßnahmen der Spalter Deutschlands, der Bedrücker Ostberlins und der Bedroher West-Berlins.»[7]

Als der Ostdeutsche Peter Fechter vier Tage nachdem sich der Mauerbau zum ersten Mal gejährt hatte, über die Mauer klettern wollte, angeschossen wurde und nach fünfzig Minuten auf der Ostseite starb, erwiderte ein US-Soldat auf die Aufforderung hin, zu helfen, er dürfe das nicht, seine Kompetenz ende hier. Egon Bahr: «Da war der Vorhang weggezogen vom Vier-Mächte-Status. Es war klar, dass jede der vier Nationen ihre Souveränität auf den eigenen Sektor beschränkt.»[8] Der Mauerbau ernüchterte – Fechters Tod aber raubte die letzten Illusionen über die Möglichkeiten des Westens.

Die Reden, erinnerte Brandt sich im Gespräch, blieben nach dem Mauerbau noch eine Weile die gleichen, aber nichts war mehr wie zuvor: «Es begann die Suche nach einem Weg, auf dem die Härten der Trennung vielleicht doch gemildert werden könnten.» So vorsichtig und pragmatisch hat er auch später stets das Ziel der Ostpolitik beschrieben. Über andere «Ziele» zu reden, weigerte er sich konsequent. Wenn seine Politik auch ein subversives Element hatte, wie ich annehme, konnte er darüber tatsächlich nur schweigen.

Ob 1948 bei der Berlin-Blockade oder 1958 beim Chruschtschow-Ultimatum und 1961 beim Mauerbau: Nie durfte man nachgeben, hieß eine der Lehren für ihn, man durfte sich nicht selbst aufgeben. Brandt wäre jedoch nicht Brandt, hätte er nicht auch eine andere Lehre hinzugefügt: Seine Berliner Jahre hatten ihm gezeigt, es mache keinen Sinn, mit dem Kopf durch die Wand zu wollen.

Es folgen dann die erstaunlichsten Sätze, die klar machen, dass dieser Brandt, der oft Positionen, Farbe, Argumente zu wechseln schien, sich selber ganz anders wahrnahm. Er unterschätze nicht, schrieb er nämlich, was er von Berlin und später Bonn aus habe bewirken können. Aber er wisse, «daß ich nichts von Wert hätte zustande bringen können, wäre ich in meiner Jugend den vermeintlich leichten Weg gegangen». Weiter: «Und hätte ich nicht mehrfach in Kauf genommen, nicht nur mißverstanden und verletzt zu werden, sondern auch in existenzielle Gefahr zu geraten. Und hätte ich nicht erst geahnt, dann gelernt: Du darfst dich durch Dummheiten nicht schrecken lassen und mußt Widerwärtigkeiten zu ertragen wissen, wenn du der Gemeinschaft – national und darüber hinaus – voranhelfen willst. Wer sein Gesellenstück in Berlin abzuliefern hatte, mußte sich nicht nur mit von außen kommenden Bedrohungen auseinandersetzen, sondern sich auch gegenüber denen im eigenen – deutschen und westlichen – Lager behaupten, für die Flucht vor der Wirklichkeit zum Surrogat für Politik geworden war.» Er habe sich dafür entschieden, fügte er noch hinzu, den «in deutscher

Hand befindlichen Schlüssel so zu nutzen», dass die Tür zu Entspannung geöffnet und willkürliche Trennung überwunden werden könnte, «und sei es in noch so kleinen Schritten».[9]

Das Bild eines unterkühlten, rational operierenden Regierenden Bürgermeisters zeichnete damit der Autor Brandt beim Betrachten seines eigenen Lebens. Kein Zauderer, kein Hamlet! Dass damals der Entschluss reifte, die Berlin- und Deutschlandpolitik zu korrigieren, ist unbestritten – und was Brandt wirklich ansteuerte, verfolgte er unbedingt.

Für eine «aktive» Ostpolitik, die sich nicht beirren lässt von den Großkonflikten, hatte Ernst Reuter sich sowohl während der Blockade als auch in den Jahren danach eingesetzt. Europa werde erst gerettet sein, prophezeite er, wenn auch Polen, Ungarn und die Tschechoslowakei wieder dazu gehörten: «Sollen nicht doch eines Tages wir Deutschen, wir Polen, wir Tschechen, wir Ungarn, wir Franzosen, wir Italiener und alle unsere Nachbarn einträchtig zusammenarbeiten und leben können und unsere gemeinsamen Güter schützen und verteidigen können?!» Es geht nicht um militärische, sondern um politische Stärke Europas – von einer «Politik der Stärke» sei das zu unterscheiden.[10]

Finster entschlossen zeigte Brandt sich seit dem 13. August, dass der Westen endlich von sich aus initiativ werden müsse. Wenn nicht der Westen, dann wollte er selbst vormachen, was das meint. Immer nur zum Monument für die Opfer des Stalinismus oder zum sowjetischen Ehrenmal im Tiergarten ziehen und mit den zornigen Berlinern «Deutschland, einig Vaterland» intonieren, während Adenauer in Rhöndorf oder Cadenabbia weiter Rosen züchtet – das konnte nicht unverändert weitergehen.

Die deutsche Politik emanzipierte sich gedanklich in Berlin.

Wandel durch Annäherung Mit einem Fanfarenstoß eröffnete Egon Bahr diese neue Debatte. Bahr, damals Leiter des Presseamtes des Berliner Senats, benutzte im Politischen Klub der Evangelischen Akademie Tutzing in einer Rede vom 15. Juli 1963, die in die Geschichtsbücher eingehen sollte, die berühmte Formel vom «Wandel durch Annäherung».

Sein Vorschlag zielte darauf, den zweiten deutschen Staat nicht länger als nicht-existent zu behandeln, die bisherige Wiedervereinigungspolitik sei gescheitert. Nur mit der Sowjetunion gemeinsam könne man eine Lösung erreichen. Kennedys «Strategie des Friedens» verstand er als Aufforderung, auf die «Politik der Stärke» zu verzichten, also den kommunistischen Herrschaftsbereich nicht einzudämmen oder zu eliminieren, sondern zu verändern. In der Mauer sah er ein «Zeichen der Schwäche und Angst», nur eine engere Kooperation auch mit Ostberlin – es müsse keine juristische Anerkennung sein – könne diese Angst abbauen und langfristig eine Grenz- und Maueröffnung ermöglichen. Bahr: «Heute ist klar, daß die Wiedervereinigung nicht ein einmaliger Akt ist, der durch einen historischen Beschluß an einem historischen Tag auf einer historischen Konferenz ins Werk gesetzt wird, sondern ein Prozeß mit vielen Schritten und vielen Stationen. Wenn es richtig ist, was Kennedy sagte, daß man auch die Interessen der anderen Seite anerkennen und berücksichtigen müsse, so ist es sicher für die Sowjetunion unmöglich, sich die Zone zum Zwecke einer Verstärkung des westlichen Potentials entreißen zu lassen. Die Zone muß mit Zustimmung der Sowjets transformiert werden. Wenn wir soweit wären, hätten wir einen großen Schritt zur Wiedervereinigung getan.»[11] Die Realitäten zur Kenntnis nehmen, um sie zu überwinden – das meinte «Wandel durch Annäherung». Man kann das die Geburtsstunde der Ostpolitik nennen – *nach* dem Mauerbau und *nach* der Kuba-Krise.

Brandt und Bahr waren beide nach Tutzing eingeladen, der Zufall führte Regie, ursprünglich sollte Brandt vor Bahr sprechen, traf aber nach ihm ein. Die «Vaterschaft» der Ostpolitik wird seitdem insbesondere Bahr zugeschrieben, Brandt spöttelte gelegentlich in aller Freundschaft darüber. Allerdings hatte er ein erheblich vorsichtiger formuliertes Redekonzept entworfen, in dem die umstrittene Formel – Wandel durch Annäherung – nicht wörtlich auftauchte. Brandt hielt diesen Begriff für überzogen und provokativ. Ihre kongeniale Freundschaft störten solche kleinen Einwände jedoch nicht, sie bildeten bis zum Tode Brandts eine ideale Lebensarbeitsgemeinschaft.

Ein knappes halbes Jahr später, am 17. Dezember 1963, wurde das Passierscheinabkommen mit Ostberlin in Kraft gesetzt, das bereits Ausdruck der gewandelten Strategie war. Hunderttausende von Verwandten konnten sich fortan wieder besuchen. Im Jahr darauf, am 15. Februar 1964, wurde Willy Brandt von einem außerordentlichen Parteitag der Sozialdemokraten in Bad Godesberg zum Nachfolger des verstorbenen Erich Ollenhauer gewählt: Er erhielt satte 314 von 324 Stimmen.

Näher kennengelernt haben sich Willy Brandt und Helmut Schmidt als Abgeordnete in Bonn. Seit 1949 gehörte der Berliner, der Hamburger seit 1953 zur Bundestagsfraktion. Früh hörte man ihre Stimmen heraus, aber eine besondere Nähe zwischen ihnen bestand anfangs nicht. Sie hatten keinen persönlichen Kontakt, hat Schmidt das gelegentlich nachgezeichnet, saßen nicht in den gleichen Parlamentsausschüssen, in den Fraktionssitzungen «kam es sowieso kaum zu privaten Gesprächen», und im Plenum des Bundestages «saßen die Kollegen, deren Anfangsbuchstaben im Alphabet vorne rangierten, auf den ersten Bänken, während Leute mit den Buchstaben X, Y, oder Z ganz hinten saßen, das heißt Willy Brandt saß ganz vorne und ich beinahe ganz hinten». Eigentlich sei er für ihn erstmals als Regierender Bürgermeister sichtbar geworden.[12]

In einem «Geburtstagswunsch für Willy Brandt» im *Spiegel* im Dezember 1973 für den Sechzigjährigen erinnerte der Mann aus der hinteren Reihe daran, was genau ihn so faszinierte. Brandts «Berliner Erprobung» habe nicht am 13., sondern am 16. August stattgefunden, also drei Tage nach Ausbruch der «Weltkrise», die Ostberlin mit seinem drakonischen Abriegeln des eigenen Sektors auslöste. Hilflos und gelähmt, schrieb Schmidt, erschienen der Kanzler in Bonn und sein Außenminister, Adenauer und Schröder, der amerikanische Präsident zeigte sich «unentschlossen», Ost-Berlin und Moskau hingegen agierten ebenso kraftvoll wie rücksichtslos. Immerhin ging es um die Freiheit Berlins, erwog Schmidt. In seinem Gratulationstext führte er noch einmal vor Augen, wie sich viele Tausende Menschen vor dem Schöneberger Rathaus versammelten. Schmidt: «Brandt musste ihnen Mut und Zuversicht geben und doch zugleich eine Zuspitzung der Krise vermeiden und jedwede Bereitschaft zu emotionaler Aktion zerstreuen. Ich werde beides nicht vergessen: Wie ich zu Beginn der Radioübertragung mich fast verzweifelt danach gefragt habe: Wie soll er das bloß schaffen? ... aber ebenso, wie ich im Laufe seiner Rede zuerst von Bewunderung gepackt, dann mitgerissen wurde bis zur Identifikation mit einem Staatsmann, der Auctoritas über Millionen Menschen ausstrahlte».[13]

Immerhin brachte er den Glückwunsch zu einem Zeitpunkt zu Papier, als ganz Bonn davon munkelte, der starke Mann am Tische des Kanzlers sei höchst unzufrieden mit dessen Regierungskunst und traue sich selber das Kanzleramt zu.

Pegel 5,70 Meter Sein wirklicher Durchbruch kam in der Nacht vom 16. auf den 17. Februar 1962, der Flutkatastrophe in Hamburg, die kurz nach Mitternacht, um 1.15 Uhr, einsetzte. Wenn die Reaktion auf den Mauerbau Brandts Meisterstück wurde, das ihm endgültig die bundespolitische Karriere eröffnete, dann war dieser Tag die große Bewährungsprobe für Helmut Schmidt. Ende 1961 war er aus dem Bundestag ausgeschieden, um Senator unter dem Ersten Bürgermeister Paul Nevermann in seiner Heimatstadt zu werden. Zuvor hatten sich Überlegungen zerschlagen, Willy Brandt als Regierender Bürgermeister in Berlin abzulösen, falls der nach den Bundestagswahlen nach Bonn ginge.

Gerade zurück von einer Berlin-Reise, empfing Helmut Schmidt die Nachricht von der drohenden Flutkatastrophe in seiner Heimatstadt. Orkanböen bis zu 200 Kilometer pro Stunde führten dazu, dass Deiche an der Nordseeküste, an Elbe und Weser brachen, am schlimmsten traf es Hamburg. Der Wasserstand stieg rasch auf einen Pegel von 5,70 Meter; Strom, Gas und Wasser fielen aus. Ein solches Unwetter hatte die Stadt noch nie erlebt. Schmidt hatte im Juni zuvor seine Arbeit als Senator der Polizeibehörde aufgenommen, insofern gehörte er zu den Mitverantwortlichen in der Stadt.

Hamburgs Innensenator Schmidt bei einer Lagebesprechung während der Flutkatastrophe Mitte Februar 1962. Wie der Mauerbau für Brandt, wird das für Schmidt zum einschneidenden Datum – Umsicht und Entschlossenheit bringen ihm bundesweite Publizität und den Ruf als Krisenmanager sondergleichen.

Vielfach ist geschildert worden, auch von ihm, was dann geschah. Ohne Rücksicht auf Zuständigkeiten und Vorschriften koordinierte er vom Polizeipräsidium aus den Einsatz aller Beteiligten, er übernahm de facto als Zivilist das Kommando auch über die Bundeswehr, forderte Soldaten und Hubschrauber an, die Zeit eilte davon, ein Sechstel Hamburgs stand unter Wasser, viele hatten sich auf die Dächer ihrer Häuser geflüchtet. 287 Menschen kamen ums Leben, wie sich am Ende herausstellte.

Noch ungleich größere Dimensionen aber hätte die Katastrophe annehmen können, darin waren alle sich einig, hätte nicht Helmut Schmidt derart rasch und beherzt gehandelt. Hamburgs Bürgermeister, Offiziere, Stäbe der Nato, der Polizeipräsident, alle fügten sich irgendwie. Dass selbst die Bundeswehr auf sein Kommando hörte, war nicht verboten, aber «vom Gesetz auch nicht vorgesehen», hat er oft vergnügt wiederholt. Schmidt: Nicht gegen das Gesetz, aber auch nicht durchweg gedeckt vom Gesetz habe er gehandelt, es ging nicht anders. Politik im Ausnahmezustand, ohne viel Federlesens, unbürokratisch, mit jemandem an der Spitze, der klar entscheidet, der aber auch weiß, was er will, risikobereit ist und seine Verantwortung kennt.

Von seinem Auftreten im Kommandozentrum, dem Polizeipräsidium, fühlte ein Biograph sich an einen Generalobersten im Armeehauptquartier erinnert, der bei wenig genauer Kenntnis der Lage improvisieren muss; «mit dem Instinkt für möglichst wirkungsvolle Befehle zur Stabilisierung der Front, genau so verfährt der einstige Batteriechef Schmidt ohne die Lehrzeit in den höheren Stäben». Auf die Frage, wer ihm die Soldaten unterstellt habe, antwortete Schmidt demzufolge lakonisch: «Die sind mir nicht unterstellt worden, die habe ich mir genommen.»[14] Gerade dieser militärische Vergleich dürfte Schmidt gut gefallen haben.

Nur wenige Monate darauf, im Juni 1962, übernahm er den Posten des Hamburger Innensenators. Wie er die Sturmflut gemeistert hatte, das sickerte ein ins kollektive Gedächtnis.[15] Der «Krisenmanager» war geboren, auch wenn das Etikett für ihn erst später erfunden werden sollte. Drei Jahre nach den dramatischen Tagen und Nächten in Hamburg bat Willy Brandt ihn bereits, in sein Schattenkabinett einzutreten – als potentieller Verteidigungsminister. Schmidt ließ sich darauf ein.

Politik als Beruf Angefangen hatte seine politische Laufbahn beim Ortsverein Hamburg-Neugraben: Schmidt nahm damals an einem Mitgliedertreffen der SPD teil. Ein Jahr später, im April 1946, füllte er sein Aufnahmeformular aus. Gleich nach der Immatrikulation an der Hamburger Universität schloss er sich dem Sozialistischen Deutschen Studentenbund (SDS) an, der damals noch als parteitreuer Jugendverband galt. Zu seinen Professoren, bei denen er studierte und die sein Talent sahen und schätzten, zählte vor allem Karl Schiller. Schnell lieferte er seine Diplomarbeit ab über einen Vergleich der Währungsreformen in Japan und der Bundesrepublik, an eine Promotion dachte er nicht, die Universität wollte er lieber rasch hinter sich lassen. Graue Theorie bot man da, Zeit genug hatte er verloren im Krieg! Im Frühsommer 1949 schloss er ab mit der Bestnote und trat eine Stelle als Referent in der Wirtschafts- und Verkehrsabteilung der Hansestadt an. In diesem Jahre zog der Berliner Willy Brandt erstmals in den Bundestag ein.

Mit «Loki» und Tochter Susanne wohnte Helmut Schmidt zur Miete, großen Luxus konnten sie sich nicht leisten. Er redete mit in der Hamburger SPD, aber Hamburg war nicht Berlin: Eine überragende Plattform für junge Politiker bot die Stadt an der Elbe nicht, obwohl die großen Bürgermeister in Hamburg (und Bremen) die Bundespolitik prägten. 31 Jahre war Schmidt jetzt alt.

Zunächst arbeitete er als Fachreferent im Senat der völlig zerstörten Stadt. Die Wiederaufbauarbeit aus den Trümmern begann. Drei Jahre später leitete er bereits das Verkehrsamt. Gleich drei SPD-Wahlkreise (zwei in Niedersachsen, einer in Hamburg) boten diesem talentierten Schmidt an, bei ihnen zu kandidieren für den Bundestag. Dass die *res publica* ihre Sache gewesen sei, seine und die seiner Generation, das hat er später zwar oft geschrieben. Aber Politik als Beruf? Seinerzeit wollte er sich stets betont einen Rückweg offen halten, vielleicht in die freie Wirtschaft. Bedingungslos gedachte er sich der Politik nicht zu verschreiben, anders als Brandt, der sich das gar nicht fragte.

Die SPD, fand Schmidt früh in den 60er Jahren, müsse sich öffnen. Damit stellte er sich auf die Seite der «Modernisierer», die argumentierten, man könne nicht *gegen* all das opponieren, was Adenauer und die Christdemokraten in den ersten Aufbaujahren durchgesetzt hatten: die Westbindung insbesondere, oder auch die «soziale Marktwirtschaft».

Schmidt zählte wie Brandt beim Hannoveraner Parteitag im Jahr 1960 zu den «Modernisierern», die gegen das traditionalistische Ollenhauer-Lager rebellierten.

Herbert Wehner unterstützte die Erneuerer. Mit Starrsinn käme die SPD nie an die Macht, grummelte er – und plante heimlich, den Parteivorsitzenden auszutauschen. Willy Brandt erinnerte sich Jahre danach im Gespräch daran, damals habe Wehner ihm in einem Vier-Augen-Gespräch beim Rotwein vorgeschlagen, nach der Bundestagswahl Ollenhauer «zur Seite zu schieben». Er werde ihn dabei unterstützen, habe Wehner ihm beteuert. Weil er sich dem verweigerte, habe Wehner ihn seitdem für einen «Schlappschwanz» gehalten, Brandt hallte das Wort noch im Ohr.

So unterschiedlich ihre Lebenswege auch waren, in den Grundfragen verband Brandt und Schmidt Einverständnis, ob es um «Bürger in Uniform», das Nein zu Atomwaffen, die Bindung an die USA oder die ökonomische Grundorientierung ging. Lange zählten sie damit zur Minderheit der SPD, die den Staub der «Klassenpartei» noch nicht abgeschüttelt hatte, aber die Gewichte verschoben sich: Die große Wende zur Volkspartei brachte das Godesberger Programm von 1959, Herbert Wehner verkündete die dramatische Kurskorrektur, um deren Vaterschaft freilich gestritten wurde.

Helmut Schmidts Neigung und Temperament entsprach es vor allem, Tabuthemen aufzugreifen: Er war es, der bereits 1955 mitarbeitete an einer Wehrverfassung, was hieß, dass er selbstverständlich den Aufbau der demokratischen Armee (seit 1956) unterstützte. Gern ließ er sich von Journalisten begleiten und fotografieren, als er als sozialdemokratischer Abgeordneter – von Parteifreunden kritisch beobachtet – eine Wehrübung ableistete, oder wenn er sich mit Wehrpflichtigen unterhielt. Im Weltkrieg waren sie «missbraucht» worden, fand er, auch wenn sich Hitlers Soldaten nicht pauschal schuldig gemacht hätten, nun konnte er dafür sein, demonstrativ und mit gutem Gewissen!

Aber – nicht blind dafür! Den kleinen, großen Unterschied konnte er bald deutlich machen, als Franz Josef Strauß sich herantastete an den Gedanken, die Bundeswehr mit taktischen Atomwaffen auszurüsten. Gegen diese Pläne hatten schon 1957 zahlreiche prominente Atomphysiker mit ihrer «Göttinger Erklärung» ein entschiedenes Veto eingelegt. Damit hatte aber auch Helmut Schmidt «sein» Thema im Parlament gefunden.

Franz Josef Strauß, der damalige Verteidigungsminister, plädierte dafür, die Bundeswehr mit taktischen Atomwaffen auszurüsten (über deren Einsatz allerdings die Amerikaner zu entscheiden hätten), nur mit einer «Politik der Stärke» könne der Westen Moskau entgegentreten, fand der CSU-Politiker – kurz nach der Suezkrise und dem blutig unterdrückten Aufstand in Ungarn. Der Atombombenkrieg, mit dem Strauß der Sowjetunion drohen zu können glaube, würde jedenfalls «Deutschland von der Landkarte ausradieren», hielt Schmidt scharf wie kein zweiter öffentlich dagegen.[16] Am 22. März 1958 schlug seine große Stunde im Parlament. Schmidt: «Wir sagen dem deutschen Volke in voller, ernster Überzeugung, daß der Entschluß, die beiden Teile unseres Vaterlandes mit atomaren Bomben gegeneinander zu bewaffnen, in der Geschichte einmal als genau so schwerwiegend und verhängnisvoll angesehen werden wird, wie es damals das Ermächtigungsgesetz für Hitler war.» «Wir waren vierzehn Jahre alt und waren Schulbuben», als der Reichstag 1933 «den Herrn Hitler» per Gesetz mit unbegrenzten Vollmachten ausstattete; «uns Schuljungs», fuhr der Redner fort, hat das dem raffinierten psychologischen System des «Dritten Reiches» ausgeliefert und es hat einige Zeit gebraucht, um sich aus dieser «geistigen Umklammerung» zu befreien. Dem hätten die «politischen Ahnherren dieser gegenwärtigen Regierung» damals zugestimmt. Eine Zustimmung, die «uns, wie viele Millionen andere, später auf die Schlachtfelder Europas geführt und in die Keller unsrer Städte, Millionen in die KZ und deren Todeskammern». Nun also wollten sie einen vergleichbaren Freibrief für den Verteidigungsminister, der dann mit Atomwaffen drohen oder sie gar einsetzen könne?[17]

Schmidts Ahnherren, schallte es aus dem Lager der Regierungsfraktionen empört zurück, seien im kommunistischen Ostdeutschland zu finden. Als «Totengräber der Demokratie» oder als der «frechste Lümmel» im ganzen Haus musste er sich beschimpfen lassen. «Schmidt-Schnauze», rief jemand dazwischen – seinen Spitznamen hatte er damit weg. In den 30er Jahren, gab er unerbittlich zurück, hätten die Mitglieder der Regierungsparteien den Jugendlichen zeigen können, was Opposition heiße, aber damals hätten sie gekniffen und die Sozialdemokraten im Stich gelassen. «Wenn Sie von der Einigkeit der Nato reden, meinen Sie Atombomben für die Bundeswehr ... Legen Sie endlich Ihren deutschen Größenwahn, Ihren deutsch-nationalen Größenwahn ab!»[18]

Der Geist des Ermächtigungsgesetzes? Eine solche Parallele zu Adenauer und Strauß, wie sie Schmidt 1958 zog, wäre von Brandt nie zu hören gewesen.

Sicher war das starker Tobak. An diesen jungen, aber gleichwohl umsichtigen Poltergeist fühlte man sich erinnert, als Schmidt kurz vor seinem 93. Geburtstag, im Dezember 2011, zu seiner Partei in Berlin sprach. In einem flammenden Appell warnte er vor allen «deutschnationalen» Anwandlungen, vor «schädlicher Kraftmeierei», vor einem «Streben nach einer eigenen Rolle in der Weltpolitik» und nach «weltpolitischem Prestige». Im kardinalen, langfristig-strategischen Interesse Deutschlands liege es, «sich nicht zu isolieren und sich nicht isolieren zu lassen». Deutschland müsse europäische Solidarität beweisen, und Europa müsse sich auf die Stetigkeit der Europa-Politik verlassen können. Heute vor 65 Jahren, erinnerte er sich, habe er mit Loki auf dem Fußboden kniend Einladungsplakate für die SPD in Hamburg-Neugraben gemalt, im Blick auf alle Parteipolitik sei er inzwischen freilich «jenseits von Gut und Böse». Schmidt: Auf die Frage, wann Deutschland endlich ein normales Land sein werde, habe er damals geantwortet, nicht in absehbarer Zeit.[19] Zurückhaltung, europäische Grundorientierung, wider alle deutsch-nationale Verlockung – nahtlos knüpfte der Schmidt von 2011 an jenen des Jahres 1958 noch einmal an bei dieser Rede. Ein bisschen demagogisch sei er vielleicht gewesen, lachte der 93-Jährige im Gespräch über seinen Auftritt wenig später.

Wer ist der bessere Kandidat? Ob Helmut Schmidt, der Jüngere, schon 1960 still damit geliebäugelt hat, dass nicht Brandt, sondern er zum Kanzlerkandidaten der SPD-Opposition nominiert würde? Er hat das stets bestritten. Vor ihm, das war ihm jedenfalls klar und danach richtete er sich, war allemal Brandt dran. Diese Reihenfolge stellte er nicht in Frage.

Im Jahr 1961 hatte auch Erler demonstrativ auf eine Kanzlerkandidatur zugunsten Brandts verzichtet, dem Berliner «Regieren-den» traute die SPD größere Anziehungskraft zu als dem heraus-ragenden «Intellektuellen», der noch in den 50er Jahren Adenauers Westintegration (vergeblich) zu verhindern versucht hatte. 1963 wählte ihn die SPD-Fraktion zum Nachfolger Ollenhauers an ihre Spitze. Für den Fall allerdings, dass Brandt nicht mehr antreten würde, galt Erler, gleichfalls Jahrgang 1913, als wahrscheinlichster Anwärter, nicht Schmidt. Aber 1965 erkrankte er an Krebs, im Jahr darauf musste er sich ganz aus der Politik zurückziehen, 1967 erlag Erler in Pforzheim seiner Krankheit.

Willy Brandt und Helmut Schmidt galten fortan – nach Mauerbau und Sturmflut – als die beiden Anwärter auf die Kanzlerschaft. Man konnte den Eindruck gewinnen, Schmidt kokettiere mit dem Gedanken, zu beweisen, dass auch einer ohne das Leben eines Erler oder Brandt in Opposition gegen Hitler, ein «kleiner Muschkote» aus einer kleinbürgerlichen, unpolitischen Familie, aus eigenem Recht nach oben kommen kann, auf Augenhöhe. Selbst der kaum ältere Brandt wurzelte noch in «Weimar», Schmidt verkörperte als erster die neue Generation, die in der Bundesrepublik politisch er-wachsen wurde.

Mit Brandt und Schmidt verfügten die Sozialdemokraten über zwei Fernsehtalente – nicht unwichtig in den 60er Jahren, als das (öffentlich-rechtliche) Fernsehen sich allmählich zum dominieren-den Medium mauserte. Wie routiniert Brandt auftreten konnte vor den TV-Kameras, das hatte er bereits nach dem Mauerbau beweisen können, alle Welt buhlte um Interviews mit dem «Held nach Maß»[20] – plötzlich sah Adenauer aus wie aus der Welt von gestern. Noch perfekter aber verstand Schmidt sich auf dieses junge Medium, vor den Kameras wusste er sich blendend zu insze-nieren. Er dachte laut nach, öffentlich. Er erwiderte auf Fragen präzise. Und er bewies ein diskursives Talent, das dem Brandts keineswegs nachstand. Sie turnten nun beide auf dem Hochseil unter der Kuppel Bundesrepublik, in Dauerbeobachtung.

Helmut Schmidt hielt Brandt, jedenfalls den Brandt der 60er Jahre, für einen Realisten – ein Realist wie er selber. Konrad Adenauer habe gespalten, Brandt hingegen traute er zu, «unser Volk mit sich selber auszusöhnen».[21] Es lohnt sich, dieser Spur nachzugehen. Auffallend war schon die Emphase, mit der Schmidt Brandt bereits Anfang der 60er Jahre gegen die Diffamierungen Adenauers und Strauß' in Schutz nahm. Adenauer genierte sich nicht zu behaupten, wenn er wirklich zu seinem Nachfolger gewählt würde, würde Brandt Deutschland den Russen ausliefern. Das Wahlplakat der CDU zur Wahl vom 17. September 1961 wurde zum Musterexemplar für Parteikampagnen mit offenen Feindbildern: «Alles, was seit dem 13. August in Berlin geschehen ist, ist eine beabsichtigte Hilfe Chruschtschows im Wahlkampf für die SPD und ihren Kandidaten Willy Brandt, alias Frahm.» Umfragen verrieten, warum die Adenauer-Partei derart um sich schlug – in den Persönlichkeitswerten lag der junge Berliner Bürgermeister eindeutig vor dem Kanzler. In dessen Koalition rumorte es erstmals, aber der Alte, Adenauer, dachte nicht daran, einem Jüngeren zu weichen, schon gar nicht Ludwig Erhard.

Heimlich klagte der Kanzler über die erschütternde «Dummheit des deutschen Volkes», die sich in den Umfragen über Brandt und ihn widerspiegele. Förmlich verwahrte der Diffamierte sich zwar gegen die «Würdelosigkeit der Angriffe» – letztlich blieb er aber seinem Vorsatz treu, sich in eigener Sache zurückzuhalten.[22]

Anders Helmut Schmidt, dessen Antwort ihm spürbar aus der Seele kam: Wer Brandt vorwerfe, auf der Flucht vor der Gestapo seine Heimat verlassen zu haben, «verhöhnt diejenigen Deutschen, denen das Glück zuteil wurde, den verbrecherischen Charakter der Staatsführung des Dritten Reiches rechtzeitig zu erkennen und ihre Konsequenzen daraus ziehen zu können». «Gerade in deren Namen sagt Willy Brandt: ‹Viele, die einem Irrglauben nachhingen und dafür mit dem Opfer der besten Jahre ihres Lebens bestraft wurden, hatten mit den Verbrechern gewiß keine Gemeinsamkeiten. Bemühen wir uns alle, daß die innere Spaltung überwunden wird, damit wir die äußere Spaltung unseres Vaterlandes meistern können.› Hier spricht ein Mann, der die Kraft hat, das deutsche Volk mit sich selbst zu versöhnen.»[23]

Unlauter wäre er sich geradezu vorgekommen, hätte er ihm eine Kandidatur geneidet, weil er sich für «geeigneter» hielt. Und blieb das nicht, trotz aller Streitigkeiten, die noch folgen sollten, seine innere Linie?

Schulterschluss Willy Brandt: Er müsse sich nicht rechtfertigen, schon in jungen Jahren ein konsequenter Gegner des Hitler-Regimes gewesen zu sein. Nie habe er ein Hehl daraus gemacht, dass er «erst» seit 28 Jahren Willy Brandt heiße, auch wenn er nicht unter diesem Namen geboren sei, erklärte er den Delegierten des Parteitages am 25. November 1960. Selbstbewusst, aber auch nicht auftrumpfend im Ton verbat er sich «Emigrantenhetze», die zum «Bazillenträger einer bösen Geschichtslegende» werden könne. Mehr am Herzen lag ihm jedoch der Appell, die Deutschen müssten sich mit sich selber aussöhnen, und darin ging er außergewöhnlich weit: «Wir müssen gewiß unterscheiden zwischen Schuld und Irrtum. Jeder von uns weiß um die schrecklichen Verbrechen der Vergangenheit. Wir wissen aber auch, wie viel Idealismus mißbraucht worden ist, und es gibt niemanden, der frei ist von Fehlern, und jeder sollte nach seiner Schuld oder seinem Versagen suchen, bevor er auf den anderen mit dem Finger zeigt.»

«Das Gras wachsen lassen ist keine brauchbare Therapie. Wir müssen mit unserer Geschichte ins reine kommen, und diese Geschichte fängt nicht erst 1949 an. Sie fängt auch nicht in Bonn am Rhein an.»

«Das, was heute Deutschland ausmacht, stammt aus vielen Quellen. Otto von Bismarck und August Bebel, Friedrich Ebert und Gustav Stresemann, Julius Leber und Graf Stauffenberg, Ernst Reuter und Theodor Heuss, sie alle gehören zu diesem Volk. Kein Schweigen aber kann das Schreckliche vergessen machen, das sich an den Namen Hitlers knüpft. Das alles gehört zu unserer Geschichte. Wir müssen sie als Einheit sehen. Für das Gesindel um den Verführer reichten die strengsten Normen der Strafgesetze nicht aus. Aber die millionenfache Opferbereitschaft der Bevölkerung kann nicht verachtet werden, nur weil sie schändlich und verbrecherisch mißbraucht wurde.»[24] Moralische Entlastung bot Brandt Schmidt und seiner Generation, wie Hartmut Soell resümiert. Sichtbar wurde das kaum, denn viele hielten damals Emigranten für «Deserteure». Die Volksgemeinschaftsideologie, die dahinter steckte, durch den Aufruf zu neuer Gemeinsamkeit positiv umzuformen, sei nicht risikolos gewesen.[25] Mir scheint, die wirkliche Basis zur engen Beziehung zwischen Brandt und Schmidt wurde damit gelegt, exakt wegen dieser Haltung Brandts, deren Relevanz Schmidt früh erkannte.

Die Konsequenz daraus, folgerte Helmut Schmidt Jahre danach, war natürlich eine Große Koalition; auch eine Koalition mit Kurt Georg Kiesinger, der ein NSDAP-Mitglied und kleiner Mitmacher war. Aber – da zögerte Brandt.[26]

Die Rede Brandts vom Hannoveraner Parteitag 1960 aber, schwärmte Schmidt bei jeder Gelegenheit, sei die «großartigste» gewesen, die er je von ihm hörte.[27] Das war der Tag des Schulterschlusses zwischen den beiden.

Vier Wochen nach dem Mauerbau am 13. August 1961 fanden die Bundestagswahlen statt. Knappe fünf Prozent legte die Opposition zu, CDU/CSU und FDP konnten unangefochten weiterregieren. Die Wähler hielten es nicht mit «Frahm», sondern mit Adenauer, dessen Rechnung ging auf: Keine Experimente, schon gar nicht in Krisenzeiten.

Was aber den Umgang mit der Vergangenheit betrifft: Für beide, Brandt wie Schmidt, kam ein juristischer Trennstrich zur Verjährung nationalsozialistischer Verbrechen nicht in Frage, obgleich sie darin übereinstimmten, keine pauschalen Urteile über die Deutschen unter Hitler zu fällen. 1960 hatte sich das Parlament erstmals damit befasst, ihren Höhepunkt erreichte diese Debatte aber im Jahr 1965. Die ganze Diskussion um die Verjährung, kommentierte Brandt dieses Jahr der erregten Vergangenheitsdebatten, sei ein «Ergebnis von Versäumnissen». Klar müsse sein, moderierte er wie gewohnt ab, dass es nicht um eine «zweite Entnazifizierung» gehe, auch nicht um «Sühne für politische Fehler» oder für «politische

Schuld». Es gehe allein darum, dass Mord kein Kavaliersdelikt sein darf, auch nicht, wenn mit staatlicher Hilfe gemordet wurde. «Ich bejahe also den politischen und moralischen Anspruch auf Verfolgung der Mordtaten, um die es hier geht, über den 8. Mai hinaus.»[28] Diese Linie setzte sich durch, zunächst wurde die Verjährungsfrist auf zwanzig Jahre, also bis 1969, verlängert, erst zehn Jahre darauf, 1979, wurde sie vom Parlament endgültig aufgehoben.

1961   Die Wahlen von 1961 gewann Adenauer zwar, aber die Regierungskoalition quälte sich nur noch dahin. Seine Chance nach der *Spiegel*-Affäre, den Kanzler zu demontieren, nutzte Ludwig Erhard allerdings nicht. Das hieß, er musste sich weiter gedulden: Erst im Oktober 1963 erklärte sich der Kanzler nach insgesamt vierzehn Regierungsjahren gequält zum Rückzug bereit, Ludwig Erhard, den er um beinahe jeden Preis aus dem Palais Schaumburg hatte fernhalten wollen, folgte ihm nach.

Auch für die Opposition änderte das die Ausgangslage: Gegner war nun der populäre Erhard, der allerdings kein Monument, keine Patriarchenfigur war wie Adenauer mit der Aura des Neugründers der Republik auf alten, seriösen Fundamenten. Kaum hatte Brandt auch nur angedeutet, der Parteivorsitzende müsse nicht automatisch wieder Kandidat werden, tauchten Zeitungsgerüchte auf, Schmidt wappne sich für diese Rolle. Offen blieb, wie weit er am Entstehen solcher Spekulationen beteiligt war.

Nach dem Tod Erich Ollenhauers wurde Brandt 1964[29] zum Parteivorsitzenden gewählt. Nach langem Zögern beförderte das seinen Entschluss, doch ein zweites Mal als Kanzlerkandidat ins Rennen zu gehen, jetzt im Stil John F. Kennedys, der ihn 1963 in Berlin besucht hatte («Ich bin ein Berliner!»). Gern wollte er die Scharte vom August 1961 auswetzen.[30] Aber schnell sollte sich erweisen, dass es auch mit Erhard als vis-à-vis nicht viel leichter wurde für Brandt, auch beim zweiten Anlauf reagierten die Christdemokraten mit den bekannten Methoden: Die Herkunft (Frahm), das Exil, Frauengeschichten, Alkohol, alles wurde aufgetischt. Willy Brandt reagierte – kein Wunder! – dünnhäutig und konnte schlecht verbergen, wie sehr «Frahm» ihn verletzte, und so war es ja auch gemeint. Offensiv wie Wehner konnte er nicht umgehen mit solchen Methoden. Der Dresdner nannte sich einen «Gebrannten», seufzte darüber, die Haut werde ihm als ehemaligem Kommunisten «vom lebendigem Leibe» gerissen, kartätschte seine Widersacher nieder – und hielt stand.

«*Schmidt Schnauze*» – *loyal* Egal, ob Helmut Schmidt gerne an Stelle Brandts nominiert worden wäre – er änderte seine Grundhaltung nicht, auch die zweite Kandidatur des Parteivorsitzenden, 1965, loyal mitzutragen.[31] Mehr noch: Mitten in die erneute Kampagne hinein schrieb Schmidt an Brandt und beschwor ihn, nicht klein beizugeben und unbedingt weiterzumachen![32] Das riet nicht ein Rivale, der stets mit den Hufen scharrte, nein, wenige verhielten sich derart solidarisch wie er.

Tatsächlich machte die Partei von Brandt, Schmidt und Wehner bei den Wahlen im September 1965 wieder nur einen kleinen Schritt voran, drei Prozent legte sie zu mit 39,3 Prozent Stimmenanteil, verlor aber dennoch erneut eindeutig die Wahlen. Schmidt bewertete dieses Ergebnis – gemessen an allen anderen Wahlen seit 1949 – als recht gut und ließ sich überreden, sein Mandat, das ihm über die Landesliste zugefallen war, anzunehmen. Brandt hingegen schwankte, ob er nicht lieber in Berlin bleiben solle. Nicht zuletzt wohl auch, weil er den Konflikt mit Fritz Erler vermeiden wollte – das Mandat für den Bundestag anzunehmen, hätte bedeutet, ihn als Fraktionsvorsitzenden abzulösen, wozu, wie auch Schmidt sich erinnert, «Fritz nicht bereit war». Dennoch, vergaß er nicht hinzuzufügen, habe er auf Brandts Frage hin ihm seinen Beistand «für den Fall eines Konfliktes mit Fritz Erler versprochen». Schließlich sei der Wahlerfolg zur Hauptsache Brandt zu verdanken gewesen, das «Recht zum Zugriff» stand ihm deshalb zu, und dann, weil er eben so schäbig diffamiert worden war. Brandt entschied sich für Berlin. Schmidt aber fügte bei der Gelegenheit ein bemerkenswertes Bekenntnis an. Durch Veranlagung und sehr verschiedene Lebenswege seien sie «sehr unterschiedlich geprägte Menschen» gewesen. Brandt sei zurückhaltend gewesen beim Darlegen von Argumenten und Zielen, oft eher vage, zugleich aber ein hinreißender Redner vor großen Versammlungen. Und dann – «für Willy Brandt wäre ich damals durchs Feuer gegangen.»[33]

Haarrisse   Willy Brandts norwegische Frau, Rut, brachte kurz nach dieser Wahl ihren dritten Sohn, Matthias, zur Welt, Willy Brandt hielt sich gerade in Amerika auf. Ein gutes Jahr später, im Oktober 1966, erlitt er einen körperlichen Zusammenbruch, in letzter Minute retteten ihn die Ärzte. Offenkundig war das mehr als eine Midlife-Crisis, die Brandt sich nahm. Die Ressentiments gegen ihn – unehelich und vaterlandslos! – würden nie versiegen und seien immer neu wachzurufen, fürchtete er inzwischen. Er sah keine Zukunft für sich.

Im gleichen Jahr allerdings scheiterte, nicht mehr ganz überraschend, die CDU/FDP-Koalition mit Ludwig Erhard. Wäre die Koalition nicht endgültig zerbrochen, Brandt hätte den Rückweg in die Bundespolitik wohl kaum noch gesucht. So aber rückte ein halber Machtwechsel, eine Regierungsbeteiligung der SPD, doch ernsthaft näher, er rief sich selber zurück in die Politik.

Auf eine Elefantenhochzeit der beiden großen Volksparteien, eine Große Koalition, die damit auf die Tagesordnung gesetzt wurde, wollte er sich nicht gerne einlassen, er hielt auch die Lage – 1966 – für nicht so dramatisch; den Deutschen brachte er zudem viel Vertrauen entgegen, sie würden auch in einer Krise vernünftig bleiben und brauchten daher keinen Notstandspakt von Christdemokraten und SPD. Anders Herbert Wehner, der seit Anfang der 60er Jahre darauf geradezu hingearbeitet hatte. Der Jüngste von ihnen, Helmut Schmidt, neigte offen Wehners Ansicht zu, formulierte aber immerhin ein umfängliches Papier mit langen Pro- und Contra-Listen, damit die SPD sich rationale «Urteilsgrundlagen» bilden könne: Vor allem die notwendige Finanzreform, eine Wahlrechtsänderung und die neue Notstandsverfassung sprachen dafür, bei allen demokratietheoretischen Nachteilen, in der Summe hielt auch er eine Große Koalition schlichtweg für die beste Lösung zur wirtschaftlichen und sozialen Konsolidierung in unsicheren Zeiten. Ein solcher «Pakt der Vernunft» habe außenpolitisch zwar nur wenig Manövrierraum, werde aber zur Stabilität beitragen.[34] Willy Brandt wusste nicht nur, was Wehner bevorzugte, ihn plagte zudem das «beklemmende Gefühl», die Reformer der FDP könnten den Mund zu voll genommen haben, und es sei keineswegs sicher, ob man mit den Freidemokraten wirklich ein Bündnis eingehen könne – gewiss war ja nicht einmal, ob der Kanzler die notwendige Mehrheit erhielte.

Brandt und Schmidt hatten sich, trotz ihrer unterschiedlichen Lebenserfahrungen, einander angenähert und waren zusammengerückt, nun führten sie diese Erfahrungen wieder ein Stück auseinander. Brandt war 53, Schmidt 48 Jahre alt. Sichtbar wurde eine jener Paradoxien, welche die Beziehung Brandts und Schmidts häufig charakterisierte: Schmidt scheute sich nicht, wie 1958 im Bundestag demonstriert, die CDU in der Hitze des parlamentarischen Gefechts in die Ahnenreihe der Wegbereiter Adolf Hitlers zu stellen, um sich scharf von ihr abzugrenzen; und dennoch zog er im Zweifel eine Koalition mit den gescholtenen Christdemokraten vor. Motto: Etwas Besseres als die FDP findest du allemal! Brandt wiederum, der in der Tat auf Versöhnung bedacht war und scharfe Anklagen mied, bezweifelte schon 1965 den Sinn und Segen eines Bündnisses mit der konservativen Volkspartei.

Er wünschte sich klare politische Verhältnisse. Warum sollte er sich mit dem unberechenbaren Strauß an einen Tisch setzen, der ihn noch unverhohlener wegen des Exils stigmatisierte als Adenauer? Auf die Stimme des «einstigen Emigranten und vielfach Diffamierten» kam es in diesen Tagen nach Erhards Rückzug besonders an in der SPD, keineswegs nur deshalb, weil er zwei Mal ihr Kanzlerkandidat war.[35] Für ein Veto – gegen Wehner – wäre Brandt jedoch zu schwach gewesen. Am liebsten hätte er sich ganz herausgehalten aus einem Kabinett der Großen Koalition.

Kröte Kiesinger Und dann – an einem Tisch mit Kurt Georg
Kiesinger als Kanzler, sollte er sich das wirk-
lich antun und diese Kröte schlucken? Der Ministerpräsident aus
Stuttgart war im März 1933 der NSDAP beigetreten, seit 1943 arbeitete er in der rundfunkpolitischen Abteilung des Auswärtigen
Amtes. Willy Brandt hatte zwar für Versöhnung nach innen plädiert. Aber schloss sein Plädoyer einen solchen Fall mit ein? Gemessen an seiner finsteren Entschlossenheit, nicht zurückzublicken, fiel
die Zögerlichkeit in der Causa Kiesinger ins Auge. Nach kurzer Be-
denkzeit siegte der Pragmatiker in ihm, aber auch der Politiker, der
in großen Linien dachte: Dann sollte eben offen thematisiert werden, dass im neuen Kabinett der Hitler-Gegner sitzen würde, daneben der einstige Kommunist aus Dresden Herbert Wehner, aber
auch der frühere SA-Anwärter Gerhard Schröder (CDU) sowie *last
not least* Kurt Georg Kiesinger. Tatsächlich sollte auch ein SPD-
Politiker am Kabinettstisch Platz nehmen, der der NSDAP angehört
hatte, der frühere Berliner Wirtschaftssenator Karl Schiller, bei
dem Schmidt in Hamburg studiert hatte.

Das Kabinett spiegele «die Wirklichkeit des Landes wieder»,
tröstete er sich.[36] Aber damit lud sich aus Brandts Sicht die Große
Koalition mehr als genug auf. Wie Egon Bahr sich erinnert, habe er
unter vier Augen Brandt empfohlen, wenn sich die SPD zum Ein-
stieg in eine Große Koalition entschließe, dann müsse sie «heilige
Kühe schlachten», der aber widersprach ausdrücklich: Nein, sie
dürfe sich nur an dem gemeinsamen Nenner der großen Parteien
orientieren, mehr sei in einer solchen Koalition nicht möglich. Die
Ostpolitik müsste in diesem Fall vertagt werden.

Günter Grass warnte Brandt prompt in einem Brief, zwischen
Kiesinger und Strauß den «Kronzeugen einer falschen Harmonie»
abgeben zu müssen. Diese Entscheidung werde ihn und viele seiner
Freunde in eine linke Ecke drängen. «Wie sollten wir weiterhin die
SPD als Alternative verteidigen, wenn das Profil eines Willy Brandt
im Proporz-Einerlei der Großen Koalition nicht mehr zu erkennen
sein wird?» Zwanzig Jahre verfehlte Außenpolitik, fuhr Grass fort,
würden durch sein Eintreten in eine solche Regierung bemäntelt.
Und schließlich: Die Jugend werde sich vom Staat und seiner Ver-

fassung abkehren und sich nach links und rechts verrennen, «sobald diese miese Ehe geschlossen sein wird». Zum Schluss bat er Brandt, diesen Brief in der Fraktion zu verlesen, auch wenn Herbert Wehner ihn für einen Neurotiker halten möge. [37]

Die innere Feindschaft in der Bundesrepublik sei nicht aufgehoben, allenfalls «verschleiert» worden, hat Karl Jaspers später geurteilt. Brandt war in der Tat «der Gefangene»[38], wie Jaspers schrieb. Mit Äußerlichkeiten fing das schon an: Die Große Koalition handelte praktisch Herbert Wehner aus, er wurde mit Kiesinger handelseinig, bevor Brandt, verspätet wegen schwieriger Verkehrsverhältnisse, überhaupt eintraf in Bonn. Wehner bezog auch Helmut Schmidt mit ein. Am Ende blieb Willy Brandt trotz aller Vorbehalte nur, «ja» zu sagen als Parteivorsitzender, was er auch brav machte. Nun musste er nur noch seine Partei vom Segen einer Großen Koalition überzeugen – eine schwierige Operation, aber darauf verstand er sich ja.[39]

Von den Jüngeren hatte er mit Abstand die größte internationale Erfahrung gesammelt. Das war auch der Grund, weshalb er sich schließlich damit doch noch einverstanden erklärte, sich nicht selbst auf ein Nebengleis zu begeben, sondern das Auswärtige Amt zu übernehmen.

Wie hatte seine Frau Rut gesagt? Um «Macht» ging es ihm nicht, aber um den «Einfluss», den man damit gewinne.

Brandt schluckte, sprang über seinen Schatten und nahm neben Kiesinger als Vizekanzler und Außenminister in der ersten Großen Koalition der Bundesrepublik Platz am Kabinettstisch.

Über eine 90-Prozent-Mehrheit gebot die Kiesinger-Brandt-Koalition im Bundestag, ein lähmendes Übergewicht für jede Opposition. Objektiv habe es deutscher Wahrhaftigkeit gedient, resümierte Willy Brandt zwanzig Jahre nach deren Ende, 1989, in durchaus verbindlichem Ton, «daß an der Spitze der Regierung ein ‹Mitläufer› und ein ‹Emigrant› zusammenwirkten». Umsonst sei dieses Stück «Aussöhnung» nicht zu haben gewesen, soviel räumte er immerhin ein. Einerseits hatte er Versöhnung mit der Mehrheit im Lande gewünscht, andererseits wollte er Verständnis zeigen für Beate Klarsfeld (die 1967 Kiesinger öffentlich ohrfeigte wegen seiner Nazi-Vergangenheit), für die Protestgeneration, nicht zuletzt für die eigenen Söhne. Helmut Schmidt, das ist klar, hielt davon herzlich wenig.

Von zwei Seiten her geriet die parlamentarische Demokratie unter Druck, wie Brandt es befürchtet und Grass vorausgesagt hatte, von links rebellierte die Apo, und rechtsaußen erhielt die NPD Zulauf.[40] Die Große Koalition bescherte der Bundesrepublik eine Art «Hyperstabilität», wie Politikwissenschaftler diagnostizierten, die sich über den Patienten beugten. Helmut Schmidt beurteilte das Bündnis wesentlich wohlwollender: Ja, für Stabilität habe die Große Koalition gesorgt, aber auch ein Modernisierungsschub sei diesen drei Jahren zu verdanken, und im Konflikt um die Notstandsgesetze habe der Staat doch bewiesen, wer Herr im Hause ist.

Man spürte, die Große Koalition hatte er zu seiner eigenen Sache gemacht. Nach Erhards Rücktritt, 1966, wäre er zwar gerne Verteidigungsminister geworden, darauf hatte er sich lange schon vorbereitet, ließ sich dann jedoch überreden, auch weiterhin das komplizierte Gebilde «Fraktion» an Erlers Stelle zu dirigieren. Rasch fand er Gefallen daran – und er bereute es nicht. Schmidt war der Fisch im Wasser. Unübersehbar saß er an einer zentralen Schaltstelle im Politikgetriebe, wie er das liebte. Motor oder Ideengeber dieses Bündnisses wurde nicht Brandt, diesen Part übernahm Helmut Schmidt – mit Rainer Barzel, dem Fraktionschef der Christdemokraten, zur Rechten. Das Duo verstand sich blendend, spielte sich die Bälle zu und achtete strikt darauf, dass die Große Koalition nicht nur den Status quo verwaltete. Der Außenminister hingegen rückte unter diesen Bedingungen aus dem Zentrum, sein Bild wurde blasser. Die CDU/CSU legte ihm mit der Hallstein-Doktrin und anderem zu viele Fesseln an, um sich den gewandelten Realitäten stellen zu können.

Trotz der Differenz über die Große Koalition – politisch gehörten sie nicht nur zu einer Familie, sie waren Geistesverwandte. An der Vorbereitung des Harmel-Berichts vom Jahr 1967 waren beide wesentlich beteiligt. Im Kern dieses Nato-Papiers stand der Vorschlag einer beiderseitigen ausgewogenen Abrüstung und Truppenreduzierung. Ende Juni 1968 war es der Außenminister, Brandt, der bei einem Nato-Ministertreffen im isländischen Reykjavík auf eine ausgewogene Verminderung der konventionellen Streitkräfte drängte, ganz im Sinne von Helmut Schmidt.[41]

An Helmut Schmidt schätzten die Abgeordneten seine Rundum-Kompetenz. Tatsächlich verkörperte er den «Typus des vielseitigen, für hohe Staatsämter prädestinierten Berufspolitikers», wie ihm Brandt-Biograph Gregor Schöllgen bescheinigte. «Seine überlegene Intelligenz, sein Durchsetzungsvermögen, der ebenso präzise wie pragmatische politische Stil und seine rhetorische Begabung ... ergeben ein Profil, das sich deutlich von demjenigen Brandts abhebt. Das einzige Handicap des ehrgeizigen Hamburgers ist sein Alter. Nur fünf Jahre jünger als Brandt, hat er unter normalen Umständen keine Chance, an die Spitze zu kommen.»[42] Richtig, so sah Schmidt das auch. Aber nicht nur Schmidt – die Leitartikler der Republik beurteilten ihn fast ausnahmslos ähnlich, das sollte ein Pfund für ihn in allen kommenden Auseinandersetzungen oder versteckten Machtproben mit Brandt während der folgenden Jahre bleiben.

Zur dramatischen Zuspitzung in der Kiesinger-Koalition kam es kurz vor deren Ende: Als Kambodscha im Mai 1969 die DDR anerkannte, wollte der Kanzler die diplomatischen Beziehungen abbrechen, Brandt hingegen schloss im Ärger nicht aus, für diesen Fall aus dem Kabinett auszuscheiden. Das «alte Denken» blockierte einfach zu viel, fand er. Herbert Wehner und Helmut Schmidt unterstützten ihn in diesem Konflikt mit Kiesinger um den Sinn der Hallstein-Doktrin auffälligerweise nur «lauwarm».[43] Derart zielstrebig und entschlossen wie Brandt steuerten sie nicht auf eine Anerkennung des zweiten deutschen Staates zu. Und das war keine Randfrage.

«Salz in der Suppe» Die tödlichen Schüsse auf Benno Ohnesorg am 2. Juni 1967 während der Proteste gegen einen Besuch des persischen Schahs lieferten einen ersten Vorgeschmack von den heraufziehenden Unruhen. Ein junger, aufsteigender Soziologie-Star, Ralf Dahrendorf, diskutierte Ende Januar 1968 öffentlich mit Rudi Dutschke auf dem Dach eines VW-

Integrieren oder auf Distanz halten? Die SPD-Spitze – Herbert Wehner,
Willy Brandt, Käte Strobel, Carlo Schmid, Georg Leber, Gerhard Jahn,
Alfred Nau, Heinz Kühn, Alex Möller, Heinz Castrup – berät beim
dramatischen Parteitag 1968 in Nürnberg über ihren Kurs gegenüber der
Apo. Brandt will seine Partei der Protestbewegung öffnen, Schmidt
warnt.

Busses darüber, ob die notwendigen Veränderungen im Lande nur
«revolutionär» oder auf parlamentarischem Wege zu erreichen
seien. Die Republik, riet er, solle den Staub der obrigkeitlichen Ade-
nauer-Ära abschütteln und sich in die Konfliktdemokratie nach
dem Muster Großbritanniens oder der USA einüben. Viele westliche Staaten, auch die Vereinigten Staaten, rüttelte der Protest heftig durch, mit ihrem Krieg in Vietnam gossen die Amerikaner Öl in
die Flammen. Ein spezifisch deutsches Motiv aber kam in der Bundesrepublik hinzu: In einem Atemzug mit den kritischen Fragen an
die Elterngeneration zum «Dritten Reich» sah sich ein Teil jener
Eliten auf die Anklagebank gesetzt, die auf ihren Anteil am Aufbau
der Bundesrepublik pochen konnten.

Obwohl Brandt seine versöhnlichen Worte nach innen ernst gemeint hatte, holten Schmidt und ihn auf dem Umweg über die Protestgeneration die deutsche Vergangenheit und der Umgang damit doch noch einmal ein. Als die Generation, «auf die wir gewartet haben», sollte seine Partei nach Meinung Brandts die jungen Leute willkommen heißen. Zwar beklagte auch er zugleich heftig «Intoleranz und Terror» – «Pöbel bleibt Pöbel, auch wenn junge Gesichter darunter sind», rief er den Demonstranten vor der Tür zum Nürnberger Parteitag 1968 zu – wichtiger war ihm dennoch, den Delegierten zu raten, ihr sachliches Urteil sollte «nicht durch Gefühlsausbrüche getrübt» werden. Fast über Nacht sei eine Art neuer Internationale entstanden, eine Internationale der Studenten. Bei allen Ungereimtheiten sei das ein «reißender Strom, der sich freilich aus sehr vielen Quellen speist». Spießern falle nichts anderes ein, als zu erschrecken oder sich bloß zu empören. «Wir müssen kritisch prüfen», beschwor er die Zaudernden, «auch unsere eigene Haltung.» Noch sei es nicht lange her, dass den jungen Leuten Indifferenz angekreidet worden sei. Sie dächten nur materiell, lautete die Kritik. Da sie wüssten, wogegen, aber noch nicht, wofür sie sein sollen, falle jetzt «einigen nichts anderes ein, als nach der Autorität des Staates zu rufen». Dann gebe es Leute, die freuten sich über demonstrierende Studenten in Prag, Warschau oder Budapest und fänden es schön, wenn sie dort mit der Polizei in Konflikt gerieten. Das könne bis zur Heuchelei führen. «Nein, Jugend ist kein Verdienst, Alter ist kein Verdienst ... Die Selbstherrlichkeit junger Leute ist ebenso töricht wie die Besserwisserei der Alten. Das sollte man sich täglich als Vater sagen. Hoffentlich sagen sich das manchmal auch die Söhne.» Was an ihm liege, fügte Vater Brandt dieser selbstironischen Bemerkung hinzu, solle geschehen, dass man die Chancen dieser Generation – das Salz in der Suppe! – nicht ungenutzt lasse.[44]

Blechtrommel-Autor Günter Grass und andere Freunde standen bei den Formulierungen über die Protestgeneration Pate, besonders bei den Sätzen über die eigenen Kinder. Brandts ältester Sohn, Peter, Jahrgang 1948, hatte sich – ähnlich wie früher sein Vater – einer trotzkistischen Gruppe angeschlossen. Schon der Auftritt zweier

Söhne in der Verfilmung von Grass' «Katz und Maus» hatte zu heftiger Kritik der Christdemokraten, aber auch in seiner Partei geführt. Brandts Sohn Lars sollte später in seinem wunderbaren Erinnerungsbuch an den Vater, *Andenken*, darüber schreiben, die Szene, in der er «mit einer Badehose bekleidet einen grotesken Tanz hinlegte und dabei mit einem Ritterkreuz wedelte», habe einen Skandal ausgelöst. «*Zwanzig Jahre sind genug*, eine damals viel zu hörende Parole, hatte für die noch reichlich vorhandenen und überhaupt nicht kleinlauten Nazis mehr als symbolischen Charakter.» Nach der Premiere habe es Beschimpfungen gehagelt, weil er ein «heiliges Symbol geschmäht» habe, aber sein Vater (Lars nennt ihn nur «V.») habe schon gewusst, was er tat, als er sein Treiben zuließ. Natürlich war der Film bestens geeignet, Altnazis aufzuregen – «es war schwer vorstellbar, daß V. sich unbedacht in eine Lage manövriert hatte, die durch meine Tanzparodie mit dem Kriegsorden höchstens etwas zugespitzt wurde». Er habe angenommen, fügte Sohn Lars noch hinzu, der Rummel sei vom Vater und seinen Beratern einkalkuliert gewesen, «sie waren nicht von gestern».[45] Das Ritterkreuz sei von den Söhnen «entehrt» worden, warfen die Kritiker tatsächlich dem Vater vor. Er schmunzelte öffentlich und zuckte wohlweislich mit den Achseln.

Als «berechtigt» hatte zu allem Überfluss Peter Brandt die Attacken der Apo auf die SPD begrüßt – der älteste Sohn des Vorsitzenden rebelliert gegen den eigenen Vater, und jeder kann zusehen dabei? Soviel Nonchalance ließ Helmut Schmidt keine Ruhe. Ein Vater müsse auch einmal ein «Machtwort» sprechen, befand er.[46] Bloß, von «Machtworten» hielt Brandt generell nichts; und dass ausgerechnet die antiautoritäre Generation Machtworten parieren würde, glaubte er schon gar nicht. Fortan blieb das die Grunddifferenz zwischen Brandt und Schmidt. Die Kritik der Söhne Peter und Lars, darf man annehmen, fand der Vater am Ende nicht einmal so falsch, aber das wollte er nicht laut sagen.

Sein selbstkritischer Rat lautete: Zur Einmischung in die Politik seien die Jüngeren in der Adenauer-Republik auch nicht eingeladen worden, das müsse nachgeholt werden. In der Krise, die sich abzeichne, würden die moralischen Kategorien wohl eine größere

Rolle spielen als die materiellen, prophezeite er. War es Opportunismus, wie Schmidt meinte? Nein, Brandt dachte so – mit dem Zeitgeist allerdings stand es in Einklang.

Helmut Schmidt hörte sich anders an in der Meistersingerhalle: Keiner von den heutigen Demonstranten habe «bisher vor der Entscheidung gestanden, zwischen seiner Gewissensmeinung oder dem Volksgerichtshof wählen zu müssen», fuhr er schweres Geschütz auf. Noch persönlicher wurde er, als er fortfuhr: «Keiner von ihnen hat – ungleich Millionen der mittleren oder älteren Generation – je mitten in einem Kriege, dessen Hintergrund für viele nur sehr unscharf erkennbar war, im Gewissen entscheiden müssen, ob er seine Pflicht als Soldat erfüllen müsse oder ob er mitten im Kriege die Pflicht habe, zu desertieren.»[47]

Sein scharfes Urteil über die jugendlichen Besserwisser, die elitäre Arroganz, über die unakzeptable Differenzierung zwischen «Gewalt gegen Sachen» und «Gewalt gegen Personen», über «Verführer» wie die Philosophen Herbert Marcuse oder Ernst Bloch, die er mit Robespierre in eine Reihe stellte – das alles kam aus der tiefsten Seele, einschließlich der Gleichsetzung von links- und rechtsaußen. Von der Traditions-SPD erhielt er in Nürnberg Applaus, und in einem Großteil der Medien auch. Bloß dem Zeitgeist entsprach es nicht, aber darum hat er sich damals schon nicht gekümmert.[48]

Brandt sollte Recht behalten: Tatsächlich näherten sich große Teile der Apo bald der Parteienwelt an, viele strömten in die SPD, eine Minderheit verharrte außerhalb, gründete sektiererische kommunistische Gruppen oder machte – wie Joschka Fischer – noch einen Umweg als «streetfighter», bevor sie Ende der 70er Jahre bei den neugegründeten Grünen landeten. Nur ein kleiner Rest splitterte sich ab und verrannte sich in den «bewaffneten Kampf» gegen das «Schweinesystem», die Brust stolz drapiert mit dem Etikett «Rote Armee Fraktion» (RAF).

Willy Brandt sollte der erste Kanzler werden, der sich mit diesem neuartigen Terrorismus auseinanderzusetzen hatte. Bis 1972 überschattete die «Baader-Meinhof-Gruppe», die erste Terroristen-Generation, viel vom Koalitionsalltag, das politische Klima wurde vergiftet, weil die Linke – fließende Übergänge gab es ja unbestreitbar – pauschal der Sympathien mit dem RAF-Terrorismus verdächtigt wurde.

1968   Die dritte Lesung der Notstandsgesetze fand im Mai 1968 im Parlament statt, zu einem Zeitpunkt, den man sich politisch aufwühlender kaum vorstellen kann. Wenige Wochen zuvor, in den ersten Apriltagen, hatte erstmals die Baader-Meinhof-Gruppe zwei Kaufhäuser in Frankfurt in Brand gesetzt. Am Karfreitag wurde Rudi Dutschke, der prominenteste unter den Studentenführern, von Schüssen vor dem SDS-Büro am Kurfürstendamm niedergestreckt und lebensgefährlich verletzt. Zwar kam er mit dem Leben davon, aber an den Folgen der Hirnverletzung litt er dauerhaft und erlag ihnen schließlich. Der Attentäter, der junge Hilfsarbeiter Josef Bachmann, räumte ein, er habe sich angespornt gefühlt von der Lektüre der Springer-Zeitungen, zumal von *BILD*, die eine wilde Diffamierungsschlacht gegen die APO schlugen.

Willy Brandt stand zwischen den Fronten. Er hatte, wenn auch zögernd, «Ja» gesagt zur Regierung mit Kiesinger, die Kritik an Washingtons Vietnam-Krieg unterschrieb er kühl abwägend nicht. Im Gegenteil, kaum verhohlen ließ er sogar Verständnis für das Vorgehen der Amerikaner in Südostasien erkennen. Im Streit um die Notstandsgesetze stand er zwischen Helmut Schmidt, der auf den Gesetzesplänen strikt beharrte, und den Gewerkschaftlern.

Schwer nachzuvollziehen ist aus heutiger Sicht, weshalb die Befürworter die Notstandsgesetze für derart zwingend hielten – und weshalb die Gegner glaubten, sie stellten die Demokratie zur Disposition. Beides hing wohl zusammen mit den Traumata aus der jüngsten Vergangenheit und dem Dissens darüber, ob man sich vor Wiederholungsgefahr besonders schützen oder vor einem unkontrollierbaren Chaos besonders fürchten müsse. Nicht zufällig an der Stelle verbreiterten sich die Haarrisse zwischen Brandt und Schmidt.

Eine demokratisch beschlossene Verfassungsregelung für eine staatliche Notlage existierte nicht. Im Ernstfall hätten alliierte Vorbehaltsrechte gegolten, die noch auf den Deutschlandvertrag von

1952 zurückgingen. Das Grundgesetz – so der Grundgedanke der Notstandsgesetze – sollte künftig eine nationale «Notregierung» ermöglichen. Dazu lagen «Schubladengesetze» der Alliierten bereit, mit denen Grundrechte außer Kraft gesetzt oder eingeschränkt werden konnten. Das neue Gesetz zielte darauf, für den Notfall die Regie ganz in deutsche Hände zu legen. Bei den Gewerkschaften wuchs unverhohlen die Sorge, dass die Notstandspläne insgeheim vor allem darauf zielten, ihre Macht zu beschränken, während die Studenten davon ausgingen, die demokratischen Mitspracherechte von unten würden generell beschnitten.

Einen Coup von oben herab hatte Brandt in den 30er Jahren erlebt, etwas Vergleichbares hielt er in der Bundesrepublik für undenkbar. Dennoch wollte er die Bündnispartner für seine Partei, Gewerkschaften und Protestbewegung, nicht verprellen. Helmut Schmidt hingegen setzte die Akzente anders: Ihm lag gerade für den Notfall an einer funktionierenden Demokratie, die es – siehe Hamburger Flutkatastrophe – mit dem Buchstaben des Gesetzes nicht zu ernst nimmt, wenn pragmatisch geholfen werden muss. Schmidt konzentrierte sich auf das Risiko für die neue Demokratie, das ihr von Seiten «Unbefugter» erwachse; Brandt interessierte vor allem, welches Risiko für die neue Demokratie entsteht, wenn sie das kritische und liberale Potential der Gesellschaft einfach links liegen lässt oder gar ignoriert. Er neigte dazu, diejenigen in die Institutionen hineinzukomplimentieren, die Schmidt heraushalten wollte.

In den wohlhabenden westlichen Ländern kriselte es. Ahnungen lagen in der Luft, mit hohen Wachstumsraten und Prosperität sei nicht immerwährend zu rechnen. In der Fraktion, die Schmidt geschickt dirigierte, kristallisierte sich eine Zweidrittelmehrheit heraus, die hinter ihm stand. Den Nürnberger Parteitag überredete Brandt am Ende erfolgreich, den Konflikt zu entschärfen und grünes Licht zu geben.[49] Ob es nicht besser sei, warb Brandt, sich selbst Regeln für den Notfall zu geben, also souveräner zu werden, da die alliierten Vorbehaltsrechte für diesen Fall ja entfallen sollten? Er «führte» – typisch Brandt – indem er Fragen stellte.

In einer leidenschaftlichen Rede im Bundestag Anfang Mai erinnerte er an die «demokratische Verlässlichkeit» der Parteien, um diejenigen zu beruhigen, die an der demokratischen Zuverlässigkeit der Behörden zweifelten. Brandts Rede «galt als eine der besten, die in dieser Legislaturperiode im Parlament gehalten wurden».[50] Ohne ihn wären die Gesetze am 26. Mai 1968 vermutlich kaum mit derart breiter Mehrheit im Bundestag angenommen worden.

Die möglichen Folgen der Notstandsgesetze übrigens hat Helmut Schmidt realistisch eingeschätzt, nicht das Lager der Skeptiker: Zum befürchteten Missbrauch kam es nie, und der Streit, der die Republik 1968 so erregte, war vergessen, sobald die Gesetze verabschiedet waren, praktisch am Tag danach. Aber Hartmut Soell trifft exakt den symbolischen Kern des Konflikts, wenn er schreibt: «Wie durch ein Vergrößerungsglas wurde in der Notstandsdebatte mit den dort zu Tage tretenden Nuancen im Verhalten und in der Sprache beider Politiker deren unterschiedliche Wahrnehmung sowohl der Großen Koalition wie des Bonner Staates sichtbar.» Soell geht so weit zu vermuten, die Bonner Republik sei Brandt «fremd» geblieben, er habe sie sich skandinavischer vorgestellt.[51]

Ausgerechnet der Konflikt um die Notstandsgesetze bietet jedoch ein gutes Beispiel dafür, wie weit Brandt bemüht war – im Zweifel sogar gegen die eigene Überzeugung –, den Grundakkord mit Helmut Schmidt durch alle Wechselfälle hindurch zu bewahren.

Vollkommen anders sah das Schmidt. «Enttäuscht» war er von Brandt, gestand er noch Jahrzehnte danach Ulrich Wickert, weil der sich als Vorsitzender nicht stärker für die Notstandsgesetze eingesetzt habe. Dass Brandt versuchte, Brücken zu bauen, hatte er längst schon vergessen. In seiner Wahrnehmung hatte er nicht «geführt», an diesem Urteil änderte er auch später nichts, auf ihn war kein Verlass.

Eindeutig und unmissverständlich sollten Positionen sein, erst dann ließ sich darüber entscheiden. Auch im Streit um das Mehrheitswahlrecht trieb Schmidt dieser Wunsch an: Selbstverständlich zog er klare Mehrheitsverhältnisse im Parlament jedem Kompromisszwang vor.[52] Die demokratischen Institutionen hatten sich bewährt, das Verhältniswahlrecht produzierte nicht Instabilität – und dennoch, bei den Koalitionsverhandlungen 1966 stand diese Frage, keine Nebensache für die Bundesrepublik, mehr oder minder offen im Vordergrund, tendenziell waren SPD und CDU/CSU sich in der Sache schon einig. Sogar Brandt hatte sich bis dahin für ein relatives Mehrheitswahlrecht ausgesprochen. Aber er zuckte als Erster zurück. Schmidt hingegen hielt daran fest, man müsse mit der Zweidrittelmehrheit der Großen Koalition eine «wesentliche Verschiebung von Grundmauern unseres Gebäudes» vornehmen, das «falsche Wahlrecht» sei schließlich einer der «Grundfehler» am Beginn der Bundesrepublik gewesen.[53] Die Dimension des geplanten Einschnittes war ihm natürlich klar.

Für Ruhe und Stabilität müsse Politik sorgen, fand Schmidt. Aus der ruhigen Bundesrepublik entwickelte sich Ende der 60er Jahre tatsächlich aber jene unruhige «Konfliktdemokratie», die Ralf Dahrendorf für zeitgemäß und notwendig hielt. Integrierende Kraft hatte aus Brandts Sicht – und das unterschied ihn von Schmidt – nicht so sehr das Parlament, für Integration mussten am Ende stärker die Parteien sorgen.

Damit begann Brandts jahrelanges Werben um die Generation, die Unruhe in die Republik brachte. Schmidts Skepsis setzte er betont sein Verständnis entgegen, exemplarisch bei einer Rede vor der UNESCO im November 1968 in Paris: «Gar so verwunderlich ist es wohl nicht, wenn junge Menschen aufbegehren gegen das Mißverhältnis zwischen veralteten Strukturen und neuen Möglichkeiten. Wenn sie protestieren gegen den Widerspruch von Schein und Wirklichkeit. Wenn sie an einer Politik verzweifeln, die sich zwar Postulate setzt, sich jedoch bei Rechtsbrüchen, bei Gewaltanwendung, Unterdrückung und Blutvergießen als ohnmächtig erweist. Ich bin nicht dafür, jungen Menschen nach dem Mund zu reden … Aber ich meine, wir dürfen uns nicht abriegeln. Zuhören ist nicht genug. Wir müssen uns der Herausforderung stellen mit der Bereitschaft, uns selbst in Frage zu stellen und hinzuzulernen.» Derart wohlwollend und bemüht hofierte er die Protestgeneration zwar nicht immer, widerspruchsfrei war er wahrlich nicht, aber letztlich blieb das sein Leitmotiv an der Spitze der SPD: Seiner Partei obliegt es, fand er, sich gerade denen zu öffnen, die sich diese Demokratie neu aneignen und die Verhältnisse in der Republik kritisch sehen.[54]

Stunde Null Für Schmidt handelte es sich bei der Gründung der Republik 1949 weit mehr als für Brandt um eine wirkliche «Stunde Null»; folglich empörte er sich, wenn Kritiker der Bundesrepublik zwanzig Jahre nach ihrer Geburtsstunde in Frage stellten, was 1949 erfolgreich begonnen wurde. Nein, man musste die Republik nicht «umgründen», wie es später heißen sollte,[55] von einer Neugründung ganz zu schweigen.

Fast zornig, jedenfalls verletzt klang der Ton eines Aufsatzes aus dem Jahr 1968, er hatte gerade seinen 50. Geburtstag gefeiert: Wenn die allerjüngste Generation von Sozialdemokraten «stärker als meine eigene Generation die theoretische, die philosophische, die ideologische Konzeption betonen möchte», möge das seine Vorteile haben, formulierte er maliziös. «Sie sollte aber respektieren», fügte er streng hinzu, «daß meiner eigenen Generation die Fähigkeit, auf der Grundlage unserer sittlich-politischen Grundhaltung, praktisch und unmittelbar Nützliches für das Ganze zu leisten, wichtiger erscheint als die Utopie oder das theoretische Fernziel.»

Besänftigend erwiderte ihm Brandt, zu den Stärken der Partei gehöre, «daß wir – nicht nur wegen des Wechsels der Generationen – immer wieder um die grundsätzliche Fundierung von Aktivitäten bemüht sind, die sonst allzu leicht verflachen können».[56] Aber solche Bemühungen fruchteten wenig – der Konflikt zwischen beiden, der 1968 aufbrach und ihren alten Grundkonsens zunehmend überschattete, ließ sich auch später weder verdecken noch auflösen. Brandt sah das nicht nur ruhiger, er nahm die System- und Kapitalismuskritik sowie die revolutionäre Rhetorik einfach nicht wörtlich. Hätte man denn alles, was er als junger SAPler gesagt und geschrieben hatte, auf die Goldwaage legen dürfen? Woher denn!

Wie weit seine inneren Sympathien für diese Kritikergeneration gingen, hielt er dennoch gern in der Schwebe. Sie hingegen fragten gar nicht danach – die jungen Leute empfanden Brandts politisches

Exil und sein Leben in Opposition gegen Hitler eindeutig als gewaltigen Bonus, fast erschien er ihnen als Gleichgesinnter, jedenfalls wurde viel davon auf ihn projiziert. Ihnen ging es gar nicht um den «realen» Brandt. Die Pointe: Ausgerechnet das, was ihm in der frühen Republik angelastet wurde, wurde ihm jetzt honoriert, vielleicht sogar mehr, als ihm lieb war. Was sollte einer, dem die Diffamierungen derart unter die Haut gingen, einwenden gegen soviel Bewunderung? Ohne sonderlich viel dafür tun zu müssen, wurde Brandt von dem Verdacht ausgenommen, Teil des «Establishments» der Bundesrepublik zu sein. Schmidt hingegen bekannte sich geradezu demonstrativ zu dieser verantwortlichen Elite.

Kennedy Geradezu als Leuchtgestalt am Firmament der Adenauer-Republik tauchte zu Anfang der 60er Jahre John F. Kennedy auf, der neue, jugendliche amerikanische Präsident wurde als Verkörperung eines Neuanfangs bewundert, nach dem man sich auch hierzulande sehnte. Beide, Willy Brandt wie Helmut Schmidt, nahmen diesen Aufsteiger sehr genau wahr, der sich gegen das «Establishment», Richard Nixon, durchsetzte – ohne Kalte-Kriegs-Rhetorik, als Leitbild eines modernen Amerika. Kennedy vor Augen, wusste man, was der westliche Zivilisationsprozess für die Gründergeneration 1949 in der Bundesrepublik bedeutete. Anfang 1961 trat er in Washington sein Amt an, im Jahr des Mauerbaus in Berlin.

Amerika hatte Deutschland von Hitler befreit, Amerika lockte. Das hatte Brandt wie Schmidt politisch sozialisiert. Beide galten sie als überzeugte Transatlantiker.

Helmut Schmidt hat sich im Rückblick einmal gefragt, weshalb dieser jugendlich wirkende Amerikaner, John F. Kennedy, dermaßen den politischen Wunschvorstellungen vieler Deutscher von einem «politischen Führer» nahe kam. Seine Deutung: Ein Idealist sei Kennedy gewesen «mit einer großen Vision und einer kleinen Ingredienz Romantik», zugleich aber ein Mann praktischen, erlebbaren Erfolges. Sein Studienobjekt bot Schmidt Anlass, über den «idealen Staatsmann» nachzudenken: Der solle «nach einer weitverbreiteten illusionären Vorstellung des Publikums ein mitreißendes Bild von der Zukunft entfalten; zugleich soll er es aber auch verwirklichen.» Nicht genug damit: «Er soll sympathisch sein – sogar ein Quäntchen erotischer Anziehungskraft ausstrahlen – und ein großer Redner; aber er soll auch ein guter Rechner sein. Er soll wahrhaftig und durchsichtig sein, zugleich aber ein ‹Realpolitiker›. Diese niemals in einer Person vereinten Eigenschaften und Fähigkeiten hatten die Deutschen bei Schumacher, Adenauer und Erhard nur partiell gefunden. Jetzt aber schien es, als ob ein junger amerikanischer Präsident alle diese Wunschvorstellungen zugleich erfüllte.»

Seine Verwunderung konnte Schmidt nicht ganz unterdrücken, aber eine von Sympathie getragene Deutung deutscher Projektionen war ihm damit gelungen, Kennedy kam dem Ideal zweifellos näher als jeder zu Hause. Diese Elle legte er freilich auch an sich an. Die «große Vision» und die «kleine Ingredienz Romantik» hatte er nicht zu bieten, auch nicht ein klares «Bild von der Zukunft». Redner und Rechner aber, das war er doch auch, oder? Aber auch an seinem Beispiel wollte er zeigen, dass bei allem Verständnis für die Projektionen auf ein «Ideal» Politiker auf dem Boden der Realität bleiben müssen. Ohne Vermessenheit – aber ein klein wenig «Kennedy» wollte er ganz gern sein, allerdings einer, der auf dem Teppich blieb.

Schmidt legte zum Tode Kennedys geradezu ein persönliches Bekenntnis ab, wie er das selten in seinem Leben machte. Während er am Abend des 22. November 1963 bei einer Parteiversammlung in Hamburg sprach, sei ihm ein Zettel mit der Nachricht von der Ermordung des Präsidenten auf das Rednerpult gereicht worden, erinnerte er sich. Unmöglich sei es in dem Moment für ihn gewesen, «weiterzusprechen oder weiterhin zuzuhören». Schmidt im Originalton, an die Besucher gerichtet: «Dieser Tod erschüttert uns alle. Er verändert die Welt. Laßt uns still nach Hause gehen.» Trauer, Verstörung, Entsetzen, dumpfe Verzweiflung registrierte er bei den Zuhörern, es erging ihnen nicht anders als ihm. Sie gingen, schweigend.[57] Nur über die Nachricht von Ernst Reuters Tod hatte er ähnlich gesprochen.

«Ich bin ein Berliner»: John F. Kennedy 1963 mit dem Regierenden Bürgermeister sowie dem Bundeskanzler bei der Fahrt im offenen Wagen durch die von der Mauer geteilte Stadt.

Auch Willy Brandt schätzte den brillanten jungen Kopf Kennedy mit seiner Aura. Für einen Neuanfang wollte auch er stehen, der entspannungspolitische Kurs des amerikanischen Präsidenten nach der Kuba-Krise eröffnete ihm und Bahr überhaupt erst die Chance, von «Wandel durch Annäherung» zu sprechen. Kennedy hatte den Deutschen bei seinem Berlin-Besuch empfohlen, ihre Angelegenheiten mutig selber in die Hand zu nehmen, voilà!, das machte die Ostpolitik überhaupt erst denkbar und möglich.

Nicht zufällig – und nicht nur, weil Klaus Schütz es ihm riet – präsentierte sich Willy Brandt als «deutscher Kennedy». Aber derjenige, der an John F. Kennedy herumrätselte, der ihn begreifen wollte, der davon träumte, was sein Geheimnis ausmachte und ob sich etwas davon übertragen ließe, und dem schließlich die Nachricht von dessen Tod die Sprache verschlug – das war Schmidt.

Brandt hatte es richtig prophezeit: Kurt Georg Kiesinger, von seiner Partei getrieben, bremste seine deutschland- und ostpolitischen Vorstöße erwartungsgemäß bei fast jeder Gelegenheit, besonders nachdem die Warschauer-Pakt-Truppen im August 1968 dem «Prager Frühling» gewaltsam ein Ende bereitet hatten. Unter dem Strich, bilanzierte Brandt, habe dieses Bündnis zwar einiges nach innen und außen bewegt, sah aber seine Skepsis aus dem Jahr 1966 bestätigt – der Republik war die Große Koalition nicht allzu gut bekommen.

Aber auch in der Troika – und besonders zwischen Brandt und Schmidt – staute sich Unmut auf. Schlug der Grundkonsens von gestern in eine neue Unvereinbarkeit um? Im Mai 1969 ließ Helmut Schmidt seinem Zorn über Willy Brandt laut einem Bericht des Magazins *Stern* freien Lauf. Ort des Geschehens: die Bilderberg-Konferenz, die sich diesmal in der Nähe Kopenhagens getroffen hatte. An ihr nahmen seit 1954 einflussreiche Persönlichkeiten aus Wirtschaft, Militär, Politik, Medien, Hochschulen und Adel teil – ein informeller Club, aber von großem Gewicht insbesondere in den Staaten der westlichen Allianz. Die Treffen sind nicht medienöffentlich. Die Autoren der Story zitierten Schmidt folgendermaßen: «Dieser Scheißdemokrat Brandt, der immer erst andere fragen muß, bevor er sich entscheidet». Als er mehrmals während der Konferenz damit herausplatzte, hat irgendwann der Leiter der Tagung, Otto Wolff von Amerongen, Schmidt dringend ersucht, über den Außenminister nicht in diesem herablassenden Ton zu reden. Dem *Stern* kam das auf Umwegen zu Ohren. Unmittelbar vor dem Wahltag wollte das Magazin darüber berichten, was eine mittlere Sensation bedeutet hätte. Panik löste es im Ollenhauer-Haus in Bonn aus, dem Parteihauptquartier, als ruchbar wurde, was der *Stern* plante.

Nach einer Intervention aus der Parteizentrale stellte das Hamburger Blatt die Veröffentlichung zurück, die Reportage wurde erst nach der Wahl gedruckt.[58] Der Eklat war perfekt. Nach außen ließ Brandt sich beruhigen von Schmidt, der ihm versicherte, das Wort sei ihm in den Mund gelegt worden, es sei nicht gefallen. Dreißig Jahre danach von Hartmut Soell befragt, wie es sich wirklich verhalten habe, erwiderte ihm Schmidt, ohne die Sache damit viel besser zu machen – «Scheißdemokrat» gehöre nicht zu seinem Sprachgebrauch, wohl aber könne das Wort «Scheißkerl» gefallen sein. Zum Rest des Satzes bekannte er sich ohnehin ausdrücklich.

Im Juli 1969 schüttete Schmidt in einem Brief an Wehner sein Herz aus: In den letzten zwei Jahren, schrieb er zunächst, habe er oft das Gefühl gehabt, sie zögen «am gleichen Strang und am gleichen Ende». Dann vertraute er Wehner sein Urteil über Brandt an: «Willy bleibt ein Mann mit großen Fähigkeiten auf der einen und mit labiler Verletzlichkeit auf der anderen Seite. Er will die Partei weniger führen als vielmehr sie durch sich darstellen und repräsentieren. Und dabei aufpassen, daß niemand verloren geht – von Kiel über Offenbach bis München. Insofern wird er Erich O. sehr ähnlich. Wenn wir aber das Schicksal Nennis und Saragats vermeiden wollen (das schließlich zum Schicksal Mollets führen kann), so muß die Partei politisch bewußt und spürbar geführt werden.»[59]

Nenni, Saragat, Mollet – Brandt in die Reihe jener europäischen Sozialisten zu stellen, denen die eigene Partei über den Kopf wuchs und die als Verlierer galten, das wurde ihm nicht gerecht. Aber das Wort vom «Scheißdemokraten» war, wie sich zeigte, kein Lapsus in einer Zornesaufwallung. In der Großen Koalition lagen am Ende bei allen die Nerven blank, auch in der Troika. Schmidt und Wehner machten Brandt unverhohlen zum Sündenbock dafür, dass ihrer Partei zu großes Verständnis für die Protestbewegung auf den Straßen vorgehalten wurde. Beinahe hätte man meinen können, Brandt sei ihr gemeinsamer Gegner.

IV. Nebeneinander

Heraus aus dem Bündnis, der Großen Koalition, wollte nur der Gescholtene, Willy Brandt. Besonders erleichtert registrierte er daher die Wahl Gustav Heinemanns am 5. März 1969 ins Amt des Bundespräsidenten. Mit Hilfe zahlreicher FDP-Stimmen[1] war erstmals seit der Wahl Friedrich Eberts in der Weimarer Nationalversammlung 1919 wieder ein Sozialdemokrat ins Präsidentenamt gewählt worden. Dass die Liberalen den Ausschlag gaben, machte Brandt Hoffnung. Als Gustav Heinemann davon sprach, er betrachte seine Wahl als ein «Stück Machtwechsel», drückte er auch Brandts Empfindungen aus.

Es zeichnete sich zugleich damit auch ein interner «Machtwechsel» an der Spitze der SPD ab. Herbert Wehner und Helmut Schmidt hätten nämlich Georg Leber als Bundespräsidenten bevorzugt, den biederen Sozialdemokraten und Gewerkschaftler aus Obertiefenbach im Westerwald mit der schweren Zunge, den auch die Christdemokraten schätzten. Seine Nominierung war von Wehner als Signal gedacht, dass die SPD die Große Koalition zu verlängern wünsche, also gerade keinen Machtwechsel anstrebte. Gustav Heinemanns Name hingegen war auch ein Programm innerhalb seiner Partei: Als ehemaliges Mitglied der «Gesamtdeutschen Volkspartei» hatte er sich nicht den Christdemokraten, sondern der SPD zugewandt, weil er fürchtete, Konrad Adenauer meine es mit seiner Wiedervereinigungsrhetorik nicht ernst. Er stand jenen in der Protestantischen Kirche nahe, die im «Tübinger Memorandum» und der ostpolitischen Denkschrift der EKD früh für eine verbindliche Festlegung der Oder-Neiße-Grenze und ein Ende des Konfrontationskurses gegenüber Moskau und seinen Satelliten plädierten. Für seine unverändert «gesamtdeutschen» Ziele versprach er sich zudem von einer ostpolitischen Wende viel mehr.

28. September 1969 Ohne lange zu fackeln, sprach Brandt sich noch am Wahltag, in der Nacht vom 28. September, für eine Koalition mit den Freidemokraten aus, die er sich schon 1966 vergebens gewünscht hatte. Sehr knapp nur hatte die FDP die Fünf-Prozent-Hürde genommen (5,8 Prozent), die Parlamentsmehrheit würde halsbrecherisch dünn ausfallen, aber – es reichte rechnerisch. Herbert Wehner und Helmut Schmidt hielten nichts von dem «Experiment»: Der Gedanke, sich auf die ungeliebte FDP zu verlassen und sich von ihr abhängig zu machen, missbehagte beiden. Prompt reagierte Helmut Schmidt daher sehr frühzeitig positiv auf Rainer Barzels eiligen Anspruch, als stärkster Partei stehe es den Christdemokraten zu, möglichen Koalitionspartnern Gespräche anzubieten. Richtig, bestätigte Schmidt; eine SPD/FDP-Koalition, die sich nicht mindestens auf eine solide Mehrheit von zwei Dutzend Abgeordneten stützen könne, erschien ihm schlicht als zu fragil, um damit vernünftig regieren zu können.[2] Das brachte doch gerade diese Unklarheiten in die Politik, die er so hasste. Und saßen nicht immer noch zahlreiche Nationalliberale in den Reihen der FDP, auf die schon gar kein Verlass war? Zudem: Schlecht gefahren war er doch wahrlich nicht mit Rainer Barzel, der Bundesrepublik hatte die Große Koalition nicht geschadet, warum ein Risiko eingehen? Lieber hätte er in absehbarer Zeit die Wahlrechtsänderung realisiert, die Pläne lagen ohnehin griffbereit.

Andere, unausgesprochene Bedenken kamen für Helmut Schmidt und Herbert Wehner hinzu. Ihr Urteil über den Außenminister Brandt an Kurt Georg Kiesingers Seite fiel verhalten aus, sein

Lebensstil blieb ihnen fremd, vorsichtig gesagt (obwohl der *stern* gelegentlich auch Andeutungen über private Eskapaden Schmidts machte), der Arbeitsstil war zu lax, und dann – er führte nicht.

Der Historiker Manfred Görtemaker geht so weit zu resümieren, sie seien sich längst einig gewesen, dass es nach der Wahl von 1969 «mit Brandts Ambitionen auf das Kanzleramt endgültig vorbei sei». «Niemand – auch darin herrschte Übereinstimmung – würde ihm dann nachtrauern und sein Abtreten als Verlust empfinden.»[3] Wenn es so war, muss man doch hinzufügen: Keiner von beiden hätte diese Einschätzung öffentlich unterschrieben, aber das steht auf einem anderen Blatt.

Belegbarer ist: Helmut Schmidt hatte vor der Wahl kein Geheimnis daraus gemacht, dass er sich zwar eine Regierungsbeteiligung für seine Partei an der Seite der Union weiterhin wünsche, behielt sich aber vor, ob er dabei überhaupt mitmachen werde. Eine Rolle etwa als Außenminister an der Seite eines Kanzlers Kiesinger und dessen Richtlinienkompetenz unterworfen? Drei Jahre lang hatte Brandt das ausgehalten, Schmidt mochte sich das für sich selbst nicht ausmalen. Noch schwieriger erschien ihm nur eine Konstellation, wonach die Sozialdemokraten wieder zurückversetzt würden auf die Oppositionsbänke – und Brandt die Rolle als Fraktionschef und Oppositionsführer übernommen hätte. Dem Parteivorsitzenden und Kanzlerkandidaten wäre ein Zugriff darauf nicht zu verwehren gewesen. Dazu aber waren die Spannungen zu Brandt bereits zu groß, Schmidt fühlte sich in der Rolle im Parlament und an der Spitze der Fraktion wohl, die Fraktion liebte diese Mischung aus Sachkompetenz und brillanter Schnoddrigkeit. Der Reigen der bundesrepublikanischen Leitartikler lauschte ihm fast ausnahmslos begierig, unter einem Fraktionschef Brandt hätte er sich ungebührlich degradiert gesehen.[4] Das war fast der *worst case* für ihn.

Auf Brandts Frage, ob er eine kleine Koalition mit den Liberalen mittrage, erwiderte er also in der Wahlnacht nur missmutig, «wenn Du's machen willst, dann mach's doch!»[5] Aus Brandts Perspektive sah die Welt plötzlich anders aus: Selbst wenn eine sozialliberale Koalition nicht die ganze Legislatur durchstehen sollte, er würde es wagen, nur um seine Politik auszutesten, vielleicht sogar – aus Selbstachtung?

In der Wahlnacht 1969 nahm der «Zauderer» Brandt das Heft in die Hand, er wollte die sozialliberale Koalition, und er wollte jedermann demonstrieren, wer Herr im Hause sei. Jedermann, auch Herbert Wehner und Helmut Schmidt. Brandt war es, der in dem Moment ausdrücklich den Machtanspruch stellte. Ihr späteres, oft angespanntes, wechselhaftes Verhältnis ist ohne das stille Drama der Wahlnacht schwer zu verstehen, das Brandt für sich entschied.

Diese wenigen Stunden, in denen er sich gegen die Verlängerung der Großen Koalition und für das sozialliberale Wagnis entschied, bedeuteten tatsächlich die «volle Emanzipation Brandts von Wehner».[6]

Nicht mehr die Regierungsfähigkeit seiner Partei wollte Brandt beweisen, er sah die Stunde gekommen, den großen Neuanfang zu wagen. Damit ging er weit über Herbert Wehner hinaus, der die neue Ost- und Deutschlandpolitik aus einiger Distanz betrachtete. Egon Bahrs Plädoyer für einen «Wandel durch Annäherung» grenzte für ihn an reine «Narretei»[7] oder *baren* Unsinn, wie er in einem seiner berüchtigten Wortspiele formulierte.

Die spröden Worte Brandts in seinen *Erinnerungen*, am Tag nach der Wahl «drehen auch die Widersacher in der Parteiführung bei», lassen von solcher Dramatik wenig ahnen. Aber auch im Rückblick wollte er nicht triumphieren: «Daß ich mich nicht mehr aufhalten ließe, war allen klar.»[8]

Am 21. Oktober 1969 wurde Willy Brandt zum Bundeskanzler gewählt, eine sozialliberale Koalition löste die Große Koalition ab. Geglückt war damit der erste große demokratische Machtwechsel in der Bundesrepublik, die Lehrjahre neigten sich dem Ende zu.

Aber: 251 Stimmen für Brandt (233 dagegen) – das hieß, drei Stimmen aus dem eigenen Lager fehlten, gerade mit zwei Stimmen «über dem Durst», also der absoluten Mehrheit, hatte er es geschafft. Ganz sicher sei er sich nicht einmal gewesen, gestand er später, ob nicht auch aus der eigenen Fraktion eine Stimme fehlte, also nicht nur vom Koalitionspartner. Und konnten nicht eine, vielleicht sogar zwei Stimmen aus der gegnerischen Fraktion gekommen sein, die ein paar «Ausfälle» in der Koalition ausgeglichen? «Wie immer, ich war Regierungschef – im dritten Anlauf. Wie tief reichte der Einschnitt? Fast vierzig Jahre waren seit jenem März 1930 vergangen, da der letzte sozialdemokratische Reichskanzler, Hermann Müller, zurückgetreten war. Der Wille, nicht nur in Städten und Ländern, sondern im Gesamtstaat unsere Regierungsfähigkeit nachzuweisen, hatte mich seit Kriegsende erfüllt. Durch die Fähigkeit zum Wechsel bestand die Bundesrepublik ihre demokratische Bewährungsprobe.»[9]

Helmut Schmidt aber zögerte wieder. Ob er überhaupt auf Brandts Angebot eingehen solle, das Verteidigungsministerium zu übernehmen? Er galt als extrem durchsetzungsfähig, ihn würde die Generalität ernst nehmen und ihm nicht auf der Nase herumtanzen. Lange rang er mit sich, und keineswegs nur aus Schau-Gründen, und er stellte Bedingungen. So sollte Wehner aus dem Kabinett ausscheiden und sein Nachfolger als Fraktionsvorsitzender werden. Das sei schließlich «der bei weitem wichtigste Minister der neuen Koalition – nach innen wie nach außen», wie er an Brandt und Wehner schrieb. In der Fraktion müsse Wehner ihm den Rücken gegenüber «Pazifisten und Idealisten» frei halten.[10] Ein gutes Omen war es nicht. Aber er sagte endlich zu, auch diesmal.

Ein Schlüsselsatz zu diesem Machtwechsel fiel nicht zufällig im Gespräch mit Auslandskorrespondenten,[11] bei denen Brandt sich besonders frei fühlte von innenpolitischen Rücksichten: Als Kanzler «nicht eines besiegten, sondern eines befreiten Deutschland» bezeichnete er sich dabei – eine Formel, die Richard von Weizsäcker am 8. Mai 1985 in seiner berühmten Rede aufgriff – und fügte hinzu, erst jetzt habe «Hitler den Krieg endgültig verloren».[12] Damit war es heraus: Das Wort vom «Mythos der zweiten Stunde Null», das der Freiburger Politikwissenschaftler Wilhelm Hennis dafür prägte, war kritisch gemeint, traf Brandts Idee aber kongenial. Denn was er nach dem 8. Mai 1945 und als junger, pragmatischer Politiker in Berlin nicht aussprechen wollte – das holte er mit Verspätung nach. Helmut Schmidt zog Kontinuität jedem pathetischen «Neuanfang» vor.

Brandt hatte die Machtfrage gestellt und sich durchgesetzt, aber er brauchte Schmidt und Wehner dringend – machtlos, einflusslos waren sie nicht. Eine Reihe herausragender Minister freilich redeten mit am Kabinettstisch – teils gehörten sie schon zu Kiesingers Tafelrunde, teils kamen sie neu hinzu –, mit denen sie kooperieren und ihren Einfluss teilen mussten: Karl Schiller (Wirtschaft), Walter Scheel (Auswärtiges Amt), Alex Möller (Finanzen), Hans-Dietrich Genscher (Inneres), Horst Ehmke (Kanzleramt), Erhard Eppler (Entwicklung), Gerhard Jahn (Justiz), Walter Arendt (Arbeit), Käte Strobel (Jugend, Familie, Gesundheit), Josef Ertl (Landwirtschaft), Egon Franke (innerdeutsche Beziehungen), Hans Leussink (Bildung und Wissenschaft; ab 1972 Klaus von Dohnanyi). «Ein besseres Kabinett hat es nie mehr gegeben als dieses», davor und danach nicht, urteilt Genscher im Rückblick nostalgisch.

Mit der Wahl Kennedys hatte das Jahrzehnt begonnen, aber auch mit dem Eichmann-Prozess in Jerusalem (1961), die Auschwitz-Prozesse (1963 bis 1968) wurden zum Beginn der ernsthaften juristischen Aufarbeitung, in der Wahlnacht 1969 dann das Scheitern Kiesingers und der Großen Koalition, endlich die Wahl eines Exilanten zum neuen Kanzler – das galt vielen als hoffnungsvolles Fanal am Ende des Jahrzehnts. Jede Menge Wünsche, Erwartungen, Illusionen ließen sich darauf projizieren.

Nur auf eine knappe Mehrheit von zwölf Mandaten konnten die sozialliberalen Bündnispartner im neuen Bundestag bauen, nicht viel, um das Mammutprojekt «Ostverträge» zu realisieren. Ganze fünf Stimmen mehr standen zur Verfügung, als bei der Kanzlerwahl gebraucht wurden. Willy Brandt in seinem getragenen, durchaus pathetischen Stil: «Durfte man davon ausgehen, daß die hauchdünne Mehrheit die vier Jahre einer Legislaturperiode durchhalten werde? Ich war dessen nicht sicher, hielt es aber für verantwortbar, das Wagnis einzugehen. Wieviele Hoffnungen hätten wir andernfalls enttäuscht! Vor allem: Ohne Not wollten wir nicht zurück auf die Bänke der Opposition. Denn was alles stand auf der Tagesordnung der deutschen Politik!»[13]

Alles musste schnell gehen. Am 3. Oktober bereits teilten Brandt und Scheel dem Bundespräsidenten, Gustav Heinemann, mit, sie seien sich in sämtlichen wesentlichen Fragen über die Regierungsbildung einig. Stolz, ja, ausnahmsweise wirklich stolz zitierte Brandt

«Ein stärkeres Kabinett gab es nie zuvor und danach» – Brandts erste Regierungsmannschaft wird am 22. Oktober 1969 von Bundespräsident Gustav Heinemann auf der Terrasse der Villa Hammerschmidt in Bonn empfangen. 1. Reihe (v.l.): Gerhard Jahn (Justiz); Käte Strobel (Jugend, Familie, Gesundheit); Heinemann; Brandt; Walter Scheel (Auswärtiges); Karl Schiller (Wirtschaft); Georg Leber (Verkehr und Post); 2. Reihe (v.l.): Helmut Schmidt (Verteidigung); Alex Möller (Finanzen); Erhard Eppler (Wirtschaftliche Zusammenarbeit); Hans-Dietrich Genscher (Inneres); Walter Arendt (Arbeit); 3. Reihe (v.l.): Egon Franke (Innerdeutsche Beziehungen); Lauritz Lauritzen (Städtebau und Wohnungswesen); Hans Leussink (Bildung und Wissenschaft); Horst Ehmke (Besondere Aufgaben und Chef des Bundeskanzleramts); Josef Ertl (Ernährung, Landwirtschaft, Forsten)

Olof Palme, den schwedischen Freund, der das sozialliberale Bündnis in Bonn erstaunt begrüßte: Er habe sich geirrt, als er behauptete, Brandt könne in jedem Land in Europa, außer seinem eigenen, zum Regierungschef gewählt werden.[14]

Die Deutschen waren über ihren Schatten gesprungen. Das empfand auch Brandt so.

Überraschend große Worte wählte der neue Kanzler in seiner

anspruchsvollen Regierungserklärung vom 28. Oktober 1969. Seine Koalition stehe nicht «im Zeichen der Kontinuität», sondern im Zeichen der Erneuerung. Seine Formel dafür lautete, wir stünden nicht am Ende unserer Demokratie, «wir fangen erst richtig an». Seine Regierung, versprach er, wolle «mehr Demokratie wagen». Aufgeschrieben hatte ihm das Klaus Harpprecht, der Freund und Redenschreiber, der nie zurückscheute vor den anspruchsvollsten Begriffen. Ein bisschen zuviel schien es manchen zu sein, der Ton zu hoch, zu wenig Respekt vor dem, was schon mit Adenauer begonnen hatte – so klagte selbst Richard von Weizsäcker, der Brandt und die Ostpolitik durchaus schätzte. Andere empfanden es ähnlich, Schmidt wohl auch. Den Ton, den Brandt anschlug, kannte man zuvor von ihm nicht. Aber sein Wort, nun habe Hitler endgültig den Krieg verloren, war ernst gemeint.[15]

Anfangs traf sich das Kabinett noch im alten Palais Schaumburg in Bonn, zwischen Adenauer-Allee und Rhein, überschattet von den hohen Zedern, Kastanien, Kiefern und Buchen des Parks. Nie habe ein Kanzler das Grundgesetz ernster genommen, wonach jeder Minister sein Ressort in eigener Regie führe, urteilte Hans-Dietrich Genscher anerkennend im Rückblick. Nie nahm einer das Grundgesetz ernster? Das sah Helmut Schmidt anders: Der Regierungschef wiederhole seinen Fehler als Parteivorsitzender sogar im Kabinett, den Ministern lasse er entschieden zu lange Leine.

Nach kaum einem Jahr mahnte er Brandt quasi offiziell, er müsse deutlicher sagen, wohin er als Kanzler wolle.[16] Brandt störte dieser Dauervorwurf aus Schmidts Mund empfindlich, aber nach außen hin suchte er das zu verbergen. Er brauchte ihn einfach dringend. «Scheißfreundlich» habe Schmidt ihm geschrieben, ärgerte er sich über den blauen Brief vom Minister, in Wahrheit glaube er, er sei gescheitert, «weil ich keine Befehle austeile» und «Menschen wie Menschen» behandele.[17]

Brandt litt, aber Schmidt auch. Als Kanzler nahm er das Grundgesetz ernst und ließ den Ministern Raum. Allerdings ließ sich schwer übersehen, dass Schmidt auch nicht gänzlich unrecht hatte – häufig genug neigte Brandt tatsächlich dazu, die Diskussionen im

Kabinett uferlos treiben zu lassen. Andererseits bildete einen besonderen Stein des Anstoßes in dieser Runde für Schmidt häufig Karl Schiller. An ihm und an dessen Extravaganzen rieb er sich persönlich, viel von der Kritik am Führungsstil generell zielte in Wahrheit nur darauf, dass Brandt diesen Pfau – wie Schmidt es empfand – sein Rad schlagen ließ. Später sollte Schmidt einmal sagen, Brandt habe alle seine drei Finanzminister hängen lassen und ihre Warnungen, den Staat nicht zu überfordern, geflissentlich überhört.

«Causa Schiller» Das Problem spitzte sich noch zu, seit im Mai 1971 Schiller, bis dahin Wirtschaftsminister, zusätzlich auch das Finanzressort als Nachfolger Alex Möllers übernahm. Die Entscheidung, ihn damit zum «Superminister» zu befördern, verstand Schmidt als Bevorzugung Schillers. Immerhin hatte er den Vorteil, als Ökonom zu wissen, wovon er redet, während Brandt der Fachdisput zwischen den beiden nicht sonderlich interessierte. Schmidt wünschte sich vom Kanzler häufig, er möge zumal in der «Causa Schiller» Partei ergreifen – für ihn.[18]

Karl Schiller hatte sich hohe Reputation erworben und galt nicht zufällig Ende der 6oer Jahre als populärster deutscher Politiker. Er war der Erfinder der «Konzertierten Aktion», er plädierte für keynesianische Instrumente des Gegensteuerns, um eine Rezession beizeiten zu verhindern, und er prägte das Bild einer Politik, die ökonomische Prozesse auf rationale Weise zu steuern vermag. Insofern passte er hervorragend zum Zeitgeist. Es hieß sogar, die «Schiller-Wähler» im bürgerlichen Milieu hätten letztlich den Ausschlag gegeben, um eine sozialliberale Koalition 1969 erst möglich zu machen. Zeitweise galt er als der wahre *shooting star*, nicht Schmidt.

Auch Karl Schiller traute sich das Kanzleramt zu, unter vier Augen hat er es Brandt sogar einmal verraten. Im zweiten Brandt-Kabinett, 1972, suchte er strikte Sparpolitik zu verordnen – besonders weit gingen seine Kürzungsvorstellungen für das Verteidigungsressort Schmidts, der entsprechend empört reagierte und von Brandt Unterstützung verlangte. Ausgerechnet Schiller, der überdies mit seiner Machbarkeitsvorstellung dem Reformflügel der SPD Auftrieb gab, erwies sich als Bremser: Die Parteilinke unter Erhard Eppler plädierte für eine Steuerreform, um die Spielräume für den «öffentlichen Korridor» zu erweitern, Schiller in der Rolle des gestrengen Hausvaters hielt strikt dagegen.

Aber auch Schmidt beherrschte die Kunst, sich rasch Widersacher zu schaffen. Selbst sein freundlicher Biograph Jonathan Carr zitierte ein Kabinettsmitglied, wonach sein Auftreten auch nach dem Ausscheiden Schillers «oft von einer Aggressivität war, die schon an Grobheit grenzte». Wenn er schlecht gelaunt war, referierte Carr kommentarlos seinen Kronzeugen, habe Schmidt sich in einer Weise erregen und seine Gesprächspartner so «wütend attackieren können, dass nicht alle Kollegen wohlwollend seinen angegriffenen Gesundheitszustand als Entschuldigung gelten lassen wollten».[19] Unendlich viele Geschichten dieser Art wurden seinerzeit unter uns Korrespondenten in Bonn kolportiert. Allerdings: Am Ende war es nicht zufällig doch Schiller, nicht Schmidt, der praktisch das ganze Kabinett gegen sich aufgebracht hatte. Anfang Juli zog er die Konsequenzen und gab seinen Rücktritt bekannt, als Helmut Schmidt gerade der Türkei einen Besuch abstattete. In seinem Rücktrittsbrief warf er Brandt vor, ihn nicht hinreichend gegenüber den Einzelinteressen verschiedener Minister im Kabinett unterstützt zu haben. Auf diese Weise könne er seiner Verantwortung als Wirtschafts- und Finanzminister nicht mehr gerecht werden. Brandt ließ ihn klaglos ausscheiden. Bald darauf kehrte Schiller auch seiner Partei den Rücken.

Brandt komplimentierte die verbliebene Primadonna, Schmidt, eilends zurück und trug ihm an, das «Superministerium» zu übernehmen. Nur einige Stunden blieben ihm, um zuzustimmen oder abzusagen.[20] Schmidt zögerte – wie meist. Er wollte Brandt klarmachen, dass es für ihn keine Selbstverständlichkeit ist, «unter» ihm zu arbeiten, und dass er seinerseits volle Unterstützung des Kanzlers verlange, wenn er denn mitmachen solle. Aber er rang sich – wie meist – zu einem «Ja» durch. Das war allerdings der berühmte Moment, in dem er Brandt mit der Ankündigung überraschte, er wolle nur vier Monate im Amt bleiben. Eine Episode, die er noch als 93-Jähriger gerne erzählte: Dem verdutzten Kanzler erklärte er ins Gesicht, er habe keine Lust, in einer Nenni-Partei – sein Lieblingswort – noch viel länger Regierungsmitglied zu bleiben. Ab dann zöge er einen Posten in der Wirtschaft vor. Nenni-Partei? Im Treibhaus am Rhein kursierte die böse Parallele zu Italiens konfuser, zersplitterter, untergehender Linkspartei bald.

Dramatisch verschlechterte sich das innenpolitische Klima in diesen Monaten, das Gros der Leitartikler, die ihn sowieso bewunderten, beurteilte die Lage wie Schmidt – die Parteilinke tanze mit ihrem «Maklerbeschluss» und den unrealistischen Erwartungen an die Finanzierbarkeit von Reformen dem Kanzler doch bloß auf der Nase herum. Besonders die Forderung der Linken, das private Vermitteln von Wohnungen und Grundstücken in die Hände der Kommunen zu geben, erlangte damals Symbolwirkung. Die SPD sprach davon, die Interessen der «kleinen Leute» gegen die «Spekulanten» zu verteidigen – aber sie handelte sich dafür den Ruf der «Verstaatlichungspartei» ein.

Seinen neuen «Superminister» hofierte Brandt – trotz dessen harscher Bemerkungen und der Ankündigung, nur bis zur Neuwahl im Kabinett zu bleiben – ausdrücklich als die «Nummer eins» unter den sozialdemokratischen Ministern. In das Doppelressort wurde er berufen, wie Brandt später bestätigte, weil damit eine Vorentscheidung für eine etwaige Nachfolge getroffen werden sollte. Schmidt war als «Kronprinz» auserwählt.

Der Kanzler wusste, Schmidt war weit über die Grenzen seiner Partei hinaus populär. Hartmut Soell ist sich sicher, dass das «unverbrüchliche Vertrauen» zwischen Schmidt und Brandt aus der Mitte der 60er Jahre damals bereits spürbar belastet wurde. Es war eine eigentümliche Sonderbeziehung, die sie verband, die aber auch Spannungen mit sich brachte. Brandt ging so weit, Schmidt sogar ausdrücklich auch den Vorsitz des Verteidigungsrates im Kabinett anzutragen, der dem Kanzler selbst zusteht. Schmidt lehnte dies aus «staatspolitischen» Gründen ab – genau genommen, weil er den Kanzler nicht aus der letzten Verantwortung für dieses steinige Feld entlassen wollte.

Die Integration der Bundeswehr betrachtete er als die eine große Aufgabe, die andere bestand für ihn darin, das Verhältnis der Sozialdemokraten zum Militärischen ganz generell zu verändern. Republik und Militär ist vereinbar, das sollte die Linke endlich akzeptieren! Erst mit Helmut Schmidt als sozialdemokratischem Verteidigungsminister, argumentiert Soell, begann das Noske-Trauma seine Bedeutung einzubüßen.[21]

Schmidt war überzeugt: Auch die Offiziere – viele der älteren stammten bei Gründung der Bundeswehr noch aus der Wehrmachts-Generation – müsste man systematisch erziehen, ihnen eine möglichst breite Bildungsgrundlage bieten und sie staatsbürgerliches Bewusstsein lehren. Die Bundeswehrhochschulen, die er ins Leben rief, waren Teil dieses Erziehungsprogramms, das er sich vornahm.

Wenn es die Absicht Brandts war, dass Schmidt als Verteidigungsminister in Washington der Ostpolitik regelrecht Flankenschutz geben sollte, dann war das gut kalkuliert: Der Verteidigungsminister, der auch nach dem Einmarsch der Sowjettruppen in Prag 1968 eine andere, schärfere Sprache wählte als der Außenminister, garantierte den misstrauischen Freunden in Washington, am Verhältnis zwischen den USA und dem treuesten Verbündeten habe sich nichts verändert.[22] Und dennoch kursierte auch – meist hinter vorgehaltener Hand – in Bonn seinerzeit der Verdacht, in Wahrheit sei Schmidt halbherzig bei der Sache, Brandt gehe ihm mit seiner Politik zu früh zu weit.

Schmidt selbst hat das stets dementiert. Was immer an der Beobachtung falsch oder zutreffend sein mag – sein prinzipielles Engagement für diese Politik gegenüber den Nachbarn bleibt dennoch unbestreitbar. Allein schon der Schritt zur Aussöhnung mit Polen, die Absage an alle deutschen Revisionsansprüche – es gab kaum etwas Bedeutsameres für ihn. Was Polen anging, eilte er sogar Brandt voraus.

Mon Général Willy Brandt verehrte Charles de Gaulle, den er schon als Berliner Bürgermeister besucht hatte. Auf seine Frage, wie er ihn denn anreden solle, hatte der ihm lakonisch erwidert, er solle einfach «mon général» sagen. Auszeichnen wollte er Brandt damit, denn nur diejenigen, die im Exil waren während der Nazi-Jahre und Hitler von draußen bekämpften, durften ihn so nennen. Aber «befreit» fühlte er sich von den amerikanischen Truppen im Mai 1945. Als Regierender Bürgermeister Berlins hatte er wie Ernst Reuter unverbrüchliche Anlehnung an Washington gesucht. Das und seine Vita machten ihn freilich auch autonom. Offen bekannte der Autor Brandt in seinen Memoiren daher, er habe in Washington nicht um Erlaubnis gefragt, sondern um Zusammenarbeit bei einem Kurs ersucht, «dessen Grundrichtung schon vorausbestimmt war».[23]

Vorausbestimmt? Die Ostpolitik, argumentierte Brandt, hatte «im Westen zu beginnen». Sie musste mit den Partnern gut abgestimmt und «im politischen Gefüge der Allianz verankert» sein. Es treffe aber zu, fügte er hinzu, «dass wir – auch im Osten – unsere eigenen Dinge selbst vertreten und insofern ‹gleicher› als zuvor werden wollten.» Unzutreffend sei die Version, «wir hätten nur nachvollzogen, durchbuchstabiert, was uns die USA anempfohlen, vorbuchstabiert hatten». «Die deutsche Ostpolitik hatte ihre eigenen Wurzeln und ihre eigene Begründung: doch sie war – was mich und meine Regierungspolitik angeht – in keinem Augenblick von der illusionären Vorstellung geleitet, wir könnten zwischen den ‹Lagern› hin- und hermarschieren.» Bloß habe er keinen Nachholbedarf gehabt, was die vertrauensvolle Zusammenarbeit und Freundschaft mit den Vereinigten Staaten anlangte.[24]

Die Widerstände zu Hause erwiesen sich als weit schwerer aus dem Wege zu räumen als jene in Washington. Aus dem Ringen um die Ostverträge, urteilte er bei der Rückschau, sei bald ein «Kampf um den Sturz der Regierung» geworden, und er räumte ein, mit viel Emotionen gerechnet zu haben, aber nicht mit solcher Heftigkeit. Die Union hielt sich nicht nur für die geborene Regierungspartei, sie glaubte auch, in der Deutschland- und Ostpolitik über den «Stein der Weisen» zu verfügen. Diese Wunde wenigstens war spürbar verheilt, als er das niederschrieb.[25]

«Do we never win?» Er saß am Schreibtisch im Arbeitszimmer des Bundeshauses in Bonn und grübelte über dem Vorwort zu einem Band mit Parlamentsreden Helmut Schmidts, als ihm – am 20. Oktober 1971 – sein Sprecher Conrad Ahlers eilig die Agenturmeldung aus Oslo überbrachte, das Nobelkomitee des norwegischen Storting habe ihm den Friedensnobelpreis zuerkannt. Einstimmig hatte das fünfköpfige Gremium aus 39 Vorschlägen seinen Namen ausgewählt. «Meine Arbeit unterbrach ich nicht», so erinnerte er sich später an diesen Moment. «So, so», ein «Kreis schließt sich», murmelt er, wie sein amerikanischer Biograph David Binder berichtete, der Korrespondent der *New York Times*, der den *peace chancellor* tief verehrte.[26] Brandt wusste, dass Hildegard Hamm-Brücher, die leidenschaftliche Liberale, sowie einige französische, dänische und amerikanische Freunde ihn vorgeschlagen hatten. Dass er tatsächlich in den engeren Kreis gekommen war, erfuhr er erst am Vortag. Er selber, der sich im Exil für Carl von Ossietzky als Friedensnobelpreis-Träger stark gemacht hatte, schlug den Norwegern als Preisträger für 1971 Jean Monnet vor – für seine Verdienste um die Vereinigung Europas. Seine Gefühle wollte er verbergen, wie er später einräumte.[27]

Im Bundestag spiegelte sich wider, wie zerrissen die Republik oder zumindest die Parteien waren: Parlamentspräsident Kai-Uwe von Hassel unterbrach die Sitzung, weil er soeben die Nachricht vom Friedensnobelpreis für den «Herrn Bundeskanzler der Bundesrepublik» erhalten habe, um zu gratulieren, die Abgeordneten erhoben sich, alle außer den Mitgliedern der CDU/CSU-Fraktion, die sitzen blieben «bis auf wenige Aufrechte», wie der *Spiegel* schrieb.

Am Abend zog ein Fackelzug vor sein Haus, «nicht der erste, nicht der letzte». Ein einsamer Unionspolitiker reihte sich unter die Gäste, die mit ihm die Mitteilung aus Norwegen feierten, Innenminister Hermann Höcherl (CSU), den das Ehepaar Brandt lange nach Mitternacht hilfreich zum Taxi bugsierte; die Aufwartung, die Höcherl ihm machte, vergaß Brandt nie – zumal bayrische Parteifreunde ungeniert im Geiste von Franz Josef Strauß verbreiteten, der Preis sei ihm von einem Gremium der Sozialistischen Internationale verliehen worden.

*Brandt nimmt den Friedens-
nobelpreis entgegen, mit dem
das Osloer Nobelpreiskomitee
ihm 1971 den Rücken für
seine Ost- und Entspannungspolitik stärkt. Für Brandt ist
es eine Reise in das Land, das
ihm seit 1933 zur neuen
Heimat wurde.*

Weltweit und auch zu Hause wurde die Nachricht wahrgenommen als eine Auszeichnung für Brandts Ostpolitik, aber auch als
eine politische Intervention – dem deutschen Kanzler sollte der
Rücken gestärkt werden, denn seine Politik stand auf der Kippe.
Weit mehr, als wir Journalisten seinerzeit ahnten, kam der Preis bei
Willy Brandt jedoch als ein Akt der Wiedergutmachung für all die
Verrats-Bezichtigungen der verflossenen Jahre seit seiner Rückkehr
aus Oslo 1946 an. Bis dahin beispielsweise hatte die Stadt Lübeck
sich geziert, ihm die Ehrenbürgerschaft zu verleihen, erst einige
Monate nach der Entscheidung der Norweger holte seine Heimat-
stadt das nach. Zur Preisverleihung begleiteten ihn neben Egon
Bahr und Walter Scheel auch seine Frau Rut und Sohn Lars. Sie
kamen nach Norwegen – und sie kamen «nach Hause», berichtete
Rut Brandt angerührt in ihrem souveränen Lebensrückblick über
ihre Empfindungen.[28] Ihrem Mann muss es ähnlich ergangen sein.

Bei ihr, der Journalistin Rut Hansen, kann man gerade wegen ihres unpathetischen Tons wie kaum irgendwo sonst lernen, wie tief die Kränkungen wegen des Exillebens bei ihm führten und wie bleibend sie waren. Ein wenig versteckt, eher beiläufig in seinen *Erinnerungen* erwähnte Brandt, fünf Jahre lag die Osloer Entscheidung inzwischen zurück, unter den schreibenden Gratulanten habe sich auch eine Dame mit einem «bitteren Schicksal» befunden, die ihn an die Geschichte vom Indianerjungen erinnerte, der nach einem Wildwestfilm den Vater fragte: «Do we never win?»

Er bilde sich nicht ein, so Brandt bei der Preisverleihung in Oslo, für die Menschen «gewonnen» zu haben, für die es Anlass gab, sich selber die Frage des Indianerjungen zu stellen. Und dennoch, so bekannte er es, nicht triumphierend, aber stolz: «Der junge Mann, der seinerzeit verfolgt, nach Norwegen verschlagen und ausgebürgert wurde, der spricht heute hier nicht nur allgemein für den europäischen Frieden, sondern auch ganz besonders für diejenigen, denen die Vergangenheit hartes Lehrgeld abverlangt hat.» Ausdrücklich grüßte er die ehemalige Résistance in allen Ländern. Willy Brandt – «Deutschland hat sich mit sich selbst versöhnt; es hat zu sich selbst zurückgefunden, so wie der Exilierte die friedlichen und menschlichen Züge seines Vaterlandes wiederentdecken durfte» – empfand es auch als Symptom dafür, dass die Ressentiments gegen eine kleine Minderheit wie ihn nun beerdigt seien. *Do we never win?* Diesmal hatte der Indianerjunge gewonnen.

In der Universitätsaula, in der er 1934 immatrikuliert worden war, eilte er bei dieser Laudatio (am 10. Dezember 1971) den Ereignissen voraus; immerhin sollte sieben Monate später (am 26. April 1972) Kurt Georg Kiesinger das Einbringen eines Misstrauensantrages gegen Brandt damit begründen, er habe «das große Anliegen der Wiederherstellung der Einheit des deutschen Volkes» mit seiner Politik gefährdet, die den Weg dahin durch eine Verhärtung und Anerkennung des Status quo verbaute – das größte und peinlichste Fehlurteil der Christdemokraten in der Nachkriegsgeschichte.

Brandt setzte sich darüber hinweg, als hätte er längst gewonnen. Wenn in der Bilanz seines politischen Wirkens stünde, bekannte er in Oslo, er hätte «einem neuen Realitätssinn» in Deutschland den Weg ebnen helfen, dann hätte sich eine große Hoffnung seines Lebens erfüllt. «Ein guter Deutscher kann kein Nationalist sein, ein guter Deutscher weiß, dass er sich einer europäischen Bestimmung nicht versagen kann. Durch Europa kehrt Europa heim zu sich selbst und den aufbauenden Kräften seiner Geschichte.»[29]

Junge Menschen, so der Preisträger, erwarteten von ihm oft «das ungebrochene Ja, das deutliche Nein». Sein Sohn Lars und seine Frau Rut hörten zu unter den Ehrengästen, als er das sagte. Er aber glaube «an die Vielfalt und also an den Zweifel», setzte er hinzu, das sei produktiv, denn das Bestehende werde damit in Frage gestellt. Der Zweifel habe sich «im Widerstand bewiesen».

Auch beim traditionellen Essen mit dem schwedischen König für die Nobelpreisträger in Stockholm holte ihn die Vergangenheit ein. Das Protokoll platzierte ihn neben den chilenischen Dichter Pablo Neruda, «der Sozialdemokrat und der Kommunist, beide im Frack und im königlichen Schloß – eine ‹Volksfront›, die in keinem politischen Programm vorgesehen war und die wohl auch phantasiebegabte Zeitgenossen daran erinnert haben mag, dass das Leben die merkwürdigsten Drehbücher schreibt». Die beiden Naturwissenschaftler unter den Preisträgern, auch das hielt er ausdrücklich fest, Gerhard Herzberg (Chemie) und Dennis Gabor (Physik), begrüßten Brandt auf deutsch, beide hatten als junge Wissenschaftler in Berlin gearbeitet, beide waren vor den Nazis geflohen. Überdeutlich sei ihm geworden, was die Nazis Deutschland mit der Vertreibung eines großen Teiles der Intelligenz angetan hätten, schrieb er, aber dann nahm sich der Autor bereits wieder an die Kandare und ergänzte eilig, zugleich müsse man dankbar dafür sein, dass wenigstens «diesem und jenem die Flucht gelang, bevor die systematische Vernichtung begann».

Mit Willy Brandt – an dem sich so lange die Geister schieden – fühlte sich die Bundesrepublik von dem Nobel-Komitee anerkannt: Ein Deutscher, der gegen Hitler kämpfte, draußen im Exil, auf diese Weise geehrt, das rehabilitierte ihn auch in den Augen vieler derjenigen im Bürgertum, die in der frühen Bundesrepublik ihre Ressentiments gegenüber den Emigranten eifrig gepflegt hatten.

Es half nur bedingt, der innenpolitische Kampf ging weiter. Die Annahme sei absurd, hielt Brandt in der ersten Lesung der Verträge von Moskau und Warschau Ende Februar 1972 der aufgeregten Opposition im Parlament entgegen, «daß die Führer des westlichen Bündnisses, an ihrer Spitze der Präsident der Vereinigten Staaten, eine Politik betreiben und unterstützen würden, die zielbewußt eine Schwächung des westlichen Bündnisses bewirkte».[30] Kein Wink mit dem Zaunpfahl an die Adresse der CDU/CSU-Opposition fruchtete – in Wahrheit wurde um die Machtverhältnisse in der Bundesrepublik gestritten, und die Ostverträge dienten als Instrument.

Zwei Wochen nach dem Dortmunder Wahlparteitag (1972) würdigte Brandt in Hamburg, wie viel Vorarbeit für die Ostpolitik sein Minister, Helmut Schmidt, geleistet habe, insbesondere bei seinen Besuchen in Moskau 1966 und 1969. Schmidt nahm man wahr als denjenigen, der im Kabinett besonders strikt darauf bestand, dass die Übereinkunft zwischen den deutsch-sowjetischen Verhandlungspartnern Bahr und Gromyko den Status Berlins ohne jeden Zweifel festschreibe. Unangenehm war es ihm offenbar gerade deswegen nicht, dass Hans-Georg Lehmann, ein Historiker aus Bonn, den Nachweis zu führen suchte, er gehöre zu den gedanklichen Miturhebern der Ostpolitik.[31] Als Kabinettsmitglied habe er – wie schon in den sechziger Jahren – «an der geistigen Vorbereitung der neuen Ostpolitik mitgewirkt», hielt er selbst in seinen Erinnerungen fest. Als Bundeskanzler sei er fest entschlossen gewesen, sie kontinuierlich fortzusetzen und auszubauen, «und die Sowjets wussten das».[32] Alle Einwände, die er vielleicht da und dort hatte, zählten unter dem Strich nicht mehr – sein grundsätzliches, überzeugtes «Ja» wollte er für die Geschichtsbücher noch einmal zu Protokoll geben.

Zu beträchtlichen Konzessionen sah Brandt sich veranlasst, um seine gefährdete Politik zu retten. Kompromisse, wieder einmal: Viele aus der Protestgeneration, die seinetwegen den Anschluss an die SPD gesucht hatten, stieß er insbesondere mit dem Extremistenerlass vom Januar 1972 vor den Kopf, den die sozialliberale Koalition beschloss. «Radikalen» sollte damit der Weg in den Öffentlichen Dienst versperrt werden, falls sie ihre «Verfassungstreue» nicht einwandfrei belegen können. Willy Brandt zählte im Kabinett zu den Befürwortern, ausgerechnet Helmut Schmidt jedoch, der eher der Parteirechten zugerechnet wurde, warnte vor einem solchen juristischen Irrweg – in seinen Erinnerungen taucht das sogar als eine der wenigen großen Sachdifferenzen zwischen Brandt und ihm auf.[33] Man könne sich nur politisch mit den politischen Überzeugungen junger Leute auseinandersetzen, meinte er.[34] Süffisant notierte Brandt allerdings in seinen *Erinnerungen*, er könne «nicht bestätigen, dass aus der Regierung oder aus der Führung meiner Partei irgendwer gegengehalten hätte»,[35] womit er nur Schmidt meinen konnte. Ohne die Ostpolitik, erläuterte er später seine Haltung, sei der Extremistenerlass nicht zu verstehen. Das heißt: Er betrachtete das als einen seiner Versuche, die Widerstände gegen die Verträge abzubauen. Im Rückblick aber räumte er ein, dies sei einer der größten politischen Fehler gewesen, die er je gemacht habe.

Seine «Ostpolitik», als «Verrat» und «Ausverkauf» denunziert, war Möglichkeitsdenken; sie wollte Realitäten anerkennen, um neue Wege des Nebeneinander zu eröffnen. Aber die CDU/CSU hatte sich verrannt, sie blieb kompromissunfähig.

Besonders verlockt zum Generalangriff fühlte sich das Gros der Christdemokraten, seit im Frühjahr 1972 die Sozialdemokraten bei den Landtagswahlen in Stuttgart die Regierung einbüßten. Von diesem schmerzhaften politischen Rückschlag erholte Brandt sich so recht nicht mehr. Beschwingt beschloss ein kleiner Unions-Kreis um Fraktionschef Rainer Barzel (der erst 1971 auch zum Parteivorsitzenden gewählt worden war), ein konstruktives Misstrauensvotum im Bundestag zu wagen. Hinreichend viele Abgeordnete waren schon übergelaufen, die Opposition traute sich zu, der sozialliberalen Koalition per Wahl Barzels zum Kanzler ein Ende zu bereiten.[36] Vor allem Franz Josef Strauß drängte die Unionsparteien in diese Rolle der Fundamentalopposition.

«Ausverkauf» Drei Abgeordnete aus der Fraktion der Freidemokraten – Erich Mende, Heinz Starke, Siegfried
Zoglmann – hatten bereits die Seiten gewechselt und sich der
CDU/CSU-Fraktion angeschlossen, unter Mitnahme ihrer Mandate.
Hinter den Kulissen fanden weitere Abwerbeversuche statt, wie in
Bonn jedermann ahnte. Umgekehrt rieten mindestens zwei Unionspolitiker, Hans Katzer und Richard von Weizsäcker, dringend von
einem solchen Vorgehen ab – einmal, weil sie die Ostpolitik unterstützten, und dann, weil sie eine christdemokratische Regierung mit
einer Stimme Mehrheit nicht für eine tragfähige Basis hielten.

In Brandts Version: Eine «schreckliche Stimmungsmache» sei
damit aus dem legitimen Meinungsstreit geworden, Mandatsträger
wurden abgeworben, «Geld war im Spiel, nicht erst '72».[37] Gegen
die angebliche Abkehr vom Westen, die «Verzichtspolitik» und den
«Ausverkauf deutscher Interessen» sollte jedes Mittel erlaubt sein.
Am Tag vor der Abstimmung zum konstruktiven Misstrauensvotum wurde bekannt, auch die Abgeordneten Kühlmann-Stumm
und Gerhard Kienbaum, beide FDP, wollten endgültig gegen ihn,
das heißt für Rainer Barzel votieren. Von einem weiteren FDP-Ab-
geordneten hieß es gerüchteweise, er werde gleichfalls die Partei
wechseln, sei aber *nicht* gegen die Ostpolitik.

Bonn im Ausnahmezustand: Ganz durchschaubar waren die
Mehrheitsverhältnisse nicht, ein tief deprimierter Walter Scheel
zeigte sich dennoch sicher, dass ihre Seite, die sozialliberale Koalition, bei der Abstimmung verlieren und die Politik scheitern werde,
deretwegen er und Brandt sich in der Wahlnacht 1969 so couragiert
zu ihrem Bündnis entschlossen hatten. In der aufwühlenden Parla-
mentsdebatte hielt er die beste Rede, wie Brandt notierte, es war
tatsächlich die Glanzstunde Scheels. Sie stammte aus der Feder
Karl-Hermann Flachs, des liberalen Chefredakteurs der *Frankfurter Rundschau*, Spiritus Rector der neuen FDP, Generalsekretär
und Vater des «Freiburger Programms», eines leidenschaftlichen
Befürworters der Ostverträge. Den Missbrauch der Berufung auf
das Gewissen der Abgeordneten klagte Scheel an, ungewöhnlich
bitter und von beinahe existenziellem Ernst.

Eine innere Stimme habe ihm signalisiert, ohne bestimmte Hinweise und trotz des Pessimismus von Scheel, erinnerte Brandt sich, Rainer Barzel werde scheitern. Die Stimme trog nicht, am 27. April 1972 erhielt der Kanzlerkandidat Barzel 247 Stimmen, 249 hätte er benötigt, auf 250 hatte er selbstsicher gebaut. Neben Franz Josef Strauß war er der große Verlierer. Aus dem Adenauer-Haus flüchtete er nach einer Präsidiumssitzung, die das Debakel nur fassungslos zur Kenntnis nehmen konnte, durch die Hintertür. «Komm Puppe, wir gehen über die Steine», zitierte der Korrespondent der *Süddeutschen Zeitung*, Klaus Dreher, Barzels Worte an seine Frau, die ihn auf dem Weg ins Dunkel begleitete.[38]

Rainer Barzel, mit dem Helmut Schmidt sich so blendend verstand, war am Ende seiner Karriere angelangt.

Willy Brandt in seinen *Erinnerungen*: Es sei nie gelungen, die Wirklichkeit voll zu rekonstruieren; aber es gab, wie er hinzufügte, «aus welchen Gründen auch immer, auch kein überentwickeltes Interesse an voller Aufklärung». «Dr. Barzel», wie Brandt ihn an der Stelle nannte, schrieb im Jahr 1978, ihm hätten drei Stimmen aus dem eigenen Lager gefehlt, und er wisse nicht, warum zwei Stimmkarten mit Bleistift besonders gekennzeichnet gewesen seien. Brandt: «Ich wußte und weiß es erst recht nicht.»[39]

Es könne als gesichert gelten, dass Brandt als Regierungschef 1972 überlebte, weil Markus Wolf für den CDU-Abgeordneten Steiner 50 000 D-Mark zahlte, und wahrscheinlich auch für den CSU-Abgeordneten Leo Wagner, fasste Brandt-Biograph Peter Merseburger den letzten Stand der Recherchen zusammen.[40]

Festzuhalten bleibt, dass Brandt zuerst vom Ostberliner Spionagechef Markus Wolf gerettet wurde, um dann über den Ostberliner DDR-Agenten Guillaume doch noch zu stürzen: Kein Drehbuchautor hätte eine solche deutsch-deutsche Geschichte erfinden können.

Im Januar 1980, also acht Jahre nach dem Ostpolitik-Drama, hat Herbert Wehner sibyllinisch gemunkelt, er kenne «zwei Leute, die das wirklich bewerkstelligt haben, der eine bin ich, der andere ist nicht mehr im Parlament».[41] Auch ein Komplott von Strauß, deutete wiederum Brandt an, könne eine Rolle gespielt haben. Auf dessen Betreiben hin sei auf einem Schlossgut in Österreich über

«Aufkäufe» verhandelt worden. Brandt fragte rhetorisch, ob dem je widersprochen worden sei. Das hinderte ihn freilich nicht daran, seinen notorischen Gegner Strauß 1985 aufzusuchen, um ihm zu seinem 70. Geburtstag zu gratulieren.

Am 28. April, am Tag nach dem Misstrauensvotum, blieb der Kanzlerhaushalt bei Stimmengleichheit, 247 zu 247, im Bundestag stecken. Über ihren Schatten sprang die Union nicht: Sie handelte der Brandt/Scheel-Koalition zwar eine gemeinsame Erklärung ab, mit der die Ostverträge «verfassungsgerichtsfest» gemacht werden sollten; vor allem aber sollte sie als Vehikel dienen, um der Unionsmehrheit eine Zustimmung zu ermöglichen. Aber auch das setzte Rainer Barzel nicht durch. Am 17. Mai 1972 wurde der Moskauer Vertrag mit 248 Stimmen gegen zehn Nein-Stimmen und bei 238 Enthaltungen angenommen, dem Warschauer Vertrag stimmten gleichfalls 248 Abgeordnete zu, 17 votierten mit Nein, 231 enthielten sich. Alle gratulierten Brandt, natürlich auch Schmidt und Wehner.

Vorläuferjahre   Großes hatte sich die sozialliberale Koalition vorgenommen, mehr als sie bewältigen konnte – aber nun kündigten sich Umbrüche an, die sie selber nicht angestoßen hatte. Gewachsene Gewissheiten standen unvermittelt zur Disposition. Im Jahr 1972 veröffentlichte der *Club of Rome* seinen legendären Bericht über die «Grenzen des Wachstums», die Bundesrepublik hatte die Trümmerarbeit der Nachkriegsjahre und die Wirtschaftswunderjahre gerade glücklich hinter sich. Als Journalisten vom «Superminister» Schmidt wissen wollten, was er von den Thesen zum Wachstum halte, zeigte er sich von seiner sarkastischen Seite: «*Club of Rome*? Nie gehört!» Die Professoren hatten doch auch keine Antworten auf ihre eigenen Fragen, oder? Sogar die mächtige IG-Metall, Europas stärkste Industriegewerkschaft, stellte damals eigene Orthodoxien in Frage und gab ihrem Zukunftskongress einen ungewöhnlichen Slogan: «Qualitatives Wachstum». War das, was bislang Fortschritt hieß, wirklich Fortschritt? Musste man nicht dringend die Erschöpfbarkeit der Naturressourcen beherzigen? Konnte man die Gegenwart linear in die Zukunft weiterdenken, und welches Erbe würde man den eigenen Kindern hinterlassen? Auf die Kinder der Wohlstandsrepublik stürmten neue Fragen ein, plötzlich lagen Zweifel an der fortdauernden Prosperität in der Luft. Viele der Themen, die heute akut sind, zeichneten sich damals schon ab. Wenig davon wollte Schmidt an sich heranlassen. Wenn die 70er Jahre Vorläuferjahre waren, dann muss man auch sagen, vieles blieb liegen oder wurde vertagt oder verdrängt.

Eine «Legitimationskrise des Spätkapitalismus» diagnostizierte der Sozialphilosoph Jürgen Habermas, Helmut Schmidt peinigte schon dieses Vokabular. Willy Brandt hingegen erhob keine Einwände gegen solche Befunde. Im Gegenteil, sein Vertrauter Horst Ehmke lud Habermas nach Rhöndorf ein, um mit ihm offen über die geistige Situation der Zeit zu parlieren.

Unruhig blieb die Republik, schwieriger zu regieren. Bürgerinitiativen ersetzten die Apo. Die «partizipative Demokratie» erblickte damals bereits das Licht der Welt – nicht erst beim Streit um den Stuttgarter Bahnhof im Jahr 2011. Helmut Schmidt freilich, dem diese unübersichtliche Graswurzeldemokratie, die Mitsprachewünsche der Jungen, die 68er Rhetorik fremd blieben – er sah sich dem nun aus den eigenen Reihen heraus konfrontiert. In Rage brachte ihn das, was er als Laientheater empfand. Visionen? Wer Visionen hat, soll zum Arzt gehen! Systemkrise? Eine Krise eurer Hirne! Demokrat war auch er, er liebte Kontroversen – aber zuallererst gehörten sie auf die parlamentarische Bühne! War Brandt denn mit Blindheit geschlagen?

Es war diese Abwehrhaltung, die erklärt, weshalb man seinerzeit gern übersah, dass auch er sich keineswegs einfach Augen und Ohren zuhielt. Er antizipierte durchaus Entwicklungen, die sich aus veränderten Wachstumsraten und verknappten Erdölvorräten ergaben, er bekam sie als Finanzminister zu spüren, genauso hart und dramatisch wie die Auswirkungen des schwächelnden Dollars auf das internationale Währungssystem. Schmidt lernte, weil er sich selber ein Urteil verschaffen wollte darüber, womit die Politik sich befassen muss – und womit nicht. Zu einfach machten es sich diejenigen, die argwöhnten, er dramatisiere die Krise auf den Energiemärkten oder die Haushaltslage, ja er heize die Debatte um die

Führungsdefizite des «Teilkanzlers Brandt»[42] auch noch an, um sich selber in Stellung zu bringen.

Marion Dönhoff Von außen mischte sich gelegentlich eine Freundin und Ratgeberin ein: Marion Gräfin Dönhoff. Eine Maklerrolle hätte sie nicht direkt spielen wollen und können, aber sie schätzte Brandt wie Schmidt gleichermaßen. Auf beide durfte die deutsche Politik nicht verzichten, fand sie. Als Herausgeberin der *ZEIT* hatte sie die Ostpolitik Brandts früh und leidenschaftlich unterstützt, aber das Blatt stand später auch seinem Nachfolger nahe, das vertraute Verhältnis zu Schmidt war über lange Jahre gewachsen.

Weil sie spürte, wie fragil diese Beziehung während der ersten zwei Kanzler-Jahre Brandts wurde, griff sie auf dem Höhepunkt des Streits um die Ostverträge zur Feder. Schmidt plagten einmal mehr Zweifel, ob er in der Politik bleiben und ihr wirklich sein ganzes Leben widmen solle. Nicht zuletzt hing das auch mit seinem eigenen, labilen Gesundheitszustand zusammen. Mehrfach hatte er sich in die Klinik begeben müssen, stark abgemagert, damals sorgte er sich, er habe Krebs. Eine Fehlfunktion der Schilddrüse diagnostizierten die Ärzte, die durch akute Erkrankungen verstärkt wurde. Zusätzlich hatte der Tod Baron Guttenbergs, des CSU-Abgeordneten, den er außerordentlich schätzte, den überlasteten Minister stark mitgenommen. In Guttenberg hatte er einen Gleichgesinnten erkannt, der an das öffentliche Wohl denke, Opportunismus verachte und Freiheit zum politischen Prinzip mache.

Eine Standpauke hielt Marion Dönhoff ihm brieflich: Mit seiner Gesundheit treibe er Raubbau, er solle daran denken, dass er kein Privatmann sei. Dringend gebraucht werde er in der Politik, lautete ihre Botschaft. Zur Lage des Landes merkte sie bei der Gelegenheit an, es fehle an geistiger Führung zumal bei denen, von denen es zunächst zu verlangen sei, den Intellektuellen.

In seiner Antwort ließ Schmidt sich nicht lange auf seinen Gesundheitszustand oder die Überlastung ein. Keineswegs halte er sich für einen Privatmann, er fühle sich in öffentlicher Pflicht. Aber das werde von tausend unschuldigen Leuten schwer gemacht. Lieber sprach er von «Pflicht», einer Pflicht, die ihn bedrücke. Dann stürzte er sich rasch auf die Bemerkung Marion Dönhoffs zur geistigen Führung. Er gab ihr nicht nur Recht, er spitzte aus seiner Sicht auch zu und gab der Kritik eine andere Richtung: Unter der gegenwärtigen Regierung komme ihm die Lage «manchmal sogar hoffnungslos» vor, Marion Dönhoff möge doch ihre Eindrücke auch einmal an Willy Brandt schreiben, riet er. Er selbst wende sich nicht an ihn, fügte er hinzu, denn er erreiche ihn in dieser Frage kaum noch – «weil er mich insgeheim für einen Autoritären hält, woran nur richtig ist, dass ich allerdings mir einen funktionsfähigen Staat ohne Autorität nicht vorstellen kann – freilich eine Autorität, die man selbst erwerben und bewahren muss, die einem kein Amt und keine Wahl von vornherein geben kann». Seine Klage geriet ihm zuletzt geradezu zur Anklage: «Mein Freund Willy Brandt scheint auf vielen Feldern Führung eher für etwas Unanständiges zu halten. Die Folge aber ist: allgemeine Wirrnis, weil eine volonté générale der führenden Schichten unseres Volkes naturgemäß nach 1914, 1919, 1933, 1945 nicht existiert.»[43]

Voilà! Da war sie wieder, die fehlende volonté générale, eines der Schmidt'schen Leitmotive! Da es sie nicht gibt, muss geführt werden, und dem verweigert sich der «Freund». Während sie noch die Mitsprache der «Intellektuellen» vermisste, entdeckte er das Vakuum bei Brandt. Nur klare Vorgaben der Regierung – sprich: des Kanzlers – könnten das ziellose Gewusel einer liberalen Gesellschaft unter Kontrolle halten, von alleine finden die Leute nicht zur Vernunft. Fast wie ein Ruf nach mehr aufgeklärtem Absolutismus klang das.

Milde fiel der Brief an Marion Dönhoff aus, gemessen an den sarkastischen Bemerkungen von ihm, die in Bonn über Brandt zirkulierten. Auf dessen Klage, er stehe zwar nicht auf einem Podest, sollte aber auch nicht ausdrücklich von dem ausgeschlossen werden, was die Leute Solidarität nennen, bluffte beispielsweise sein «erster Mann» bissig zurück: «Vier Jahre hat er Gott gespielt und jetzt spielt er den Gekreuzigten.»[44] Keiner sonst – von Herbert Wehner abgesehen – erlaubte sich sonst solche Töne. Das konnte kaum gutgehen. Aber oft klang das so, wenn man Montagfrüh den *Spie-*

Beim Urlaub in Norwegen mit seiner Frau Rut (Hansen) sowie Sohn
Matthias im Jahr 1972. Brandt ist auf dem Zenit seines Ansehens.

gel aufschlug, der fast protokollartig aus den Vorstands- und Präsi-
diumssitzungen der Sozialdemokraten berichtete.[45]

Das parlamentarische Patt, zu dem die Auseinandersetzung über
die Ostverträge und der Fraktionswechsel der «Überläufer» geführt
hatten, konnte nur aufgelöst werden mit Neuwahlen, die für den
November angesetzt wurden. Brandt gewann spielend: Die «Willy-
Wahlen», wie sie genannt wurden, bescherten der SPD 45,8 Prozent. So gut wie am 19. November 1972 bei den erstmals in der
Republikgeschichte vorgezogenen Neuwahlen hatte die Partei noch
nie abgeschnitten. Selbst der kleine Koalitionspartner, den die Auseinandersetzungen über den neuen Kurs fast zerrissen, wurde für
seine ostpolitische Grundorientierung und die liberale Gesell-
schaftspolitik mit 8,4 Prozent der Wählerstimmen belohnt. Weit
über dem Durchschnitt lag der sozialliberale Anteil der Jungwähler,

die erstmals ab dem 18. Lebensjahr zur Wahlurne gehen durften. Über 91 Prozent der Wähler gaben ihre Stimme ab, auch das ein Rekord: Die Erregungen einer Republik über die Ostpolitik spiegelten sich darin wider, die noch nie derart tief gingen – aber auch die Sehnsucht, sich in einem großen Befreiungsschlag zu dem Neuanfang mit Brandt und Scheel zu bekennen.

Seltsam holprig nahm sich jedoch der Neustart nach dem rauschenden Wahlerfolg von 1972 aus. Zunächst musste Brandt nach einer Stimmbandentzündung in die Klinik, um sich eine Geschwulst entfernen zu lassen, aber während der Operation kam es zu einer Atemlähmung. Er glaubte sich dem Tode nahe. Vierzehn Tage durfte er nicht sprechen und rauchen. Personelle Schlüsselentscheidungen gingen an ihm vorbei – ob es nun um das Kabinett, den Amtschef oder den Regierungssprecher ging. Sein Vermerk mit «Anweisungen und Wünschen» – er hatte ihn für alle Fälle hinterlassen – erreichte Wehner zwar, der gab ihn jedoch nicht wunschgemäß an Schmidt weiter. Brandt empörte sich später, Schmidt und Wehner hätten ihn in diesem schwierigen Moment überfahren und «auf eigene Rechnung» gehandelt.[46]

Willy Brandt reagierte nach seiner Rückkehr nicht etwa allergisch, sondern – er umwarb Schmidt, im Kabinett weiterzuarbeiten, unbedingt. Seine Zusage verknüpfte der Gefragte sofort mit einer Bedingung: Horst Ehmke dürfe nicht länger Chef des Kanzleramts bleiben. Auffallend bedeutsam erschien ihm das. Mitmachen wollte er, aber ohne Brandts Leute.

Auch seine eigene Rolle wollte Schmidt bei der Gelegenheit neu definieren, nach seinen Wünschen. Da sich die FDP nicht länger mit einem «Superminister» Schmidt abfinden wollte und selber das Wirtschaftsressort beanspruchte (nach Schillers Rücktritt hatte Schmidt für einige Monate das Doppelministerium geführt, so konnte ihm die ungeliebte FDP wenigstens nicht hineinreden), wollte er wenigstens Zuständigkeiten aus dem Wirtschaftsministerium herausschneiden und in das Finanzressort integrieren. Diese komplizierte Operation gelang ihm auch wunschgemäß.[47]

Zum offenen Zusammenprall führte jedoch der Versuch, Brandt sogar in Sachen Leitung des Kanzleramtes das Heft aus der Hand zu nehmen. Schmidt habe damals unverhohlen seinen Machtanspruch angemeldet, meint Horst Ehmke, weil er eine Art Schatzkanzler oder «Nebenkanzler Innenpolitik» werden wollte. Schmidt wollte Klarheit, Ehmke stand ihm im Wege. Ungewöhnlich deutlich hingegen verbat sich Brandt in den Koalitionsverhandlungen am 5. Dezember solches Hineinreden. Noch am selben Tag adressierte Schmidt einen Brief an den Kanzler, den längsten, den er je an ihn schrieb: Er sei bereit, die Verantwortung weiter zu tragen, hieß es darin zwar zunächst, auf seine Loyalität könne er sich verlassen. Aber dann folgte die Bitte: «Ich bitte ausdrücklich auch um Deine Offenheit. Warum sagst Du nicht Herbert Wehner und mir, wie Du Dir die Sache denkst? Und wenn Du Kritik empfindest: bitte sag es doch, dass man es begreifen und vielleicht darüber reden kann.»[48] Horst Ehmke riet dringend, Schmidt solle wieder ins Kabinett zurückkehren, damit er eingebunden wird, Brandt sollte dann seine Rolle am Regierungstisch klar begrenzen.

Es kam anders – Brandt fügte sich Schmidt. Brückenbauer wären dringend nötig gewesen, denn ihre unterschiedlichen Biographien, ihre Stile, ihr Politikverständnis zerrten und drückten in verschiedenste Richtungen. Aber wer konnte überhaupt noch zwischen Brandt und Schmidt, den beiden Supermächten, erfolgreich vermitteln? Wen erkannten sie an? Schmidt wollte keinesfalls Horst Ehmke als Moderator dulden, der als einer der wenigen das Zeug dazu hatte – vermutlich gerade weil der energiegeladene, rundum gebildete und redegewandte Verfassungsrechtler ein derart überragendes politisches Temperament war. Er rastete nicht, bis es ihm endlich – mit Wehners Hilfe – gelang, Ehmkes Einfluss zu minimieren. Brandt musste tatsächlich seinen Vertrauten verpflanzen in das Forschungsressort, eine Entscheidung, die er noch bitter bereuen sollte. Zwischen Brandt und Schmidt fing die Trennung an, «als ich ins Spiel kam», also bereits 1969, vermutet Ehmke aus der historischen Distanz, nicht erst im Streit um das zweite Kabinett drei Jahre darauf. In aller Gelassenheit blickt er darauf zurück, wir unterhalten uns in seiner Penthouse-Wohnung im Römerlager in Bonn, der Blick führt hinüber über den Rhein und bis zur ehemaligen Regierungszentrale, wo er einst der Chef war. Horst Ehmke: «Als eine Art Liebesentzug» hat Schmidt es bereits empfunden, dass er im ersten Kabinett Kanzleramtsminister werden sollte. Verhindern konnte der Eifersüchtige es beim ersten Mal nicht, umso genauer passte er nun auf. Trotz dieser Rivalität – Schmidt ließ den Kontakt nicht abreißen zum Kanzleramtschef, oft schaute er vorbei im Palais Schaumburg, er wohnte gleich in der Nähe in der Adenauer-Allee, «mit deutschen Chippendale-Möbeln». Ehmke ist sich sicher, schon seit dieser Zeit habe Schmidt ihn als Rivalen betrachtet, daher sein häufiger Spott, dieser Professor an Brandts Seite, der könne und wisse offenbar alles.

Wenn er sich von jemandem «führen» lassen wollte, dann nur vom «Mufti» selber. Sobald er auch nur ahnte, der Kanzleramtschef könnte auch ihm hineinregieren, fühlte Schmidt sich «gebosst». Selbst als Horst Ehmke ihm die brisanten Unterlagen über den atomaren Minengürtel an den Grenzen der Bundesrepublik zur DDR zeigte, von dem sie im Verteidigungsministerium nichts wussten, sah er darin noch eine Bestätigung seines Verdachts: Ein «Unterkanzler oder Oberminister Ehmke», der mehr wusste als er, schlicht unakzeptabel war das für ihn. Im November 1972 bot sich also endlich die Chance, die leidige Causa Ehmke zu schließen, ein für alle Mal.

Praktisch von der ersten Stunde an vermisste der Kanzler im Spätherbst 1972 seinen Hausmeier «dort, wo er hingehört – in der Zentrale». Selbstkritisch notierte der Autor das in seinen *Erinnerungen*. Helmut Schmidt aber war, wie Ehmke vorausgesagt hatte, in diesen Tagen des Neuanfangs endgültig zum Nebenkanzler avanciert.

Superminister   Der Kanzler a. D., Schmidt, blickte beim Niederschreiben seiner Erinnerungen anders darauf zurück. Eine «Tragödie» habe sich abgespielt nach der Wahl 1972, so erklärte er es seinem wohlgesinnten, geschätzten ersten Biographen Jonathan Carr. Brandt war depressiv, krank, lag in der Klinik und ließ sich für einige Tage telefonisch nicht erreichen, lautete Schmidts Version. Herbert Wehner und er mussten die Verhandlungen führen – und so trafen sie eben auch Personalentscheidungen.[49] Dass er damals die Resignation Brandts herbeigewünscht hätte, wie schon in den ersten Tagen unter Journalisten spekuliert wurde, lässt sich nicht belegen.

«Superminister» war Schmidt schon im Juli 1972 geworden nach dem Rücktritt Schillers. Im neuen Kabinett wurden die Ressorts Wirtschaft und Finanzen zwar wieder geteilt, er übernahm im Dezember erneut das Finanzministerium, während die FDP das Wirtschaftsministerium erhielt. Schmidt betrachtete sein Haus als «Struktur-Ressort», von dem aus man allen Ministerien hineinregieren könne. Dank seiner währungspolitischen Rolle konnte es im Konzert der großen Wirtschafts- und Industriestaaten unüberhörbar mitreden. In dieses Metier, Ökonomie und Finanzen, redete Brandt ihm nicht hinein, im Gegenteil, er war froh, einen souveränen Minister am Tisch zu haben.

Helmut Schmidt galt als Exponent der «rechten» Sozialdemokraten, denen die Öffnung der Partei für die neue Generation zu weit ging und die vom Vorsitzenden, Willy Brandt, eine ungleich schärfere Abgrenzung nach links verlangten. Brandt befürchtete, die Zerreißproben könnten bis zum Auseinanderbrechen seiner Partei führen. Sein verzweifeltes Plädoyer für das «Sowohl-als-auch», sowohl die Linke anbinden als auch die Parteimitte und Parteirechte beschwichtigen, wurde zum geflügelten Wort. Die einflussreichsten Kommentatoren der Republik – auch in den liberalen Medien wie *Spiegel*, *ZEIT* und *Süddeutsche Zeitung* – gingen auf Distanz zu Brandt, weil er sich den «Systemveränderern» nicht deutlich genug widersetze und die «Jusos» ihre lächerliche Revolution planen lasse.

In seiner Partei sah es anders aus: Im April 1973 verpassten die Genossen bei ihrem Parteitag in Hannover dem ungeliebten Schmidt einen Dämpfer, bei der Wahl zum Amt des stellvertretenden Vorsitzenden stimmten lediglich 286 von 431 Delegierten für ihn. Stärker war die Linke tatsächlich nie. Bei Abstimmungen unterlag sie zwar regelmäßig, aber gegen sie war schwerlich zu regieren. Zudem transportierte sie den Schwung des Protestes von der Straße und aus den Universitäten, die Aufbruchsstimmung im Lande als einzige unmittelbar hinein in die Politik. Viel von ihrem Kredit verspielte die Linke selber, nicht zuletzt bei diesem Parteitag in Hannover – vor allem mit dem Streit um «Investitionslenkung» und eine Verstaatlichung von Banken, mit dem berühmten «Maklerbeschluss», mit haarspalterischen Diskussionen über die Grenze der «Systemreform» oder den «qualitativen Sprung» in den Sozialismus. Willy Brandt, weltweit renommiert, sah dieser Erosion zunehmend macht- und hilflos zu.

Willy Brandt begrüßte es prinzipiell, dass Staat und Gesellschaft näher zusammenrückten. Schmidt wollte die Kontrolle nicht an eine quirlige und unberechenbare Gesellschaft abgeben. Eine Regierung muss regieren! Und zuallererst der Regierungschef! Brandt hingegen machte die neue Liberalität der Republik nicht bange, hie und da allerdings sah selbst er sich aber genötigt zu warnen, er wolle nicht nur Notar der Partei sein, die zerstört werde oder sich selbst zerstöre.[50] Am liebsten hätte er das Eine und das Andere gewollt, öffnen und begrenzen. Anders als der Vorsitzende und Kanzler hätte Schmidt lieber den Deckel draufgehalten auf diese brodelnde «Wirrnis», die unkalkulierbare «volonté générale» und die jungen Wilden, wie er es in dem Brief an die verehrte Marion Dönhoff geschrieben hatte.

Sibyllinisch hingegen drückte Herbert Wehner sich aus. Er bezog nicht wirklich Partei, die SPD-Linke wie die SPD-Rechte respektierte, ja verehrte ihn gleichermaßen. Aber ernsthaft schlug er Brandt vor, sich zum Bundespräsidenten wählen zu lassen. In die Villa Hammerschmidt, auf Gustav Heinemanns Stuhl, strebte zwar bereits der Außenminister, FDP-Chef Walter Scheel, Wehner aber war sich sicher, Scheel würde dem Kanzler und Friedensnobelpreisträger den Vortritt lassen, wenn der es wolle.[51]

«*Gottvater*» Rasch kam die Vermutung auf, Schmidt sei insgeheim beteiligt an dem Versuch Wehners, Brandt wegzuloben. Ausgangspunkt war – wie so oft in Sachen Brandt/Schmidt – ein Bericht des *Spiegel*. In einer Präsidiumssitzung Mitte

März 1974 enthüllte Brandt demzufolge, Schmidts Vertrauter Hans Apel habe Walter Scheel aufgesucht, um ihm mitzuteilen, der SPD-Vorsitzende zeige nun doch Interesse daran, sich ins Präsidentenamt wählen zu lassen. Schmidt, der sich während der Präsidiumssitzung in den USA aufhielt, dementierte heftig nach seiner Rückkehr, aber seiner Version habe Brandt nicht geglaubt, hieß es, da er sich «ständig verfolgt fühlte» von seinem Stellvertreter, ja zu wissen glaube, dass Schmidt sich seit Sommer 1972 mit Umsturzplänen trage.[52].

Beide, Schmidt und Wehner, übertrumpften sich in jenen Monaten geradezu in herablassenden Bemerkungen über «Gottvater» Brandt. Und das nicht etwa heimlich: Nach einem vernichtenden Wahldebakel für die SPD in Hamburg verlangte Schmidt in diesem Frühjahr des Missvergnügens, 1974, in einem Fernsehinterview eine Kabinettsumbildung noch vor der nächsten Landtagswahl. Spekuliert wurde, Schmidt wolle «innenpolitischer Stellvertreter» Brandts werden. Immerhin der Grandseigneur der Politikwissenschaften, Theodor Eschenburg, erwog ernsthaft in der *ZEIT*, ob Schmidt etwa die Richtlinienkompetenz – wider das Grundgesetz – unter zwei aufteilen wolle, mit Brandt als außenpolitischem und sich als innenpolitischem Kanzler. Brandt bliebe dann in Wahrheit nur die Rolle eines «Zeremonienmeisters».[53]

Eine kleine Episode, die sich Anfang 1974 anbahnte, erhellte schonungslos, wie ramponiert in kürzester Zeit Brandts Ansehen geworden war – und wie zerbrechlich die Kanzlerschaft. ÖTV-Chef Heinz Kluncker wartete mit einer Tarifforderung für den Öffentlichen Dienst von vierzehn Prozent auf. Zunächst hatte Schmidt dagegen gehalten, eine solche Forderung sei nicht darstellbar, Brandt riet er zu einem entsprechenden Machtwort. Als die ÖTV mit Streiks reagierte, blieb der mächtige Minister allerdings unsichtbar. Er habe den Kanzler nur wissen lassen, hieß es, er sei mit allem einverstanden, was dieser entscheide. Daraufhin winkte Brandt gequält einen Tarifabschluss durch, der effektiv über zwölf Prozent lag, und drohte nach verlorener Schlacht mit Rücktritt.[54] Ein Bild der Stärke bot er damit wahrlich nicht. Kanzler-Freunde zeigten sich seinerzeit fest davon überzeugt, Schmidt sei als «U-Boot» abgetaucht, um Brandt zu demontieren, statt sich schützend vor ihn zu stellen und die ÖTV-Forderungen abzuwehren. Erschwerend kam aus ihrer Sicht hinzu, dass Schmidt und Kluncker – wie öffentlich bekannt – seit Jugendjahren eng befreundet waren. Bei Journalisten und später auch bei Zeithistorikern prägte sich das Urteil ein, mit diesem unzeitgemäßen Tarifabschluss sei das Ende der Kanzlerschaft Brandts eingeleitet worden. Und die Nebenfolge – vom alten Vertrauensverhältnis Brandt-Schmidt war nichts geblieben.

Dreifaltigkeit Seit dem März 1968 bürgerte sich das Etikett «Troika» für Brandt, Wehner und Schmidt ein. Insbesondere Schmidt – seit einem Jahr auch Parteivize – hörte das zwar nicht gerne, da eine «Troika» drei Zugpferde habe, aber nur einen Wagenlenker, wie er penibel erläuterte. Aber er protestierte vergebens – tatsächlich hatte die Troika nur einen Lenker, Brandt nämlich, auch wenn Schmidt viel Respekt als starker Fraktionschef genoss.[55]

Welche Dreifaltigkeit! Herbert Wehner wollte die Arbeiterklasse mit der Republik versöhnen, am eigenen Beispiel – dem Weg vom Kommunisten zum geläuterten Demokraten – exerzierte er diese Versöhnung geradezu vor. Willy Brandt sprach für diejenigen, die sich abgespalten hatten von der SPD, aber auch wieder zurückfanden zu ihr und moderate Positionen vertraten, die aber vor allem auch ein europäisches Deutschland anstrebten. Helmut Schmidt, der gelernte Sozialdemokrat und dritte im Bunde seit den Zeiten der Großen Koalition, suchte den großen Neuanfang seit 1946, eine sozialstaatliche Demokratie; er hielt die Differenzen zu den Christdemokraten für leichter überbrückbar als Brandt. Etwas verband sie trotz ihrer unterschiedlichen Herkünfte, Neigungen und Interessen dennoch, ein Konsens, der sich nicht leicht auf einen Begriff bringen ließ. Aber wie belastbar war das Gemeinsame? Die Probe sollte folgen.

Schmidt war zwölf Jahre jünger als Wehner, für ihn handelte es sich bei dem Dresdner fast schon um eine Patriarchenfigur. Obendrein waren sie eindeutig keine Konkurrenten. In Schmidts Augen war der frühere Kommunist aus dem sächsischen Landtag sicher ein «Idealist», auch ein Verführter, aber nie hätte er ihm daraus einen

Die Troika, die oft uneins war, aber nie vergaß, dass sie nicht scheitern durfte: Herbert Wehner, Willy Brandt und Helmut Schmidt.

Strick gedreht, schon gar nicht aus «Jugendsünden». Umgekehrt schätzte Wehner an Schmidt gewiss den pragmatischen «Macher». In vielen politischen Streitfragen freilich stand er Brandt und der klassischen Sozialdemokratie näher.

Als weit komplizierter erwies sich das Verhältnis zwischen Willy Brandt und Herbert Wehner. Beide hatten große Namen unter den Exilanten. Sie waren Journalisten. Die Zuneigung für Skandinavien teilten sie. Der Zufall wollte es, dass ihre Wege sie im Exil nicht zusammenführten. Zum «anderen Deutschland» gehörten sie gleichermaßen als junge Männer, zu den «Anti-Nazis», die einen hohen Preis für ihre Ziele zu zahlen bereit waren. Wehner jedoch musste – als ehemaliger Kommunist – mit seinem vorherigen Leben vollkommen brechen, das musste Brandt nicht. Wehner war es auch zunächst, dem seine «Jugendsünde» – einem Kommunisten traut man nicht! – von der CDU Adenauers erbarmungsloser vorgeworfen wurde als Brandt sein Exil.

Brandt hatte es aus Wehners Perspektive im Nachkriegsdeutschland leichter als er. Manchmal schien er es dem «feinen Herrn» mit seiner Dienstvilla am Venusberg geradezu zu verübeln, wie gutbürgerlich er lebte. Dieses offene Genießen, das gehörte sich für einen Sozialdemokraten nicht! Brandt wiederum ahnte: Politische Kurskorrekturen hatten eine umso größere Wirkung, gerade wenn sie von einem ehemaligen «Kommunisten» kamen.

Viel spricht für die Annahme, dass Herbert Wehner tatsächlich nicht «Trittbrettfahrer», sondern «Weichensteller» der Neueinjustierung der Sozialdemokraten war, die zunächst bei einem außerordentlichen Parteitag der SPD Mitte November 1959 in Bad Godesberg eingeleitet und einige Monate später in einer Bundestagsrede bekräftigt wurde.[56] Eine derart sensationelle Wirkung, wie sie tatsächlich ausgelöst wurde, hing unmittelbar mit dem Lebenslauf Wehners zusammen. Der Marxismus als Doktrin und Lehrgebäude, das habe er gelernt – «glaubt einem Gebrannten!» –, sei nicht parteibildend im Sinne des demokratischen Sozialismus.[57]

Willy Brandt zählte zu den Modernisierern, seine Botschaft in Bad Godesberg zielte auf etwas anderes als die Wehners: Wie ein roter Faden durchzog seine Rede der Appell, Situationen nie für ausweglos zu halten. Fast im Wortlaut hat er daher seine Überzeugung, dass Hitler nicht «an die Macht kommen musste», auch 1959 bei diesem legendären Parteitag eingestreut. Anders als bei früheren Gelegenheiten fügte er noch hinzu, die Spaltung Deutschlands habe «nicht versteinert» werden müssen, und in der Bundesrepublik musste sich auch nicht «ein pervertiertes Kaiser-Wilhelm-Denken durchsetzen».[58] Brandt predigte nicht nur Geschichtsoffenheit, er hatte sie verinnerlicht.

Seinen an der Parteispitze lange durchdiskutierten Redebeitrag im Parlament zur Außenpolitik am 30. Juni 1960 eröffnete Wehner mit dem berühmten Satz: «Gleichviel, was auf den verschiedenen Seiten unseres Hauses von dieser Debatte erwartet wird, ich glaube, diese Debatte kann eigentlich nichts anderes sein als eine hoffentlich im Positiven bemerkenswerte Etappe im Ringen um das höchsterreichbare Maß an Übereinstimmung bei der Bewältigung der deutschen Lebensfragen.» Es folgte sein Bekenntnis, die Westbindung sei als Voraussetzung für die Wiedervereinigung zu betrachten, die SPD wolle nicht aus der Nato ausscheiden und halte ein europäisches Sicherheitssystem für den geeigneten Beitrag zur deutschen Einheit, und zur Landesverteidigung stehe sie auch. Er beendete seine Rede mit Worten, die in die Geschichtsbücher eingehen sollten: «Innenpolitische Gegnerschaft belebt die Demokratie. Aber ein Feindverhältnis, wie es von manchen gesucht und angestrebt wird, tötet schließlich die Demokratie, so harmlos das auch anfangen mag. Das geteilte Deutschland – meine Damen und Herren, ich will Sie damit nicht belehren, Sie wissen das wahrscheinlich zum größten Teil selbst – kann nicht unmittelbar miteinander verfeindete christliche Demokraten und Sozialdemokraten ertragen.» (Zitiert nach: Christoph Meyer: *Herbert Wehner*, Seite 233 f.) Bei den Jüngeren, Brandt und Schmidt, rannte er damit offene Türen ein.

Tatsächlich hatte Wehner gerade auch für Brandt einen Durchbruch erreicht. Schlüssig erklärt hat das Heinrich Krone, der damalige CDU/CSU-Fraktionsvorsitzende, in seinem Tagebuch, in das er am 30. Juni 1960 eintrug: «Gemeinsame Außenpolitik? Große Debatte im Bundestag. Eine Meisterleistung Wehners. Wehner hat die Macht in seiner Partei. Er würde regieren, wenn Brandt Kanzler würde.»[59] Brandt selber verstand die Botschaft der Wehner-Rede sofort und telegrafierte an ihn: «Zu Deiner großartigen Rede möchte ich Dich herzlich beglückwünschen und Dir meinen freundschaftlichen Dank sagen. Du hast der gemeinsamen Sache einen bedeutenden Dienst erwiesen.»[60] In die «Siebener-Kommission», die Wehner vorschlug, um den Wahlkampf personell und politisch vorzubereiten, ging Wehner ausdrücklich nicht – umso freier war er, im Hintergrund weiter die Weichen für Brandt zu stellen. Am 11. Juli 1960 befasste sich das Präsidium der Sozialdemokraten mit der Frage des künftigen «Mannschaftsführers», und die Sache lief ohne viel Federlesens auf Brandt zu. Der allerdings war nicht einen Moment überrascht.

Ende des Jahres verfasste Brandt einen Brief an Herbert Wehner, der deutlich machen sollte, dass er sich Wehners steuernder Hand im Hintergrund bewusst war, der aber auch auffallend selbstbewusst formuliert war. Sie seien «ja wohl einigermaßen unterschiedliche Typen», hieß es darin, auch wenn ihnen «eine gewisse Verschlossenheit» gemeinsam sei. Wann und wo immer notwendig, sollten sie einander immer offen die Meinung sagen. Zusätzlich zu Wehners Klugheit und Energie «habe ich Deine Loyalität und Menschlichkeit kennengelernt». «Du sollst wissen, dass ich den ehrlichen Willen habe, Dir offen und freundschaftlich zu begegnen.» Wehner erwiderte: «Wenn es Dir darauf ankommt, so wirst Du in mir immer einen Genossen und Freund haben, auf den Du bauen kannst. Ich bin durch andere Schulen und Lehrjahre gegangen. Vielleicht weiß ich gerade deshalb manches, was andere nicht wissen oder nicht genug achten. Ich wäre glücklich, Willy, wenn ich einmal von mir sagen dürfte, dass ich mit Erfolg daran gearbeitet habe, eine Sozialdemokratie zustande zu bringen, die den Anforderungen der zweiten Hälfte dieses Jahrhunderts gerecht werden kann, das heißt, die nicht am Kommunismus zerbricht und in ihrem Volk eine unentbehrliche gestaltende Kraft nicht nur in ihrer eigenen Vorstellung wird.»[61] Das klang nach mehr als einer soliden Arbeitsgrundlage für ein Zweckbündnis. Die großen Annäherungsversuche gingen in ihrem Fall häufig von dem sieben Jahre älteren aus, Herbert Wehner. Am Vertrauen Brandts lag ihm viel, wie am eindrücklichsten jener Brief vom Dezember 1969 belegt, in dem er Brandt Todesahnungen offenbarte, die er in der Nacht zuvor gehabt habe.[62] Selbst Liebesdinge ließ er ihn wissen wie den Treuebruch Lotte Loebingers, der Schauspielerin, die Wehner 1927 geheiratet hatte und die gleichfalls in Moskau im Exil lebte. Besonders übel nahm er Brandt, dass der ausgerechnet dieses privateste aller Geheimnisse in fröhlicher Runde ausplauderte.[63]

Fest stand für Wehner: Nur mit Willy Brandt, nicht mit Fritz Erler, Carlo Schmid oder dem Benjamin unter ihnen, Helmut Schmidt, könne die SPD endlich die große, verdiente Anerkennung gewinnen und in die Regierungsverantwortung aufrücken. Das aber hatte Priorität, in seiner Unbedingtheit war Wehner von niemandem zu übertreffen. Er war es auch, der sich im Dezember 1960 entschloss, die Kandidatur Brandts voranzutreiben.[64] Die Beziehung endete bekanntlich in Trümmern.

Ihr «menschliches Verhältnis» zerbrach im Frühjahr und Sommer 1972, auch wenn ihre politische Gemeinsamkeit aufrecht erhalten blieb, vermutet Christoph Meyer im Gespräch – wohl der beste Wehner-Kenner. Nach der Ratifikation der Ostverträge fand Wehner den Kanzler wie gelähmt. Karl Schiller tanzte ihm auf der Nase herum. Brandt höre nicht mehr auf ihn, sammle «Höflinge» um sich, während er – in Briefen an seine Frau – über den «Frondienst» stöhnte. In dieser Phase dachte Brandt daran, Wehner, den er zunehmend als Ballast empfand, nach der Bundestagswahl 1972 auf das Amt des Parlamentspräsidenten abzuschieben.[65] Aus seinen versteckten Drohungen der letzten Monate machte aber als erster Wehner ernst: Im Frühjahr 1973 teilte er Brandt lapidar mit, er lege das Amt des stellvertretenden Parteivorsitzenden nieder. Aus, Punkt, keine Begründung. Schmidt hatte oft damit gedroht, Wehner machte es wahr. Warum?

Eine erste Andeutung, was er im Schild führte, folgte bald, und es kam einer mittleren Sensation gleich: Ende Mai besuchte der Fraktionschef, als handele es sich um seine Privatsache, Erich Honecker einfach mal am Wandlitzsee. Mit dem Privatwagen ließ er sich hinchauffieren von seiner Tochter. Die Kontakte zu Ostberlins Kommunisten betrachtete er ohnedies als seine Domäne. Brandt berichtete später, er sei «kurz zuvor» davon unterrichtet worden, was kaum verhüllt hieß, er wurde mit vollendeten Tatsachen konfrontiert. Unter uns Bonner Journalisten blühten rasch jede Menge Verschwörungstheorien. Denn in den Jahren 1934/35 hatte Honecker während der Kampagne zur Saar-Abstimmung als Jung-Kommunist Wehner zugearbeitet, Walter Ulbricht hingegen und Wehner waren im Untergrund zusammengeprallt, Wehner glaubte sich von Ulbricht über lange Jahre verfolgt. Später, in den 50er und 60er Jahren, peinigte die SED die graue Eminenz der Bonner SPD mit persönlich gezielten Kampagnen. Erst nachdem Erich Honecker Walter Ulbricht im SED-Politbüro abgelöst hatte, sah Wehner den Weg für sich wieder frei, direkte Kontakte zu knüpfen.[66] Ein Stein des Anstoßes stellte für ihn besonders das Berlin-Abkommen vom September 1971 dar: Herbert Wehner fürchtete, Willy Brandt, vor allem aber Egon Bahr würden versuchen, auf dieses Abkommen ständig neu «draufzusatteln», so jedenfalls verstand er das. Die Normalisierung der Beziehungen werde damit unnötig erschwert.

Hochalarmiert war Brandt, aber ein Zerfallen der Troika glaubte er sich praktisch nicht leisten zu können. Selbst seine Bemerkung in den *Erinnerungen*, zu «größerer Unruhe» habe er keinen Anlass gesehen,[67] übertünchte noch fünfzehn Jahre später das Ausmaß des Dramas. Und hätte es ihn beruhigen können, als Wehner ihm zur Erklärung hinterher ins Gesicht sagte, er verstehe die Kommunisten halt besser als er oder Bahr, also könne er auch besser mit ihnen umgehen? Wehner hatte als Erster den ungeschriebenen Kontrakt zwischen den dreien aufgekündigt.

Bei seinen Gesprächen in der Volkskammer in Ostberlin Ende Mai 1973 distanzierte der Gast aus Bonn sich sowohl von Schmidt als auch von Brandt. Bei Schmidt beispielsweise behagte ihm nicht, dass er einer geplanten KSZE-Konferenz nur zustimmen wollte, wenn Amerika teilnähme. Über Brandt klagte er, weil er in der Debatte über den Grundlagenvertrag die deutsche Frage für weiterhin «offen» erklärt hatte. Wie die Deutschland- und Entspannungspolitik weitergehen solle, das empfand Wehner als seine Sache. Das war der Sinn seiner «Depesche» aus Ostberlin: Auf verschlüsselte Weise stellte Wehner die Autorität Brandts in Frage – genauer besehen, stellte er ihm wohl damals bereits die Machtfrage.

Entrückt Wehners zweiter Affront, wenige Monate später, führte letztlich bereits zum irreparablen Bruch: Bei der Reise einer Bundestagsdelegation nach Moskau vom 24. September bis 2. Oktober urteilte er über den Kanzler in einer herabwürdigenden Sprache, die er sonst nur gegenüber seinen ärgsten Widersachern einsetzte. Von den peinlichen, peinigenden Injurien hörte Willy Brandt während eines Aufenthalts in den USA, sein internationales Prestige konnte höher kaum sein als zu diesem Zeitpunkt. Die Nummer eins sei entrückt, zitierte der *Spiegel* Wehner in seinem Report aus Moskau, «was der Regierung fehlt, ist ein Kopf». Der Herr bade gern lau und sei abgeschlafft ... Eine wüste Suada, ein Kanzlermord! Auch Helmut Schmidt und Wirtschaftsminister Friderichs rügte der Moskau-Besucher heftig, weil sie der Sowjetunion nicht mit günstigen Krediten beispringen wollten. Niemand denke wirtschaftlich, alle hätten nur ihre Karrieren im Sinn.

Das war die Eruption seines Lebens. Erstaunlich viele wohlmeinende Erklärungen löste er dennoch aus, die auf Verständnis drängten. Schlagartig wurde Wehners Ausnahmestellung in der deutschen Politik klar. Er hatte Macht, Einfluss und Autorität nicht wirklich eingebüßt, als Brandt in der Wahlnacht 1969 das Heft in die Hand nahm. Der Wehner-Mythos schützte ihn. Loswerden wollte er Brandt, es war überhaupt nicht anders zu begreifen. Und damit wollte er die SPD retten? Wir Korrespondenten in Bonn erwarteten seinerzeit, Willy Brandt werde den großen Schnitt wagen und Wehner exmatrikulieren. Es konnte gar nicht anders sein!

Wütend und fahl vor Zorn, so erlebten Begleiter Willy Brandt in Amerika, als er die Meldungen über die Moskauer Ausfälle las. Seinen USA-Aufenthalt brach er ab und kehrte sofort zurück nach Bonn. Egon Bahr geht noch heute im Gespräch davon aus, Wehner habe damals Brandt regelrecht verraten.

Erinnern muss man sich daran, dass Horst Ehmke bereit stand, den Fraktionschef am Flughafen bei der Rückkehr aus Moskau abzuholen und ihm geradeheraus mitzuteilen, Brandt verlange die Entlassung. Horst Grabert, der Nachfolger Ehmkes als Kanzleramtschef, erbot sich sogar, Wehner in Moskau mit einem Flugzeug abzuholen, um ihm klarzumachen, er müsse zurücktreten. Egon Bahr aber riet von alledem ab – und quälte sich später damit, ob das richtig war. Sein Rat und das Fingerspitzengefühl des Regierungschefs reichten, um die Machtverhältnisse richtig einzuschätzen – Brandt rang sich nicht dazu durch, sich von Wehner zu trennen, Ehmke wurde der Mund verschlossen. Brandt «wich dem Konflikt aus», resümierte Ehmke trocken.[68]

Egon Bahr riet von der Radikaloperation ab, weil er ahnte, eine zwischen den Loyalitäten hin- und hergerissene SPD könne sich darüber spalten. Zu groß war der Mythos des «Urgesteins» Wehner! Unausgesprochen lag aber auch noch etwas anderes in der Luft – die Brandt-Freunde sorgten sich, Schmidts Dauerkritik an der mangelnden «Führung» und «Autorität» habe eben doch auch eine verbreitete Stimmung in den eigenen Reihen ausgedrückt, der Rückhalt für den Kanzler sei also ungewiss. Schmidt wiederum schlug sich ausdrücklich auf die Seite des Ältesten aus der Troika. Gemeinsam mit dem Düsseldorfer Regierungschef Heinz Kühn beeilte er sich, auf Brandt beschwichtigend einzureden und für den Fall vorzubeugen, dass dieser Wehner zum Rücktritt veranlassen wolle.

Bahrs und Brandts düsterste Ahnungen trogen nicht: Tatsächlich erhielt Herbert Wehner in der Parteivorstandssitzung am 5. Oktober 1973 für seine geharnischte Kritik an der Ostpolitik und für seine Invektiven gegen den Kanzler in Moskau eine Mehrheit – mit 12 zu 11 Stimmen. So knapp das Urteil auch ausfiel, Mehrheit ist Mehrheit, und es interessierte in diesem Kollegium nicht einmal Brandts Warnung, die operative Außenpolitik könne nicht vom Parteivorstand festgelegt werden. Im Gegenteil, Buchstaben und Geist der Ostverträge sowie des Berlin-Abkommens sollten voll ausgeschöpft werden, betonte das Gremium im Geiste Wehners, als wollten sie Brandt rüffeln – oder abschütteln?[69] Hinter den Kulissen setzten mühsame Einigungsversuche ein, die schließlich in einem Rotweingespräch zwischen Brandt und Wehner mündeten. Wehner behielt das letzte Wort mit seiner «Bitte», sie sollten es «noch mal versuchen» miteinander.

High noon in der SPD, Brandt hatte als Erster mit den Augen geblinzelt und – verloren. Hebert Wehner klagte weiter gut hörbar, Willy Brandt wolle ihn loswerden. Er aber werde, wiederholte er seinen Lieblingssatz, «den Karren ziehen, solange der Karren will».

Und dennoch «versuchten» es alle drei noch viele weitere Jahre miteinander.

Eine überraschende Erklärung für sein Verhalten deutete Brandt dem Reporter der *Süddeutschen Zeitung* an, Hans Ulrich Kempski,[70] der sich entsann, Brandt noch in den USA geraten zu haben, ihm bleibe keine Wahl, er müsse sich von dem Fraktionschef trennen. Wenn er Wehner zu gehen zwinge, habe Brandt ihm erwidert, «dann kommt Schmidt».

Nur, Helmut Schmidt wäre nie so weit gegangen wie Wehner, er kündigte Brandt nicht die Loyalität. Als Einziger von den dreien, das erwies sich, war Wehner sakrosankt, was an seinem Lebensweg lag, und daran, wie er selber mit sich permanent ins Gericht ging – als höre die Strafe und das Lernen aus den eigenen Fehlern nie auf.

Anderthalb Jahre seit der Wiederwahl hatten gereicht: Die «Troika» eine Fassade, zwischen Brandt und Schmidt eine gewaltige Kluft; ihre Lebenswege hatten sie – fast – auseinandergerissen. Brandt wollte verstehen, einbinden und integrieren. Schmidt wollte selbst definieren, wohin die Reise geht, wollte führen und kontrollieren. Wehner folgte sich alleine. Ein *clash of civilizations,* könnte man sagen.

Zum Ende dieses vertrackten Jahres, im Dezember 1973, bat der *Spiegel* Helmut Schmidt um einen Text zum sechzigsten Geburtstag Willy Brandts. Was er im Briefwechsel mit Marion Dönhoff ein halbes Jahr zuvor noch einigermaßen ruhig anmahnte, Führung mit «Autorität», machte er nun öffentlich, und es wurde mehr als eine Kanzler-Kritik daraus.[71] Brandt und er selbst, erinnerte Schmidt sich, hätten 1959 noch darin übereingestimmt, der gebildete, frankophone Carlo Schmid sei der richtige Mann, der die Sozialdemokraten aus ihrem Tal herausführen könne. Dann habe aber nur zwei Jahre später Schmid selbst Brandt nominiert, natürlich mit der Zustimmung Herbert Wehners, Fritz Erlers und Erich Ollenhauers, der für Brandt zur Seite getreten sei. Während der langen, durch das Chruschtschow-Ultimatum ausgelösten Berlin-Krise habe Willy Brandt sie alle «von seiner Führungsfähigkeit überzeugt».[72] Natürlich zitierte Schmidt auch wieder aus seiner Lieblingsrede Brandts beim Hannoveraner Parteitag, diesmal den Satz, es sei «vielleicht nicht populär, wenn ich hier erkläre, dass ich nicht einfach nur Willensvollstrecker der Partei sein kann, sondern, dass ich nach ernsthafter Überlegung in eigener Verantwortung jene Entscheidungen werde treffen müssen, die im Interesse unseres Volkes erforderlich sind».

Schmidt benutzte das Lob, um zu zeigen, dass er auch andere Seiten Brandts sah, die ihm weniger behagten. Für Brandts Mannschaft sei es «nicht von selbstverständlicher Einfachheit, mit ihm zusammenzuarbeiten», hielt er beispielsweise fest, weder in der Regierung noch in Partei und Fraktion laufe es frei von Spannungen und Friktionen ab. Helmut Schmidt, seufzend: «Wir sind alle nicht dazu geschaffen, es uns gegenseitig leichtzumachen.» Süffisant legte er nach, die regierende Sozialdemokratie sei «keine Kanzlerpartei geworden, Gott sei Dank – sie weist eher eine sehr entgegengesetzte Struktur auf, leider Gottes».

Gegen den Vorwurf, er sei «der Überheblichkeit verfallen», verteidigte er Brandt ausdrücklich. Das Gerede von der Pflege seines Denkmals betreffe andere, fügte er spöttisch hinzu. Es sei auch nicht «Entrücktheit», griff er schließlich ein böses Stichwort Wehners aus Moskau auf, die ihn zu manchem lange schweigen lasse – «für einige bisweilen zu lange». Wenn er zögert, heißt das, eine Sache ist noch nicht entscheidungsreif. Seine Duldsamkeit entspringt der Bereitschaft, mit Konflikten zu leben, weil sie weder durch ein Machtwort noch durch einen Kraftakt gelöst werden könnten.[73]

Ein wahres Kunststück war Schmidt damit geglückt, mit Hilfe von Klaus Harpprecht übrigens, dem Redenschreiber und Freund Brandts, den Schmidt gebeten hatte, einen Entwurf zu erarbeiten.[74] Makellos austariert hatte er diese Würdigung, jedes Wort wurde vom Gratulanten auf die Goldwaage gelegt. Schmidts Text zeichnete das Bild eines Idealkanzlers. Er deutete aber auch an, wo sich dieses Ideal mit der Wirklichkeit reibe. War es ein fein ziseliertes Versöhnungsangebot oder nicht doch ein Sprengsatz in Glückwunschpapier? Immerhin wurden in jenen Wochen in Bonn Äußerungen des Kanzlers kolportiert, die bereits nach Resignation klangen. Gnadenlos brachte der *Spiegel*-Titel acht Tage vor Brandts 60. Geburtstag das auf den Punkt: «Das Monument bröckelt.»[75] Aus der Luft gegriffen war der Befund nicht.

Gestatten: Offizier der Nationalen Volksarmee! Am 24. April 1974 wurde ein langjähriger Mitarbeiter Brandts im Kanzleramt, Günter Guillaume, als DDR-Spion verhaftet. Einfluss hatte er nicht, an zentraler Stelle saß er gleichwohl. Handfeste Beweise lagen nicht vor, aber Guillaume gab sich sofort als Offizier der Nationalen Volksarmee zu erkennen. Zwölf Tage später trat Brandt zurück. Sein Gefühl sollte er nie mehr loswerden, letztlich um seine Kanzlerschaft betrogen worden zu sein.

Wann gab es je in der Politik der Nachkriegsrepublik ein ähnliches Drama? Ein «beschissenes Leben», murmelte Brandt eine Woche vor seinem Rücktritt, während um ihn herum Helgoländer Fischer Seemannslieder anstimmten. «Wenn ich jetzt eine Pistole mit hätte, würde ich dem allen ein Ende machen», hörten Freunde ihn am 4. Mai in tiefster Niedergedrücktheit murmeln. David Binder, der das berichtete – und seine Biographie hatte Brandt, wie gesagt, vor der Drucklegung gelesen – schrieb dazu einfühlsam: Nachdem er mit vierzehn Jahren die Familie verließ, seine bis dahin unverheiratete Mutter einen Mann ehelichte und er einen Stiefbruder bekam, habe Brandt stets nach Ersatzvätern gesucht, nach Mentoren, Bündnispartnern – oder nach Frauen. Immer sei es ihm um «Nestwärme» gegangen, Binder benutzte das deutsche Wort, das habe Brandt ihm im Verlaufe vielstündiger Gespräche zwei Monate nach seinem Rücktritt eingeräumt. Bloß, immer dann, wenn er diese Nestwärme fand, habe er sie auch abgelehnt. David Binder: «He had even found *Nestwärme* next to that extraordinary body, the German electorate, and, in a way, rejected that, too, toward the end of his Chancellorship.»[76] Keine *Nestwärme*, nirgends? Es sieht ganz so aus.

Dass Wehner ihn abstieß, verstieß, war ein Wendepunkt in Brandts Leben, auch wenn man darüber nur spekulieren kann. Fest steht, dass er bis zu seinem Tode davon überzeugt war, Wehner habe seinen Sturz betrieben und dabei auch mit Erich Honecker heimlich zusammengespielt. Daher sein Gefühl, regelrecht verraten worden zu sei, zuerst in Moskau – und dann in der Affäre Guillaume. Egon Bahr und Klaus Harpprecht neigten gleichfalls dieser Annahme zu, Horst Ehmke, dem selber Vorwürfe gemacht wurden, weil er erste Hinweise auf Unstimmigkeiten in Guillaumes Vita nicht ernst genug genommen habe, urteilte stets zurückhaltender über ein mögliches «Komplott» und über Wehners wahre Motive.

Weil Brandts Vizekanzler, Außenminister Walter Scheel, ins Präsidentenamt strebte, als die Nachricht von Heinemanns Amtsmüdigkeit publik wurde, konnte er sein Kabinett nicht nach Wunsch umbauen. Ursprünglich wollte er Herbert Wehner in das Regierungsteam holen, um ihn einzubinden, Helmut Schmidt wie zu Zeiten der Großen Koalition erneut zum Fraktionschef machen und dem engen Vertrauten Egon Bahr die Leitung des Kanzleramtes anvertrauen. Scheels Ambitionen vereitelten ein solches großes Revirement. Diese Überlegungen spielten sicher mit hinein, als Brandt davor warnte, den freidemokratischen Innenminister zum Sündenbock dafür zu stempeln, dass Guillaume trotz des Verdachts gegen ihn noch fast ein Jahr in seiner Nähe hatte arbeiten können. Aus Brandts Sicht brauchte die sozialliberale Koalition Genscher als Eckpfeiler im Kabinett – und er wusste, welche Integrationsfunktion der Innenminister innerhalb der schwierigen FDP hatte. Genscher sollte also unbedingt Regierungsmitglied bleiben. Zum zweiten Mal – ähnlich wie schon nach der Ermordung israelischer Sportler bei den Olympischen Spielen in München 1972 – rettete Brandt damit Genschers politische Karriere.

Die Nacht von Münstereifel   Theaterstücke, Spielfilme, Doku-Dramen sind aus diesen Krisentagen hervorgegangen: *Die Nacht von Münstereifel*! Ausführlicher als Brandt ging Schmidt in seinen *Erinnerungen* auf die Vorgeschichte zu jenem dramatischen Treffen am 4. Mai 1974 im «Haus Münstereifel» ein, einer Bildungseinrichtung der Friedrich-Ebert-Stiftung, in das sich Herbert Wehner mit dem Fraktionsvorstand zu vertraulichen Beratungen zurückzog.

Im Herbst 1973, so blickte Schmidt darauf zurück, verschlechterte sich die politische Stimmung rapide, weil mit den steigenden Erdölpreisen zwangsläufig überall Inflation, Arbeitslosigkeit und öffentliche Verschuldung anwuchsen. In der Sozialdemokratie «traten schwere, ideologisch begründete wirtschaftspolitische Meinungsverschiedenheiten» an den Tag. Die Meinungsumfragen fielen verheerend aus. In dieser Lage entschloss sich die Spitze der SPD zu einer Serie von drei Klausuren, zwischen 30. März und 5. Mai 1974. An der ersten internen Sitzung nahm neben Brandt, Wehner und ihm nur noch der nordrhein-westfälische Ministerpräsident Heinz Kühn teil, der von einer «ernsten Situation» für ihre Partei gesprochen habe. Ein Teil der Führung sei an die Jungsozialisten abgegeben worden, referierte Schmidt den einflussreichen Parteifreund aus Düsseldorf. Kühn verlangte eine Regierungsumbildung, zehn führende Jungsozialisten müssten aus der Partei ausgeschlossen werden. Geeinigt hat das Quartett sich nicht.

Zum zweiten Treffen am 4. Mai wurden neben weiteren Freunden aus der Parteispitze auch sieben prominente Gewerkschaftsführer eingeladen. Von allen Seiten hagelte es Schelte auf die Regierung, Schmidt wollte sie im Einzelnen wiedergeben. «Playboyhaft» habe man sich nach der Wahl von 1972 zuviel Zersplitterung erlaubt, Regierung und Partei gäben ein unscharfes Bild ab, «ich frage, ob wir uns nicht unnötig verschleißen, wenn das Desaster der Regierung doch kommt» – so weit der DGB-Vorsitzende Heinz Oskar Vetter. Von einem «lästigen und gefährlichen Streit der Theoretiker» sprach Bergarbeiter-Chef Adolf Schmidt – der zu Helmut Schmidt seinerzeit ein besonders enges Verhältnis hatte. Der Gewerkschaftler riet, man solle nicht mehr als nötig von Reformen reden. Schließlich Eugen Loderer, dessen Stimme besonderes Gewicht hatte wegen der Bedeutung der IG Metall, an deren Spitze er stand, und weil er nie einseitig für Brandt oder Schmidt Partei ergriffen hatte: «Draußen in der Welt werden wir wegen unserer stabilen Verhältnisse bewundert. Aber wir verkaufen nur das, was noch nicht erreicht wurde … Der Abstieg der SPD wird den Abstieg der Gewerkschaften nach sich ziehen.» Schmidt, der offenkundig ein Gesprächsprotokoll zur Hand hatte, um genau zitieren zu können, resümierte nur knapp, es sei eine «realistische, aber traurig stimmende Bestandsaufnahme» gewesen. Diese Sitzung müsse Brandt tief deprimiert haben. «Von Guillaume hatte niemand geredet, allein die innere Politik war Gegenstand gewesen. Am nächsten Morgen, am 5. Mai 1974, entschloß sich Brandt zum Rücktritt.»[77]

Diese Version Helmut Schmidts über das Treffen von Münstereifel muss man deshalb genau studieren, weil sie entschieden der

These entgegengestellt ist, allein die Enttarnung des Ostberliner Spions sei Grund für den Entschluss des Kanzlers gewesen, zu demissionieren. Unhaltbar war die innenpolitische Lage für Brandt ohnehin, wollte Schmidt sagen, in der Logik konnte er kaum noch im Amt bleiben. Guillaume, kann man folgern, gab nur noch den letzten Schubs.

Brandt sah es anders. Für ihn stand das legendäre Vier-Augen-Gespräch zwischen ihm und Wehner im Mittelpunkt, das am Abend dieses 4. Mai stattfand. Über dessen genauen Verlauf kursierten später unterschiedliche Versionen, die nach Lage der Dinge nur von Brandt und Wehner stammen konnten – auch wenn ihre jeweilige Entourage sie entsprechend eingefärbt haben mag. Während in der großen Runde das Stichwort Guillaume gar nicht fiel, war es offenbar zwischen Brandt und Wehner das einzige Thema. Dieses entscheidende Mal aber war kein Dritter bei ihrer Aussprache dabei: Der Mann, der ihn 1960 zum Kanzlerkandidaten gekürt hatte, und der ihn 1973 in Moskau geradezu verhöhnte, was würde er ihm raten? In diesem Gespräch verstand Brandt das, was Wehner ihm ins Ohr flüsterte, jedenfalls so: Er halte es für «seine Sache», ob er geht oder bleibt. Für Brandt war die Sache damit entschieden.

Wenig beachtet blieben seinerzeit ein paar Sätze in einem Kommentar Rudolf Augsteins zum Brandt-Rücktritt unter der Überschrift «Die Troika». Demzufolge versicherte Herbert Wehner am Tag des Rücktritts dem Vorsitzenden des Bonner Presseclubs Peter Hopen, er habe dem Kanzler drei Lösungsmöglichkeiten vorgezeichnet, deren dritte darin bestanden habe, dass Brandt die Kanzlerschaft wie auch den Parteivorsitz niederlege. Auf seine Unterstützung könne Brandt sich verlassen, wie er sich auch entscheide. Nur: «Willy Brandt hat sich immer auf mich verlassen können, aber er hat sich nie auf mich verlassen wollen.» Das geht weiter als die Version, Wehner habe ihm alles anheimgestellt oder – wie Schmidt schrieb – geraten, er solle den Parteivorsitz behalten. Vielmehr hat Wehner offenkundig auch eine Radikaloperation ins Auge gefasst, einschließlich des Rücktritts Brandts von der Parteispitze. Wie Brandt insbesondere die Bemerkung verstanden haben mag, er habe sich auf Wehner immer verlassen können, aber nicht wollen, lässt sich nach seinen Erfahrungen mit ihm in Moskau leicht ausmalen. So viel von den Historikern an der Frage auch noch herumgedeutet wird, was Wehner wollte und Brandt einflüsterte, so wenig Zweifel können unter dem Strich doch daran bestehen, wie Wehner optierte und wie Brandt diese Option verstehen musste.

Zur Frage, ob er «erpressbar» gewesen wäre, weil Günter Guillaume Details über «Frauengeschichten» nach Ostberlin geliefert haben könnte, hat Brandt nicht näher Stellung genommen. Die *Stern*-Journalistin Wibke Bruhns, deren Name in dem Zusammenhang genannt worden war, hat gegen solche Unterstellungen mehrfach erfolgreich geklagt. Schmidt hielt die These offenkundig für Unsinn. Dieses Argument aber, in besorgte Fragen gekleidet, rückten Herbert Wehner, Günter Nollau und – vorsichtiger – auch Hans-Dietrich Genscher seinerzeit in den Vordergrund. Wie eine solche «Erpressung» von Seiten Honeckers hätte aussehen können, konnte keiner je präzisieren.

Im kleineren Kreis am nächsten Tag, nach der Unterredung mit Wehner, gab Brandt noch in der Eifel die Parole aus, «der Helmut muss das machen», und das sagte er ihm auch unter vier Augen. Keiner hätte ihn mehr bewegen können, seine Entscheidung zum Rücktritt noch einmal zu bedenken.[78]

Der «Helmut» machte es.

Brandts Rücktritt hatte Schmidt in Münstereifel im Gespräch mit ihm vergebens zu verhindern versucht. Schmidt ist auch später oft darauf zurückgekommen. Es war ernst gemeint, als er riet, Brandt solle im Amt bleiben – aber er war fast der Einzige, der es so sah. Nun, beim Abrechnen danach, warnte er konsequent davor, den einstigen Königsmacher Wehner zum Königsmörder zu erklären. Genau das aber machte Brandt. In einem Nachruf zu dessen 100. Geburtstag argumentierte Schmidt, wenn Wehner entschlossen gewesen wäre, Brandts Rücktritt auszulösen, «dann hätte er zugleich beabsichtigen müssen, mich zum Nachfolger zu machen». Von einer solchen Absicht Wehners habe er in Münstereifel jedoch «nichts verspürt».[79] Ob das wirklich ein triftiger Beleg ist, mag man bezweifeln. Überzeugender klingt Schmidts späteres Urteil, der «allgemeine Zustand des Landes und der Partei» habe zum Rücktritt Brandts geführt, während «der ganze Guillaume-Komplex mit allen denkbaren Implikationen kaum von motivierender Bedeutung» war. Was heißen sollte: Brandts Sturz war unvermeidlich. Ob er ihm diesen «allgemeinen Zustand» anlastete, sagte Schmidt nicht. Er war allerdings auch selbst seit 1966 an verantwortlicher Stelle in Bonn an verschiedenen Regierungen beteiligt, hatte also – genau besehen – auch Anteil daran.[80]

Im Parlament wünschte Brandt nicht mehr neben Wehner sitzen zu müssen. Für einige Monate flüchtete er nach Norwegen. David Binder resümierte in seiner Biographie: «He felt cast out again: the German from Germany, the Chancellor from the Chancellery, the democrat from the democracy, the advocate of solidarity from the solidarity, the bird from the nest.»[81] Schöner kann man es nicht sagen.

An der Beerdigung Herbert Wehners im Januar 1990 nahm Brandt nicht teil, er brachte es nicht übers Herz, gestand er freimütig im Gespräch.

In seinen *Erinnerungen* taucht Helmut Schmidt naturgemäß nur gelegentlich eingehender auf. Schmucklos charakterisierte Willy Brandt im Nachhinein ihr Verhältnis mit den Worten, Helmut Schmidt sei damals zu seinem «innerparteilichen Herausforderer» geworden. Aber «nicht die Andeutung eines Schattens» sei auf die Haltung gefallen, die er in den Tagen vor und nach seinem Rücktritt einnahm, beeilte er sich hinzuzufügen.[82]

Erwähnenswert schien ihm, dass Schmidt sich sogar entschuldigt habe, weil er glaubte, sich in Münstereifel schlecht benommen zu haben und zu «heftig» geworden zu sein. Gemeint war sein lautstarker Rat an Brandt, nicht überzureagieren, wegen «läppischer» Geschichten werfe man nicht das Handtuch. Berichtenswert fand Brandt auch Schmidts Drängen, in jedem Falle müsse er Parteivorsitzender bleiben, weil er die Partei zusammenhalten könne, «ich nicht».

Knapp und ironisch kleidete er seine Erfahrungen mit dem Kabinettskollegen Helmut Schmidt in die Formel, «daß er als Kabinettsmitglied dem Bundeskanzler das Leben leicht gemacht hätte, wäre eine die Wahrheit dehnende Feststellung».[83]

In den *Erinnerungen*, die im Sommer 1989 – kurz vor dem Fall der Mauer – erschienen, wollte Brandt vor allem Bilanz ziehen: So sehr es ihn geschmerzt hatte, dass seine Kanzlerschaft frühzeitig abgebrochen wurde, die Bundesrepublik hielt er für eine Erfolgsgeschichte. Er reklamierte mit Selbstbewusstsein, dass er und seine Wegbegleiter einen gewissen Anteil daran hätten. Das aber schloss Helmut Schmidt mit ein, trotz der Andeutungen über Irritationen und ein ständiges Konkurrenzverhältnis im Laufe der Jahre.

Seinen eigenen Standpunkt in den Adenauer-Jahren skizzierte Brandt folgendermaßen: Nichts werde preisgegeben, was durch Hitlers Krieg nicht längst verspielt worden sei, hatte er zum Warschauer Vertrag erklärt. Die Einheit der Nation wünschte er, aber eine «Wiedervereinigung» – ein Zurück in die Grenzen des Deutschen Reiches aus der Zeit vor 1937 – werde es nie geben, meinte er.[84]

Brandt ging also, anders als Schmidt glaubte, schon vor dem 9. November 1989 sehr weit – auch wenn er das Wort von der «Wiedervereinigung» mied, weil es falsche Assoziationen weckte, er witterte, dass Deutschland eine zweite Chance bekam. Bei Helmut Schmidt hätte er für Erwägungen solcher Art, die selbst das Verbleiben im Bündnis zur Disposition stellten, keine Unterstützung gefunden, aber die Frage stellte sich praktisch nicht.

Willy Brandt in seinen *Erinnerungen*: Mit dem Mauerbau 1961 war «der Anspruch auf Alleinvertretung erkennbar für alle gescheitert». Der offenkundige Realitätsverlust habe durch eine «neue Politik» überwunden werden müssen, auch in der CDU hatte sich das nach seiner Überzeugung herumgesprochen. Im Jahr 1966, als er Außenminister in der Großen Koalition wurde, erfuhr er vom amtierenden Staatssekretär Karl Carstens, was dieser dem Kabinett bereits eröffnet hatte – die Zeit einer «aktiven Wiedervereinigungspolitik» sei vorbei.[85] Traditionsballast abschütteln und Konsequenzen aus dieser Einsicht ziehen, das allerdings schafften die Christdemokraten noch nicht.

Brandt ging davon aus, wie er schrieb, dass die Westmächte ihre Interessen vertreten, «aber weder unseren Frieden machen noch unseren Beitrag zu einer europäischen Friedensordnung ersetzen wollten». «Mit anderen Worten: Wir durften nicht erwarten, dass andere die Antworten geben würden, die wir selbst zu geben hatten.»[86] Das war der Beginn einer – wohldosierten, begrenzten – Emanzipation.

Außen- und innenpolitisch blieb der Aufbruch stecken, lautete sein nüchternes Fazit in eigener Sache: Man habe mehr erwartet, als die Regierung leisten konnte. Viele überforderten schlicht den Staat. Brandt, seufzend: Günter Grass' Bild vom Fortschritt, der eine «Schnecke» sei, habe ihm zunächst eingeleuchtet, bald aber habe er bemerkt – es war noch weit komplizierter im Alltag, als Grass glaubte!

Ohne den Namen zu nennen, kam er beim Saldieren noch einmal auf Schmidt zurück: «Hatten die Unsicherheit und die Auseinandersetzung zwischen denen, die rechneten, und denen, die rascher voranwollten, damit zu tun, daß am Horizont neue Herausforderungen und neue Einsichten schimmerten? Die Zeit, in der man es sich leisten konnte, sich die Zukunft als einfache Verlängerung von Entwicklungslinien der Vergangenheit vorzustellen, ging zu Ende, ohne daß man sich dessen bewußt gewesen wäre.»[87]

Brandt wollte sich nicht größer machen, als er war. Ob Helmut Schmidt auch ähnlich selbstkritisch zurückblickt auf jene Jahre? Gesagt hat er es so jedenfalls nicht.

«*Palais Schaumschlägerburg*» Leicht war der Übergang im Jahr 1974 nicht, urteilt Hans-Dietrich Genscher im Gespräch. Jetzt war er Vizekanzler und Außenminister als Nachfolger Walter Scheels. Unsicheren Zeiten sahen sie sich konfrontiert – als Schmidt Brandt ablöste, befanden die USA sich bereits in der Defensive, der Vietnam-Krieg ging verloren, Moskau verbarg die Triumphgefühle kaum. Seit vier Jahren saß Genscher zu dem Zeitpunkt am Kabinettstisch Brandts. Er wusste, wie Schmidt geredet hatte und, noch schlimmer, Herbert Wehner, über Brandt und das «Palais Schaumschlägerburg» ...

Noch kurz vor dem Kanzlerwechsel hatte Helmut Schmidt eine Stunde lang in der *ARD* seine Lieblingspredigt gehalten, wie man eigentlich regieren müsse. Genscher erinnert sich, seiner Frau damals gesagt zu haben, «Den müsste Brandt hinauswerfen!», so scharf fiel die Kritik aus, und so unverhohlen klang ein eigener Führungsanspruch durch. Aber sollte Willy Brandt ausgerechnet an Helmut Schmidt jene «Führung» vorexerzieren, nach der dieser rief? Er dachte nicht daran!

Brandt muss geahnt haben, was droht, und gab Schmidt deshalb den freundschaftlichen Rat beim Schreibtischräumen im Palais Schaumburg, beim Amtsantritt möge er sich, bitte, nicht so äußern, als habe er einen Bruchladen übernommen. Als hätte er ernsthaft zugehört, lobte Schmidt im allerersten Moment, bei seinem Auftritt im Parteirat, brav die «völlig gesunde Firma», an deren Spitze er nun stehe, die Bundesrepublik sei eines der gesündesten Länder der Weltwirtschaft.

Für beide handelte es sich um eine tiefe Zäsur, auch für beide persönlich. Mühsam versuchte Brandt zu verbergen, wie demoralisiert er tatsächlich war, er befand sich am Ende seiner Kräfte. Die Gespenster hatten ihn wieder eingeholt, dass er in diesem Land zur Minderheit zähle, der ewige Exilant.

Den Worten Brandts im Herbst 1969 hatte Schmidt nicht viel abgewinnen können, dass wir nicht am Ende der Demokratie stünden, sondern erst «richtig anfangen». Zudem hasste er Pathos. Wie also sollte er starten mit seiner runderneuerten sozialliberalen Mannschaft? Er wünschte den Neuanfang ziemlich hanseatisch.

Kaum verdeckt distanzierte er sich in der Regierungserklärung mit der Formel «Kontinuität und Konzentration» von den Kanzlerjahren Brandts, auch wenn er das öffentlich gern bestritt oder von seinem Regierungssprecher, Klaus Bölling, in gedrechselten Worten dementieren ließ. «Richtig» angefangen hatte für ihn die Demokratie 1949 bereits, jetzt brauchte sie eine richtige Regierung, fand er.

Intensiv, aber ohne jeden Anflug von Herablassung setzte Helmut Schmidt sich im Nachhinein, 1996, beim Schreiben seines Buches

Weggefährten, in einem längeren Kapitel mit Willy Brandt auseinander. Als die «weit herausragende, idealistische Figur der sechziger
und siebziger Jahre» sei Brandt ihm erschienen, wobei ihm seine
Neigung zu vage bleibenden, visionären Gedanken und Formulierungen sehr zu Hilfe gekommen sei. Dass Schriftsteller wie Heinrich Böll, Günter Grass oder Siegfried Lenz, sein Hamburger
Freund, zu den zunehmenden Erfolgen der Sozialdemokraten bei
den Bundestagswahlen von 1965, 1969 und 1972 beitrugen – Reverenz!

Dass Heinrich Böll, der sich an den Friedensdemonstrationen
zu Anfang der 80er Jahre beteiligte, ihm gleichwohl in einem Brief
bescheinigte, es sei «auch Ihnen ernst mit dem Frieden», bedeutete
ihm viel. Auch Schmidt lag an solchen eher «linksgerichteten»,
intellektuellen Freunden.[88]

Aber nach der milden Ouvertüre über Weggefährten und
Freunde Brandts hagelte es Einwände. Bereits während der Großen
Koalition, noch viel deutlicher aber in den fünf Kanzler-Jahren sei
deutlich geworden, dass es Brandt vor allem in der Innen- sowie in
der Wirtschaftspolitik «äußerst schwierig, ja unmöglich war, in der
alltäglichen Wirklichkeit des Regierens die idealistischen und zum
Teil utopischen Erwartungen zu erfüllen, die er geweckt hatte». Ein
«sehr unangenehmes Erbe» musste er von ihm übernehmen.[89]

In der Regierungserklärung verbarg er nichts. «Kontinuität und
Konzentration» war nicht alles – für Reibung sorgte hinter den
Kulissen fast noch mehr eine andere Formel beim Antritt im Parlament: Eine «realistische Entspannungspolitik» kündigte der Kanzler an. Realistisch? War Brandts Entspannungspolitik das nicht?
Schmidts Spindoktoren beschwichtigten die Journalisten, so sei das
alles nicht gemeint, und Brandt schwieg zunächst. Realistische Entspannungspolitik? Ich entsinne mich, Willy Brandt 1988 bei der
Vorbereitung eines Buches über ihn danach gefragt zu haben, was
er seinerzeit von Schmidts Formulierung hielt. Seine Partei stellte
nicht mehr die Regierung, den Parteivorsitz hatte er im Jahr zuvor
verärgert abgegeben, das weltweite Ansehen behielt er – er fühlte
sich frei. Brandt: Gegen ihn sei das gerichtet gewesen, er hatte auch
nichts dagegen, dass man sich das notierte. Helmut Schmidt habe es

so formuliert, weil es «der vermeintlichen Stimmung entsprach», eine ziemliche «Chuzpe» war das, wie er fand. Gar nichts hielt Brandt von dem Vorwurf, die Ostpolitiker der ersten Stunde seien überstürzt vorgegangen, was ein anderes Wort für «dilettantisch» sein sollte, wie er argwöhnte. Wie viele Hindernisse hatten ihm die Kritiker und Skeptiker nicht schon seinerzeit in den Weg gelegt, als es noch darum ging, den Moskauer und Warschauer Vertrag bis zur Ratifizierung zu bringen! Ganz präsent war ihm das alles, als wir darüber sprachen, er arbeitete doch gerade an seiner Autobiographie, den *Erinnerungen*.[90] Nein, jetzt wollte er nichts mehr vertuschen, zumindest nicht beim Reden.

Die Messlatte fürs Regieren hatte Nachfolger Helmut Schmidt mit seiner Dauerkritik an Brandt allerdings hoch gelegt. Er krempelte die Ärmel auf, ernährte sich von Cola und Würstchen, pfiff auf einer Trillerpfeife im Park, wenn er sich morgens dem Amt näherte, um seinen Leuten die Ankunft des Chefs anzukündigen, und arbeitete, arbeitet, arbeitete. Nicht nur einmal wurde er ohnmächtig am Boden seines Büros im Kanzleramt aufgefunden. Wahrhaben wollte er es nicht, aber etwas war zuviel.[91]

Erhard Eppler Zum ersten großen Eklat im Kabinett führte der Rücktritt Erhard Epplers, des «theologischen Besserwissers», wie Schmidt höhnte. Der Mann aus dem Schwäbischen gehörte bereits dem ersten Kabinett Brandt an, zuständig für die «wirtschaftliche Zusammenarbeit» mit Entwicklungsländern. Eppler hatte gelernt, in die Welt zu blicken. Ihm schwante, wie blind der wohlhabende Norden für die Probleme des Südens war, und was die Hinterlassenschaft des imperialen Zeitalters bedeutete. Die Reichen konnten nicht länger die Ressourcen freizügig nutzen und die Augen vor den Folgen verschließen. Die Ärmsten empörten sich, der Psychiater und Schriftsteller aus Martinique Frantz Fanon hatte ihnen eine Stimme gegeben, der Prophet der Entkolonialisierung, um nur ein Beispiel zu nennen. Vor allem sein Buch «Die Verdammten dieser Erde», 1961 erschienen, prägte den Zeitgeist bis weit in die 70er-Jahre hinein.

Beim letzten Parteitag hatten Eppler und er sogar noch Hand in Hand drei Strophen lang in den Chor eingestimmt, «Brüder zur Sonne, zur Freiheit», es war halt so üblich – aber in Schmidts Augen hatte Eppler sich zum «Brandt-Mann» gewandelt.

Der Bruch: Helmut Schmidt sah sich nicht mehr in der Lage, sein Versprechen einzulösen, die Entwicklungshilfe – für die Eppler als Ressortchef zuständig war – aufzustocken auf 0, 42 Prozent des Bruttosozialprodukts bis 1978, und ausdrücklich nicht zu kürzen. Dem Kabinett insgesamt wollte er Sparsamkeit beibringen. Formellen Anlass bot die Entscheidung, die im Kabinett fast einhellig gegen Epplers Votum gefällt worden war: Die mittelfristigen Ausgaben bis 1978 für Entwicklungshilfe sogar zu reduzieren. Die Zusage Schmidts hatte Eppler aber als Vorbedingung dafür betrachtet, überhaupt in sein Kabinett zu gehen. Bonn drohe zurückzufallen in den alten Provinzialismus, fürchtete er, unter Schmidts Stabführung wende sich die Bundesrepublik ab von ihren internationalen Verpflichtungen. Also nahm er den Hut.

Die Anhängerschaften Brandts und Schmidts dividierten sich auseinander, vermutlich sogar weiter als die Männer an der Spitze. Aber auch auf sie strahlte das aus, seit sie Projektionsfiguren für links und rechts in ihrer Partei wurden. Zähneknirschend musste Brandt zusehen, wie seine Vertrauten – Horst Ehmke hatte es schon zwei Jahre zuvor getroffen – reihum ins Abseits gestellt wurden.

Hätte sich nicht ausgerechnet Brandts treuer Weggefährte, Mitarbeiter und Freund Egon Bahr rasch bereit erklärt, in die Bresche zu springen und Epplers Platz im Kabinett einzunehmen, wäre die Kontroverse möglicherweise in der SPD noch weiter eskaliert. Aber selbst für Bahr gilt, dass er – bei allem Respekt, den Schmidt seinem Intellekt zollte – an den Rand geschoben wurde. Schnell und unsentimental ging eine Ära zu Ende.

Er habe einfach vor der Frage gestanden, hat Eppler später geseufzt, entweder seine Identität aufzugeben oder zu gehen.[92] Dabei standen sie sich, wie er im Gespräch noch einmal hervorhebt, ursprünglich durchaus nahe. Wenn er sich 1965 hätte einordnen sollen, dann sicherlich nicht zum linken Flügel, gesteht Eppler, auch für das unruhige Jahr 1968 gelte das noch. «Allerdings hätte ich mich etwas links von Willy Brandt eingeordnet damals – was wenig bedeutete. Ich habe 1965 noch mehr auf Fritz Erler und Helmut Schmidt als auf Willy Brandt gesetzt.» An Brandt missfiel ihm, dass er sich immer wieder Rollen aufdrängen ließ, die er dann mehr oder minder überzeugend gespielt hat.[93] Noch 1965 jedenfalls zog er einen Kanzlerkandidaten Erler dem Berliner Brandt eindeutig vor. Gegen Ende des Jahres aber sei dann etwas Erstaunliches passiert. Selten habe er den Vorgang einer Identitätsfindung bei einem Menschen als derart aufregend empfunden wie diesen: In dem Augenblick, als Brandt sich entschloss – nach der zweiten verlorenen Wahl und nach einer schweren Krankheit – «jede Rolle aufzugeben und nur noch einfach Willy Brandt zu sein, unabhängig davon, was dann aus diesem Willy Brandt noch werden würde – denn er war ja der Meinung, Kanzler würde er sicher nicht mehr –, waren viele erstaunt und fast betroffen, was für ein ungewöhnlicher Mensch sich da unvermittelt zeigte».

Schmidt und Eppler: Beide stammten sie aus ähnlichem sozialem Milieu, ihre Väter waren Schulleiter, Schmidts Vorfahren verdienten als kleine Handwerker ihren Lebensunterhalt, Epplers Ahnen waren «bettelarme Albbauern».[94] Sein Urteil über Eppler spitzte Schmidt gern zu auf die Formel, er sei ein «schwäbischer Pietist» und «Gesinnungsethiker», fremder konnte ihm kaum jemand sein. Dennoch: Beide, Schmidt wie Eppler, verkörperten nichts von der traditionellen Arbeiterbewegung, natürlich auch der Hamburger Sozialdemokrat nicht. Aber Schmidt ordnete die Welt am liebsten in Pragmatiker oder Idealisten, und da hatte Eppler seinen festen Platz auf der anderen Seite des Ufers. Nur Brandt konnte er in dieses Schema nicht richtig zwingen.

Was Helmut Schmidt dabei nicht sah, war, was Erhard Eppler mit seinem Sensorium für Untergründiges, Neues und für das Doppelgesicht der Moderne verkörperte: Die Bundesrepublik befand sich inmitten einer Metamorphose, auf vielen Ebenen. Nicht zuletzt war sie auf dem Weg in die Dienstleistungs- und Angestelltengesellschaft, sie stellte viele überkommene Selbstverständlichkeiten in Frage, den Fortschrittsbegriff beispielsweise, und individualistischer, liberaler wurde sie auch.[95] Eindeutiger noch als Brandt selber stand Eppler damit für die Öffnung seiner Partei. Aber zwangsläufig wurde er deshalb auch wahrgenommen als Kontrastprogramm zu Schmidt.

1975 Schmidt wollte keineswegs Brandt imitieren. Aber er wollte beweisen, dass er nicht nur ein bloßer «Macher» sei. Er scheute keine Mühe, geduldig erläuterte er in langen Fernsehgesprächen Grundzüge seiner Politik. Sogar in einem Band voll von verpönter Theorie über «kritischen Rationalismus und Sozialdemokratie» versuchte er klar zu machen, dass auch sein Pragmatismus, das Lob für den Philosophen Karl Popper und dessen Begriff von Politik als *piecemeal social engineering*, also der kleinen, machbaren Schritte, durchaus auch theoretisch und moralisch fundiert sei. Ganz gegen das Klischee erwies Helmut Schmidt sich nicht einfach als purer Dezisionist, er warb um Verständnis, und er bemühte sich auch um Anerkennung damit.

Der Mannheimer Parteitag der SPD im März 1975 galt als der erste Test, ob die Sozialdemokraten die Schmidt-Regierung unterstützen. Von drohenden Zerreißproben zwischen Kanzler und Vorsitzendem war die Rede und darüber, ob die SPD als «linke Volkspartei» überlebe, wenn sie mit radikalen Theoriedebatten ihre eigene Stammwählerschaft, die Arbeiter, zunehmend verprellt. Aber eine überwältigende Mehrheit unterstützte auch brav Schmidts Regierungspolitik und verzichtete auf jede verbale «Revolution». Brandt hatte nicht wenig beigetragen dazu.

Der Parteivorsitzende sah seine Aufgabe vornehmlich darin, Schmidt den Rücken frei zu halten, aber auch die Sozialdemokraten nicht weiter auseinanderdriften zu lassen. Eine undankbare Rolle, wie er bald zu spüren bekam. Willy Brandt begann wieder zu schreiben, Journalist war er im Innersten stets geblieben. Aber es wollten ihm nur langatmige, spröde Rückblicke gelingen. *Über den Tag hinaus*, das Buch, das er bereits 1974 veröffentlichte, bot nicht viel mehr als einen ersten Arbeitsbericht, vor allem wollte er anschreiben gegen ein beliebtes Urteil, wonach er sich als Kanzler lediglich um seine

Ostpolitik gekümmert und die Innenpolitik vernachlässigt habe. Der geheime Adressat war nicht zuletzt – Helmut Schmidt. Ausdrücklich wollte der Autor belegen, dass er seinem Nachfolger ein ordentlich bestelltes Haus hinterließ und die Bundesrepublik selbst, trotz der Umbruchszeiten, in guter Verfassung war. Das Buch war die Botschaft: Seinen Rücktritt sowie die Übergabe der Stafette an Helmut Schmidt stellte er als Selbstverständlichkeit dar, so musste es ablaufen in der Demokratie, und so gehörte es doch auch zum Selbstverständnis in ihrer Troika. Zwingend war es für ihn, das Kanzleramt aufzugeben, notierte er lakonisch, weil Rechtspresse und Teile der Opposition sonst seine Integrität in einer Diffamierungskampagne zu «zerstören» versucht hätten.[96] Scheinbar beiläufig tauchte es da wieder auf, das Wort von der «Diffamierung», der Gedanke verfolgte und plagte ihn.

Hans Ulrich Kempski gab er in diesem Jahr nach dem Stabwechsel zu Protokoll: «Helmut Schmidt und ich wissen beide, was es bedeutet, Bundeskanzler zu sein ...; der Parteivorsitzende weiß auch aus sehr persönlichem Erleben, wie wichtig es ist, dem Bundeskanzler mit allen erdenklichen Kräften den Rücken freizuhalten. Unser Verhältnis ist frei von Krampf, auf die Sache bezogen, gewissermaßen selbstverständlich ...»[97] Gern flüchtete er jetzt in Formeln und gestanzte Sätze, weit stärker, als man das von ihm kannte. Aber – er wollte unbedingt die Contenance bewahren und sich keine Blöße geben. Sogar mit Herbert Wehner sprach er, wenn nötig und unvermeidlich.

Schmidt alleine allerdings überließ er es, Herbert Wehner zu würdigen, den die Partei immer noch schier schrankenlos verehrte: «Wir drei sind nicht nur einer des anderen Double! Aber seit dreißig Jahren hat jeder von uns für die Sozialdemokratie gearbeitet, und für jeden von uns dreien ist diese Arbeit unser eigentlicher Lebensinhalt. Jene, die suggerieren möchten, die SPD falle auseinander, wenn die Führungspersonen nicht an der gleichen Stelle lachen oder weinen, können die aus dieser dreißigjährigen Arbeit entstandenen Bindungen nicht verstehen.»[98]

Die Anstrengung der drei, ihre Rolle untereinander neu einzujustieren und gemeinsam weiterzuarbeiten, machte sich bezahlt:

Brandt erhielt bei der Wiederwahl zum Vorsitz 407 Stimmen, Schmidt kam als Parteivize auf exakt die gleiche Stimmenzahl. Eine Zentnerlast fiel dem Kanzler von den Schultern, man sah es ihm an. So lange ungeliebt, und nun auf Augenhöhe mit Willy Brandt!

Und dass er «es» besser könne, das musste er jetzt nicht mehr sagen, er saß schließlich auf dessen Stuhl.

Schreiben als Therapie   Zum Mannheimer Versöhnungsbild passte, wie die wiederbelebte Troika im Herbst 1976 Wahlkampf führte. In insgesamt 85 Kundgebungen unterstützte Brandt seinen Nachfolger. Auch Wehner trat rastlos auf – als Trommler für Helmut Schmidt. Was die Kunst anlangt, die Zähne zusammenzubeißen und das Gemeinsame zu betonen, schlugen die Sozialdemokraten die Christdemokraten wieder einmal um Längen. Brandt und Wehner hatten das in ihrer Jugend so gelernt, aber Schmidt, der sozialdemokratische Novize, stand ihnen darin nicht nach, sein Pflichtethos lehrte ihn Mores.[99]

Willy Brandt schrieb weiter, er schrieb sich mit seltener Disziplin zurück auf die politische Bühne, als wolle er sich therapieren. Ein Jahr nach dem Parteitag in Mannheim, 1976, veröffentlichte er *Begegnungen und Einsichten. Die Jahre 1960–1975*, auch das noch ein eher unglückliches Unterfangen. Wirkliche Memoiren wurden daraus nicht, zu schmerzhaft klaffte die Wunde, aber was ihn leitete und bewegte, wurde immerhin klarer.

Ein einziger Satz schien den Stoff für einen ganzen Roman zu bergen, er schrieb nämlich, es sei «sicher, dass ich Ratschläge angenommen habe, die ich, rückschauend betrachtet, nicht hätte annehmen dürfen».[100] Das konnte nur heißen, den Fehler im Jahr 1974 hatten diejenigen gemacht, die ihm nahe legten, Guillaume zur Enttarnung an seiner Seite zu belassen, um ihn zu überführen. Bereits im nächsten Satz aber wiegelte er ab und verzichtete auf jede Anklage: Es sei richtig gewesen von ihm, bekräftigte er, die Verantwortung zu übernehmen, es habe sich bestätigt, was er in den Maitagen 1974 vermutete, «daß ich nicht in Ruhe hätte weiterarbeiten können».[101] Und dann, wieder sehr offiziös und steif: «Daß ich mich unverzüglich an die Arbeit machen konnte, meiner Partei zu dienen und meinem Nachfolger im Amt des Bundeskanzlers seine Aufgabe zu erleichtern, ist für mich eine Genugtuung.» Der Schock seines Rücktritts, fuhr er fort, habe die Einsicht «in manche Notwendigkeiten der Politik» gefördert, ganz so als wolle er durch die Blume sagen, Helmut Schmidt habe mit seinen Appellen an den Realitätssinn mancher Genossen so unrecht gar nicht gehabt.

Er habe die Veränderungen, die es bedeutete, zum ersten Mal nach zwanzig Jahren nicht mehr Verantwortung im Sinne eines Staatsamtes zu tragen, «ohne große Schwierigkeiten bewältigt», und arbeite weiter «an den gleichen Inhalten der gleichen Politik».[102] Brandt richtete sich selber auf mit solchen dürren Zeilen. Aber – die Veränderungen bewältigt? Auf den verwundeten, verzweifelten Willy Brandt, der daran gedacht haben soll in den «Maitagen» 1974, sich das Leben zu nehmen, verstellte er mit solchen dicken Büchern und staatstragenden Formulierungen einfach den Blick.

Den Büchern folgte ein ungleich größerer Schritt in sein neues Leben: Gleichfalls im Jahr 1976 ließ Brandt sich zum Vorsitzenden der Sozialistischen Internationale wählen, an deren Spitze er bis 1992 blieb. Enge Weggefährten und Freunde aus dem Exil traf er dort, voran Bruno Kreisky, oder den jüngeren Olof Palme, der ihm seine besten skandinavischen Erinnerungen wiederbelebte, und junge Talente wie den spanischen Sozialisten Felipe González, den er enthusiasmiert zum «Enkel» kürte. Anknüpfen konnte er an seine Jugend, er war in seinem Element. Die SI, die lange ein Schattendasein führte, profitierte enorm vom internationalen Prestige, das Willy Brandt genoss. Ein Jahr darauf schlug Weltbank-Präsident Robert McNamara ihm vor, die Leitung einer neuen, unabhängigen Nord-Süd-Kommission zu übernehmen, die über den Interessenausgleich zwischen den Industrieländern und dem Süden nachdenken sollte. Ohne zu zögern griff Brandt zu. 1979 kandidierte er zudem noch für das Europäische Parlament. SI, Nord-Süd-Kommission, Europa – das war die Welt, die er liebte, ein Jungbrunnen für ihn.

«Die Welt ist eine Einheit und wir müssen anfangen, entsprechend zu handeln», schrieb Brandt in der Einleitung zum ersten Bericht der Nord-Süd-Kommission. Die Verlagerung des Systemkonflikts in die Dritte Welt, nach Indochina und Afrika, betrachtete er als die «größte Herausforderung an die Menschheit für den Rest dieses Jahrhunderts». Es gebe ein Recht darauf, nicht Hunger und Elend zu erleiden. Ohne Rücksicht auf kommende Generationen drohe der gesamte Planet geplündert zu werden. Er war frei und dachte sich frei, man spürte es. Wer in Bonn regierte, interessierte ihn nicht mehr brennend. Helmut Schmidt hingegen machte seine schnippischen Anmerkungen zu den Abwegen, auf die Brandt sich begebe.

Wie Washington stimmte auch Bonn unter Schmidts Federführung Ende 1974 gegen eine neue «Charta über die wirtschaftlichen Rechte und Pflichten der Staaten», also gegen eine «neue Weltwirtschaftsordnung», wie es damals schon hieß. Brandt schmiedete seit jener Zeit ein anderes Eisen, er wünschte eine noch engere Zusammenarbeit mit Freunden wie Bruno Kreisky und Olof Palme.[103] Im Kanzleramt hatte schon der Befund der «Sozialistischen Internationale» Stirnrunzeln ausgelöst, an der Unterentwicklung des Südens der Welt sei der Kapitalismus schuld, eine neue Weltwirtschaftsordnung sei daher unerlässlich.[104] Dank der Erfahrung in der McNamara-Kommission erwärmte Brandt sich seitdem zunehmend für die realen Handels- und Wirtschaftsinteressen des Südens, Schmidt blieb der kompetente Fürsprecher der Sichtweise der westlichen Industrieländer.

Zum Eklat kam es am Rande eines Treffens der Nord-Süd-Kommission in Berlin. Am Abend des 29. Mai 1981 hatte Hans-Jochen Vogel, damals Regierender Bürgermeister, ins Schloss Charlottenburg zu einem Abendessen eingeladen. Seine entwicklungs- und wirtschaftspolitischen Auffassungen trug Schmidt «in einer derart aggressiven und selbstherrlichen Weise» vor, wie Teilnehmer berichteten, dass sich einige der internationalen Gäste zu scharfen Erwiderungen veranlasst sahen. Seinem Ärger über die Haltung Schmidts ließ Brandt bei einer Pressekonferenz zwei Tage später freien Lauf. Man könne sich über «Reaktionen bei Tisch» auf

Schmidt nicht beschweren. Die deutsche Politik sei «rückständig auf diesem Gebiet», und die «Intelligenz in diesem Land ist es noch mehr».[105]

Es geht hier nicht darum, zu beurteilen, was von Brandts Engagement blieb und ob er oder Schmidt sich durchgesetzt habe. Die Antwort wäre eindeutig. Zwei Historiker formulieren sie so: «Nicht einmal nach dem Ende des Kalten Krieges 1989/90 gelang es, einen Teil der ‹Friedensdividende› zugunsten der Entwicklungsländer einzusetzen. Nach einem kurzzeitigen Rückgang stiegen die weltweiten Rüstungsausgaben seit Mitte der neunziger Jahre wieder an. Währenddessen gingen die öffentlichen Entwicklungshilfeausgaben der Industriestaaten stark zurück. Das von der Brandt-Kommission formulierte Ziel, den Hunger in der Welt bis zum Jahr 2000 zu besiegen, wurde gar nicht erst angegangen.»[106]

Seine volle Unterstützung hatte der Kanzler zwar der Brandt-Kommission zugesagt. Aber davon blieb wenig, als sich herauskristallisierte, wie die Kommission tatsächlich dachte und was sie vorschlug. Die Bundesrepublik, urteilte Schmidt kühl, habe eigene außen- und energiepolitische Interessen, und die kämen in diesem Rahmen eindeutig zu kurz.

Aber jenseits solcher Differenzen – aus seinem tiefen mentalen Tal kam Willy Brandt damit endlich heraus. Er wurde nicht länger daran gemessen, ob er Helmut Schmidt auch wirklich «den Rücken frei hält». Kanzler war er nicht mehr, aber wieder sein eigener Herr, er wirkte jünger, unabhängiger, entspannter, auch wenn er sich jeden Morgen aufraffen musste, um sich in sein Vorsitzendenbüro im Ollenhauer-Haus zu quälen.

RAF Seit der Ermordung des Berliner Kammergerichtspräsidenten Günter von Drenkmann am 10. November 1974 wurde die Regierung herausgefordert von der zweiten Generation der RAF. Helmut Schmidt warf sich vor, einen großen Fehler im Kampf gegen den Terrorismus gemacht zu haben, weil er im Jahr 1975 nach der Entführung des Berliner CDU-Vorsitzenden Peter Lorenz eingelenkt hatte, den Erpressern nachgab und fünf Gesinnungsgenossen in die Volksrepublik Jemen ausreisen ließ. Mehrheitlich war ihm geraten worden, vor allem von Seiten der CDU und FDP, auf die Forderungen der Erpresser einzugehen. Damit aber, fürchtete er, habe Bonn regelrecht zu Nachfolgetaten eingeladen.

Er sollte Recht behalten: Prompt folgte nur wenige Wochen später der Überfall auf die deutsche Vertretung in Stockholm, bei der zwei Geiseln erschossen wurden. Die Serie von Anschlägen, die nicht mehr abriss, mündete in den «Deutschen Herbst» 1977, den Morden an Generalbundesanwalt Siegfried Buback (7. April 1977), am Vorstandsvorsitzenden der Dresdener Bank Jürgen Ponto (30. Juli 1977) und schließlich in der Entführung des Präsidenten der Arbeitgeberverbände, Hanns Martin Schleyer (5. September 1977).

Die Politik befand sich im Ausnahmezustand. Schon während der Flutkatastrophe in Hamburg hatte Helmut Schmidt seine Stärke als Krisenmanager bewiesen. Jetzt war er einer anderen, moralisch schwierigen Frage konfrontiert – Staatsräson oder Rücksicht auf ein Menschenleben? Als er sich unnachgiebig zeigte, eskalierte der Konflikt weiter: Auf die Entführung der Lufthansa-Maschine «Landshut», mit der Gesinnungsfreunde die RAF-Häftlinge endlich freipressen wollten, reagierte er mit dem Einsatz des Sondereinsatzkommandos GSG 9, das extra für solche Fälle ins Leben gerufen worden war. In Mogadischu gelang es tatsächlich, die Passagiere unter dramatischen Umständen zu befreien. Hans-Jürgen Wischnewski, der vor Ort weilte, rief Schmidt an mit den Worten: «Die Arbeit ist erledigt.» Hanns Martin Schleyer wurde wenig später tot aufgefunden, die Terroristen der RAF in ihren Zellen in Stammheim begingen Selbstmord.

Auch daraus sind viele Filme und Bücher entstanden, Helmut Schmidt erntete weltweit Lob, nach keinem anderen Thema wurde er derart häufig gefragt in seinem Leben wie nach dem «Deutschen Herbst». Wie er während der Schleyer-Entführung entschlossen agierte, das bestätigte und verfestigte sein Prestige auf Dauer, obwohl Schleyer nicht beizeiten entdeckt werden konnte. Denn die Tragödie nahm ihren Lauf. Ein «Sieg» sieht anders aus.

In einem der zahlreichen Interviews erklärte Schmidt später, den

Entführern habe auch jemand zeigen müssen, wer über den stärkeren Willen gebiete. Nie sei ihm eine Entscheidung so schwer gefallen wie diese, im Falle Schleyer nicht nachzugeben. Gemeinsam mit Hans-Jochen Vogel, dem Justizminister, und anderen Verantwortlichen habe er sich in einer tragischen Situation befunden, ja unausweichlich im «Bereich von Schuld und Versäumnis», wie er es ausdrückte.[107]

Wenn die RAF dem «Staat» den Krieg erklärte, dann lag Schmidt – das klang auch in solchen Bemerkungen bei ihm durch – der Gedanke nicht völlig fern, dies auch seinerseits wirklich als eine Art «Krieg» zu betrachten: «Krieg» freilich im Rahmen des Rechtsstaates. Ein moralisch legitimer «Krieg», und einer, den zu gewinnen er fest entschlossen war.

Zwischen Willy Brandt und Helmut Schmidt herrschte in diesen Fragen Konsens, etwas anderes drang nie nach außen. Brandt überließ Schmidt das Feld der Regierung. Entgegen einem verbreiteten Klischee hielt Brandt ohnehin nie etwas von einem schwachen Staat, jede Gewaltanwendung lehnte er kategorisch ab. Auch wenn Schmidts Kanzlerschaft der «positive Höhepunkt» fehlte, wie Antje Vollmer gelegentlich im Gespräch bilanzierte, unter dem Strich blieb, dass er als Krisenmanager par excellence galt, dem Staatsräson oberstes Gebot sei. Auch in Extremsituationen wie dem «Deutschen Herbst» seien bei der Abwägung zwischen Sicherheits- und Bürgerrechtsinteressen rechtsstaatliche Grundprinzipien nicht über Bord geworfen worden, darauf pochten Schmidt und Vogel mit verständlichem Stolz.

Obwohl Schleyer nicht überlebt hatte – über alle Parteiengrenzen hinweg und auch bei seinen Kritikern stand spätestens damit fest, dass er als junger Politiker den Mund nicht zu voll genommen habe, als er kess andeutete, auch die Kanzlerschaft traue er sich durchaus zu.

Straff und lautlos organisierte er als Kanzler sein Haus mit Hilfe des kongenialen Manfred Schüler, bei ihm liefen die Fäden zusammen. Der beamtete Staatssekretär mit seiner beträchtlichen Erfahrung, Kompetenz und Übersicht blieb als Amtschef nahezu unsichtbar, wie der Kanzler das von ihm wünschte. Den korporatistischen Regierungsstil aber erlebte man nie vollendeter, davor nicht und nicht danach: Noch wichtiger als die ausgefeilte Äquilibristik in seiner SPD/FDP-Koalition war dem Kanzler, dass links und rechts von ihm Gewerkschaftler und Vertreter der Industrie Platz nahmen, die mächtigen Verbandsfürsten der Republik. So ließ sich das Land am besten im Lot halten, davon war er fest überzeugt. Um Gleichgewicht ging es ihm auch hier, das blieb Helmut Schmidts Grundhaltung.

Aber wohin zielte die Politik des Kanzlers? Die Abrüstungsverhandlungen, die Schmidt besonders am Herzen lagen, kamen nicht vom Fleck. Ende Juli 1975 allerdings trat in Helsinki die Konferenz für Sicherheit und Zusammenarbeit zusammen (KSZE); 25 Regierungschefs aus Ost und West – darunter auch die beiden deutschen Verantwortlichen, Helmut Schmidt und Erich Honecker – einigten sich nach jahrelangen Vorbereitungen auf eine gemeinsame Schlussakte. Wie sich später zeigen sollte, ein Meilenstein sondergleichen – Václav Havel und die Charta 77 in Prag waren zwei Jahre danach die ersten, die sich auf die in Helsinki erstmals verbürgten Rechte für Minderheiten und das Recht auf freie Meinungsäußerung beriefen. Brandt hatte noch als Kanzler alle Hebel genutzt, um die KSZE zu realisieren, Helmut Schmidt zögerte lange, weil ihm die Konzentration auf die MBFR-Verhandlungen in Wien dringlicher zu sein schien; im Rückblick räumte er gleichwohl offen ein, die KSZE habe geradezu revolutionäre Sprengkraft entfaltet.

Wie schon in der Phase der Ostpolitik waren es auch in Helsinki die Deutschen, die zur treibenden politischen Kraft wurden, ohne dass sie das Wort «Führung» hätten in den Mund nehmen wollen. Wenn sie es klug anfingen, vermochten sie auf dezente Weise ein Vakuum auszufüllen, darin waren Brandt und Schmidt einer Meinung.

Gemeinsam mit seinem französischem Freund Giscard d'Estaing regte Helmut Schmidt ein neues Gremium zur Steuerung der Weltwirtschaft an, den G-6-Gipfel, also das Treffen von sechs Staatschefs westlicher Industrienationen, das erstmals im November 1975 in Rambouillet stattfand. Wetterfest machen wollte er die Bundesrepublik für die neuen Zeiten.

Im gleichen Jahr veröffentlichte Erhard Eppler – nicht mehr eingebunden in die Kabinettsdisziplin – sein einflussreiches Buch *Ende oder Wende. Von der Machbarkeit des Notwendigen*, das am tradierten technokratischen Fortschrittsbegriff zweifelte und für den Abschied vom blinden Wachstumsglauben sowie eine sehr grundsätzliche Kurskorrektur aus ökologischen Gründen plädierte. Herzlich fremd war Schmidt solches Denken, Erhard Eppler zählte er inzwischen zu denen, die Fragen stellen, die man nicht beantworten kann – eine Todsünde.

Die Kluft zwischen Schmidt und Brandt wuchs. Dem jeweils anderen habe er «grundsätzlich nur die positiven Bemerkungen» weitergeleitet, die sie übereinander machten, erzählt Hans-Jochen Vogel amüsiert von der Moderatorenrolle, in die er damals geriet. Ohne Rücksicht auf den großen Kreis und die Geschwätzigkeit Bonns ließ Schmidt im SPD-Vorstand oder Präsidium der Partei dennoch häufig seinem Ärger freien Lauf: Hatte er als Kanzler nicht Probleme genug am Hals, warum arbeiteten sie ihm nicht einfach zu und warum achtete der Vorsitzende nicht strenger auf Disziplin?

Journalisten, die Schmidt in Bonn erlebten, sahen ihm an, was auf ihm lastete. Mindestens so viel über ihn wie über die Lage seiner Partei verrät ein Brief Schmidts an Brandt, in dem er die «potentielle Gefahr einer Deroutierung der zweiten deutschen Demokratie» an die Wand malte. Wie abhängig die Republik von Öl, Energie und einer florierenden Außenwirtschaft sei, nehme vor allem die eigene Partei nicht ernst genug, zürnte und grollte der Autor, sie neige zu Zersplitterung, Träumereien und einer «flagellantistischen Selbstdarstellung». Kurzum, sie sei nicht annähernd so berechenbar und konstruktiv wie die SPD-Fraktion. Zu deutsch: Der Parteichef Brandt bekam die Prügel ab, auch wenn er seinen Namen nicht erwähnte, Fraktionschef Wehner hingegen erhielt Lob.[108]

Achtzig Prozent seiner Zeit müsse er mit Gremienarbeit vergeuden, lamentierte der Kanzler, Parlamentsfraktion, Parteivorstand, Präsidium, alles vergeudete Zeit! Auch diese Klage sprach sich bald herum, sollte sie ja auch, deshalb hatte er es doch gesagt.[109]

V. Schisma

Die Zäsur von 1989, der Fall der Mauer, scheint im Nachhinein die große Auseinandersetzung beinahe vergessen zu machen, die die Republik einst maßlos erregte. Friedensbewegte und «Realpolitiker» prallten aufeinander, Parteilinke und -rechte, zwei Denkschulen, als müsse der gewaltige Ost-West-Konflikt auf der kleinen Bonner Hofgartenwiese vor dem Hauptgebäude der Universität ausgefochten werden. Im Mittelpunkt: Helmut Schmidt und Willy Brandt. In der Hauptsache handelte die Kontroverse von der Gefahr einer neuen nuklearen Aufrüstungsrunde, eher am Rande auch davon, ob die Republik sich von der Kernenergie verabschieden solle. Noch zu Zeiten der Kanzlerschaft Schmidts fassten sozialdemokratische Landesverbände – voran die südwestdeutsche SPD – Ausstiegsbeschlüsse, lange vor Tschernobyl. Schmidt empörte sich, Brandt nahm dazu nicht Stellung, es war keine existenzielle Frage für ihn, und so folgte er wie gewohnt in solchen Fällen lieber den Parteifreunden.

«Wieso die Deutschen?» Vier Jahre vor seinem Tod, 1988 in Garnières, kam Willy Brandt auf Helmut Schmidt, die Deutschen und auf seine Freunde zu sprechen, wie ich mich entsinne. Denis Healey, der britische Labour-Politiker und Verteidigungsminister, habe ihn einmal empört gefragt, wieso ausgerechnet ein deutscher Kanzler die Welt darüber belehren wolle, was geschehen müsse im Rüstungswettlauf der Großen. Ob die Deutschen wirklich den Amerikanern beibringen müssten, was sie auf dem militärischen Sektor machen sollten, wollte Healey vom SPD-Vorsitzenden wissen. Die Frage war natürlich nur rhetorisch gemeint.

Brandt sprach damals vom schwersten Konflikt, den er je auszutragen hatte mit Helmut Schmidt, der Frage nämlich, ob im Zweifel neue atomare Mittelstreckenraketen in der Bundesrepublik stationiert werden sollten, um damit auf die Entscheidung in Moskau zu reagieren, das eigene Angriffspotential mit modernen SS-20-Atomraketen aufzustocken.

Mit ihrem berühmten «Nato-Doppelbeschluss» hatte die Allianz 1979 angekündigt, in vier Jahren (1983) ihre Pershing II und Cruise-Missile vor allem auf dem Boden der Bundesrepublik zu stationieren, damit also «nachzurüsten», falls Moskau auf die Stationierung seiner Waffen nicht verzichte. Der Kalte Krieg drohte, erneut kälter zu werden. Brandt sah die Entspannungspolitik, sein Erbe, in Gefahr.

«Erzwungen» seien die Argumente für eine neue Rüstungsrunde seinerzeit gewesen, urteilte Brandt, und so notierte ich mir damals im Gespräch im Schatten des Waldes von Garnières. Dieses ganze Denken, vor Militärs kuschen und sich auf ihre Logik einlassen, habe er immer für falsch gehalten. Ausgesprochen hat er es anfangs allerdings so deutlich keineswegs, öffentlich jedenfalls nicht.

Die Politiker in der Bundesrepublik, so war Brandt zu verstehen, wussten doch, dass andere ohnehin in ihrer militärischen Logik verharren. Warum sollten sie deren Geschäft besorgen? «Gerade wir Deutschen hatten etwas anderes einzubringen.» Spürbar fremd war ihm Schmidts Denkansatz geblieben, und nun – 1988 – konnte er darüber frei reden. Nach der Jahrhundertkatastrophe, die sie zu verantworten hatten, kam den Deutschen nach seiner Überzeugung eine andere Rolle zu: Zur Entspannung, zum politischen Eingrenzen von Konflikten zwischen zwei atomar völlig überrüsteten Mächten sollten sie beitragen. Und nun empfahlen deutsche Politiker selbst, im Zweifel eine atomare Raketenlücke mit einer «Nachrüstung» zu schließen?

Kriegsschauplatz Deutschland Für einen Moment muss man sich auf die Details dieser Kontroverse einlassen, schon um zu begreifen, warum sie sich speziell in der Bundesrepublik so entlud, weshalb sie uns heute ungeheuer fern erscheint, fast eine Randfrage, und wie der Dissens zwischen Brandt und Schmidt ausgerechnet an der Stelle derart grundsätzlich werden konnte. Ihre Lebensgeschichten, die politischen Prioritäten, deutsche Erfahrungen und Ängste – nichts schien mehr zusammenzupassen.

Seit er sich mit sicherheitspolitischen Fragen befasste, plagten Schmidt Nachtgedanken, es könne zu einer möglichen Abkoppelung der USA kommen – das heißt, es seien Situationen vorstellbar, in denen Amerikas Politiker Europa, oder genauer: die Bundesrepublik, im Falle eines militärischen Konfliktes mit dem Ostblock ihrem eigenen Schicksal überlassen. Die atomare Schutzschirm-Garantie, hieß das, gelte gerade im Ernstfall möglicherweise nicht. Das floss – unausgesprochen – mit ein, als er am 28. Oktober 1977, nur eine Woche nach der Ermordung Hanns Martin Schleyers, vor dem Internationalen Institut für Strategische Studien (ISS) in London eine Rede zur strategischen Lage hielt. Nach über zwanzig Jahren des Miteinander, Nebeneinander, Gegeneinander hätten diese Überlegungen und die Konsequenzen, die sie auslösten, die Beziehung zwischen Schmidt und Brandt beinahe doch noch gesprengt.

Als die «Geburtsstunde» des Doppelbeschlusses sei sein Auftritt in London bezeichnet worden, erinnerte Helmut Schmidt sich nicht ohne Stolz auch noch viele Jahre danach im Gespräch. Noch bei einer Unterredung im September nahm er sich viel Zeit, wie er sagte, Jimmy Carters Sicherheitsberater Zbigniew Brzeziński deutlich zu machen, weshalb ihm das Problem derart am Herzen lag. Das sei alles nicht die Sache Bonns, sondern die der USA, habe ein ungehaltener Brzeziński erwidert.[1] Soweit der Ausgangspunkt: Aus Sicht der USA war alles bestens unter Kontrolle.

Wichtig war Schmidt festzuhalten, dass er tatsächlich in dieser Rede – der Text ist eindeutig! – nicht das Ziel verfolgte, auf die sowjetische Vor-Rüstung mit einer westlichen Nach-Rüstung zu antworten. Verlangt habe er, «die eurostrategischen Nuklearwaffen

Auf dem Höhepunkt des Konflikts um die Stationierung atomarer Mittelstreckenraketen: Kanzler Schmidt, mit Marie Jahoda, Bruno Kreisky, «Loki» Schmidt, Karl Schiller.

und ebenso die konventionellen Streitkräfte in Europa in die von den beiden Supermächten angestrebte Rüstungsbegrenzung von SALT II einzubeziehen».[2] Jimmy Carter war es dann im Januar bei dem Treffen der Führungsgruppe der Nato auf Guadeloupe, der vorschlug, um die Beunruhigung – die besonders Schmidt plage – aus der Welt zu schaffen, den sowjetischen SS-20 amerikanische Mittelstreckenraketen in Europa gegenüberzustellen. In seinen *Erinnerungen* fuhr Schmidt fort: «Carter fragte mich nach meiner Meinung, aber ich hielt mich zunächst bedeckt. Ich war auf diesen Vorschlag nicht vorbereitet gewesen; deshalb wies ich lediglich darauf hin, dass die beiden anderen europäischen Regierungschefs Nuklearmächte vertraten und ich ihre Stellungnahme abwarten wolle.»[3] Schmidts französischer Präsidenten-Freund, Valéry Giscard d'Estaing, erweiterte den Vorschlag: Damit die Verhandlungen über Rüstungsbegrenzung nicht endlos in die Länge gezogen werden, müsse man sie zeitlich begrenzen, nach Ablauf der Frist sollten die amerikanischen Raketen stationiert werden. Er habe dem zugestimmt, so erinnerte Schmidt sich.[4] Diese genaue Chronologie der wirklichen «Geburtsstunde» des Beschlusses auf der Antillen-Insel lag ihm am Herzen, auch wenn man dreißig Jahre später noch mit ihm darüber sprach: Die Europäer wollten es, nicht die Deutschen!

Zugleich aber, das ist selbst in solchen Momenten zu spüren, blickt Schmidt mit einem gewissen Stolz auf seine Rolle in Guadeloupe zurück. Dem Befund des renommierten Politikwissenschaftlers Karl Kaiser hätte er ja nicht widersprochen, der schon 1983 urteilte, der deutsche Kanzler sei in Guadeloupe in den Klub der westlichen Großmächte aufgenommen worden, während seine Partei aus der Realpolitik ausgestiegen sei. Hartmut Soell pointierte sogar noch, wer genauer hinsehe, werde zu dem Schluss kommen, Schmidt habe sich «in diesen Klub – wenn auch sehr widerwillig – hineingezwängt»; ja, «barfüßig» habe er einen Fuß in die Tür der Weltpolitik klemmen wollen.[5] Die Nicht-Atommacht, hieß das, wollte auf voller Augenhöhe mitreden mit den Atommächten, auch wenn sie andere – Giscard insbesondere – für sich sprechen ließ.

Schlachtfeld Deutschland? Eine ungewöhnlich barsche Botschaft des Präsidenten brachte Horst Ehmke von einer Reise nach Washington mit, wie er sich im Gespräch erinnert: «Wenn euer ‹Helmut› die Raketen unbedingt haben will, werden wir sie ihm eben hinstellen, und zwar vor die Tore Hamburgs.»

Alarmiert hatte Schmidt tatsächlich die Stationierung neuer Mittelstreckenraketen, SS 20, mit der die Sowjetunion Monate zuvor begonnen hatte – das rührte an den Kern des Arrangements zwischen Ost und West, davon war er fest überzeugt. Diese modernen Raketen mit einer Reichweite von 5000 Kilometern und einer kurzen Vorwarnzeit trugen Dreifach-Sprengköpfe. Anders als Zbigniew Brzeziński und Jimmy Carter hielt er die Sicherheitsgarantien der USA unter diesen Umständen für nicht mehr ausreichend.[6]

Die Angriffsziele lagen «in ihrer großen Masse» auf westdeutschem Boden. Schmidt spitzte das noch zu: Das Faustpfand Deutschland werde immer stärker bedroht, ja, «die Möglichkeit einer künftigen politischen Nötigung der Deutschen stieg am Horizont auf.»[7] Ihm sei unklar gewesen, ob Leonid Breschnew wirklich wusste, dass die militärische Führung der Sowjetunion im Begriff stand, seinem Land «solche Erpressungsinstrumente» in die Hand zu geben.[8]

Ohnehin war in der Bundesrepublik nach seiner Einschätzung eine besonders hohe Zahl von Soldaten, Waffen, aber auch nuklearen Sprengköpfen stationiert.

Helmut Schmidt berichtete, im Jahr 1977, als er Carter bedrängte, die SS-20 in die Abrüstungsgespräche zu integrieren, hätten die USA über rund sechstausend nukleare Sprengköpfe, montiert auf Waffen der verschiedensten Art, allein auf westdeutschem Boden verfügt.[9] Höchst harmlos seien sie als *Theater Nuclear Weapons* deklariert worden. Die Möglichkeit, selbst nuklear vernichtet zu werden, sei in einem verräterischen Sprachgebrauch als «strategische» Qualität bezeichnet worden, der Möglichkeit der Vernichtung von Menschen in Europa sei bloß «taktische» Qualität beigemessen worden. 75 Millionen Deutsche lebten, wie er weiter argumentierte, im Zentrum des gedachten «Kriegsschauplatzes», und es sei durchaus vorstellbar gewesen, «daß im Falle eines bewaffneten Konfliktes der ‹Schauplatz› im wesentlichen auf die beiden deutschen Staaten beschränkt blieb». Er habe es deshalb vorgezogen, von eurostrategischen Waffen zu sprechen, «die mein Volk bedrohten».[10]

Bloß keine Sonderposition für die Deutschen: Auf diese Formel, so Hartmut Soell einleuchtend, spitzte Schmidt seine Haltung zu bei dem Treffen mit Carter, Callaghan und Giscard auf der französischen Antillen-Insel Guadeloupe im Januar 1979, der entscheidenden Station auf dem Weg zum Nato-Doppelbeschluss.[11] Am 12. Dezember 1979 verkündeten die Außen- und Verteidigungsminister der Nato in einem Kommuniqué aus Brüssel, sie hätten sich auf den Doppelbeschluss zur Modernisierung ihres Raketenarsenals und zur Rüstungskontrolle verständigt. Zwei Tage später erwiderte die sowjetische Nachrichtenagentur (TASS), die Basis für Gespräche über Mittelstreckenraketen sei durch den Nato-Beschluss zerstört worden. Am 27. Dezember marschierten sowjetische Soldaten in Afghanistan ein. Die Chancen auf eine Ratifizierung von SALT II «verschwanden hinter dem Horizont».[12]

Unter dem Strich erschien Schmidt als der Urheber der Idee, der die Entspannungspolitik aufs Spiel setze. So direkt wollte Brandt das freilich nicht formulieren, er beschränkte sich darauf, wiederzugeben, wie Denis Healey den Londoner Vorstoß des Deutschen beurteilte.

So würde die Entspannungspolitik in die Hände von Militärfachleuten überführt, glaubte Willy Brandt. Bei den entscheidenden Beratungen im Kabinett am 16. Mai 1979 darüber, ob Bonn die Washingtoner Vorschläge befürworten solle, nahm er nicht wirklich präzise Stellung.[13] Wieder trug ein Stellvertreter den Konflikt für ihn aus: Egon Bahr kündigte dem Kanzler an, einen solchen Vorab-Stationierungsbeschluss, also grünes Licht für Washington, keinesfalls mitzutragen. Auch in einem Gespräch Mitte Mai zwischen Schmidt und der Parteispitze verklausulierte Brandt erneut sein Votum: Während Wehner in diesem Kreis schwieg, zog sich Brandt auf die Bemerkung zurück, in militärtechnischen und strategischen Fragen sei er kein Fachmann. Für Eingeweihte war klar, was er meinte. Wie Schmidt solches Andeuten hasste!

Beim Parteitag der Sozialdemokraten im Dezember 1979 stimmte Brandt nur nach reiflicher Überlegung zu, bekannte er, «dies mit Begeisterung zu tun, würde mir schwerfallen». Aber – er stimmte zu. Wer als Journalist den Parteitag miterlebte, wusste, dass Brandt damit bis an die Grenze des für ihn Tragbaren ging. Entspannungspolitik ließ sich nicht «in eine militärische Gleichgewichtsphilosophie übersetzen», hat er mir dazu gesagt, und er wollte auch, dass das geschrieben wird.[14]

Für seinen Balanceakt erhielt Brandt ein relativ schwaches Wahlergebnis, Schmidt lag sogar mit fünf Stimmen vor ihm. Aber es war bereits eine machtpolitische Frage daraus geworden, die über das Schicksal von Regierung und Opposition entscheiden konnte. Sollte die SPD wirklich Strauß in Kauf nehmen, um Schmidts «Doppel-beschluss» zu stoppen? Da war es allemal besser, die Regierung zu stützen und den Nato-Beschluss hinzunehmen. Helmut Schmidt hatte sein Ziel zunächst erreicht.

Seit Schmidt sich mit sicherheitspolitischen Fragen befasste, be-fürchtete er ein spezifisches Risiko für die drei Staaten in der Mitte Europas. In seinem Buch *Verteidigung oder Vergeltung* hatte er diese Bedrohungslage ins Zentrum gestellt und der Strategie der massiven Vergeltung widersprochen; «inakzeptabel» sei sie von vornherein für Deutschland und hätte im Falle eines Krieges «mein Land ohne jegliche Alternative der nuklearen Zerstörung ausgelie-fert». Deshalb erwärmte er sich auch für den Plan des polnischen Außenministers Adam Rapacki aus dem Jahr 1957, eine atomwaf-fenfreie Zone im Herzen Europas einzurichten.[15] Schmidts Buch erschien wenige Monate bevor die Mauer gebaut wurde, auf dem Höhepunkt der Berlin-Krise, die Nikita Chruschtschow im Novem-ber 1958 mit seinem Ultimatum ausgelöst hatte, um die Stadt vom Schutz des Westens abzutrennen und in eine Freie Stadt zu verwan-deln.

Auch die Strategie der *flexible response*, der flexiblen Erwide-rung, lief aus seiner Sicht im Ernstfall auf ein ähnliches Resultat hinaus. Nach einiger Verzögerung werde Mitteleuropa atomar zer-stört. Europa, folgerte Schmidt, ist nicht mit Atomwaffen zu vertei-digen.[16] Unvorstellbar erschien es ihm, dass von westdeutschem Boden aus Nuklearwaffen auf DDR-Gebiet abgefeuert würden. Führende Generäle hatten ihn um ein Gespräch ersucht, um ihm zu erläutern, im Falle eines konventionellen Angriffes aus der Sowjet-union könnten sie keinesfalls Atomwaffen auf ostdeutsche Städte abfeuern; sie müssten sich einem solchen Befehl also verweigern. Dafür zeigte Schmidt nicht nur Verständnis, es gab auch seine Posi-tion wieder, ohne dass er darüber öffentlich laut sprechen wollte.[17] Das waren die Fragen, die ihm schlaflose Nächte bereiteten.

Der Gedanke an Deutschland als Austragungsort eines Atomkrie-ges stand bei Brandt nicht im Zentrum. Auch der Schatten von

Auschwitz, das Versagen der Deutschen, lastete nicht derart auf ihm – sein innerster Impuls war vielmehr zu fragen, welchen speziellen Beitrag die Deutschen auf Grund ihrer Vergangenheit und ihrer Erfahrungen im Kalten Krieg wie in Berlin zur Entspannung zwischen den Blöcken leisten könnten. Für Brandt war das Vergangene nicht vergangen, aber die Ostverträge waren ein Siegel. Sie brachten neue Verlässlichkeit in die Beziehungen.

Vierter Akt, es begann die unglücklichste Etappe dieser Beziehung.

Blind für die Unruhe, die die Allianz mit dem Doppelbeschluss ausgelöst hatte, war auch Schmidt keineswegs. Verzweifelt mühte er sich, den Konflikt einzudämmen oder gar Auswege zu finden. Immerhin hatte sich eine breite Friedensbewegung im Lande formiert, ganze Bataillone aus seiner eigenen Partei reihten sich bei ihr ein. Brandt schlug sich nicht offen auf ihre Seite, aber wieder standen die Stellvertreter, vor allem Eppler und Lafontaine, mit an der Spitze dieses Protests. Im Präsidium verlangte Schmidt mehrfach, der Vorsitzende, Brandt, möge sie bremsen. Aber der wollte und konnte nicht.

Franz Josef Strauß hatte im Frühjahr 1980 seine Kanzlerkandidatur gegen Helmut Kohl durchgesetzt. Der Kanzler schlug dem amerikanischen Präsidenten, Jimmy Carter, telefonisch ein Moratorium vor. Washington und Moskau könnten einseitig erklären, bis Ende 1983 keine Mittelstreckenraketen zu dislozieren.[18] Die SPD einschließlich Schmidts betrachtete, wie jetzt offenbar wurde, die Rüstungsoptionen als «Treibsatz» für Verhandlungen, die Nato und insbesondere Washington verstanden Rüstungskontrolle hingegen als bloße Ergänzung der Nachrüstung.[19]

Saß er nun in der Falle? Brandt und Bahr hatten gewarnt, wenn die USA überhaupt mitmachen, dann nur, um die Raketen zu stationieren, nicht um sie wegzuverhandeln. Gegen eine solche heimliche Umdeutung des «Doppelbeschlusses» aber hatte Schmidt keinen Hebel in der Hand. Washington tanzte nicht nach seiner Pfeife, Schmidt sah das. Die deutsche Politik hatte sich mit Brandt und ihm doch spürbar emanzipiert, und nun sollte der deutsche Anteil an der «Führung» im Westen nicht eingelöst werden können?

Zwischen den beiden zeigte sich eine wachsende Kluft. Derart alarmiert war Willy Brandt, dass er am liebsten eigenhändig den Versuch unternommen hätte, das Steuer herumzureißen. Schmidt war Kanzler, er wollte ihm nicht hineinregieren wie dieser ihm zu Anfang der 70er Jahre. Sollte er vielleicht als Präsident der Sozialistischen Internationale eine Makleraktion riskieren? Von einem Besuch bei Jimmy Carter, den er durchaus schätzte – anders als Schmidt; Brandt hatte geradezu ein Faible für diejenigen, die nicht als Machtmenschen auftraten –, hatte Brandt den Eindruck mitgebracht, auch dem Weißen Haus könne daran gelegen sein, vorsichtig wieder die Fäden mit Moskau zu knüpfen, wenn sich ein Missionar dafür fände. Wäre das nicht eine Sache für ihn, mit seinem Namen und als SI-Präsident?

In einem *Spiegel*-Interview[20] erwiderte er auf eine Frage nach solchen Reiseplänen deutlich genug, er sei in einem Alter, «in dem man sich nirgends mehr aufdrängt». Öffentlich ließ Schmidts Vertrauter und Sprecher, Klaus Bölling, prompt wissen, der Kanzler halte gar nichts davon, was Brandt sich wiederum heftig verbat. Bei der Gelegenheit erinnerte er freilich daran, dass nach dem sowjetischen Einmarsch 1968 in Prag der SPD-Fraktionschef nach Moskau gefahren sei. Jetzt gerade! Sein Name: Helmut Schmidt.

Willy Brandt reiste, aber Schmidt bekam Recht: Geradezu überschwänglich empfing im Juni 1981 Kremlchef Leonid Breschnew den geschätzten deutschen Gast, den er aus vielen Gesprächen kannte, einquartiert wurde die deutsche Delegation liebevoll im Gästehaus auf den Leninhügeln, auf Händen trug man die Gäste, aber heraus kam bei den Gesprächen über eine «Null-Lösung» praktisch nichts, außer dem Angebot eines vagen Moratoriums. Kaum hatte Brandt wieder Boden unter den Füßen am Köln/Bonner-Flughafen, ereilte ihn der Kommentar aus dem Kanzleramt, die Reise habe nichts gebracht und die ganze Idee solle er vergessen. Eines jedoch hatte Brandt öffentlich deponiert: Einmal, dass er nicht auftrumpfen, aber auch nicht länger still bleiben wolle, ohne Schmidt freilich zu desavouieren wie Wehner ihn, 1973 von Moskau aus.

1980! Freiheit oder Sozialismus! Strauß statt Schmidt! Kein Wunder, dass sich die sozialliberale Koalition noch einmal behaupten konnte. Der Bayer war schlicht nicht mehrheitsfähig, schon gar nicht in der direkten Konkurrenz mit Schmidt. Aber die Streitfragen, Nachrüstung und die Kernenergie, trieben die junge Generation in den letzten beiden Amtsjahren Schmidts erst recht auf die Straße. Mit allen Kräften versuchte Schmidt, diese unruhige Republik zu stabilisieren. Bloß, die Kontroversen ragten längst weit hinein ins Parlament. Abgeordnete der Linken, Karl-Heinz Hansen und Manfred Coppik voran, drohten ihre Zustimmung zur Stationierung von Nuklearraketen zu verweigern. Besorgt verfolgte Brandt, wie die neue Partei, die Grünen, sich formierten – aus einer Generation, die der SPD abhanden zu kommen drohte.

Bei einem Parteitag der bayrischen SPD im Mai 1981 drohte der Regierungschef: Wenn die SPD ihr «Ja» zur Nachrüstung zurückzöge, hätte das schwerwiegende außen- und sicherheitspolitische, aber auch innenpolitische Konsequenzen. Jeder Sozialdemokrat müsse wissen, dass dann «die gegenwärtige Regierungskoalition durch eine völlig andere abgelöst wird». Jeder müsse wissen, «dass er mit den Leuten, die er da oben hingestellt hat, ... nicht ad libitum alle anderthalb oder zwei Jahre eine andere Politik machen kann. Die haben nämlich auch ein Gewissen. Und sie können nicht gezwungen werden, ihr Gewissen zu vergewaltigen.»[21]

Schmidts Dilemma war unübersehbar: Die Genossen ließen sich mit solchen Kraftanstrengungen vielleicht noch kontrollieren. Wirklich beeinflussen aber konnte er nicht das Verhältnis zwischen den Großmächten.

Für Brandt ging es längst um mehr – seine ganze Politik stand auf dem Spiel, sein Lebenswerk. Er begann mit einer Neudefinition seiner Rolle. Spürbar traute er sich wieder mehr zu, auch sichtbarer wollte er werden. Ich entsinne mich, während einer langen Zugfahrt im Intercity «Graf Luckner» von Hamburg nach Bonn – Klaus von Dohnanyi war gerade als Bürgermeisterkandidat an die Alster entsandt worden – mit ihm über dieses «Comeback» gesprochen zu haben.

So lange nach seinem Rücktritt vom Kanzleramt könne er sich etwas Schöneres vorstellen, als «jeden Tag ins Parteihaus zu laufen», ging einem sichtlich erholten, beschwingten Brandt durch den Kopf. Sieben Jahre das trockene Brot des «Parteisekretärs» zu kauen, das sei nun genug. Überwunden hatte er einen Herzinfarkt, der ihn 1978 bei einer USA-Reise ereilte und ihn «an der Grenze zwischen Leben und Tod» (Hermann Schreiber) ein halbes Jahr lang aus dem Rennen warf. Vielleicht hätten Krankheiten «auch einiges mit Psychosomatik» zu tun, er habe über vieles nachgedacht – auch von seiner Frau getrennt hatte er sich und ein neues Privatleben begonnen, aber das erwähnte er nicht! – unabhängiger und freier fühle er sich. Und jetzt wurden an den «eisernen Kanzler» Schmidt öffentlich Fragen gerichtet, die er, Brandt, sich 1972 und 1973 hatte anhören müssen: Warum er nicht stärker führe und für mehr Disziplin oder auch Orientierung sorge. Rundum rehabilitiert fühlte er sich, ohne Schadenfreude.

Lob und Tadel verteilte er wieder. Er musste doch etwas sagen, nicht wahr, als Vorsitzender der Nord-Süd-Kommission, wenn die Regierung Schmidt eine derart laue Dritte-Welt-Politik betreibt? Rückständig sei die deutsche Politik!

Ja, er habe sich auch herausgenommen, sich mit Helmut Kohl zu treffen, der nach der Niederlage von Strauß mit den Hufen scharrte, um endlich als Kandidat antreten und Helmut Schmidt ablösen zu können. Für den weinliebenden Pfälzer hatte der Kanzler viel Verachtung übrig, er nicht. Nach einem Frühstück bei ihm zu Hause, erst kürzlich, bei dem er ihm viel aus dem Spanischen Bürgerkrieg erzählte, hat er Helmut Kohl ausgewählte Lektüre geschickt, *Mein Katalonien* von George Orwell darunter – einfach, weil er Orwell schätzte und kannte. Und mit Genscher, den Schmidt stets kühl behandelte, verstand er sich gleichfalls prächtig.

Bewusst war ihm durchaus, dass im Kanzleramt dieser «neue Brandt» mit seinen 67 Jahren mit hochgezogenen Augenbrauen verfolgt wurde. Er solle seine Partei führen, hieß es dort wie gewöhnlich, stillhalten möge er, so übersetzte er sich das. Natürlich las auch er in den Zeitungen, er wolle nicht nur neu mitmischen, er suche buchstäblich ein Comeback – als Kanzler. Musste er derlei

Kolportage überhaupt kommentieren? Umgekehrt wurde ein Stiefel draus, ihn stärkte, dass er nichts werden wollte. Das war der Kern seiner «vierten Karriere», wie Peter Merseburger diese Jahre treffend nennt.[22]

Brandt: Freunde hätten ihm geraten, sein Buch über die Jahre 1930 bis 1950, an dem er gerade arbeite, nicht *Lieber rot als braun* zu nennen. Aber er erwiderte ihnen, das beschreibe doch genau seine damalige Situation. Dass er überhaupt an einen solchen Titel dachte, war der deutlichste Ausdruck seiner eigenen Neuerfindung. Und was nahm er sich für die Zukunft vor? Brandt ungeduldig im «Graf Luckner»: Die SPD müsse sich öffnen, wenn sie eine Zukunft haben solle, er wolle nicht einfach zusehen, wie eine neue Partei entsteht. Ja, auch 1968 hätte es seine Partei fast zerrissen, als es um den Versuch ging, sich der jungen Studentengeneration zu öffnen. Ähnlich groß sei die Aufgabe jetzt. Über Helmut Schmidt kein böses Wort, in ruhigen Minuten würde er doch zu einem ähnlichen Ergebnis kommen! Ja, wenn der Zorn mit Schmidt durchgehe, dann plädiere er für einen harten Schnitt, zum Teufel mit der «Seminarpartei» oder der «Lehrerpartei», «der Willy» solle einen klaren Schnitt machen. Er habe ihm schon mehrmals erwidert, so Brandt, der SPD sei nicht damit geholfen, wenn die einen Kleinbürger aus ihr eine Arbeiterpartei, die anderen Kleinbürger eine Lehrerpartei machen möchten.

In Zeiten geringen Wachstums, mit denen Schmidt zu kämpfen hatte, würde da die Frage nach sozialer Gerechtigkeit – auf veränderter Grundlage, ohne die überschießenden Machbarkeitsträume zu Anfang der 70er Jahre – nicht doch neues Gewicht erhalten? Fragten nicht auch die neuen Grünen nach «Lebensqualität»? Nach außen hin, auch das machte er klar, wahrten Schmidt und er den Burgfrieden. Aber – an den Verhältnissen wollte er rütteln. Im Westen werde das Gleichgewicht der Rüstungspotentiale «formal» gemessen, man zählte die Sprengköpfe sowjetischer Nuklearraketen. Für ihn wiege mehr, was Deutschland politisch einzubringen habe – wie schon in der Ostpolitik. Von deutschem Boden aus sollten keine Atomwaffen auf die Sowjetunion zielen, das müsse Ziel bleiben, und das muss man auch in Washington klar machen.

Brandt: In Europa hat die Bundesrepublik Verwandte, in Amerika Partner. Man kann nicht ewig in Atlantiker und Gaullisten trennen. Über die Einheit Europas als «Hauptziel» muss man nachdenken, so wie Peter Bender das in seinem Buch über *Das Ende des ideologischen Zeitalters* geschrieben hat. Eine «Akzentverschiebung» kann sich daraus ergeben, «unter Umständen auch mehr». Aber das war ein heikles Thema!

Ach, Europa! Leicht fiel es ihm, in ein paar Strichen ein europäisches Panorama zu entwerfen, damit hatte er als Journalist in Norwegen schon sein tägliches Brot verdient. Zufällig, erinnerte er sich, hielt er sich in der Nähe auf, als George Orwell an der Front im spanischen Huesca verwundet wurde. Ilja Ehrenburg lernte er damals kennen, Santiago Carrillo, Augustin Souchy, er hat die Namen alle parat. Baader und Meinhof hätten ihn ein wenig an die Anarchosyndikalisten der 30er Jahre erinnert. Als er bei der Amtsübernahme von Mitterand in Paris auf der Treppe unter den Ehrengästen stand, entdeckte er einen Weggefährten jener Jahre, in denen er «deutscher Nazigegner» war ... Damals ist sein Europa-Bild geprägt worden.

Was morgen aus Europa werden soll? Willy Brandt zog es vor, die Sache im Vagen zu belassen. Immerhin – François Mitterand, der französische Sozialist, hatte doch erst wenige Monate zuvor im zweiten Anlauf gegen Giscard d'Estaing gewonnen. Vom «Sieg des Jungen vom Lande über den Schlossherrn» sprach Brandt, ein Sieg, in den er manche Hoffnungen projizierte. Der «Schlossherr» freilich, das meinte den französischen Präsidenten, mit dem Helmut Schmidt seit seinen Zeiten als Finanzminister blendend kooperierte.

Übergangszeiten sah er auf sich zukommen, die ihn brauchen, aber an Abschied dachte Brandt dennoch auch. Natürlich spürte er, dass er nicht mehr auf ungeteilten Rückhalt stieß in seiner Partei. Herbert Wehner war bereits in den Hintergrund getreten, zu ihm wollte er nur noch einen Satz sagen – «einen Wehner wählt man nicht ab» – mehr nicht, wenn er bleiben will, bleibt er. Und muss man an die Zeit nach Schmidt denken? Keine Antwort. Er selber würde sich 1982 noch einmal wählen lassen, wenn es gewollt wird.

Vieles von dem, was folgen sollte, hatte er antizipiert im Intercity zwischen Hamburg und Bonn.

Götterdämmerung? Über «sozialdemokratische Identität» dozierte Brandt im Herbst 1981, das Schmidt-Lager empörte sich über seinen Befund. Die SPD, so Brandt, dürfe keinesfalls die neuen politischen Strömungen als Gegner betrachten. Sie strebten nichts an, argumentierte er grundsätzlich, was der Sozialdemokratie fremd sein müsse. Besonders empört meldete sich in einer ersten Reaktion ausgerechnet einer der engsten Freunde und Weggefährten aus Brandts früheren Berliner Tagen zu Wort, Richard Löwenthal.

Da die Sozialdemokratie seit ihrer Entstehung die Masse der Berufstätigen in der Industriegesellschaft vertrete, erwiderte er Willy Brandt schnörkellos, lasse sich ihre Grundhaltung nicht vereinbaren mit denen, die aus der «modernen Welt aussteigen» wollten. Löwenthal verteidigte damit freilich eine «klassische» SPD, die nach Brandts Meinung Gefahr lief, genau unter Berufung auf die «Moderne» die großen Veränderungen im Alltag und in den Köpfen zu ignorieren und auch den Niedergang der Volksparteien zu beschleunigen, wenn man sich darauf nicht einstelle. Was sozialdemokratische «Identität» sei, darauf konnten sich die Lager – und ihre Spitzenleute – zu dem Zeitpunkt schlicht nicht mehr verständigen.[23]

Götterdämmerung? Zeichnete sich ein Ende der Kanzlerschaft Schmidts ab, oder büßte Brandt seine Autorität ein? Vor allem der Konflikt um Rüstung und Entspannung war es, der die bedrohliche Kluft zwischen dem Brandt- und Schmidt-Lager fast unüberwindlich machte. Während sie noch Überbrückungsformeln suchten, nagelten die Anhänger ihre Protagonisten auf schlichte Rollen fest: Tauben gegen Falken, Pazifisten gegen Bellizisten! Solche Überzeichnungen befrachteten den Konflikt nur noch weiter.

Dass Brandt sich tatsächlich entschlossen hatte, nicht mehr stillzuhalten, wurde im Vorfeld der großen Friedensdemonstration klar, die für den 10. Oktober 1981 auf der Bonner Hofgartenwiese geplant war. Brieflich versuchte Schmidt, Brandt zu einer Intervention zu bewegen: Er solle Erhard Eppler davon abhalten, an dieser Kundgebung teilzunehmen. Eppler war dort prominentester sozialdemokratischer Redner, stellvertretend für Brandt. Aber Brandt zeigte sich entschlossen, Eppler die Entscheidung zu überlassen – was hieß: Er dachte gar nicht daran, ihn an die Kandare zu nehmen.

Die Hofgartenwiese konnte die Demonstranten kaum fassen, die an diesem Oktobertag nach Bonn geeilt waren: Auf 250 000 Teilnehmer wurde ihre Anzahl geschätzt. Helmut Schmidt, gegen dessen Kurs sich der Protest richtete, fühlte sich missverstanden, wie er in seinem Erwiderungsschreiben auf einen überaus freundlichen Brief Heinrich Bölls erläuterte, auch seine Politik diene «mit aller Kraft dem Frieden». Oder ging es, wie Hartmut Soell argumentiert, nicht «um das Gleichziehen mit militärischen Fähigkeiten und Zielen, sondern um die Sperrung einer Option Moskaus, in bestimmten Fällen Druck und Nötigung auf nicht nuklear bewaffnete Länder auszuüben, ohne ihr gesamtes strategisches Arsenal aufbieten zu müssen»? Aber welche «Nötigung» zu welchem Zweck war gemeint? Sollte Moskau Westdeutschland aus der westlichen Allianz herausbrechen wollen? Schmidt hat das nie näher präzisiert. [24]

Auf dem Höhepunkt des Konflikts um die Nachrüstung suchte Schmidt, der nach außen keinerlei Unsicherheit zeigte, das Gespräch mit dem Psychoanalytiker Horst-Eberhard Richter.[25] Verstehen wollte Schmidt, woher die «Angst» kam im öffentlichen Bewusstsein, und weshalb sie hierzulande offenkundig erheblich größer sei als in anderen Gesellschaften. *German angst* – an dem Begriff sei durchaus etwas stichhaltig, erklärte er Richter. Von einem «von Emotionen abgekoppelten Vernunftbegriff» auf Seiten der Politik hingegen sprach Richter in seiner Erwiderung. Natürlich mache es den Menschen Angst, wenn Rechnungen aufgemacht würden wie die, der Westen werde sich gegen einen Angriff so verteidigen, dass es einem Suizid des Angreifers gleichkomme. Angst mache es auch, wenn die Politik die Beherrschbarkeit des Unbeherrschbaren versuche. Schmidt trete als Experte auf, und er werde auch dafür bewundert, weil er «aus eigenem Urteil zu handeln» vermöge. Aber wer könne das bei so unwägbaren Fragen wie nuklearer Vernichtungsdrohung, Erstschlag, Vergeltung, Dreifachsprengköpfen, Reichweitendebatten, Verteidigungsgarantien denn schon für sich beanspruchen?[26] Vermitteln wollte Richter in dieser wahrhaft ungewöhnlichen therapeutischen Sitzung mit einem Regierungschef. Schmidt beruhige gerade nicht mit seinem Auftreten, suchte er deutlich zu machen, sondern mache sich unheimlich in den Augen der Friedensbewegung. Kein Wunder, Richters Versuch «lief ins Leere», den Konflikt zu entschärfen oder die Großen, Brandt und den Kanzler, ins Gespräch miteinander zu bringen, das vermochte auch er nicht.[27]

Vielleicht war Schmidt ja ähnlich beunruhigt wie die Friedensbewegung? Einen Krieg in Europa oder speziell auf deutschem Boden schloss er so wenig aus wie die Demonstranten auf der Hofgartenwiese. Nur zeigen wollte er das nicht, ihm wäre das als Schwäche erschienen. Könnte es nicht sogar sein, dass der Angst der Friedensbewegung und der Angst Schmidts das gleiche Motiv zugrundelag, man das aber seinerzeit, als sie sich frontal gegenüberstanden – nicht recht sehen konnte? Dass Deutschland (oder Mitteleuropa) zum Schauplatz eines Nuklearkonflikts werden könne, trieb in Wahrheit doch ganz offensichtlich beide Seiten um. Helmut Schmidt, der zur Soldatengeneration gehörte, handelte noch im Schatten von Auschwitz. Die Deutschen hatten sich schuldig gemacht: Das heißt, er schloss nicht ganz aus, dass wegen der deutschen Vergangenheit der Ort des Geschehens die Bundesrepublik und die DDR werden könnten. Das steckte auch in den Köpfen der jüngeren Generation, die das Gros der Friedensbewegung ausmachte. Kaum weniger präsent als bei den Älteren war diese Vergangenheit, sie fanden ja ohnehin, sie sei zu sehr verdrängt worden. So besehen, wirken Schmidt und die Friedensbewegung im Nachhinein wie zwei Seiten einer Medaille. Nur, weil sie derart unterschiedliche Konsequenzen aus ihren Einschätzungen zogen, konnte der gemeinsame Boden übersehen werden. Und Schmidt versperrte den Blick auf jeden solchen Gedanken konsequent. Er wollte nun einmal demonstrieren, dass die Politik – und seine Regierung – das Problem unter Kontrolle hatte! Brandts Sympathien für die Friedensbewegung waren erkennbar anders motiviert: Für ihn stand sie in der Kontinuität seiner Entspannungspolitik, jedenfalls wollte sie die Politik nicht in die Hände von Militärs und Sicherheitsstrategen alleine legen!

Zu einer offenen Aussprache über den dramatischsten Konflikt zwischen Schmidt und Brandt kam es nie.

13. Dezember 1981 — Ein polnischer General mit dunkler Sonnenbrille und unbewegter Miene verkündete im Fernsehen, über sein Land werde das Kriegsrecht verhängt, die Gewerkschaftsbewegung Solidarność sei ab sofort verboten. Helmut Schmidt wurde von der Nachricht bei einem Treffen mit Erich Honecker am Werbellinsee überrascht. In einer ersten Reaktion machte er den Fehler, Verständnis für die Intervention des polnischen Militärs zu zeigen, ja einem Interviewer ins Mikrophon zu sagen, er halte Jaruzelskis Vorgehen leider für «notwendig». Was er wirklich hatte sagen wollen, erläuterte er drei Tage später dem Parlament: Seine Sympathien seien auf Seiten der streikenden Arbeiter, aber er habe befürchtet, sowjetische Truppen könnten in Warschau einmarschieren, wie 1968 in Prag, und dem sei der General zuvorgekommen. Das kleinere Übel also! Nur so war sein Wort gemeint. Bei Solidarność aber hatte er es sich mit seinem ersten Kommentar auf lange Jahre verdorben.

Nur: Wie Schmidt war auch Brandt sich tatsächlich nicht sicher, ob die Danziger Streikbewegung nicht doch das Verhältnis zwischen Ost und West destabilisiere und die Falken in beiden Lagern die Stunde zu nutzen versuchten. Beiden steckten die historischen Erfahrungen – 1953, 1956, 1968 – in den Knochen. Beide nahmen freilich auch die Dimension der Rebellion in Polen, die Sprengkraft der Zivilgesellschaft, nicht wirklich gebührend zur Kenntnis. Beide hielten nur eine «Reform von oben» für möglich, wie sich in dem Augenblick herausstellte. Eine Welt nach dem System-Konflikt, räumte Willy Brandt Jahre später in einem Gespräch mit dem polnischen Historiker Bronislaw Geremek freimütig und selbstkritisch ein, habe er sich nicht wirklich vorstellen können. Sie sahen beide nicht, dass in Polen die europäische Revolution begann, die – ohne Blutvergießen, sondern mit einem Runden Tisch – in der Zäsur von 1989 einmündete.

Im Schatten dieser veränderten Lage – nach Afghanistan nun

das Kriegsrecht in Polen – setzte die Debatte sich fort. Noch einmal ließ die SPD sich in die Disziplin nehmen, wenn auch ächzend. Im April 1982 setzte sie sich während ihres Münchner Parteitages erneut mit dem Doppelbeschluss auseinander. Längst wollte die FDP den Machtwechsel, und zwar mit dem Argument, die Mehrheit der SPD lasse den eigenen Kanzler im Nachrüstungs-Streit im Stich. Zumindest in seinem Redeentwurf ließ Willy Brandt offener als zuvor seine Zweifel erkennen, ob der eingeschlagene Weg der Regierung richtig sei. Niemand hat «unser Ja» zur Stationierung neuer Raketen in der Tasche, formulierte er sorgfältig, er sage «ausdrücklich auch dies: Niemand hat mein Ja».

Alarmstufe eins! Als Schmidt nach Lektüre der ersten Fassung eilig «um Vortrag bei Dir» bat, milderte Brandt den Text zwar ab, aber entschied sich dann für folgende Formel: «Es gibt wirklich keinen Automatismus, der sich aus dem Brüsseler Beschluss ergibt. Insofern hat niemand unser Ja zu etwas in der Tasche, was so noch gar nicht existiert, sondern was sich aus den Verhandlungen herausbilden muss.»[28] Zerrissen war die SPD faktisch zwischen Kanzler-Linie und Brandt-Linie. Brandt, Bahr, Eppler und Lafontaine waren inzwischen fest überzeugt, es werde mit Verhandlungen nicht mehr gelingen, die Stationierung zu verhindern. Allerdings, beim Parteitag glückte dennoch ein kleines Wunder: Die SPD entschloss sich mit breiter Mehrheit zu einem Formelkompromiss, Schmidts Kanzlerschaft wollte sie keinesfalls gefährden.

Ein letzter Kompromissversuch zwischen den Unterhändlern Washingtons und Moskaus, Paul H. Nitze und Julij A. Kwizinski, scheiterte im Juli 1982 bei ihrem «Waldspaziergang» in Genf. Schmidt hatte viele Hoffnungen darauf gesetzt, tatsächlich kamen sie einer Einigung über die nuklearen eurostrategischen Waffen schon bis auf Haaresbreite nahe. Ihre Formel entsprach zwar nicht ganz der angestrebten «Null-Lösung», «aber ich selbst hätte sie sofort akzeptiert, wenn ich sie gekannt hätte», bekannte er später.[29]

Rückblickend urteilt auch Helmut Schmidt im Gespräch, er glaube inzwischen, der Kompromiss sei an Washington, nicht an Moskau gescheitert.[30]

Sekundärtugenden Im gleichen Monat, Juli 1982, veröffentlichte der *stern* eine Geschichte über die SPD-Spitze, in welcher im Wortlaut Bemerkungen des saarländischen SPD-Landesvorsitzenden Oskar Lafontaine über Helmut Schmidt zitiert wurden, die er telefonisch gemacht haben sollte: «Schauen Sie, was hat sich denn mit der Einigung zwischen SPD und FDP über den Haushalt 1983 in Bonn geändert? Helmut Schmidt spricht weiter von Pflichtgefühl, Berechenbarkeit, Machbarkeit, Standhaftigkeit. Das sind Sekundärtugenden. Ganz präzise gesagt: Damit kann man auch ein KZ betreiben. Das sind Sekundärtugenden, auf die man zurückgreift, wenn innerlich nicht bewältigt ist, worum es geht, nämlich um die Bewahrung des Lebens. Er ist wie Genscher weiter pro Rüstung, pro Kernenergie, pro Wachstum. Aber eine auf Bewahrung des Lebens ausgerichtete Politik müsste das Steuer herumreißen. Wir brauchen eine ökologisch orientierte Ökonomie ... Die SPD muss raus aus der Regierung in Bonn. So wie die Dinge liegen, ist Regeneration der Partei nur in der Opposition möglich.»[31]

Einen solchen Zusammenprall hatte Brandt stets zu verhindern gesucht. Schmidt in Parallele zu «KZ-Wärtern» setzen, ein Pauschalurteil über das Versagen dieser ganzen Generation, die in Hitlers Armeen diente? Lafontaine musste wissen, dass dies die wundeste Stelle überhaupt war, die er sich ausgesucht hatte. Mit seiner häufigen Berufung auf Max Weber und Immanuel Kant nahm Schmidt zudem für sich in Anspruch, auch Verantwortungsethiker wie er – so sah er sich ja – folgten Maßstäben, die Anerkennung verdienen. Natürlich gelte das auch für seine Position im Rüstungsstreit. Lafontaine wischte das alles einfach mit ein paar bösen Sätzen vom Tisch.

Ein Sturm der Entrüstung in den Medien folgte, Lafontaine stand praktisch allein. Für seine «leichtfertigen Bemerkungen» hat er sich zwar eilig in einem Anruf bei Schmidt am Tag vor der Veröffentlichung sowie in einer Stellungnahme für den Parteivorstand entschuldigt. Auf den Rat Schmidts, die Zitate aus der Welt zu schaffen, gestand Lafontaine allerdings, das gehe nicht, da die Worte so gefallen seien. Dann könne er auch keine Entschuldigung akzeptieren, gab Schmidt ihm daraufhin schriftlich zu verstehen, eine derartige Beleidigung habe er bislang weder innerhalb der Partei noch von Seiten eines politischen Gegners erlebt.[32] In einem Begleitschreiben, mit dem er Lafontaines Erläuterungsversuch weiterleitete, begrüßte Brandt, dass «mißverständliche, um nicht zu sagen verleumderisch wirkende Veröffentlichungen» rasch richtig gestellt worden seien, und fügte hinzu: «Wir werden nicht zulassen, dass irgendjemand, und erst recht aus den eigenen Reihen, den Ruf und das Ansehen des Bundeskanzlers gefährdet.» Auch im Pressedienst seiner Partei wurde diese Rüge wiedergegeben, in der Brandt allerdings nicht einmal den Namen Lafontaines erwähnte. Auf einen Vergleich Schmidts mit Hitlers Vizekanzler Papen, den der Brandt-Freund und -Berater Günter Gaus angestellt hatte, ging er mit keinem Wort ein.[33] Einige Tage später beteuerte Lafontaine erneut in einem Brief an den Parteivorsitzenden, er habe dem *stern* kein von ihm nachträglich autorisiertes Interview gegeben und Helmut Schmidt «natürlich nicht mit einem KZ in Verbindung gebracht». Einen entsprechenden Brief Lafontaines leitete Brandt an die Mitglieder des Parteivorstands weiter.[34] Aber das Kind lag im Brunnen, wiedergutzumachen war nichts.

Seit längerem hatte Brandt kein Geheimnis daraus gemacht, wie sehr er diesen kessen und wortstarken Saarbrücker Oberbürgermeister schätzte. Für das große Talent seiner Partei hielt er ihn, für einen politischen Kopf wie wenige andere. Seit er sich – gemeinsam mit Eppler – an die Spitze jener Sozialdemokraten gestellt hatte, die eine Stationierung neuer Atomraketen unbedingt verhindern wollten, bildete er zudem auch die Brücke zur Friedensbewegung. Man wusste, dass Lafontaine oft aussprach, was Brandt dachte.

Für die groben Worte von den «Sekundärtugenden», mit denen man auch ein KZ betreiben könne, galt das nun aber gerade nicht. Das Dilemma war perfekt: Zu Lafontaine auf Distanz gehen, was geboten war, wäre verstanden worden als ein Votum in dem Konflikt um die Nachrüstung, und zugleich als eines, das diesen Verbindungsmann zur Friedensbewegung demontiert. Den Schmidt-Kritiker aus Saarbrücken bekümmerte das alles nicht, er wollte ohnehin das Ende der Koalition erzwingen. Nach dem ersten Versuch, die

Erregung zu dämpfen, hüllte Brandt sich in Schweigen. Sehr souverän sah es nicht aus.

Viele Jahre später, 1995, revanchierte Helmut Schmidt sich. Ausnahmsweise hatte er eine Einladung angenommen, beim Mannheimer Parteitag zu sprechen – immerhin bestand vielleicht eine Chance, das Ende der Kanzlerschaft Helmut Kohls einzuläuten ... Der 77-Jährige befand sich schon auf dem Weg aus Hamburg in den Süden, als ihn die Nachricht ereilte, Oskar Lafontaine habe in einem Coup Rudolf Scharping an der Spitze der Partei abgelöst. Prompt kehrte er wieder um, die *ZEIT* druckte seine «ungehaltene Rede». Ein kleines, stolzes Vermächtnis hatte Schmidt vortragen wollen, konstruktiv, pädagogisch, aber nicht ohne Spitzen. Opposition, wollte er den Genossen eigentlich sagen, könne man nicht von den Landeshauptstädten Saarbrücken (Lafontaine) oder Hannover (Schröder) aus machen. Die Bundesrepublik sei ein «parlamentarisch verfasster Staat», Brandt und er seien aus der Bonner Arbeit heraus Kanzler geworden, gewählt von der Fraktion. Wer die Opposition führen will, müsse das Risiko einer Wahl in den Bundestag auf sich nehmen. Meinungsverschiedenheiten könne man nicht öffentlich quer durch das ganze Bundesgebiet austauschen, wie man es machen könne, dafür biete die «Troika» ein Modell. Ollenhauer, Wehner, Erler, Schmid (Carlo) hätten ihre Kontroversen wohlweislich unter sich ausgetragen. Schmidt: «Und als wir Willy Brandt 1961 und 1965 als Kandidaten für das Amt des Kanzlers nominiert hatten, da hat keiner der übrigen öffentlich zu verstehen gegeben, eigentlich sei doch er selbst der bessere Mann.»

Nach dieser Philippika gegen die drei an der Spitze, die um den vordersten Platz buhlten, empfahl Schmidt – Tugenden. Tapferkeit, weil man dem Volk die Wahrheit «klipp und klar und verständlich» sagen müsse, wie man den Krisen zu Leibe rücken wolle, aber auch, was einfach nicht zu machen sei. Solidarität, also die Gegenseitigkeit aller, nicht nur eines bestimmten Kreises. Vernunft und Klugheit, weil eine Volkspartei nicht gewählt werde, wenn sie nicht glaubwürdig sei und man sich nicht auf sie verlassen könne. Gestern Maastricht ratifizieren und heute das Kernstück dieses europäischen Vertragswerkes in tiefste Zweifel ziehen? So nicht! Opportunismus, Eitelkeit und Egomanie, diese Todsünden, beobachtete er stattdessen bei der amtierenden Generation. Wenn es dagegen, so Schmidt maliziös, zur persönlichen Tapferkeit bei einem nicht ganz ausreiche, «so soll sie oder er wenigstens Zuflucht suchen bei der Sekundär-Tugend, der Disziplin.» Und fragen sollten sich die, die es angeht, bitte nie, «was nützt es mir?», sondern nur, «was nützt es dem Lande?»[35]

Während für Schmidt das Urteil fest stand und der Bruch nicht mehr ungeschehen zu machen war, sah es bei Brandt anders aus: Er wollte sein Haus bestellen, seinen Abschied selber gestalten. Ausgerechnet diesem Oskar Lafontaine traute er die Erbschaft zu vor allen anderen, so sehr er die Mitstreiter der älteren Generation, Hans-Jochen Vogel und Johannes Rau, auch respektierte und schätzte. Den «frechen Oskar» lud er sogar mit der jungen Familie, schreiendes Baby inklusive, in sein Ferienhaus nach Garnières ein.

Es kam dennoch anders, Brandt konnte sich nicht durchsetzen beim Versuch, Lafontaine zu promovieren, die Mehrheit im Vorstand entschied sich für Vogel als Nachfolger. Unumschränkt wie zuvor war Brandt nicht länger Herr des Verfahrens. Nicht zuletzt sein Faible für Lafontaine hatte dazu geführt, dass er rasch an Autorität einbüßte.

Willy Brandts Bruch mit Oskar Lafontaine sollte später kommen, 1989, nachdem die Mauer gefallen war und der «Oberenkel» aus Saarbrücken offen fremdelte mit dem Gedanken an eine Wiedervereinigung, ja das patriotische Pathos Brandts schwer verdaulich fand. Auch diese Entzweiung war definitiv und nicht mehr ungeschehen zu machen, wie jene zwischen Schmidt und Lafontaine. Während Brandt und Schmidt in diesem Moment, als die Mauer fiel am 9. November 1989 und die Einheit sich abzeichnete, sich über Nacht wiederfanden. Aber das greift den Ereignissen vor.

Endzeitstimmung in Bonn! In der SPD wuchsen die Zweifel an der «unsozialen» Sparpolitik der Koalition, die Friedensbewegung mobilisierte auf den Straßen. Eine mürbe, mit sich unzufriedene SPD empfand zunehmend auch die FDP mit Außenminister Hans-Dietrich Genscher und Wirtschaftsminister Otto Graf Lambsdorff als Ballast. Sollte sie wirklich dem freien Marktkapitalismus all ihre Prinzipien opfern? Spürbar näherte sich nicht nur die Kanzlerschaft Schmidts ihrem Ende, zu Ende ging auch die sozialliberale Ära, die 1969 mit der Koalition Brandt/Scheel begann. Zu Ende ging damit eine dreizehnjährige Geschichte zweier SPD-Kanzlerschaften. Brandt hatte als Kanzler Helmut Schmidt dringend an seiner Seite gebraucht, und Schmidt als sein Nachfolger im Amt des Regierungschefs brauchte Willy Brandt, über den er so oft klagte. Beinahe hätten sie das manchmal selber vergessen.

Abgewählt wurde Helmut Schmidt am 1. Oktober 1982, nachdem er in die Offensive gegangen war und die Vertrauensfrage gestellt hatte; das Gesetz des Handelns wollte er, wie gewohnt, in der Hand behalten. Die Freidemokraten tauschten den Partner, Helmut Kohl wurde im Wege des konstruktiven Misstrauens zum Nachfolger Schmidts als Kanzler gewählt. Den Sturz Schmidts und den Partnertausch begründete Genscher erwartungsgemäß damit, Schmidt habe seine eigene Partei nicht mehr im Griff und es sei ungewiss, ob die SPD zum Nato-Doppelbeschluss noch stehe. Für Kohl stand fest, dass er den Stationierungsbeschluss exekutieren würde – nicht zuletzt weil Washington es wünschte. Die neuen Nuklearwaffen konnten geliefert werden, es bedurfte keines neuen Beschlusses mehr. Die Würfel waren mit dem Machtwechsel im Oktober 1982 gefallen, und die SPD war aus dem Spiel.

Im Februar 1966, kurz nachdem der zweite Anlauf Willy Brandts als Kanzlerkandidat gescheitert war, führte Günter Gaus sein Interview mit Helmut Schmidt, in dem dieser ihm andeutete, er müsse nicht ewig in der Politik bleiben und von der Politik leben. Nein, er könne sich ganz gut vorstellen, den Lebensunterhalt in seinem jetzigen Alter (47 Jahre war er damals) und mit seinen Erfahrungen und Fähigkeiten ganz gut mit einer Arbeit in der Wirtschaft zu bestreiten. Das Wort «Resignation» allerdings wollte er dafür nicht gelten lassen.

«Gaus: Erlauben Sie mir eine letzte Frage, Herr Schmidt: Würden Überlegungen, wie Sie sie jetzt angestellt haben, hinfällig werden, wenn Sie sozialdemokratischer Kanzlerkandidat würden?»

«Schmidt: Lassen Sie mich zu dieser in der Öffentlichkeit bisweilen beredeten Frage eines vorweg sagen: Ich glaube nicht, dass die Zeit heute reif ist – weder für die Sozialdemokratische Partei noch für mich –, eine solche Entscheidung schon zu treffen. Aber auf den eigentlichen Kern Ihrer Frage will ich antworten: Es gibt durchaus nach meiner Vorstellung Aufgaben in vieler Menschen Leben, auch in meinem, die so bedeutsam sind, daß man dafür vieles opfern oder auf Risiko stellen muß. Das schon. Das gilt für jeden, der zum Beispiel ein Ministeramt annimmt. Etwas anderes ist es, wenn man vor Aufgaben steht, von denen man glaubt, viele andere könnten sie auch erfüllen; dann muß man nicht unbedingt ein Risiko auf sich nehmen.»[36]

Sechzehn Jahre waren vergangen, seit er damit zum ersten Mal angedeutet hatte, dass er sich das Kanzleramt zutraue. 1974 musste er wohl oder übel «auf Risiko stellen». Und tatsächlich konnte er «es» auch, das hatte er in achteinhalb Jahren bewiesen. Richard von Weizsäcker, der mit Schmidt im Parlament oft die Klingen kreuzte, nannte ihn im Gespräch respektvoll den «Referenzkanzler». «Er konnte einfach regieren.»

Die neue Koalition Kohl-Genscher wollte sich eine solidere Legitimationsbasis verschaffen und setzte für den 6. März 1983 Neuwahlen an. Ein plötzliches Wiedererstarken der SPD fürchteten sie nicht, zu verbreitet war in der Opposition das Gefühl, endlich befreit von Kompromisszwängen zu sein, und zu unverheilt waren die Wunden, die in ihren Reihen der Raketenstreit hinterlassen hatte. In einer ersten Zornesaufwallung hatte Schmidt durchaus erwogen, noch einmal bei Wahlen anzutreten, falls es dazu noch im gleichen Jahr gekommen wäre. Für den März 1983 freilich, entschied er, stehe er nicht mehr zur Verfügung. Brandt wollte ihn zu einer erneuten Kandidatur überreden, er könne sich nicht vorstellen, welche «persönlichen Erwägungen» dagegen sprächen, politisch besehen spreche alles für ein solches «Opfer».[37] Ob Brandt ernsthaft erwartet hatte, der «Verrat» der FDP und die Popularität Schmidts könnten zu einem Stimmungsumschwung wie bei der «Willy-Wahl» 1972 führen, steht dahin; vermutlich wollte er auch nur zur Versöhnung beitragen und seinen Respekt für Schmidt bekunden, zugleich aber den Schaden für seine Partei minimieren. Aber Schmidt war ohnehin ausgelaugt – Hartmut Soell erinnert daran, dass Dutzende Herzrhythmusstörungen während seiner Zeit als Minister und Kanzler, die der Öffentlichkeit verborgen blieben, im Oktober 1981 von einem Herzschrittmacher reguliert werden mussten. Bei Schmidt habe das zeitweise Zweifel geweckt, «ob er das Kanzleramt lebend würde verlassen können». Zudem wollte er nicht etwa Wegbereiter einer neuen Koalition mit den «Grünen» werden, anders als Brandt hielt er von einer solchen neuen Mehrheit links von der Mitte nichts. Und endlich: Es wirkte nach, dass Oskar Lafontaine und andere ihn derart persönlich attackiert und die moralische Integrität seiner Politik in Zweifel gezogen hatten, Brandt aber keinen kategorischen, eindeutigen Trennstrich zu solchen Kritikern zog.[38]

Bei den Bundestagswahlen wenige Monate später bestätigten die Wähler den Machtwechsel von Schmidt zu Kohl. Mit diesen Wahlen vom 6. März 1983 schied Herbert Wehner, der an Diabetes litt und Anzeichen von Demenz zeigte, aus dem Bundestag aus. Still um ihn war es schon seit längerer Zeit geworden. Ein Jahr später legte Helmut Schmidt das Amt des Stellvertretenden Parteivorsitzenden nieder und nahm ein Angebot von Gerd Bucerius an, Herausgeber der *ZEIT* an der Seite Marion Dönhoffs zu werden. Seit langen Jahren hatten die «Gräfin» und Schmidt in Gesprächen und Briefen vertraulich und offen ihre Meinungen zu den Zeitverhältnissen ausgetauscht. Im Jahr 1986 verabschiedete er sich endgültig aus dem Bundestag, in den er 33 Jahre zuvor erstmals eingezogen war: Ein Berufspolitiker par excellence, auch wenn er häufig damit kokettiert hatte, das Leben sei anderswo und er könne sein Glück auch außerhalb dieser Arena suchen.

Bis zum Jahr 1987 stand Willy Brandt noch an der Spitze der SPD. Das Kapitel in seinen *Erinnerungen* über den Rückzug, der nicht frei war von Bitterkeit, überschrieb er demonstrativ – «Fröhlicher

Abschied».[39] Helmut Schmidt urteilte im Rückblick, Brandt sei einfach zu lange geblieben.

Willy Brandt musste nach der Wahl Helmut Kohls nicht mehr fürchten, der Illoyalität gegenüber Schmidt geziehen zu werden oder zum Machtverlust seiner eigenen Partei beizutragen. Mit Kohl als Kanzler fand er sich nicht nur ab, er arrangierte sich sogar mit ihm und duldete es, wenn der sich einer gewissen Freundschaft mit ihm rühmte. Helmut Schmidt hingegen ließ diesen Nachfolger spüren, dass er ihn nicht als ebenbürtig betrachte. Willy Brandt fiel Ballast von der Seele. Welche Metamorphose! Die Sozialistische Internationale, die Nord-Süd-Kommission, die Rolle in Europa, alles hatte ihn wiederbelebt – aber nun schrieb und redete er anders als zuvor. Und er heiratete Brigitte Seebacher, mit der er bereits seit 1980 zusammenlebte.

Vom Mai 1983 datiert ein Buchbeitrag aus Brandts Feder zum 50. Geburtstag des norwegischen Politikers Reiulf Steen. Von «eisigen Winden» war darin die Rede, denen der Versuch des Abbaus von Spannungen zwischen Ost und West ausgesetzt sei. Die Frage sei, wie verhindert werden könne, «dass die Früchte der Entspannungspolitik vollends verkommen?» «Es gilt, sich gegen den Strom zu stellen, wenn dieser sich wieder einmal ein falsches Bett zu graben versuchen sollte. Denn es gibt keine moralische Position, die noch Gewaltanwendung zur Lösung von Konflikten zwischen den Blöcken, wie auch den Staaten, rechtfertigen könnte. Hieraus folgt, die Erhaltung des Friedens als eine primär politische Aufgabe zu sehen.» «Die Politik, die auf Entspannung zielt, ist nämlich nicht definitiv gescheitert.» Diejenigen, die ihr «heute den Totenschein ausstellen», fragte der Autor, ob sie «wirklich die Sowjetunion und ihr Bündnissystem kaputtrüsten oder es auf andere Weise in die Knie zwingen» wollen. Die Vermutung spreche dagegen, dass sich die östliche Großmacht nur mit einem Winseln aus der Geschichte abmelden werde. Zugleich allerdings plädierte er für Wachsamkeit und Verteidigungsbereitschaft, die der andere Pfeiler der Entspannungspolitik bleibe, bekannte sich zum «argumentierenden Teil» der Friedensbewegung, grenzte sich aber von denen ab, die Illusionen aus «Realitätsferne» schüren oder die

Konsequenzen «politischer Ohnmacht» nicht überblickten. Er sei kein Neutralist, sondern «bewusster Europäer», wehrte er sich gegen Missverständnisse. Unter dem Eindruck der nazistischen Gefahr habe er kein Pazifist werden können, aber er wisse, nicht solide Friedenspolitik, sondern Realitätsverlust und das Streben nach Überlegenheit hätten zum Krieg geführt. Auf den Vorwurf an die Adresse der Friedensbewegung, sie sei antiamerikanisch, reagierte er mit der Gegenfrage, ob etwa Robert McNamara, George Kennan, William Fulbright oder George Ball auch antiamerikanisch seien.[40] Das lag ihm besonders am Herzen, denn er war während des Raketen-Konflikts selber des Antiamerikanismus bezichtigt worden, nicht zuletzt von Helmut Kohl übrigens, dem späteren Freund.

Auch im Bundestag widersprach Brandt nun Schmidt und gestand mehr oder minder unverblümt, nie habe er an den Doppelbeschluss geglaubt. Man ahnte als Zuhörer, was sich bei dem Redner aufgestaut hatte. Schmidt zeigte sich überrascht. Hatte er nicht registriert, dass Brandt einzig aus dem Wunsch heraus mit seiner Meinung hinter dem Berg hielt, um seine Kanzlerschaft nicht zu gefährden?

«Verrat» Ohne Zaudern erklärte Brandt sich bereit, am 22. Oktober 1983 bei einer Kundgebung der Friedensbewegung in Bonn zu sprechen: Kein gelassener Brandt trat auf, der junge alte Mann, den man in den letzten Jahren erlebt hatte, zu sehen war ein Redner mit starrem, angespanntem Gesicht, als lasteten all die Jahre des Konflikts noch auf seinen Schultern. Sehr laut sprach er, mit gepresster Stimme. *Für* die Nato sei er, *für* die Bundeswehr, *für* ein gutes Verhältnis zu Amerika! Mit keinem Wort wich er vom Manuskript ab. Immerhin so weit ging er, der Friedensbewegung regelrecht Zusammenarbeit anzubieten, für seine Widersacher in der SPD schon das eine Todsünde. Seine Partei und die Protestorganisationen stünden zusammen, versicherte er. Brandt: «Wir brauchen in Deutschland nicht mehr Mittel zur Massenvernichtung, wir brauchen weniger.» Von «Teufelszeug» sprach er an anderer Stelle.

*Schmidt ist nicht mehr Kanzler – nun lässt Brandt offen Sympathien für
die Friedensbewegung erkennen und spricht bei einer Kundgebung gegen
den Nachrüstungsbeschluss am 22. Oktober 1983 auf der Hofgartenwiese in Bonn.*

Er hütete sich, sich anzubiedern mit pazifistischen Lippenbekennt-
nissen. Helmut Schmidt sprach es nicht laut aus, aber seine Vertrauten
streuten das Wort, er halte es geradezu für «Verrat», was Brandt mache. Verrat? Fast trug es Züge von persönlicher Tragik, wie Brandt
sich auf dem Rednerpodium präsentierte, ohne jeden Triumph. Und
Petra Kelly, die für die Friedensbewegung sprach, hatte die Stirn, ihm
zu sagen, er sei nicht weit genug gegangen – anmaßend habe er das
gefunden und blind für das, was im Lande geschah, verriet er mir
wenige Tage später. Realistisch habe er formulieren müssen, und dennoch ausdrücken, was wünschbar erscheint. Kurzum, zurückgestellt
hat er, «was ich gesagt hätte, wenn ich das Manuskript weggelegt
hätte». Es ging nicht anders, wie er fand. Zum wirklichen Brückenschlag mit der Friedensbewegung – das ahnte er – war es zu spät.

Anfang Januar 1980 bereits hatte sich in Karlsruhe die neue Partei gegründet, *Die Grünen*, im März 1983 zog erstmals mit Sonnenblumen und Strickjacken und Fröhlichkeit die erste Fraktion mit 27 Abgeordneten (5,6 Prozent) in den Bundestag ein. Damit, so sah Brandt es, spaltete sich ohne Not das Mitte-Links-Lager der Republik. Seiner Partei kam die junge Generation abhanden, und das lastete er ohne große Retuschen der Politik Helmut Schmidts an.

«Der Ansatz war nicht falsch», grübelte er wenige Tage nach dem Auftritt auf der Hofgartenwiese im Gespräch, immer noch abwägend im Ton und ohne Siegesfanfaren; es sei logisch gewesen, dachte er sogar laut vor sich hin, den Weg einzuschlagen, den Helmut Schmidt 1979 wählte, also anzunehmen, «die deutsche Politik ist stark genug, es so zu versuchen, vor allem, wenn sie einen starken Kanzler hat».

Wollte er nicht doch brechen mit Helmut Schmidts Kurs in der Raketenfrage? Nein, um Kontinuität ging es, erwiderte Brandt, nur die Rahmenbedingungen hätten sich verändert, und darauf musste sich die deutsche Politik neu einstellen. Schmidt hätte das auch machen sollen, schwang dabei mit. Und was sagt er zu Schmidts Vorwurf, die SPD und Brandt beugten sich dem Druck der Straße? Brandt: Setzt sich die Friedensbewegung nicht aus Leuten jeden Alters und aller Parteien zusammen? Ist denn Politik von unten per se schlecht? Die «Generation der Unrast» von 1968, fügte er seinem Bündel von Fragen noch hinzu, sei doch längst Teil der bürgerlichen Gesellschaft – und diese Bürgerlichkeit ist es, die auf der «Straße» steht!

Wie konnte Helmut Kohl behaupten, die Stationierungspolitik werde «von unserem Volk getragen», während man zusehen könne, wie sie das Land auseinanderdividiert? Nach Washington war er noch einmal geeilt, um in letzter Sekunde die Freunde umzustimmen. «Bevor es zu spät ist», betitelte er einen Vier-Punkte-Plan, den Brandt seinem amerikanischen Auditorium vorstellte. *Freeze* lautete der Tenor beschwörend: Amerika und die Sowjetunion sollten wenigstens einmal alle Atomwaffenversuche stoppen. Während die USA auf die Stationierung von neuen Raketen in Europa vorläufig verzichten, solle die Sowjetunion mit der Verschrottung ihrer SS-20-Raketen beginnen. Das müsste bei einigem guten Willen auf beiden Seiten doch menschenmöglich sein! Natürlich war es vergebens.

Zweifel, Zorn, Fragen mischten sich bei Brandt unvermittelt hinein in seinen Versuch, beim Rückblick zurückhaltend zu bleiben. Zweifel, ob man wirklich «den gefährlichen Umweg nötig gehabt hat, bevor sich die Weltmächte – wer weiß wann? – wieder einmal am Verhandlungstisch treffen». Zorn, dass es nicht zu wirklichen Verhandlungen gekommen ist, weil «einige Leute die Pershing II lieber herbekommen als die SS-20-Raketen wegkriegen wollten». Fragen, ob hinreichend gesehen worden sei, dass die Deutschen – anders als in der Ostpolitik – «diesmal nicht Herr des Verfahrens sein würden». Dieser letzte Punkt insbesondere richtete sich unausgesprochen an Schmidts Adresse.

Endlich der *show down*: In seiner honorigen Rede in Kölns Messehalle antizipierte Schmidt, dass er sich am Ende in der Minderheit befinden werde. Reden wollte er ausdrücklich, um den Eindruck zu widerlegen, «das Schiff verlasse den Lotsen». Das sei falsch, der Prozess sei schon sehr viel früher in Gang gekommen. Er wolle anerkennen, dass ein Sozialdemokrat «aus Gewissensgründen» zu dem Ergebnis kommen könne, jetzt nicht nachzurüsten, niemals, oder nie auf deutschem Boden, er erwarte allerdings auch umgekehrt Respekt, dass eine andere Entscheidung gleichfalls aus Gewissensgründen getroffen werden könne. Er wolle nicht verschweigen, dass er in den letzten zwölf Monaten – seit dem Rückzug aus dem Amt – auch von Zweifeln heimgesucht worden sei. Ein Zweifel allerdings habe ihn zu keiner Stunde geplagt: «Dies ist der Parteitag meiner Partei, der ich seit nun bald vier Jahrzehnten angehöre, der ich mich zugehörig fühle, die mein politisches Schicksal gewesen ist und von der mich niemand abdrängen wird, weder von außen noch von innen.»

Ein starker Satz, dem andere starke Sätze folgten: Er werde sich nicht zurückziehen und «Groll zu meinem Lebensinhalt» machen, beteuerte Schmidt. Im innerparteilichen Streit habe er sich oft genug durchsetzen können, andere hätten sich dann mit der Rolle der Minderheit abfinden müssen. Wer ihn gegen seine Partei ausspielen

Hans-Jochen Vogel, Justizminister und Eckpfeiler im Kabinett Schmidt, häufig Makler zwischen dem Kanzler und dem Parteivorsitzenden, beim Parteitag in Köln im November 1983. Die überwältigende Mehrheit lehnt die Raketenstationierung ab, die Schmidt befürwortet hatte, Brandt setzt sich durch. Seiner Partei blieb Schmidt dennoch treu.

wolle, solle sich fragen, ob er selbst alles getan habe, «um die beiden Weltmächte zu einem Kompromiß zu drängen, der Millionen Menschen etwas von ihrer Angst nehmen würde». Eine große Abschiedsrede wurde daraus, von einem Redner, der mit dem Rücken zu Wand stand.[41] Über das Drama seiner Kanzlerschaft ging er jetzt wortlos hinweg, als wolle er um jeden Preis Contenance bewahren.

An diesem Tag, dem 18. November 1983, wurden in Köln die wahren Mehrheitsverhältnisse klar. Brandt musste kaum noch betonen, dass er von dem Beschluss nichts halte, 400 Delegierte votierten für den Leitantrag des Parteivorstands zur Nachrüstungsfrage. Dreizehn stimmten dagegen – plus Helmut Schmidt.

Für ihn war das kein leichter Moment.

Mit «emotionaler Mehrheit», formulierte er sorgsam in *Weggefährten*, dem Erinnerungsbuch, das dreizehn Jahre später erschien, haben die Sozialdemokraten einen wichtigen Teil seiner Außenpolitik abgelehnt, jenen Doppelbeschluss, den er herbeigeführt habe und der am 1. Juni 1988 mit dem INF-Vertrag zur Abrüstung nuklearer Interkontinentalraketen «seine glänzende Rechtfertigung finden sollte».[42] Beim Schreiben blickte er selber auffallend entspannt, ja beinahe heiter darauf zurück: Er habe sich nach dieser Abstimmung entschlossen, mit seinen 65 Jahren nicht mehr für den nächsten Bundestag zu kandidieren, das Leben mit Loki zu genießen und ein außenpolitisches Buch zu verfassen. Am Tag selber, in Köln, sah das anders aus. Im Saal, bei der Abstimmung, als Brandt und Schmidt sich nicht ansehen mochten, konnte man für einen Augenblick meinen, sie hätten beide verloren.

Überraschend auch für manche seiner Mitstreiter und Vertrauten fiel Brandts nachträgliche Erläuterung zu diesem Konflikt aus, für die er sich als Memoirenschreiber entschied: Er frage sich, notierte er nämlich bedächtig, wie man ihm habe unterstellen können, gegen den Nato-Doppelbeschluss gewesen zu sein. Er habe zwar nicht erwarten können, unter die «Hardliner» gerechnet zu werden, aber woher der Ruf komme, er sei «der Gegenspieler Helmut Schmidts» in der Raketenfrage gewesen, sei ihm «ein Rätsel geblieben».[43] Bemüht wirkte das, fast verkrampft.

Auch Brandt-Biograph Merseburger sucht vergeblich eine schlüssige Erklärung. Gregor Schöllgen vermutet gar, Brandt habe Nebelkerzen geworfen damit, um davon abzulenken, dass die Entwicklung eindeutig Schmidt Recht gegeben habe.[44] Egon Bahr, wiewohl seit Jahren mit Schmidt eng befreundet, warnt entschieden vor jedem Versuch, Brandt im Nachhinein zu einem Befürworter des Doppelbeschlusses umzudeuten. Die Antwort auf die Frage nach der rätselhaften Bemerkung Brandts in seinen *Erinnerungen* sei doch ganz einfach: Vertuschen wollte er die Differenz, weil er Respekt gehabt habe vor Schmidt und vor den Deutschen, die ihn verehrten. An die Geschichtsbücher habe er gedacht und daran, dass von ihrer gemeinsamen Leistung nicht nur das große Zerwürfnis hängen bleiben solle. Einen «Falken» wiederum habe Brandt in Schmidt – anders als manche Parteifreunde – keineswegs gesehen, dann hätte er statt eines Arrangements mit dem Kanzler ohnehin nur den großen Bruch anstreben können.[45]

Für Feinschmecker lohnt es sich allerdings, Brandts Passage in den *Erinnerungen* über den Großkonflikt noch einmal genauer nachzulesen, der er die heitere Überschrift gab: «Ende gut, alles gut». Am 22. November 1983, so schilderte er den Weg zum guten Ende, begann die Stationierung der Pershing, tags darauf verließen die Sowjets den Verhandlungstisch in Genf. Die Proteste und Sitzblockaden verpufften, der Westen musste zusehen, wie im westlichen Vorfeld der Sowjetunion erneut «taktische» Atomwaffen stationiert wurden. Im Frühjahr 1985 wurde Michail Gorbatschow zum Generalsekretär gewählt – und nun erst kam Bewegung in die erstarrten Verhältnisse, lautete Brandts Version. Auf dem Gipfel im Herbst 1986 in Reykjavík verpassten Ronald Reagan und Michail Gorbatschow knapp den Durchbruch, eine Sensation lag bereits in der Luft, aber bis zur Unterschrift dauerte es noch ein Jahr. Es war keine Frage des Prinzips mehr, sondern der Zeit, resümierte er – dank Gorbatschow.

Er habe nur «an die simple Wahrheit erinnert, dass geredet werden müsse, wenn sich die Instrumente der Zerstörung nicht selbständig machen sollen». Aber auch an der Stelle griff er die Vorwürfe von Schmidt an seine Adresse noch einmal ausdrücklich auf: Er habe sich «nicht getroffen gefühlt» von dessen Mutmaßung, gewisse Sozialdemokraten hätten die Weltmächte mit zweierlei Maß gemessen und die Bundesrepublik als bloßen Brückenkopf amerikanischer Interessenwahrung in Europa dargestellt. Auch nicht durch einen Ausspruch, ergänzte Brandt sogar noch, den Giscard d'Estaing von seinem Freund Helmut schon gehört haben wollte, als 1977 die Flammen hochschlugen wegen eines anderen Rüstungsprojektes, den Neutronenwaffen. «Willy Brandt setzte wie immer» – referierte Giscard Schmidt – «alle Hebel gegen mich in Bewegung.» Brandt: So sieht dann die «verballhornte Variante der Lesart aus, laut der Sozialdemokraten ihren eigenen Kanzler im Stich gelassen hätten». Auch Giscard müsste wissen: Schmidt wäre keine vierzehn Tage Regierungschef geblieben, hätte er ihn für untragbar gehalten. In Wirklichkeit hätten Schmidt und er auf den beiden entscheidenden Parteitagen, Dezember 1979 in Berlin, März 1982 in München, nicht gegeneinander gestanden, sondern an einem Strang gezogen. Auch wenn sie die Lage «nicht auf Punkt und Komma» gleich einschätzten.[46]

Ende gut, alles gut: Jetzt war er sichtlich um Versöhnung bemüht, knüpfte an den früheren Konsensfaden wieder an und mühte sich, die Rolle als «Gegenspieler Helmut Schmidts» zu verdrängen.

Dass er aber erkannt habe, Schmidt habe mit seiner Politik Recht bekommen, lässt sich daraus schwerlich herauslesen. Keine Andeutung dieser Art von Brandts Seite findet sich. Und es spricht auch nichts für die Annahme, er habe seine verspätete Einsicht bloß kaschieren wollen.

Als Parteivorsitzender, der sich durchgesetzt hatte, blickte er in Köln beim Parteitag über Schmidt hinweg oder durch ihn hindurch. Aber als Autor verteidigte er ihn gegen Kritik, die er für falsch hielt – und die auch falsch war. Schmidt habe «einen Rückfall in die Scheinwelt vermeintlicher Stärke oder in die sterilen Unsicherheiten des Kalten Krieges» verhindern wollen, bescheinigte er seinem Nachfolger demonstrativ, und das war ernst gemeint.[47]

Ist die Frage müßig, wer Recht hatte?

Schmidt glaubt, seine Analyse aus dem Jahr 1977 sei stimmig gewesen – «und sie war erfolgreich». Sogar von einem persönlichen Triumph sprach er gelegentlich. Jedenfalls stand am Ende, wie er es sieht, mit dem Abrüstungsabkommen Washingtons und Moskaus im Jahr 1987 das erwünschte Ergebnis, die «Null-Lösung» für Interkontinentalraketen, «auch wenn das später kam, als wir dachten». Sein Kurs habe auch dazu beigetragen, «die Gefahren der deutsch-deutschen Konfrontation zu begrenzen».

Je lauter und triumphierender sich Politiker in Washington rühmten, Michail Gorbatschow in die Knie gezwungen zu haben, umso reservierter fiel das Urteil des Kanzlers a. D. darüber aus. Niemand solle den Mund zu voll nehmen, wollte er sagen. Die Hauptrolle spielten wir Deutschen ohnehin nicht. Die große Zäsur in Europa, der Runde Tisch in Polen, der Mauerfall, Václav Havel auf dem Hradschin in Prag, das bewirkte – aus seiner Sicht –

Michail Gorbatschow alleine, er hat «die Lawine losgetreten». Nur kontrollieren hat er sie nicht mehr können, sie hat ihn «überrollt».[48] Dankbar, urteilt Schmidt, müsse man Gorbatschow dennoch sein. Darin stimmte er dann voll mit Brandt überein.[49]

Schmidt im Gespräch: Hat es ihn gewurmt, dass Willy Brandt seine Sympathie für die Hunderttausende auf der Bonner Hofgartenwiese erkennen ließ? Hätte er sich mehr Unterstützung des Parteivorsitzenden erwartet? Es folgte – ein langes Jein und ein Zug an der Zigarette. Einerseits, andererseits – wie man Helmut Schmidt sonst gar nicht kennt. «Wissen Sie, depressiv war Brandt», beschwichtigte er nach einigem Überlegen, «das kann man nicht hoch genug veranschlagen.» Von der Friedensbewegung hat er sich einfach verführen lassen, warb er für ihn, das muss man verstehen.[50] Aber es stimmt, Brandt hat «die Seiten gewechselt».

Dann fügt er beim Nachdenken noch knapp hinzu: Nach 1974, nach seinem Rücktritt, «war Willy Brandt nicht mehr derselbe».

«We agree to disagree»

Zwei soignierte alte Herren in Lübeck, im Jahr 2008, die sich mögen: Helmut Schmidt und Egon Bahr hatten sich die Mühe gemacht, ins Willy-Brandt-Haus anzureisen. Sie verstanden sich prächtig, der Kanzler a. D. und sein früherer Minister, der auch der engste Vertraute Willy Brandts war. Wer hatte Recht, damals im großen Streit?

Sie nannten sich beim Vornamen und beteuerten sich ihrer Freundschaft. Alle Divergenzen, die sie in früheren Jahren trennten, schienen verblüffend relativiert. Die Bundesrepublik, wie sie geworden ist, das konnte man spüren, betrachteten sie auch als ihr Kind, ihr Werk, ihre Patria. Egon Bahr ließ keinerlei Zweifel aufkommen daran, die Entspannungspolitik habe zu «1989» und dem neuen Europa mehr beigetragen «als alle markigen Sprüche Ronald Reagans» oder gar die Drohung, mit neuen «Nachrüstungsrunden» Moskau in die Knie zu zwingen.

Schmidt hielt dem eine Geschichte entgegen, deren Quelle Gorbatschow sei. Ihm zufolge wurde im Zentralkomitee nie über die

Nachrüstung gesprochen, das handelten nur «Breschnew und seine Generäle» untereinander aus. Selbst das ZK war für solche Fragen zu durchlässig. Aber klar machen wollte Gorbatschow seinem Gesprächspartner Schmidt, so jedenfalls verstand der es, dass sie auf Dauer mit dem wirtschaftlich potenten Westen nicht konkurrieren könnten. Es war richtig, lautete Schmidts Botschaft, Ende der 70er Jahre eine eigene «Nachrüstung» als Reaktion auf die SS-20 anzukündigen. Aber wollte er auch unterstreichen, diese Beharrlichkeit habe zur Zäsur in Europa geführt? In Lübeck jedenfalls ging Schmidt so weit nicht. Versöhnlich fügte er hinzu, er wisse, dass Bahr nicht zustimmen werde, man solle es daher bei der Formel «we agree to disagree» bewenden lassen.

Auch Bahr übrigens wartete «Helmut» in Lübeck mit einer «Geschichte» auf. Bei einer Sitzung in Oslo sei er mit Richard Perle ins Gespräch gekommen, zu Reagans Zeiten einem wichtigen Berater der amerikanischen Regierung in Abrüstungsfragen. Das Gespräch sei «alles andere als freundlich» verlaufen. Er habe seinem vis-à-vis vorgeworfen, die Nachrüstung laufe in Wirklichkeit auf eine Desolidarisierung Amerikas von Europa hinaus. Die neue Raketengeneration, lautete Bahrs Argument, solle an Stelle der strategischen Atomraketen treten. Wenn künftig amerikanische Raketen von Europa aus Moskau treffen können, werde der Sowjetunion klar gemacht, dass die strategischen Streitkräfte der USA an dem Kampf nicht direkt beteiligt sind. Deshalb könnten die Supermächte einen Atomkrieg auf Europa begrenzen. Richard Perle, fuhr Bahr fort, habe nicht etwa widersprochen, sondern nur lakonisch erwidert, «ja, so kann man denken».

Beirren ließ Schmidt sich von Bahrs Geschichte natürlich nicht: Richard Perle habe er ebenso wenig geschätzt, «aber wir bleiben unterschiedlicher Meinung, Egon».[51]

We agree to disagree? Man stelle sich vor, mit geschlossenen Augen, nicht der Freund «Egon», sondern «Willy» hätte sich mit «Helmut» in Lübeck darüber austauschen können. Ob sie sich jemals eingestanden hätten, dass ihre beiden großen Politikentwürfe, die Ostpolitik und der «Doppelbeschluss» zur Nachrüstung, auch mit ihren Lebensgeschichten zusammenhingen, dass dies vor allem aber für die Unnachgiebigkeit gilt, mit der sie dieser Linie folgten? Dass Gorbatschow «herbeigerüstet» worden sei, hätte auch Brandt nie konzediert. Dennoch, ganz sicher bin ich mir, im Lichte dieses Erfolgs, «1989» und der Einheit Europas, und im vergoldeten Rückblick auf ihr Leben hätten auch Brandt und Schmidt über den größten Dissens ihres Lebens entspannt geredet, vermutlich sogar gelacht, und angesehen hätten sie sich auch.

«Success Story» Ein dreiviertel Jahr nach seinem Abschied von der Parteispitze hatte er Lust zu einem Gespräch. Das Büro des «Ehrenvorsitzenden», der er jetzt war, befand sich zehn Fußminuten vom Ollenhauer-Haus entfernt in den Räumen des alten Bonner Hotels Tulpenfeld im Regierungsviertel. Von sich aus kam Brandt zu sprechen auf die Ostpolitik, auf ihre Anfänge wie auf ihre mögliche Fortsetzung heute, Michail Gorbatschows Suchbewegungen verfolgte er mit erregter Sympathie.

Man merkte, er war angelangt auf dem Höhepunkt seines Lebens. Die Frage, was in den Geschichtsbüchern von seiner Politik und der Kanzlerschaft bleiben werde, machte ihn nicht unruhig, als politische Figur polarisierte er schon lange nicht mehr. Bei der Gelegenheit ging Willy Brandt, wie mir schien, weiter als in seinen Büchern, einen winzigen Schritt vielleicht nur, aber immerhin. Wäre denn Franz Josef Strauß, der die Ostpolitik instrumentalisierte, um ihn zu stürzen, ohne diese Politik nach Moskau geflogen und hätte er dort so versöhnlich gesprochen? Hätte es den INF-Vertrag Ende letzten Jahres oder Ronald Reagans überraschende «Wende» ohne die frühe Ostpolitik überhaupt gegeben? «Alles in allem», urteilte damals Brandt selbstbewusst und auch ungewohnt zufrieden, «eine erstaunliche *success story*».

Unumstritten war die Entspannungs- und Ostpolitik nicht, schon gar nicht ungefährdet. Zeitweise schien sogar das Wort «Entspannungspolitik» in Washington wie in Bonn auf den Index zu kommen. Das hat sich merklich geändert, fuhr Brandt fort mit dieser Kurzfassung einer langen Geschichte. Seine Politik sah er vom «neuen Denken» Gorbatschows und der Chronologie der laufenden Ereignisse voll bestätigt. Bedenken Sie, wer alles dagegen war, im Jahr 1961 zu Adenauers, Barzels und Wehners Zeiten; oder im Jahr 1970, als es um den zweiten Polen-Vertrag ging; und 1975, als Helmut Schmidt und Hans-Dietrich Genscher zu einer «realistischen Entspannungspolitik» rieten! «Das fällt einem alles ja erst jetzt wieder ein.» Und dann kam Erich Honecker nach Bonn, 1987, empfangen von Helmut Kohl! Ob er selbst «schon genug daraus gemacht habe», das allerdings frage er sich manchmal. Er neige dazu, zu sagen: «Nein, obwohl man nur wenig Zeit hatte.»

Und haben andere genug daraus gemacht, die so viel Lorbeer für sich reklamieren? Willy Brandt: «Da sage ich unbefangener Nein.» Nutzt die Politik die Chancen hinreichend? Der alte junge Brandt, der gegenüber saß, antwortete: Eine Schlüsselrolle hatte Bonn im Jahr 1988 nicht mehr wie damals, «da hatten wir doch den Schlüssel zu einem der Schlösser», ein bisschen mehr Schrittmacher aber könnten die Deutschen schon sein, «wir verstehen einfach mehr davon».[52]

Die Ostpolitik, fand er, war eine Ermöglichungspolitik. Sie schuf die Basis für Veränderungen, weil sie Vertrauen unter den Nachbarn in Europa bewirkte. Vielleicht ermöglichte sie sogar die überraschende Entscheidung des ZK im Jahr 1985 in Moskau, den unbekannten Mann aus Georgien, Michail Gorbatschow, zum Generalsekretär zu berufen. Soviel zur Frage, wer Recht hatte.

Bernd Faulenbachs grundsätzliches Urteil über die zwei Kanzlerschaften erscheint keineswegs unangemessen, die beiden seien zu international herausragenden Politikern geworden, «von denen in der zweiten Hälfte der 1970er-Jahre der eine zur vielleicht wichtigsten Führungsfigur der westlichen Industrieländer wurde, der andere Repräsentant globaler Politik des Ausgleichs zwischen Nord und Süd war». Bis zu einem gewissen Grade könne man sie deshalb sogar als «Antipoden» betrachten.[53] Verdeckt hat der Raketenstreit allzu sehr, dass Brandt und Schmidt jeder auf seine Weise internationalen Respekt und Reputation gewannen, und sich dies auch auf die Wahrnehmung der Bundesrepublik insgesamt übertrug.

VI. Briefpartner

«Kennen Sie unseren Briefwechsel? Ohne die Briefe, die wir uns geschrieben haben», erklärte mir Helmut Schmidt, «können Sie unser
Verhältnis nicht verstehen.» Er hatte Recht, wie sich erweisen sollte.
Das Gros dieser Briefe, die Brandt und Schmidt sich schrieben,
liegt in Schmidts Hamburger Privatarchiv, andere sind auch im
Willy-Brandt-Archiv der Friedrich-Ebert-Stiftung in Bonn auf-
bewahrt. Manches davon kannte man, Zitate daraus, kürzere Aus-
züge, waren da und dort immer mal wieder aufgetaucht in den
Medien. Auch die Biographen, Peter Merseburger und Hartmut
Soell, griffen sorgfältig darauf zurück, einige der Briefe im Brandt-
Archiv galten als klassifiziert und waren ohne Zustimmung der
Stiftung nicht einzusehen.

Nicht, dass man also Intimstes entdeckt bei dieser Lektüre. Aber
darum geht es auch gar nicht. Viel Handschriftliches gehört dazu,
auch Diktiertes, Randnotizen und lange Epistel, samt Verbesserun-
gen und Fehlern, Ungeschriebenes und Unaussprechliches zwischen
den Zeilen natürlich auch. Unter dem Strich lässt sich sagen: Bonn
war zur Zeit von Brandt und Schmidt doch bereits sehr transparent,
wirklich ein «Bundesdorf». Und dennoch, etwas Überraschendes
steckt in dieser Korrespondenz, wenn man die Jahre wie im Dau-
menkino noch einmal durchlaufen lässt.[1]

Als erstaunlich rühriger Briefschreiber erweist sich vor allem Helmut Schmidt. Über die langen Jahre hinweg war er in aller Regel der Sender, Brandt der Empfänger, das bleibt die Tonlage. Oft fragte man sich als Journalist in Bonn, warum die Kombattanten im Streitfall nicht einfach zum Hörer griffen oder sich aussprachen unter vier Augen, vielleicht bei «Ria Maternus», dem Godesberger Restaurant, das Brandt so liebte. Aber Schmidt griff, wie man sieht, lieber zur Feder.

Formell im Ton fing das an zwischen ihnen, ein Arbeitsverhältnis: Ein «policy-paper» zur militärisch-politischen Strategie, auf das er sich auch in öffentlichen Stellungnahmen stützen könne, erbat der Kanzlerkandidat Willy Brandt im Jahr 1960 von Helmut Schmidt. Gefreut habe er sich, dass er ihm seine Unterstützung vor allem auf militärisch-politischem Gebiet zugesagt habe. Vorbeugend fügte Brandt hinzu, *ganz so ahnungslos,* wie er es ihm dargestellt habe, sei er natürlich nicht: Er versuche, die internationale Debatte zu verfolgen, aber es fehle an einer *soliden Untermauerung.* Schmidt müsse ihm im Blick auf die geplante Bundestagsdebatte vom 30. Juni 1960 helfen *zu verhüten, daß dort mehr Porzellan zerschlagen wird als unbedingt nötig ist.*[2] Zuarbeiten sollte Schmidt, der schon als Experte galt, aber Brandt betrachtete ihn auch als Vertrauten. So fing ihre Zusammenarbeit an.

Lieber Helmut, rief der Regierende Bürgermeister Berlins am 5. März 1962 dem Hamburger Innensenator in einem Brief aufmunternd zu: Er habe ihm am Montag nur kurz sagen können, wie sehr er während der schweren Tage – die Hamburger Sturmflut war gemeint – in Gedanken bei ihm gewesen sei und wie er seine große Leistung bewundert habe. Brandt: *Einer Deiner Senats-Kollegen sagte es so: In solchen Zeiten zeigt sich, wer ein ganzer Kerl ist.* Er wisse, dass diese Bewährungsprobe *für Dich und für uns alle* viel bedeute, sie lege allerdings auch zusätzliche Lasten auf seine Schultern. Damals war die Eintracht groß. Noch hielt das. Fast freundschaftlich erbat Brandt Schmidts Meinung, ob er Parteivorsitzender werden solle – allerdings nur, schränkte er ein, wenn damit nicht die Erwartung verbunden sei, er lege sein Berliner Amt nieder. Drücken wolle er sich nicht, wenn er gefragt werde. Wenn Wehner Fraktionsvize werde, Erler Fraktionschef und er Parteivorsitzender, gestand er ihm, wäre das ein *Maximum an Versuchung.*[3]

Brieflich erörterten sie, ob Brandt in seiner Berliner Funktion als Bürgermeister verbleiben solle, auch für den Fall, dass er als Kanzlerkandidat antritt; immerhin, gab Helmut Schmidt zu bedenken, könne er von Berlin aus die tägliche Meinungsbildung in der Fraktion schwer beeinflussen, und der Mann an der Spitze der Fraktion werde als *Oppositionsführer* wahrgenommen, zudem müsse er gelegentlich schnelle Entscheidungen treffen ... Nach der 65er Wahl müsse aber offen sein, ob Vorsitzender und Kanzlerkandidat weiterhin identisch blieben, eine institutionelle Festlegung jetzt schon solle *nicht präjudiziert* werden.[4]

Unübersehbar drängte es Schmidt, mitzusprechen über den Kurs. In einem ungewöhnlich ausgiebigen Schreiben wies er Willy Brandt im Juni 1964 darauf hin, die *Daueranstrengung* der SPD seit 1960, sich für *Bürger, Kirche, Generale* stark zu machen, sei *leider häufig subjektiv berechtigt.* Schmidt: *In der Sache müssen wir auch für Dr. Lieschen Müller klar machen, wo und weshalb wir einerseits Gemeinsamkeit der Politik für nötig halten und andererseits: auf welchen Gebieten wir eine klare Alternative im Ziel, im Zweck, in Mittel und Methode, in der zeitlichen Folge oder in der Rangfolge aufzubieten haben.* Auf diesen Gebieten müsse eine *klare Frontstellung* öffentlich erkennbar werden. Mit einer ganzen Liste solcher Themen wartete er auf, aber auch mit Namen, die für Ministerämter in Betracht kämen. Bemerkenswert der Schluss seines Briefes: *Wenn Du und der Parteivorstand die Wahlkampf- und Vorwahlkampfführung unter den oben vorgetragenen Gesichtspunkten führen wollt, so bin ich – wie schon früher auf Anfrage von Fritz Erler ihm mitgeteilt – bereit, für das Verteidigungsressort geradezustehen.*[5] Ganz oder gar nicht: So musste man diese Botschaft Schmidts wohl verstehen. Entweder er ist inhaltlich und personell einverstanden, oder er lässt die Finger davon!

Drei Wochen später, im Juli 1964, erwiderte Brandt auf sein Schreiben: Schwierig bleibe die richtige Dosierung von Gemeinsamkeit und Alternative. Froh sei er, dass Schmidt bereit sei, für das

Ressort Verteidigung die Federführung zu übernehmen. Die *personelle Darstellung* allerdings müsse noch *durch die Mühle der Körperschaften* gebracht werden, Schmidt möge sich nur vorher bereits mit Stellungnahmen zur Sache einmischen, ermunterte er ihn.[6]

Schwer in Einklang bringen lässt sich damit der wohl «privateste» Brief Schmidts, der aus dem folgenden Jahr, 1965, stammt. Der Entwurf trägt den Vermerk: «An Bord des Lufthansa-Senator-Dienstes.» Schmidt, handschriftlich: *Lieber Willy, in der relativen Ruhe eines amerikanischen Hotelzimmers am Ende eines getriebereichen Tages komme ich zu einem Brief an Dich, der mir auf der Seele liegt, seit wir uns vor einer Woche zufällig am Frankfurter Flughafen trafen. Du sahst physisch sehr erschöpft aus – ich kann das nur allzu sehr verstehen. Ich fürchte aber, daß Du außerdem auch seelisch ganz ausgeschöpft warst, und deshalb möchte ich Dir schreiben. So sehr man als Mann auch weit über das Jünglingsalter hinaus einer geliebten Frau Briefe der Liebe schreiben mag, so sehr zögert man – jedenfalls in diesem Jahrhundert – einem Freunde seine Freundschaft anders darzutun, als durch Handeln oder Unterlassen. Trotzdem, Willy, und ohne Rücksicht auf die Gefahr pathetischer Pose: Dies ist ein Brief tiefer Freundschaft und zugleich großen Respekts.*

Einen ähnlichen Trostbrief hat Schmidt seitdem nie mehr an Brandt adressiert, und er hat ihn auch selbst in einem Aufsatz über Brandt und seine Beziehung zu ihm in seinem Buch über *Weggefährten* ausführlich zitiert. Was er in seinem amerikanischen Hotelzimmer in großen Lettern festhielt, sollte Brandt hinweghelfen über einen Tiefschlag. Fast therapeutisch ging er vor – und freundschaftlich gewiss auch. In den letzten vierzehn Tagen habe er vielfach gesagt, Brandt sei *der beste Mann, den unsere Partei zur Verfügung hat.* Von seiner großen menschlichen und politischen Autorität habe er gesprochen, die ein unschätzbares Kapital sei. Tausende werde es geben, die ähnlich denken – Brandt solle solche Briefe als Zeichen der Solidarität, aber auch als *Indices des Vertrauens pro futuro* betrachten, als Erwartung. Die zukünftige Doppel-Rolle in der deutschen Politik werde kaum leichter werden als die bisherige

Tripel-Rolle. Gerade deswegen habe er gute Wünsche nötig. Er wisse nicht, fuhr Schmidt fort, wie es bei uns weitergehen werde – *mich selbst stört der mancherorts mir erteilte Vorschußlorbeer außerordentlich.* Er wisse auch nicht, auf wen seine bisherige *dritte Rolle* im Laufe der nächsten Jahre wirklich zukommen werde. Wer aber immer es sein wird, *er wird sie nicht leichter finden, als sie für Dich war.* Er werde auch wissen müssen, dass er seine Ausgangsposition weitgehend ihm verdanke und sein Ergebnis genauso ungewiss sei wie das Brandts. Man werde ihm auch genauso mitspielen wie ihm – *spätestens daran wirst Du rasch auch erkennen, daß Dein persönlicher Lebensweg keineswegs ein <u>besonderes</u> handicap für Deine Partei war.* Mehr noch: Dem Neuen, fuhr Schmidt fort, würden aus der gleichen ehrlosen Unanständigkeit Gerüchte und Argumente entgegengehalten wie gegen ihn. Demokratie, wurde er dann grundsätzlich, dürfe man eben nicht idealisieren, sie sei kein *Safe-guard gegenüber kleinen und großen Charakterferkeln in der Politik.* Nicht in Deutschland, jedenfalls noch nicht in Deutschland! Deswegen müsse man aber *an diesem Volke noch keineswegs verzweifeln. Es ist halt immer noch im Grunde in großen Teilen ein Volk aus unpolitischen Menschen. Die bisherige moderne Geschichte Deutschlands war zu sehr von abrupten Wechseln gekennzeichnet, als daß sie die Entwicklung eines kontinuierlichen politischen Bewußtseins hätte mit sich bringen können. Wir werden dazu noch ein ganzes Menschenalter brauchen – wenn alles gutgeht.* In den Zeitungen stehe, er sei persönlich verletzt. Kreide es dem Volke nicht an, riet Schmidt, sechzig oder siebzig Jahren sei es schlecht geführt worden. Sie dürften der ehrabschneiderischen Geisterkampagne nie nachgeben, Anpassung wäre Untreue oder Opportunismus. Schmidt: *Natürlich hat uns diese Kampagne Stimmen gekostet und einen Teil der von Dir gewonnenen Stimmen wiederaufgezehrt – es wäre töricht, das nicht sehen zu wollen.* Dem müsse man mit aller Kraft entgegentreten. Er jedenfalls werde für sich diese Konsequenz aus dem Jahre 1965 ziehen. Niemand, schrieb er zum Schluss, hätte in den fünf Jahren seit Hannover die Partei und die Demokratie auch nur annähernd so weit voranbringen können wie Brandt.

Allerdings: Klare Ansagen enthielt der Brief auch, Schmidt ging davon aus, dass Brandt sich fortan auf die Rolle des Regierenden Bürgermeisters und Parteivorsitzenden beschränke. Spürt man beim Lesen Schmidts heraus, die *dritte Rolle* könne nun auf den Verfasser des Briefes zukommen? Unlauter wäre es nicht, Brandt hatte ja resigniert.[7]

Wortkarg antwortete Brandt – wie so oft. Der Brief habe ihn *sehr gefreut*. Er solle nicht zögern, sich an ihn zu wenden, empfahl Brandt, wann immer er es für zweckmäßig halte. Dann folgte der entscheidende Satz: *Über die Schlachtordnung für 1969 sollten wir nicht zu früh entscheiden.* Aber er habe *gewisse Vorstellungen* über das Verfahren, worüber sie auch im Vorstand sprechen müssten.[8] Auf Schmidts Spekulation über die Zeit nach Brandt heißt das, ließ der Adressat sich keine Sekunde ein.

Ein Jahr darauf, im Oktober 1966, sah Brandt seinerseits Anlass, Schmidt einen Trostbrief zu schreiben. *Lieber Helmut,* hieß es, *Du leidest hoffentlich nicht darunter, wenn Du in der Fraktion nicht alle Stimmen bekommen hast.* Demokratie bleibe halt eine schwere Sache – fast im Wortlaut benutzte er damit eine Wendung aus dem Trostbrief Schmidts an ihn. In der deutschen Politik werde es *interessanter, aber schrecklich schwierig*.[9]

Man kann sagen: Auf dem Höhepunkt einer funktionierenden Arbeitsbeziehung befanden sie sich. Über Generalleutnant Schnez und die Frage tauschten sie sich aus, ob er zu 150 Prozent pro Nazi oder ein *irregeleiteter Idealist* gewesen sei, wie er selbst sagte.[10] Brandt unterrichtete Schmidt, die sowjetische Haltung werde weniger rigide, aber auch darüber, dass Schmidt Kiesinger mit einer Äußerung in «Monitor» über einen sozialdemokratischen Kanzler ab 1969 irritiert habe; ihn wiederum habe Kiesinger angesprochen, ob er nicht den Begriff des *geregelten Nebeneinander* für die beiden deutschen Staaten bleiben lassen könne; das sei zwar wichtig, ein Modus Vivendi mit Ostdeutschland, aber er habe damit Schwierigkeiten bei seinen Leuten. Mit de Gaulle bahnten sich überdies Schwierigkeiten an, er wende sich gegen das britische Beitrittsgesuch, die Selbstachtung gebiete, hart dagegen zu halten, aber das Verhältnis zu Paris dürfe man nicht über Gebühr belasten.[11] In Bonn regierten sie mit den Christdemokraten in der Großen Koalition. Zwischen ihnen beiden musste es klappen.

Beim Außenminister beschwerte Schmidt sich, an wichtigen laufenden Regierungsangelegenheiten nicht hinreichend beteiligt zu sein. Brandt, in Formsachen streng, gelobte rasch Besserung: Conny Ahlers (damals Regierungssprecher) werde ihn regelmäßig unterrichten, Egon Bahr werde diese Rolle in außenpolitischen Fragen übernehmen, und auch er stehe *selbstverständlich zur Verfügung*, wenn Schmidt es für erforderlich halte.[12]

1969, Machtwechsel. Das neue Kabinett Brandt hat seine ersten Sitzungen kaum hinter sich, schon richtete der Kanzler einen besorgten Brief an seinen Verteidigungsminister, Helmut Schmidt, der sich über schlechte Vorbereitungen der Kabinettssitzungen beklagt hatte. Das eigentliche Problem sei weder technisch noch sachlich: Es besteht, so Brandt, darin, *ob aus dem Kabinett auch nur Annäherungswerte in Richtung auf ein Team entwickelt werden können*. Dabei komme es entscheidend auf Schmidt an. Deshalb bitte er ihn um Verständnis, Geduld und *freundschaftliche Kooperation*.[13]

Ungeduld werde ihm wohl auch weiterhin einen Streich spielen, erwiderte Helmut Schmidt. Was aber Verständnis und Kooperation angehe, könne Brandt mit ihm rechnen, immer, trotz manches Geredes und Geschreibsels durch Dritte. Aber dann fügte er seine erste Verwarnung an: *Je mehr man informiert und ins Vertrauen gezogen wird, je mehr ist Kooperation möglich, oder mit anderen Worten: Bitte, laß wichtige politische Entscheidungen nicht im Küchenkabinett zustande kommen.*[14]

An den *sehr geehrten Bundeskanzler* sandte der Verteidigungsminister im Oktober 1970 eine Mahnung, nicht weiter Programme zu verkünden, statt auf *Realisierungserfolge* zu setzen. Kaum verhüllt hieß das, der ganze Regierungsstil missfalle ihm. Es werde mehr versprochen, als die Regierung halten könne, am eigenen Beispiel, der geplanten Bundeswehr-Reform, illustrierte er ihm das. Ein Durchschlag gehe an Professor Ehmke als den Initiator der Kabinettsvorlage sowie an den Finanzminister. Zerschnitten war das Tischtuch damit nicht, aber jetzt wurden die Beziehungen frostig. Schmidt grenzte sich ab und zielte auf Horst Ehmke, den Puffer zwischen ihnen, aber gemeint war der Chef.[15]

Ein *letztes Wort* fügte Schmidt am 10. Dezember 1970 handschriftlich einem Schreiben hinzu, das zunächst von Gesprächen mit Finanzminister Möller, Georg Leber sowie Karl Schiller wegen der Finanzplanung für die Bundeswehr handelte: *Das Gespräch gestern abend in Deiner Wohnung hat mir gutgetan – laß uns um Gottes willen solche Gespräche häufiger haben, umso weniger muß man dann befürchten, daß sie Bitterkeiten zutage fördern.*[16]

Zum Mahner, Bremser, Kontrolleur wurde Schmidt zusehends beim Verfassen der Briefe. Brandt warnte er, Moskau zu viel zu vertrauen, falls dort ein Wille zur Konfrontation entstanden sein sollte. Auch wegen Berlin dürften die Verhandlungen mit Moskau schon aus Rücksicht auf die westlichen Freunde nicht präjudiziert werden. Rainer Barzel dürfe keine Legitimation erhalten, der Regierung Nachgiebigkeit vorzuhalten.[17]

Ein sehr schwieriges Jahr gehe zu Ende, seufzte ein erschöpfter Brandt am 22. Dezember 1970 handschriftlich in einem Brief an Schmidt. 1971 werde mit Sicherheit nicht einfacher werden. *Wir sollten miteinander dafür sorgen,* beschwor er ihn, *daß es nicht noch schwerer wird, als es sich ohnehin abzeichnet und nur bedingt zu beeinflussen ist.* Jenen Beitrag zum *Team* vermisste Brandt bei Schmidt offenbar, den er sich noch zum Jahresbeginn erhofft hatte. Wehner und er, riet Brandt, sollten sich aussprechen. Aber auch zwischen ihnen beiden zerbröckelte die Eintracht: *Dein gutmeinender, freundschaftlicher Rat, ich solle deutlicher sagen, wo die Reise langgeht, hilft auch nicht viel weiter. Erstens kann keiner von uns mehr aus seiner Haut – aus seinem Stil – heraus. Zweitens liegt die Lösung der meisten unserer Probleme wirklich in «kollektiven» Antworten. Im übrigen sollten wir wirklich nicht einen zu strengen Maßstab anlegen, wenn andere nicht jedes Wort auf die Goldwaage legen. Du tust es auch nicht. Und Du würdest einen Teil Deiner Ausstrahlungskraft aufgeben, wenn Du über Gebühr darauf verzichtetest, Dir Fesseln anzulegen ... Ruh' Dich etwas aus und sammle Kraft für das, was vor uns liegt ... Dein Willy Brandt.*[18]

Aus Lacco Ameno, Ischia kam wenig später die Antwort, eine Art politischer Grundsatzerklärung. Schnurgerade steuerte Schmidt auf alles zu, was ihn besorgte. Spürbar fühlte er sich immer noch nicht einbezogen genug. Zwar rechnete er sich zum inneren Zirkel, aber dann müsste dieser Zirkel auch geschlossener auftreten. Und, im Zweifel, es musste auch «geführt» werden. Mit Brandts Auffassung, die meisten unserer Probleme verlangten nach *kollektiven Antworten,* konnte er sich nicht leicht zufrieden geben. Auch wenn er dem prinzipiell und aus Überzeugung zustimme, so setzten gemeinsame Antworten doch *in aller Regel das Gespräch voraus.* Schmidt indigniert: *Ich verstehe gut, daß Du einige ständige Gesprächspartner in Deiner unmittelbaren Nähe brauchst und Dir herangezogen hast. Ich bitte nur herzlich darum, Herbert Wehner und mich nicht auf die Diskussion im Gesamtpräsidium oder Gesamtkabinett zu beschränken, denn diese beiden Gremien umfassen neben den Genossen von Substanz offensichtlich auch solche taktlosen, die notorisch gegenüber Leuten aus Presse und Informationsdiensten bruchstückweise, bisweilen verfälscht sogar – ob mit oder ohne Absicht – Diskussionsbestandteile preisgeben.* Ertragen ließe sich das, aber nur, wenn die *eigentlichen Führungspersonen* einheitlich auftreten. Dazu aber bedürfte es des Gesprächs! Wenn man in offiziellen Sitzungen zu lange über Differenzen schweige, komme irgendwann ein Punkt, an dem man nicht mehr länger schweigen kann. Dann entstehe leicht Schärfe coram publico und – reziprok dazu – Verbitterung. *Wenn Herbert z. B. je die Gelegenheit gehabt hätte, uns ohne Beisein von einem Dutzend weiterer Genossen zu sagen, was ihm an meiner Politik mißfiel, und Dich und mich zur Stellungnahme zu bewegen, so hätte es seinen bitter anmutenden Akt der öffentlichen Desavouierung in Bremen vielleicht nicht gegeben.*[19]

Der Briefeschreiber spielte damit auf Äußerungen Wehners vor dem Bundeskongress der Jusos an, bei dem er die jungen Kritiker zugleich zu beschwichtigen und zu verstehen suchte. Einige seiner lästerlichen Reden sollten ihm «nicht verziehen werden» – so Wehner bei seinem Spagat –, aber er wolle diesen unerhört temperamentvollen Mann «auch nicht schwimmen lassen». Zugleich nahm er Schmidts Reaktion auf seinen Auftritt vorweg: «Er wird das hören oder lesen – in *Spiegel*-Fassung wird er das lesen, dessen bin ich sicher, und ich habe dann einiges auszustehen.»[20] Dazu Schmidt: Es könne nicht akzeptiert werden, dass einzelne Führungspersonen ohne Absprache mit den anderen öffentlich sichtbar die Akzente verschieben. Dann listete er noch einmal seinen Beschwerdekatalog auf. Ihm gehe es keineswegs nur um einen sich selbst für links haltenden Wortradikalismus. Die Berlin-Politik, das Verhältnis zu Kommunisten und linken Schwärmern, der parlamentarische Umgang mit der Opposition, dazu nützten Zwiegespräche Wehner-Schmidt nicht viel, wies er Brandts Idee brüsk zurück. Vielleicht gingen sie wirklich einem der schwierigsten Jahre für ihre Partei entgegen. Geradezu warnend wurde dann sein Ton, es gehe immerhin um *wesentliche Kursänderungen, die er nicht ohne Auseinandersetzungen hinnehmen werde*. Brandt bescheinigt er die Fähigkeit zum menschlichen Ausgleich. Er hoffe, dass er dies auch in dem schwierigen Jahr 1971 mache. Schmidt verknüpfte dies aber mit einer Bitte: *Laß uns aufpassen, daß wir ernste politische Meinungsverschiedenheiten nicht durch Zudecken oder Überpinseln (vorübergehend) aus der Welt zu schaffen meinen; sie könnten sonst bei späterer Gelegenheit umso stärker erneut aufbrechen.* Dann sein ceterum censeo, das *Führen durch ein Team*. Nach drei Jahren Erfahrung als Fraktionsvorsitzender bleibe er bei seiner Meinung, trotz Brandts Skepsis und dessen Bemerkungen über seinen eigenen Stil: Derjenige, der nach außen die Hauptverantwortung trägt, *muß innerhalb des Führungsteams notfalls (nach Diskussion versteht sich) die Entscheidung treffen.* Auch ein politisches Spitzenteam bedürfe *bisweilen der Führung durch einen*. In Ischia lese er immer wieder über *angebliche Zusammenstöße und Meinungsverschiedenheiten (Ost- und Westpolitik betreffend) zwischen Dir und mir.* Er frage sich, wer immer wieder dergleichen erfinde. Durch Brunnenvergiftung und die Bosheiten von *Zwischenträgern* oder *journalistischen Höflingen* im *Spiegel* dürfe man sich nicht beirren lassen und müsse zueinander stehen. Endlich kam Schmidt noch einmal auf die Unterhaltung in Brandts Wohnung zurück: Sie sei ein gutes Beispiel, obwohl er ein wenig bestürzt sei, er habe eine substantielle Meinungsverschiedenheit in der Außenpolitik zwischen Brandt und ihm bisher nicht gesehen. Dies sei, so schloss er, ein allzu langer Brief aus Ischia geworden, aber ihm liege sehr daran, von Brandt verstanden zu werden. Im Übrigen könne der sich nicht nur auf sein Pflichtgefühl, sondern auch auf seine Freundschaft verlassen.

Ruppiger wurde es zwischen ihnen. Parallel zu einem offiziellen Schreiben als Verteidigungsminister sandte Schmidt Brandt mehrfach Post, in der er seine Ressortinteressen streng verteidigte. Über die Haushaltszwänge beschwerte er sich, in die Schiller ihn bringe, in der Truppe breite sich tiefe Besorgnis aus. Ein einzelnes Kabinettsmitglied könne nicht anderen eine globale Sperre auferlegen oder verfügen. Diesen Brief, fügte er hinzu, möge Brandt bitte nicht an Schiller weitergeben. Das Herz wolle er ihm damit nicht noch schwerer machen, er bitte Brandt aber, *Dir bewußt zu machen, daß auch anderen Leuten einmal der Kragen platzen könnte.*[21]
Wenig später legte er nach: Die Wehrpflicht drohe bei all dem Spardruck liquidiert zu werden. Unverhohlen warnte er, es sei eine Entwicklung im Gange, *die ich nicht mehr lange mitverantworten kann.* Er wolle ihm gegenüber sein Gewissen durch *rücksichtslose Offenheit* entlasten.[22]

Schmidt: Wann kann man wieder mit einer *normalen* Kabinettssitzung rechnen?[23]

Äußerst kurz und knapp wurden 1972 und 1973 die meisten ihrer Briefe, Schmidt an den Kanzler, Brandt an seinen Minister. Offen gestand ihm Brandt, über seine Einlassungen zur *sozialen Komponente* der EG im Kabinett habe er sich *gewundert.* Die Positionen waren doch vorher abgestimmt! Es könne zudem nicht darüber gestritten werden, dass der Bundeskanzler entsprechende Aufträge erteilen kann.[24] In einer Randnotiz bemerkte Schmidt, er würde sich stets das *Recht zum Widerspruch* gegen Meinungen des Bundeskanzlers nehmen, in diesem Fall sei das aber nicht einmal andeutungsweise der Fall.[25]

Ausnahme von der Regel in dieser Phase wachsender Spannungen: Einmal, kurz vor Jahresende am 5. Dezember 1972, schrieb Schmidt sich in einem ungewöhnlich langen Brief seinen Unmut, seine Hoffnungen und Beweggründe von der Seele – politisch spürbar besorgt, persönlich fast verzweifelt bemüht, endlich verstanden zu werden. Wenige Stunden zuvor hatte Brandt, ohne Namen zu nennen, diejenigen kritisiert, die ihm bei der Regierungsbildung hineinzureden versuchten. Nicht zuletzt um Ehmkes künftige Rolle war es dabei gegangen – den Schmidt immer noch als Rivalen betrachtete –, aber auch um die wirtschaftspolitische Kompetenzaufteilung zwischen SPD (Schmidt) und FDP im zweiten Kabinett Brandt, das nach der Bundestagswahl nun gebildet werden musste. *Sehr verstört* griff Schmidt am Abend zur Feder, *ohne Rest* wollte er alles aufschreiben, was ihn bedrückte und was er wollte oder sich vorstellte. Er fühlte sich angesprochen von Brandt. Ehmkes Rolle betrachtete er demonstrativ als Randfrage. Aber: *Ich habe gegen Schillers öffentliche Angriffe auf mich geschwiegen, weil jede Kritik an ihm auch als Kritik an Dir hätte missdeutbar sein müssen.* Nur um *die Inflationspropaganda der CDU-Christen abreiten zu können*, habe er grob-polemisch argumentiert und Gewerkschaftsrhetorik benutzt. Um ein Schatzkanzleramt gehe es ihm nicht, suchte er klarzustellen, also nicht um persönliche Macht in der Regierung. Als Finanzminister – eine Rolle, welche die Genossen unterschätzten – brauche er aber alle erforderlichen Instrumente zur Globalsteuerung. Wenn es ökonomisch schief gehen sollte, treffe am Ende gerade Brandt und ihn die Verantwortung, nicht die FDP. Auf dem Stuhl des Finanzministers habe er *gearbeitet wie ein Pferd, um Pannen zu verhindern.* Das alles besiegelte er mit der Bemerkung, keineswegs bloß einer Floskel, Brandt könne sich weiterhin stets auf seine Loyalität verlassen. Bloß: *Dazu gehört dann auch Offenheit ... Ich bitte ausdrücklich auch um Deine Offenheit ...*

Und wenn Du Kritik empfindest: bitte sag es doch, daß man es begreifen und vielleicht darüber reden kann. Vierzehn Seiten (!) war ihm dieser Stoßseufzer ohne Beispiel an die Adresse des Kanzlers und Freundes wert, von dem er meinte, dass er ihm entgleite.[26]

Es änderte sich wenig. Beim Kanzler beklagte der Minister sich über Terminaussetzungen und neue Termine, wodurch die eigenen zum Teil Wochen festliegenden Terminpläne umstürzten – *wenn dies dann auch noch für den einzigen Tag in der Woche geschieht, an dem man hätte ausschlafen können, wird es nur noch schlimmer ... Sehr geehrter Herr Kollege,* erwiderte ein kühler Regierungschef, *Ihr Schreiben vom 12. Dezember 1973 hat mich erstaunt ... In der Kabinettssitzung vom 12. Dezember 1973 hat der Chef des BKA mit Rücksicht auf Sie für die Sitzung des Wirtschaftskabinetts keinen präzisen Terminvorschlag machen wollen, weil er den Termin zunächst mit Ihnen abstimmen wollte, aber mit Ihnen keinen Kontakt erhielt.*[27]

Höchst alarmiert reagierte Schmidt, als ein Bonner Informationsdienst, der Platow-Brief, behauptete, die heutige Regierung sei die *zerstrittenste der Nachkriegszeit,* besonders schlecht sei das Verhältnis zwischen Superminister Schiller und Schmidt, aber das zu Brandt kaum besser, und Schmidt solle sich im kleinen Kreis sehr häufig sehr kritisch über Brandt äußern. Handschriftlich vermerkte Schmidt dazu lakonisch, er lese den Platow-Brief seit Jahren nicht mehr und möchte dazu nichts sagen als zu Brandt persönlich dieses: *Ich vertraue darauf, Du wissest, wie sehr diese Meldung daneben geht.*[28] Reichte das zur Beruhigung der Gemüter?

1976: In einem bemerkenswert kampfeslustigen Brief an Schmidt, Kanzler seit über zwei Jahren, ging der SPD-Vorsitzende auf dessen besorgte Frage ein, wie er sich beim bevorstehenden Parteitag zu Disziplinlosigkeiten äußern solle. Eine *gelassene Reaktion* rate er ihm, was sonst? Es gebe zwar immer wieder *Spinner, Verbiesterte oder Egozentriker,* die Partei sei aber *im Ganzen gesund, besser als ihr Ruf.* Vor allem gebe es keinen Zweifel daran, dass der Bundeskanzler von so gut wie der ganzen Partei loyal und engagiert getragen werde. Andererseits sei Stromlinienförmigkeit als *innerparteiliches Idyll* wohl kaum erstrebenswert. Neutral formulierte er, was aber direkt auf Schmidt zielte: *Die hier und da immer wieder vertretene Auffassung, in diesem Lande laufe alles gut, nur die Partei sei in einem miserablen Zustand, wird der Wirklichkeit nicht gerecht und geht außerdem an den Erfordernissen des Wahlkampfs vorbei. Auch der Hinweis darauf, daß die Zustimmung zum Bundeskanzler wesentlich stärker ist als zur Partei, hilft da nicht weiter ... Das war bei Adenauer so. Das war in gewisser Hinsicht auch bei mir so; ich hätte mich sogar fragen können, weshalb ich in der einen Eigenschaft mehr Zustimmung fände als in der anderen. Die Partei – das ist eine bestätigende Erfahrung – kann kaum die Popularität des Bundeskanzlers erreichen. ... Mein Rat: Du solltest der Partei manchmal noch stärker den Eindruck vermitteln, daß Du um sie wirbst und Dich mit dem identifizierst, was sie in ihrer großen Mehrheit darstellt.* Seine bewusste Zurückhaltung zu den meisten Gebieten der Regierungspolitik sei notwendig, auch wenn sie gelegentlich falsch interpretiert werde. *Die Art, in der ich meine integrierende Aufgabe in der Partei verstehe und wahrnehme, kann nicht jedermanns Zustimmung finden* ... Viel werde im Wahlkampf davon abhängen, mahnte er Schmidt, ob er die von Anfang an bestehende Kontinuität deutlich mache. Jungen Leuten müsste die SPD klar machen, dass sie mehr als hinhaltenden Widerstand zu bieten habe gegenüber solchen *neuen Notwendigkeiten.*[29]

Aus Marbella richtete der Kanzler am 5. Januar 1977 («z. Z. Marbella») an Brandt eine Botschaft: 1977 werde schon wie das vergangene Jahr unter der Präponderanz der Krise des Weltwirtschaftssystems stehen, die Partei habe es schwer, die ökonomischen Gesamtvorgänge zu begreifen. Beruhigt habe ihn aber schon im abgelaufenen Jahr, dass er in *gewissenhafter Pflichterfüllung* gelebt habe: *Ultra posse nemo obligatur – oder – wie die Hamburger sagen: wenn de Mensch don deit wat he kann, dann kann he nicht mehr dohn als he deit.* Eine seiner Hoffnungen sei, dass jeder von den beiden aus der Spitze, Brandt wie Wehner, voneinander wisse, dass sie für die Partei und für das Land unverzichtbar seien. Er merke, nahm Schmidt sich zum Schluss zurück, *persönlich zudring-lich* zu werden und bitte um Verzeihung. Ändern wolle er den Brief jedoch nicht mehr.[30]

Schmidt war nicht eingeladen, als aus Anlass des 50. Geburtstages von Günter Grass Brandt Mitglieder der Sozialdemokratischen Wählerinitiative, Literaten und einige Vorstandsmitglieder sowie Abgeordnete der SPD in die Nordrhein-Westfälische Landesregierung bat. Am 3. November 1977 folgte ein Brief: *Ich war betroffen davon,* beschwerte Schmidt sich, *daß ich davon aus der Zeitung erfahren habe.* Gern hätte er teilgenommen. Besorgt mache ihn zudem der Eindruck, *daß auch bei einer Zusammenkunft von 50–100 führenden Vertretern aus dem literarischen und intellektuellen Bereich der Bundeskanzler sich nicht sehen läßt. Schnell wird daraus geschlossen werden können, daß dieser ferngehalten werden sollte. Dies war und ist aber nicht der Fall, wie ich fest annehme ... ein wenig verärgert ... Helmut Schmidt.*[31]

Die *Panne* bedauerte Brandt zwar, beschränkte sich aber lediglich auf die Bemerkung, er hätte selbstverständlich unterrichtet werden müssen – dass er hätte eingeladen werden sollen, schrieb er nicht. Er selbst jedenfalls sei meist froh über Abende, die ihm verblieben, weil sie nicht vorprogrammiert sind. Im Prinzip, fügte er noch in Klammern hinzu, werde der Partei- oder Fraktionsvorsitzende zu Gesprächen einladen können, ohne dabei befürchten zu müssen, aus der Nicht-Teilnahme könnten falsche Schlüsse gezogen werden. *Mit herzlichen Grüßen, Willy («Kopie an Wehner»)*[32]

1978! Brandt erlitt einen Infarkt, war dem Tode nahe und lag geschwächt in der Klinik. Aus dem Elisabeth-Krankenhaus blickte er am 2. Dezember 1978 auf Schmidts und sein politisches Leben zurück, das mit Gemeinsamkeiten begann. Grund waren die Glückwünsche, die er Schmidt zum 60. Geburtstag übermitteln wollte. Runde Geburtstage, das hatte Tradition, registrierten sie regelmäßig und nutzten sie zu nachdenklichen Zurufen in Briefform untereinander. Zwanzig Jahre sei es her, schrieb er eigenhändig, dass sie beide beim Stuttgarter Parteitag 1958 zum ersten Mal in den Vorstand gewählt wurden. Vor zehn Jahren habe sich die *geteilte und doch gemeinsame Verantwortung* so ausgedrückt, dass Schmidt die Fraktion führte und er neben dem Parteivorsitz auch das Auswärtige Amt leitete. Als neugewählte Vorstandsmitglieder hätten sie zuweilen miteinander gegen die Parteiobrigkeit opponiert. Später habe es nicht ausbleiben können, dass sie nicht immer ganz einer Meinung waren. Aber: *Viel mehr zählt, daß wir über die Jahre hinweg für eine gemeinsame Sache gearbeitet haben. Und so soll es bleiben!»* [33]

Er wisse, schrieb ein überaus versöhnlicher Kanzler an Brandt am 12. Dezember 1979, *daß Du mir in manchen Punkten der Regierung eher aus Gründen übergeordneter politischer Disziplin die Stange gehalten hast, denn aus eigener sachlicher Überzeugung.* Auch dafür bedanke er sich. *Mir ist klar: für einen Mann mit Deiner politischen Erfahrung, der zudem im Laufe seines Lebens allen seinen großen politischen Ämtern gerecht geworden ist, muß es manchmal schwer sein zu ertragen, daß der Nachfolger einiges anders macht.* Er sehe voraus, dass es ihm später ebenso ergehen werde. Dass Brandt es mit einem großen Maß an guten Willen ertrage und zugleich dafür sorge, *daß andere es auch ertragen und nicht von der Fahne gehen, erfüllt mich mit Dankbarkeit.* [34]

Beim weihnachtlichen Ton blieb es nicht lange. Schriftlich beschwor Schmidt geradezu den Parteivorsitzenden auf dem Höhepunkt des Konflikts um die Nachrüstung, er möge stärker intervenieren und jeden Eindruck vermeiden, die SPD sympathisiere mit der Friedensbewegung. Unmittelbar vor der geplanten Kundgebung vom 10. Oktober 1981 verlangte er *dringlich* von Brandt, einen Präsidiumsbeschluss herbeizuführen, in dem Erhard Eppler und andere prominente Sozialdemokraten aufgefordert werden, dort nicht als Redner aufzutreten. Immerhin 55 SPD-Abgeordnete, ein Viertel der Bundestagsfraktion, hatten bereits zur Teilnahme aufgerufen. Es handele sich schließlich um eine *antiamerikanische Aufputschung*, warnte Schmidt. Brandt ließ in seiner Antwort erkennen, dass er nicht gewillt sei, Eppler zu bremsen – er könne nicht beurteilen, ob er die bereits gegebene Zusage an die Friedensbewegung zurücknehmen kann. Eppler gebe zwar, auch aus seiner Sicht, *häufig die Meinung der Partei nicht wieder*, aber darüber solle man an der Parteispitze demnächst *in aller Ruhe* reden.[35]

Ungefiltert wirkte es sich auf die Beziehungen zwischen den beiden aus, als der Konflikt um die Rüstungspolitik zwischen Friedensbewegung, Teilen der SPD und Regierung auf das Finale zusteuerte. Schmidts beherrschte, souveräne Weise, mit der er in der Schlussphase der Koalition agierte, hatte ihm zuletzt noch einmal viele Pluspunkte selbst unter Kritikern in den eigenen Reihen eingebracht. So hätten es die Spitzengremien der SPD am liebsten gesehen, wenn er – nach dem Sturz – dennoch als Kanzlerkandidat bei den bevorstehenden Neuwahlen zum Bundestag noch einmal angetreten wäre. Schmidt musste nicht lange überlegen, sagte unter Berufung auf seine gesundheitliche Verfassung ab und empfahl Hans-Jochen Vogel als denjenigen, der seine Nachfolge antreten könne. Am 1. Oktober 1982 war Kohl zum Kanzler gewählt worden, zehn Tage darauf schrieb der SPD-Vorsitzende an seinen Stellvertreter, er könne sich *nichts davon versprechen, mich in diesem Augenblick – oder überhaupt – zu dem Unmut mir gegenüber zu äußern, dem Du gegenüber Deinen Gesprächspartnern dieser Tage ziemlich freien Lauf gibst. Für nicht akzeptabel halte ich jedenfalls die These von tiefgehenden Meinungsverschiedenheiten, die mich daran gehindert haben könnten, Dich hinreichend zu unterstützen. Ich empfinde es im Gegenteil so, daß mich auch erhebliche Bedenken in dieser oder jener Frage nicht daran gehindert haben, dem Bundeskanzler zur möglichst breiten Unterstützung seiner Partei zu verhelfen.* Jeder von ihnen habe seine spezifische Verantwortung *mit dazugehöriger Legitimation*, der Parteitag sei der Ort, wo er dazu Rechenschaft ablegen werde. Der eigentliche Grund seines Schreibens, fügte Brandt hinzu, ergebe sich aus der politischen Notwendigkeit, ihn herzlich zu bitten, sich die Sache mit einer erneuten Kandidatur zu überlegen und zu einer positiven Entscheidung zu kommen. Andernfalls werde es zu viel Enttäuschung bei den Wählern führen. Es sei auch zu bedenken, fügte er hinzu, *daß nicht Legendenversuche, nicht nur Genschers, die Deine im Laufe des Septembers vollzogenen Schritte als verlorengegangenes Vertrauen in der eigenen Partei denunzieren wollen, unbeabsichtigte Stützung erfahren.*[36]

Was nicht offen ausgesprochen wurde – in einem Brief an Brandt konnte man es schwarz auf weiß lesen, die Differenzen zwischen ihnen waren schwerlich zu überbrücken. Freimütig schrieb ihm Brandt kurz nach der Wahl Kohls zum Nachfolger, es habe reale Gefahren des Auseinanderdriftens ihrer Partei gegeben. Seine Pflicht als Vorsitzender sei es immer gewesen, den Zusammenhalt zu gewähren. Bis zur *Selbstverleugnung* habe er sich zugleich darum bemüht, dass *der Bundeskanzler und die Arbeit seiner Regierung angemessen unterstützt wurden.* Gern hätte er es gesehen, wenn Schmidt in ein paar Monaten bei Neuwahlen noch einmal zur Verfügung stünde!

Er sei *ohne jedwede Bitterkeit* abgetreten, erwiderte Schmidt wenige Tage später, aber seit einem Jahrzehnt seien sie beide *verschiedener Meinung über Aufgabe und nötige Gestalt der deutschen Sozialdemokratie.* Ihre intellektuellen Sonderinteressen und die Unzufriedenheit über die sich objektiv verschlechternde ökonomische Lage hätten viele in der Partei an ihm abreagiert. Schmidt bitter und ungeschminkt: *Wer so handelte, konnte immer mindestens mit dem stillschweigenden Verständnis der Parteiführung rechnen.* Über diese Hinweise hinaus sei er auf Streitigkeiten nicht gestimmt, sein Respekt vor Brandts Lebensleistung sei zu groß und er wolle mit ihm *im Frieden* leben. Ratschläge werde er künftig ihm oder Vogel nicht aufdrängen.[37]

Das große Schisma hinderte Brandt nicht, aus Anlass des 65. Geburtstages Schmidt einen freundschaftlichen – und gewiss nicht nur pflichtschuldigen – Gruß zuzusenden: Für die Solidarität Schmidts gegenüber der Partei bedankte er sich, vor allem aber für seine Leistungen als Regierungschef, auf die er stolz sein könne und mit denen er sich *unverwechselbar in das Buch deutscher und europäischer Politik geschrieben* habe.[38] Ohne die Differenzen zu vertuschen, erwiderte Schmidt in ähnlich freundschaftlichem Ton, er werde sich in den kommenden Jahren immer stärker bei der *ZEIT* in Hamburg engagieren – *und Euch immer weniger Schwierigkeiten machen.*[39] Sie waren und wurden nicht ein Herz und eine Seele, aber der Sturm war vorbei und Schmidt hielt sich an seine eigene Ankündigung, sich auf die SPD nur noch sehr selten einzulassen.

Vier Seiten, handschriftlich, richtete Schmidt wieder an Brandt anlässlich des 75. Geburtstages. Schmidt: *Und sodann – zurückblickend auf die langen Wegstrecken, die am heutigen Tag schon hinter Dir liegen – meinen großen Respekt! Je größer unser Abstand zu unseren öffentlichen Ämtern wird, umso weniger wichtig will es mir vorkommen, daß wir in den letzten 15 Jahren in einigen Punkten nicht mehr so gut übereingestimmt haben, wie zuvor – während all der Jahre seit Barringshausen – in _allen_ Punkten.* Die Summe werde anlässlich seines runden Geburtstages noch gezogen werden, dabei wird *nicht nur Dein ungewöhnlicher und herausragender Lebensweg noch deutlicher vor Augen treten.* Vor allem, so Schmidt, werde Brandts Politik *gegenüber unseren östlichen Nachbarn gewertet werden als ein zugleich einmaliger und zugleich notwendiger Beitrag zur deutschen Geschichte im XX. Jahrhundert. Auch manche, die das heute noch nicht erkennen, würden dem zustimmen. Erst durch Deine Regierung ab 1969 ist die Probe auf die volle Funktionstüchtigkeit der zweiten deutschen Demokratie gemacht und bestanden worden, nämlich durch die friedliche Ablösung der bis dahin als auf unbeschränkte Dauer fest etabliert erscheinenden konservativen Regierung. (Die drei Jahre der Großen Koalition erscheinen mir dabei als ein im Ergebnis nützliches Intermezzo). 3 + 13=16 Jahre sozialdemokratisch beeinflußter und geführter Regierungen: das ist im geschichtlichen Vergleich mit dem Klassenstaat zu Zeiten Bebels und mit dem gescheiterten Demokratie-Versuch zu Zeiten Eberts ein für Deutschland und für Europa unschätzbarer geschichtlicher Fortschritt.* Die Regierungsfähigkeit in der zweiten Hälfte der 60er Jahre konnte glaubwürdig nur entwickelt werden, weil es vorher Godesberg gab – die Wende der SPD von 1960. Die ostpolitische Konzeption in der zweiten Hälfte der 60er Jahre musste der Verwirklichung dieser Politik vorausgehen, argumentierte er. Ihre beiden Amtszeiten, Brandts und seine eigene, fließen nun wie selbstverständlich ineinander. Eine *zweite sozialdemokratische Regierungsperiode* bedürfe abermals entschlossener und zäher Vorbereitung. Trotz Hans-Jochen Vogels großen Fleißes könne er dazu *keine ausreichenden geistigen Grundsätze erkennen*, schränkte Schmidt ein. Es fehle an Menschen, *die mit Zähigkeit und analytischer wie konzeptioneller Kraft die dicken ökonomischen und sicherheitspolitischen Bretter bohren – und die zugleich ihr öffentliches Wort doch so führen, daß es solche Menschen anziehen und binden kann, die sich nicht bloß von taktischen Tagesthemen fesseln lassen.* Viel könnten sie beide dazu nicht mehr beitragen. Aber, ermunterte er seinen Adressaten, vielleicht sei ihm in seinem südlichen Urlaub eine Form eingefallen, die seinen Entschluss zur Zurückhaltung nicht durchlöchere und trotzdem zu konzeptioneller Klarheit beitrage. Er selbst versuche das mit einem Buch über die Erfahrungen mit den europäischen Nachbarn und Schicksalsgenossen. *Dein Helmut.*[40]

In den *Erinnerungen,* die im Herbst 1989 erscheinen sollten, warnte Brandt Schmidt versöhnlich vor, habe es sich *so ergeben,* dass er sich zwei Mal unmittelbar auf ihn beziehe. Getreulich referierte er, was er über ihn schreiben werde: Dass Schmidt 1974 in Münstereifel *etwas heftig* seiner Rücktrittsabsicht widersprochen habe und zugleich dem Wunsch Ausdruck gab, Brandt möge Parteivorsitzender bleiben: *Du kannst die Partei zusammenhalten, ich kann es nicht.* Dezent deutete Brandt an, in dem Buch wolle er dann allerdings auch Schmidts Meinungsänderung in der Frage ansprechen, dass es hätte anders kommen können, wenn er Vorsitzender gewesen sei. *Mir schrieb er damals in begrüßenswerter Offenheit und ohne jede persönliche Schärfe,* zitierte Brandt vorab aus seinem Buch, *er halte es rückwirkend für einen Fehler, nicht den Parteivorsitz übernommen bzw. angestrebt zu haben.* An einer anderen Stelle listete er auf, dass Schmidt zu große Nachsicht gegenüber den Jusos und Opportunismus gegenüber grünem Romantizismus bemängelt habe. Er sei sich *sicher, daß Dich diese Hinweise nicht stören und daß Dich mein Buch im übrigen interessieren wird.*

Danke, keine Einwände, erwiderte Schmidt lakonisch. Und fügte nur noch hinzu, er ziehe sich *zum zweiten Band seiner außenpolitischen Betrachtungen zurück und vermeide alle innenpolitischen oder innerparteilichen Bezugnahmen.*[41]

Spärlicher, nicht weit ausholend, aber in ähnlichem Duktus hielt Brandt seinen Brief an den *lieben Helmut* am 23. Dezember 1988, ein Geburtstagsbrief zu Schmidts 70.: Was immer geschrieben wurde oder noch geschrieben werden mag – *ich finde, daß wir nicht nur jeder auf seine Weise, sondern auch miteinander manches zu bewirken vermochten, was unserer Partei voranhalf und auch staatspolitisch zu Buche schlug.*[42] Eindeutig war das nun schon gedacht für die Geschichtsbücher.

1990! Wie umgewandelt war ihr Verhältnis nun. Gelegentlich zog Brandt Schmidt geradezu ins Vertrauen, um kritische Anmerkungen über die eigene Partei zu machen. Brandt bedankte sich für einen Brief Schmidts (vom 21. September 1990), lobte dessen gerade erschienenes Buch über die «Nachbarn», erklärte ganz nebenbei, dass es zum Extremistenerlass anders gekommen sei als von Schmidt dargestellt, um dann zum Wesentlichen zu kommen: *Dich wird nicht wundern, daß ich unter unserer Partei – vor allem ihrem partiellen Ausklinken aus den die große Mehrheit unseres Volkes bewegenden Vorgängen dieses Jahres – erheblich leide. Aber es bleibt wohl zunächst nichts anderes übrig, als auf einen gnädigen Ausgang des 2. Dezember zu warten.* Worunter er litt, war Oskar Lafontaines Zögerlichkeit, sich auf die Vereinigung positiv einzustellen. Offen ließ Brandt durchblicken, dass er den Saarbrücker, den er einst so geschätzt hatte, nun leider für den falschen Kandidaten zur falschen Zeit halte. Bei Schmidt, da konnte er sicher sein, rannte er damit offene Türen ein.[43]

Noch einmal kam Brandt auf das leidige Problem der «Radikalen im öffentlichen Dienst» zurück: Er stolpere über die Formulierung *Willy Brandts Extremistenerlaß*, schrieb er Schmidt, zumal dieser Erlass viele Väter in den Bundesländern, bei Genscher, aber auch bei Wehner gehabt habe. Aber wieder relativierte er den eigenen Einwand und fügte beschwichtigend hinzu, es gebe Wichtigeres. Er wünschte, lehnte Brandt sich zurück, *der Sachverstand wäre im Prozeß der Einheit stärker zum Zuge gekommen (und unserem eigenen Verein wäre eine positive Grundhaltung zu vermitteln gewesen).*[44]

Ein Herz und eine Seele sind sie endgültig wieder, was die Einheit und was die SPD angeht. In einem Telegramm zum 77. Geburtstag Brandts morste ihm Schmidt als «PS» lapidar zu: *Nach dem, was ich mir aus den Zeitungen über jüngste Sitzungen in Präsidium und Vorstand zusammenreime, bin ich von Herzen Deiner Meinung.*[45]

Ein Mal noch, im Juni 1991, richtete Schmidt einen umfänglichen Brief an Brandt, mit *unsystematischen Bemerkungen* über die Stockholmer Initiative zur *Gemeinsamen Verantwortung für die 90er Jahre,* die Brandt unterstützte. Schmidt zeigte sich ganz in seinem Element, wägte ab, trug Einwände vor – es klang wie die Briefe der 60er Jahre, als sie sich kennenlernten. Viel Lob fiel ab für die KSZE des Jahres 1975 aus Helsinki, eine *bemerkenswerte Erfolgsstory.* Allerdings bestand er auch jetzt darauf: Die KSZE-Schlussakte sei – vom Westen aus gesehen – eine Hälfte der Doppel-Doktrin à la Harmel seit 1967, die andere Hälfte sei die Nato plus Abrüstungsverträge und Doppelbeschluss gewesen. Gott sei Dank habe Moskau *die Langzeitwirkung des von uns zäh verfolgten Korb III innerhalb des kommunistischen Bereiches* völlig unterschätzt. Die Idee einer institutionell ausgestalteten *global governance* halte er für richtig, nur fülle George Bushs Schlagwort von einer *New World Order* sie leider nicht aus. Es bestehe die Gefahr, dass Washington die Große Koalition im Sicherheitsrat angesichts des Golfkrieges glaube wiederholen zu können; und zudem neige es dazu, seine Fähigkeit als Weltpolizist zu überschätzen. Die USA glauben, *sittliche und rechtliche Prinzipien zu verfolgen, während sie tatsächlich von eigenen (richtig oder falsch verstandenen) Interessen geleitet werden.* Vor allem aber, merkte Schmidt kritisch an, könnten die USA in der Abwehr der Menschheits-Gefährdungen die Welt *nicht führen.*[46]

Was mit jenem nüchternen «Policy Paper» Schmidts für den Kandidaten Brandt 1960 über die künftige Militärstrategie begonnen hatte, mündete damit erneut in einer freundschaftlichen Arbeitsbeziehung, in der man sich über Differenzen austauscht, anregt und hilft. Angekommen waren sie wieder am gemeinsamen Ausgangspunkt, als hätten sie nie Gräben getrennt. So hätte das nun weitergehen können.

Der letzte Brief Schmidts an den todkranken Brandt, datiert vom 17. Juni 1992: *Was auch immer in den letzten zwanzig Jahren uns bisweilen etwas voneinander entfernt hat, ich habe nie an Deiner überragenden Gesamtleistung für unser Volk gezweifelt. Deshalb bin ich Dir immer verbunden geblieben – und bin es heute umso mehr.* Diesen Brief möge er als *Zeichen der Freundschaft und der Solidarität* betrachten zwischen *Männern, die aus gleichen Gründen für die gleiche Sache gekämpft haben – und die sich heute insgeheim darüber freuen dürfen, daß sie im Vergleich zu heutigen ihren Dienst nicht schlecht geleistet haben.*[47]

Wie altmodisch, wie ungewöhnlich, wie erhellend – ein Briefwechsel über Jahrzehnte, ein Gedankenaustausch, mit dem sie sich festhielten aneinander, gerade wenn sie viel trennte. Was bleibt? Nie antwortete Willy Brandt unhöflich in seinen Briefen, fast immer straff, als säße er ganz aufrecht am Schreibtisch, auch auf sehr lange Briefe Schmidts. Gewissenhaft gab er seine Einwände zu Protokoll. Sorgfältig reagierte er auf kritische Vorhaltungen, Punkt für Punkt ging er sie durch, manches ließ er gelten, in der Regel freilich achtete er streng darauf, seinen Stil des «Führens» und «Integrierens» strikt zu verteidigen – und gescholtene Freunde ohnehin. Respekt zollte er seinem Gegenüber immer, und das war nicht aufgesetzt, er brauchte Schmidt und wusste es. Und umgekehrt, Schmidt brauchte ihn auch. Aufatmend und zufrieden blickten sie am Ende darauf zurück, dass das Band trotz ihrer disparaten Lebensgeschichten und aller Zerreißproben hielt zwischen ihnen – es gab Wichtigeres in diesem Land als ihre Differenzen, und das wog mehr für beide. Aber derjenige, der in diesem Briefwechsel warb, der andere möge ihm zuhören, auch wenn er ihn rüffelte und kritisierte, der einfühlsam aufmunterte, Verletzungen erahnte und zwischen den Zeilen um Anerkennung ersuchte – das war Helmut Schmidt. Er war ein «Freundschafts-Freund», wie sein Biograph Hartmut Soell sagt.

VII. Abschiede

Parallelgeschichten müsste man erzählen von Willy Brandt und Helmut Schmidt, nach dem Kölner Parteitagsfinale. Ihre Wege kreuzten sich nur noch selten. Altersschönheiten in der öffentlichen Arena der Bundesrepublik wurden sie mit der Zeit beide.

Sein «Seitenwechsel» zur ZEIT habe sich als Glücksfall für ihn erwiesen, bekannte Schmidt später. Ohne Last der Verantwortung auf den Schultern konnte er schreibend zu den Fragen Stellung nehmen, mit denen sich seine Nachfolger Kohl, Schröder und Merkel herumplagen mussten, selbst wenn sie sie nicht beantworten konnten. Quasi als Journalist – «Wegelagerer» hatte er unsereins gern genannt – kommentierte und analysierte er die Weltläufte, aber auch mit jenem inneren pädagogischen Eros, das ihn auch als Politiker auszeichnete. In dem Sinne steuerte er weiter mit, nur jetzt vom kleinen Herausgeberbüro aus im sechsten Stock des Pressehauses am Speersort im Herzen Hamburgs, nicht mehr aus dem Kanzleramt.

In der Debatte über das konstruktive Misstrauensvotum gegen Schmidt, im Herbst 1982, hatte Brandt als SPD-Vorsitzender mit einem Seitenblick auf die Grünen für den Zusammenschluss dessen geworben, «was vernünftigerweise zusammengehört».[1] Und das war erst der Auftakt. Er bedauerte, dass es zu dieser Aufsplitterung gekommen war, und suchte gezielt eine Mehrheit «diesseits der Union». Warum sollten die Sozialdemokraten sich nicht mit den Grünen verbünden, die er politisch besehen zu den eigenen Kindern zählte? Schon 1968 hatte er für «Öffnung» gegenüber der außerparlamentarischen Opposition plädiert, das galt erst recht für eine Partei, die sich aus eigenen Stücken bereits hineinbewegte ins Parlament. Brandt war jetzt frei. Viel zu weit gingen solche Suchbewegungen nach Helmut Schmidts Geschmack weiterhin, aber auch er war frei und ließ sich auf Parteifragen jetzt nicht mehr ein.

Träume   Er sei wohl «der Europäischste» in der Troika gewesen, sagt Helmut Schmidt selbstbewusst von sich. Ein Grundkonsens in der Frage verband Brandt und ihn früh: Beide wünschten strikt ein «europäisches Deutschland», eingebettet in ein vereinigtes Europa, wie Winston Churchill das 1946 in seiner legendären Rede vor Züricher Studenten an den Horizont malte. Insbesondere vom ersten Vorsitzenden der SPD nach dem Krieg, Kurt Schumacher, hob sie das ab.

Im Dezember 1969, gleich nach seiner Wahl zum Bundeskanzler, mahnte Brandt zur Nüchternheit: Wer sich mit dem pathetischen Anspruch der Nachkriegszeit darüber hinwegsetze, dass die Geschichte der Europäischen Gemeinschaft eine der Krisen sei, lande rasch in einem «Europa der Deklamationen». Sehr konkret gehe es um Arbeitsplätze, Handelsbilanzen, das Wohl ganzer Industriezweige oder die Landwirtschaft.[2] Seit Brandt im Exil war, hatte er von Europa und einem europäischen Deutschland geträumt, als Kanzler musste er es ganz pragmatisch vorantreiben. Wie mühsam das würde, erfuhr er schon in den ersten Wochen beim Gipfel in Den Haag im Dezember 1969.

Ähnlich bei Helmut Schmidt: Er wollte schon als Finanzminister im Kabinett Brandts, erst recht aber als Kanzler aus dem Plan einer Wirtschafts- und Währungsunion Nägel mit Köpfen machen. Als Himmelsgeschenk hierfür erwies sich die Freundschaft mit Giscard d'Estaing. Der konservative Adlige und der sozialdemokratische

Hanseat kooperierten bereits eng, als sie jeweils das Finanzressort leiteten (1972), im Mai 1974 rückten sie zur gleichen Zeit an die Spitze – der eine im Élysée, der andere im Kanzleramt. Dieses Duo forcierte die Idee eines Europäischen Währungssystems (EWS) als ersten Schritt zu einer gemeinsamen Währung, am 19. März 1979 trat es in Kraft.

Europa brauchte Handwerker, nicht Träumer, das war beiden klar. Und doch deutete sich in den achtziger Jahren eine Differenz an, die mit ihren disparaten Lebensgeschichten zusammenhing. Im November 1981 – sowjetische Truppen waren einmarschiert in Afghanistan und Ronald Reagan sprach über Moskau als «Reich des Bösen» – besuchte Willy Brandt Budapest zu politischen Gesprächen. Über die Zukunft Europas philosophierten Brandt und ein Dutzend ungarischer Akademiepräsidenten und Wissenschaftler beim Mittagessen im kleinen Kreis, an ein Ende des Blocksystems war nicht zu denken. Und doch, entsinne ich mich, verwickelten sich der deutsche Sozialdemokrat und die handverlesenen Budapester Intellektuellen rasch in ein Gespräch über den verbliebenen Spielraum, beispielsweise über die Chancen für ein atomwaffenfreies Europa. Sie sprachen auch darüber, ob sich Westeuropa «finnlandisieren» oder «amerikanisieren» werde, welche Chancen zur Annäherung also bestünden, oder ob Westeuropa vom Osten noch weiter wegrücke. Den Thatcherismus hielt Brandt zwar für gescheitert, ob aber der frisch gewählte François Mitterand mit seinem betont «sozialistischen» Programm in Frankreich Erfolg haben werde?

Die einst «fanatischen Deutschen», berichtete der Gast dieser Runde, die gebannt lauschte, hätten ihren Fanatismus inzwischen – mit Schmidt – in eine brave Durchwurstel-Politik umgewandelt. Außenpolitisch stünden alle loyal zu ihren Partnern, «so lange die Welt die Bündnissysteme braucht». Aber diese differenzierte Skizze Westeuropas hatte Brandt nur vorausgeschickt, um in diesem kleinen Kreis zu dem eigentlichen Kern zu kommen: Er sehe durchaus Chancen für eine «Europäisierung Europas», griff er eine Formel Peter Benders auf. Gerade das vielfältige Bild des Kontinents bestätigte ihm, dass die europäischen Entwicklungen eigenen Gesetzen folgen – wenn auch innerhalb der jeweiligen Bündnissysteme.

Europäisierung Europas? Ein europäisches Relief tauchte unversehens auf im Gespräch, in dem alles Trennende zwischen Ost und West spurlos zu verschwinden schien. Als Gedankenskizze wollte Brandt ganz offensichtlich dieses «andere» Europa schon einmal vor Augen führen, das sich abkoppelt vom drohenden Konflikt zwischen den Supermächten.

Acht Jahre später, im Sommer 1989, sollten die Ungarn als Erste den verrosteten Stacheldraht durchschneiden, der das Land von Österreich abschirmte, die Mauer in Berlin fiel nur wenige Monate darauf.

Willy Brandt träumte – und hier gilt ausnahmsweise das Wort – von etwas Neuem, das anknüpfte an seine Jugend. Wenn Europa eine zweite Chance erhielte, und sei es innerhalb der Bündnissysteme, dann dürfte es sie nicht verstreichen lassen. Seit 1939 bereits spielte für Brandt die künftige Gestalt Europas und die Frage, wie Deutschland dort aufgehoben sein werde, eine zentrale Rolle. Zum alten «Traum von Europas vereinigten Staaten» wollte er sich zwar nicht direkt bekennen, an einen europäischen Staatenverbund dachte er gleichwohl.[3]

Der «Norweger» Brandt, 1944: «Es gilt, der in Deutschland aufwachsenden europäischen Jugend ein neues Ideal zu geben, für das sie arbeiten kann. Deutsche Europäer und Weltbürger haben in der Vergangenheit nicht viel Glück gehabt. Das ist kein Grund, ihre Arbeit nicht fortzuführen. Der Freiheitsfaden der deutschen Geschichte muss weitergesponnen werden. Die Nazis machten den Versuch, Europa auf ihre Art zu verdeutschen. Jetzt geht es darum, Deutschland zu europäisieren. Das geht nicht auf dem Wege der Zerstückelung und auch nicht dadurch, dass man die eine deutsche Gruppe gegen die andere ausspielt. Das Problem Deutschlands und Europas lässt sich nur lösen durch die Zusammenführung des Westens, des Ostens – und dessen, was in der Mitte liegt.»[4]

Das war es, was er 1971 in Oslo in die Worte kleidete, ein guter Deutscher könne kein Nationalist sein. Sein Lebenslauf hatte ihn zum Europäer gemacht. In dem Moment, in dem er den Umbruch in Europa erahnte, kehrte das alles zurück. Im Jahr 1973 schon benutzte er diesen Begriff von der «Europäisierung Europas», den er in Budapest ausprobierte. Herauslösen wollte er Europa nicht aus der Allianz, aber es ging ihm um eine «Emanzipation des gesamten Kontinents von den beiden Supermächten und ihrer Rivalität».[5]

Was Brandt in Ungarn oder in Polen beobachtete, die Tendenz zu mehr Eigenständigkeit innerhalb der Blöcke, interpretierte er Ende 1983 in einem Gespräch mit der *ZEIT* nicht als Ergebnis der Entspannungspolitik, sondern als ein «Produkt dieser Europäisierung Europas». Träumte er plötzlich von einem anderen Europa, einer unabhängigen Zone des Friedens und der Problemlosigkeit? Nein, die ernsten Belastungen zwischen den Weltmächten, die gerade zu Tage träten, erwiderte er, würden fast unkorrigierbar durchschlagen «auf das Verhältnis zwischen den Teilen Europas». Abkoppeln könne man sich nicht, trotz seiner Vorbehalte gegenüber der gegenwärtigen amerikanischen Politik. Brandt: «So lange die Welt so geteilt ist, wie sie ist, gehören wir hierher. Und wir müssen unseren Teil an europäischer Selbstgeltung innerhalb unseres Bündnisses, innerhalb unseres Teils der Welt entwickeln und durchsetzen.» Aber neu sei, dass auch im östlichen Teil nationale und teileuropäische Interessen geltend gemacht werden. Er vernarre sich nicht in Kennedys Idee von den zwei Säulen, dachte er laut weiter, obwohl er das ganz gut gefunden habe. Es gebe mittlerweile eine ganze Reihe Modelle dafür, wie Europa ein verlässlicher Partner bleiben könne, «und trotzdem in sich als europäische Komponente anders strukturiert sein könnte, als dies heute der Fall ist».

Vage und suchend klang das, wie Brandt es liebte. Aber die Frage drängte sich dennoch auf, ob er sich auf dem Weg vom Transatlantiker zum Gaullisten befand. Brandt, amüsiert: Gaullist? Das Wort schrecke ihn nicht. Kurz nachdem General de Gaulle erstmals seine Auffassung von einem *unabhängigen* Europa veröffentlicht hatte, habe er, Brandt, in New York einen Vortrag über Europa gehalten, der in der Frage gipfelte: *Why only him?* Gegenüber amerikanischen Abgeordneten sprach Brandt sogar von seiner Überzeugung, der historische Trend gehe in die Richtung, «dass Europa wieder Europa wird». Die beiden Teile, Ost- und Westeuropa, «kommen näher zusammen mit mehr Unabhängigkeit gegenüber den Weltmächten».[6]

Zwei Jahre nach diesem Gespräch, in dem er laut nachdachte über die «Europäisierung» und ein Europa nach den Wünschen de Gaulles, wurde überraschend Michail Gorbatschow an die Spitze in Moskau katapultiert und sprach bald vom gemeinsamen europäischen Haus, Willy Brandt war elektrisiert über die Wortwahl.

Kurz vor dem Fall der Mauer, den auch er nicht vorausahnte, hielt Willy Brandt im Bundestag eine seiner letzten großen Reden, den Anlass bot der 50. Jahrestag des Überfalls auf Polen am 1. September 1939. Zum Ausblick auf ein anderes Europa geriet sie ihm, das ihn spürbar an die Hoffnungen seiner Jugend erinnerte.

Der geschichtlichen Wahrhaftigkeit werde es nicht gerecht, so Brandt, – den «Historikerstreit» von 1986 erwähnte er nicht ausdrücklich – wenn man «Stalin ins Feld führt, um Hitler zu entlasten oder gar zu rechtfertigen». Und dann: «Nicht irgendwie und durch irgendwen wurde der Zweite Weltkrieg begonnen, auch nicht nur im mißbrauchten ‹deutschen Namen›. Über Kurzsichtigkeiten nach 1918 läßt sich viel sagen – eindeutig bleibt die hitlerdeutsche Schuld. Der neue Krieg, unter dem Deutschland selbst so schwer leiden sollte, war schon vor dem Hitler-Stalin-Pakt vom 23. August 1939 geplant, vorbereitet, gewollt und hätte sich allenfalls durch vorweggenommene allseitige Kapitulation vermeiden lassen.» Auf Ausreden, Polen sei nicht überfallen, sondern mit einem «Gegenangriff überzogen» worden, ließ er sich nicht einen Augenblick ein; nein, verbürgt ist, «daß der sogenannte Führer vor seinen Generälen prahlte, er werde für die Rechtfertigung des Angriffs sorgen – ‹gleichgültig, ob glaubhaft›». Zu den «hausgemachten Vorwürfen» rechnete er auch den fingierten Angriff auf den Sender Gleiwitz – nicht weit entfernt «von dem damals kaum bekannten Ort namens Auschwitz», der zum Ort des fabrikmäßigen Massenmordes wurde. «Jener Ort hat uns, die gebrannten Kinder der Menschheit, gelehrt, daß die Hölle auf Erden geschaffen werden kann – sie wurde geschaffen.» Wie das enden würde, auch für das eigene Volk, was am

1. September vor fünfzig Jahren begann, habe er nicht geahnt. Die Zeitung in Norwegen, für die er seinerzeit – Brandt war bereits ausgebürgert – schrieb, habe nach der englischen und französischen Kriegserklärung am 3. September in einem Extrablatt geschrieben, es müsse sich noch zeigen, ob der «Nervenkrieg» eine neue Phase erreiche oder ein «Weltkrieg» begonnen habe. Es zeigte sich.

Worauf er mit alle dem wie so oft schon hinauswollte, waren die «Lehren aus der Geschichte»: Man müsse die Freiheit «beizeiten mit großem Einsatz» verteidigen, ein mündiges Volk dürfe die Macht nicht in die Hände von Verrückten und Verbrechern fallen lassen. Die andere Lehre aber, nach vorne gerichtet – «mit noch größerer Hingabe für Europa arbeiten, ohne damit verstaubte Vorstellungen von deutscher Führung zu verbinden». Ein Bild von Europa hatte er vor Augen, das sich von dem der seit 1950 pragmatisch zusammenwachsenden «West-Europäschen Gemeinschaft» unterschied.

Das aber hatte Schmidt verinnerlicht. Für ihn fing Europa nicht in der Weimarer Republik an, sondern mit Churchills Rede. Unabhängig machen wollte er Europa nur von wechselhaften amerikanischen Konjunkturen – und schon gar von einem Amerika, das Europa links liegen lässt. Aber ein Gaullist wurde deshalb aus Schmidt ganz gewiss nicht.

Inzwischen sei es an der Zeit, riet hingegen Brandt ohne zu zögern, «an Gesamteuropa zu denken». Schon in den Vorstellungen des deutschen Widerstandes, besonders des Kreisauer Kreises, sah er dieses Europa begründet, 1925 nahmen die Sozialdemokraten «die Vereinigten Staaten von Europa» in ihr Programm auf. Ein «faszinierender Prozeß der Neugestaltung», witterte er Morgenluft, führe nun näher an ein solches größeres Europa heran. Staaten auf Rädern werde diese künftige europäische Hausordnung nicht vorsehen, keine Vertreibung, keine Trennmauer, keine Regierungen, die von ein paar Dutzend Divisionen abhängiger sind als von der Verständigung mit dem eigenen Volk.[7]

Das war es, was er schon 1981 in Budapest ahnte und andeutete, jetzt wurde es unaufhaltsam Wirklichkeit, noch vor dem Mauerfall. Schmidt «träumte» auch, aber anders – nur mit solchen konkreten, pragmatischen, operativen Schritten wie der gemeinsamen Währung, davon war er überzeugt, war Schritt für Schritt eine Integration Europas über die Freihandels- und Wirtschaftsgemeinschaft hinaus zu verwirklichen. Brandt entdeckte die Konturen eines «europäischen Hauses», das die nüchterne Wirtschafts- und Währungsunion, sogar die politische Union mitdachte, aber hinter sich ließ. Imaginierte er ein Europa vom Atlantik bis zum Ural, wie de Gaulle es anvisierte? Ein autonomeres «Gesamteuropa»? Es bleibt eine Hypothese, aber Willy Brandt suchte wohl etwas, was seine Wurzeln hatte in den Jahren der Weimarer Republik – und was ihn und Helmut Schmidt ein Stück weit hätte auseinander führen können.

Abschiede   Mit zweierlei Vermächtnissen verabschiedeten sie sich endgültig von der politischen Bühne. Ein sichtlich erholter, ausgeglichener Redner trat am 10. September 1986 ans Rednerpult im engen Bonner Wasserwerk, das seit dem Vortag als Ausweichquartier für den alten Parlamentssaal diente. Von der Tribüne aus konnte man den Rheinschiffen zusehen, die *Moby Dick* mit ihren Schaufelrädern zog mehrmals müde vor den Fenstern flussauf und flussab. Jeder Platz war besetzt, alle wollten beim Abschied dabei sein. Einhundertzwanzig Minuten benötigte Helmut Schmidt für seine letzte Rede, die längst in Schulbüchern Eingang gefunden hat – auf CDs und Videos kann man seine Deutschstunde bis heute verfolgen. Es gehe um eine Haushaltsdebatte, also die Gelegenheit, dozierte er, um nach guter alter Sitte mit der Regierung insgesamt ins Gericht zu gehen. Das sei «selten bequem» kündigte er seinem Nachfolger Helmut Kohl freundlich an.

Vom Vorwurf des Kanzlers wollte er sprechen, er habe ein schlecht bestelltes Haus mit viel Arbeitslosen im Lande hinterlassen. Was man als neuer Kanzler halt so sagt. Eine willkommene Gelegenheit für Schmidt bot das, an die zwei Ölpreis-Explosionen in den siebziger Jahren zu erinnern, an die keynesianische Reaktion Washingtons auf die Wirtschaftskrise, an die hohen realen Zinsen für Investitionen, den gesunkenen Dollarkurs. Nein, in der Summe sah er keinen Grund, Kohl Bodengewinne bei der Haushaltskonso-

Abschied von der Bühne, die er liebte – Helmut Schmidt am 10. September 1986 im Bundestag (Wasserwerk).

lidierung zu bescheinigen. Und die Arbeitslosigkeit, die er drosseln wollte, steige. Aus dem Ärmel schüttelte er das scheinbar, er brauchte seine Notizen nicht.

Aber das war nicht alles: Insbesondere eine klare Position Kohls zur strategischen Verteidigungspolitik – der Streit handelte von Reagans SDI-Projekt, einem Raketenabwehrsystem im Weltraum – vermisste der Kanzler a. D. Damit eile es, bedrängte er seinen Nachfolger, wir Deutsche «leben auf dem europäischen Schauplatz, wir sitzen auf dem Präsentierteller». Wenn überhaupt jemand, dann müssten wir an einer vertraglich vereinbarten, gleichgewichtigen Abrüstung interessiert sein. Nur ein Träumer könne meinen, «die Sowjetunion ließe sich totrüsten». Aber die Kritik an Kohl zielte auf mehr: Den amerikanischen Freunden gegenüber vertrete die Regierung die deutschen Interessen nicht deutlich genug. Schmidt: «Eingetreten ist ein weitgehender Gewichtsverlust der Bundesrepublik; sie hat sich unter Ihrer Regierung vorübergehend von der Einflußnahme auf die westliche

Gesamtpolitik verabschiedet.» Freund und Partner der USA müsse die Bundesrepublik sein, nicht «Klient», sie könne sich nicht behandeln lassen wie ein «abhängiger Schutzbefohlener».

Sichtlich genoss Schmidt die Zwischenrufe, wie in der guten alten Zeit. Der Mann, der einmal gesagt hatte, Politik sei ein «Kampfsport», bemerkte belustigt, er wisse, dass eine parlamentarische Demokratie «keine harmonische oder diplomatische Veranstaltung» sei. Aber es bleibe «der wichtigste Ort der Auseinandersetzung».

Auf sein Herzensanliegen freilich kam Schmidt erst zum Schluss zu sprechen, die Frage nach der «geistig-moralischen Führung». Geistige Führung erwarte er von den Wissenschaften, Schulen, Universitäten, in Kunst und Literatur, von Kirchen und Religionen. Im pluralistischen Staat muss, «wie mir scheint, jede Bundesregierung sich in geistiger und moralischer Hinsicht beschränken auf das Grundgesetz, auf unsere Grundrechte, unsere Grundfreiheiten». Politische Orientierung, politische Führung, das allerdings verlange er von jeder Regierung: mit Standfestigkeit, Zivilcourage, Kompromissbereitschaft, also mit einem «politischen Pragmatismus in moralischer Absicht».

Seine *summa* – «wir Deutschen bleiben ein gefährdetes Volk, das der politischen Orientierung bedarf» – leitete sich daraus ab. Das Leiden der Teilung könnte dazu führen, dass die «ohnehin gegebene deutsche Neigung zum gefühlsmäßigen Überschwang» gefährlich durchbreche. Deshalb bedürfen wir Deutschen, wie Schmidt meinte, besonders der «abwägenden Vernunft, der politischen Ratio als einem notwendigen Gegengewicht in der Ausbalancierung unserer nationalen, sagen wir genauer, nationalstaatlichen Anomalie». «Teilung gleich Anomalie.»

Auch eine Rückblende auf seine Lehrjahre gestatte er sich. In einem «schizophrenen» Zustand habe er sich – mit Millionen anderen – als junger Soldat befunden, tagsüber kämpfte man, nachts wünschte man sehnlichst ein Ende der Nazi-Diktatur herbei, zitierte er sich noch einmal. In dem Land, in dem idealistische junge Leute von oben herab «verführt» worden waren während der zwölf Hitler-Jahre, sollte die Politik nun gerade die Aufgabe übernehmen, künftig vor solchen Verführungen zu bewahren. Helmut Schmidt, man sah es, hörte es, spürte es, war in seinem Element. So grundsätzlich das alles klang, es wurde dennoch die persönlichste Rede, der intimste Einblick in seine Lehr- und Meisterjahre, den Helmut Schmidt je gewährte.[8]

Von der bitteren Stunde, jener Episode im November 1983 in Köln, als 400 Delegierte Schmidt und dreizehn seiner Getreuen gegenüberstanden, war keine Spur mehr geblieben.

Wenig davon hätte Brandt zwar so formuliert, aber vieles hätte auch er unterschrieben. Verabschiedet hatte sich in diesen zwei Stunden jener Helmut Schmidt von der Parlamentsbühne, mit dem ihn – trotz aller Fremdheit – seit den fünfziger Jahren ein tiefer Konsens verband. Willy Brandt sagte Valet vor seinem bevorzugten Forum, bei einem außerordentlichen Parteitag am 14. Juni 1987 in der Bonner Beethovenhalle. Auch er wollte nur das vortragen, was ihn bewegte. Niemand schrieb an dem Text mit, den er in seiner winzigen Handschrift feilte.

Den Delegierten erläuterte er: Indianerhäuptlingen werde von Anfang an nahe gebracht, sie sollten nicht zu lange auf ihrem Häuptlingsstuhl sitzen bleiben, er dagegen sei ja nun «ziemlich lange hocken geblieben», und er habe natürlich nicht allen gerecht werden können – «ich bitte um Nachsicht». Als Vorsitzender habe er den Zusammenhalt der Partei so ernst genommen, «dass bisweilen eine ohnehin vorhandene versöhnliche Neigung obsiegte, wo doch der Durchbruch zu neuer Entscheidung gedrängt hätte». «Aber welcher Durchbruch? Und zu welcher Entscheidung?»

Brandt: Ohne Selbstüberschätzung aber könnten Sozialdemokraten sagen: «Nie war unsere Partei an der Seite derer, die Krieg anfingen und Knechtschaft über unser Volk brachten. Wir haben vielmehr dafür gearbeitet, dass aus Millionen geschundener Proletarier und unmündiger Frauen selbstbewusste Staatsbürger werden konnten.» Die Zeiten der mündigen Bürger sind nicht vorbei, jedenfalls kommen sie wieder.

Brandt kam damit zum Kern seiner Botschaft: Wenn er sagen solle, was ihm neben dem Frieden wichtiger sei als alles andere, dann müsse er «ohne Wenn und Aber» gestehen, die Freiheit. Freiheit der vielen, nicht nur für die wenigen; Freiheit des Gewissens und der Meinung. Freiheit von Not und Furcht. Für Freiheit gegen den Obrigkeitsstaat hätten die Altvorderen gekämpft. «Sie, wir haben vor den Nazis und ihren mächtigen Helfern nicht kapituliert.» «Sie, wir haben uns durch die brutale Herausforderung aus dem Osten nicht unterkriegen lassen. So soll es bleiben ... im Zweifel für die Freiheit.» Das solle seine «letzte Amtshandlung» als Vorsitzender sein.

«Wehret den Anfängen!», hatte Schmidt im Wasserwerk die junge Generation gewarnt, wer Gewalt gegen Sachen verteidige, könne irgendwann bei Gewalt gegen Personen landen, er könne das schwer auseinanderhalten. Brandt war wichtiger, daran zu erinnern, dass er und die Freunde als junge Leute vielleicht nicht entschieden genug die Freiheit verteidigt hätten, solange noch Zeit dazu war.

Auch auf die Kritik an ihm persönlich ging der Redner ein: Wer ihm seine Liberalität ankreide, müsse wissen, dass er ohne sie nicht mehr er selbst gewesen wäre. Er halte nichts von einer «teutonischen Pseudo-Autorität, die durch den Schlag mit der Faust auf den Tisch demonstriert wird». «Den Tisch beeindruckt der Faustschlag wenig. Wen sonst?»

«Die Zahl der Freunde, von denen ich mich verabschieden kann, nachdem wir miteinander wichtige Stationen passierten, nimmt von Jahr zu Jahr ab. Wer ist noch da aus der Jugendbewegung von vor 33? Wo sind die Kameraden aus dem Exil? Aus der so falsch ‹illegal› genannten Arbeit? Aus den Jahrgängen, die durch Krieg, Kerker, Lager und Zerstörung gingen? Auch die Zahl derer ist klein geworden, mit denen gemeinsam ich mich angestrengt habe, Berlin durch eine Zeit großer Bedrängnis zu bringen.»

«Der Arbeiterjunge von der Wasserkante, der in Skandinavien politisch in die Lehre ging, den es von der Spree an den Rhein verschlug und der sich nun nach nahezu einem Vierteljahrhundert im Parteivorsitz verabschiedet: er blickt nicht im Zorn zurück, sondern kritisch auch auf sich selber.»

«Lebensläufe lassen sich nicht auf Flaschen ziehen. Mein Verdienst ist es nicht, wenn ich – vielleicht – der letzte Vorsitzende war, der aus der Arbeiterschaft kam und in der alten Arbeiterbewegung aufwuchs.»[9]

Brandt lauschte seinem Leben nach – und dem Jahrhundert. Beides verfloss in dem Augenblick ineinander. Es war ihm nicht in die Wiege gelegt, aber das Leben erzog ihn – so wurde er der letzte Parteivorsitzende, der die internationale Arbeiterbewegung verkörperte.

Eingraviert haben sie noch einmal öffentlich mit ihren Abschiedsreden, was die fünf Jahre Altersunterschied und ihre anderen Lebensläufe ausmachten; aber auch, wie es möglich wurde, dass sie bei so viel Unvergleichlichem dennoch einen Grundakkord fanden.

Julius Leber Hundert Jahre alt wäre Julius Leber an diesem Tag geworden. Als Hauptredner zu einer Gedenkveranstaltung am 15. November 1991 in der Berliner Gethsemanekirche hatte die Friedrich-Ebert-Stiftung Willy Brandt und Helmut Schmidt (neben Björn Engholm, dem damaligen SPD-Vorsitzenden) eingeladen. Die Auswahl war wohlüberlegt. Beide verehrten den Reichstagsabgeordneten und Widerstandskämpfer, der am 5. Juli 1944 – kurz vor dem Attentatsversuch – verhaftet und am 5. Januar 1945 in Plötzensee hingerichtet worden war. Als Chefredakteur des *Volksbote* förderte Leber den jungen Schüler, Herbert Frahm, der bei ihm im Blatt schreiben durfte. Die Grabstätten Lebers und Brandts befinden sich auf dem Berliner Waldfriedhof Zehlendorf.

Helmut Schmidt kannte Julius Leber nicht persönlich. Aber in seinen Büros in Bonn und Berlin hing von Beginn an eine historische Aufnahme Lebers vor Freislers Volksgerichtshof. Schmidt selber war im Jahr 1943 für einen Tag zu dem Gericht abkommandiert worden und hatte vor allem das Verfahren gegen Ulrich von Hassell erlebt, das ihn aufwühlte – dieser Tag, schrieb er später, habe ihm endgültig die Augen geöffnet über den Charakter des Regimes.

In den frühen 50er Jahren war Schmidt, wie er schilderte, erstmals mit dem Vermächtnis Lebers bekannt geworden, damals dachten die Westmächte und Adenauer gerade daran, wieder deutsche Streitkräfte einzurichten. Seine Wehrübung bei der Bundeswehr wenige Jahre darauf habe er nicht aus Lust an Uniformen und Schulterstücken abgeleistet, davon hatten sie im Krieg «weiß Gott mehr als genug erlebt», sondern sie wollten in der bewussten Nachfolge Lebers «Sozialdemokratie und Soldaten miteinander versöhnen». Daher das Bild im Büro! Viele Besucher, besonders ausländische Gäste, blieben davor stehen, erinnerte er sich, so sehr fiel die eindrucksvolle Gestalt auf.

Gleich war Schmidt damit wieder bei seinem Lieblingsthema, der Warnung an die Adresse der Jungen – die Generation linker Intellektueller nach 1968 «hätte ihm wahrscheinlich den Vorwurf des Theoriedefizits gemacht». Sein Vermächtnis sei in Wahrheit geschichtsmächtiger als «alle die kunstvollen Diskurse und Debatten zwischen Kautsky und Bernstein oder zwischen den überheblichen Utopisten der 60er und 70er Jahre und denjenigen Sozialdemokraten, die damals Deutschland regiert und politisch geführt haben und die sich dafür verantworten müssen, verantworten nicht für das, was sie gedacht oder gewollt haben, sondern für das, was sie tatsächlich bewirkt haben».

All jene Prinzipien erkannte er in Julius Lebers Haltung wieder, die ihm am Herzen liegen. Besonders galt sein Respekt dem, was Leber auf dem Magdeburger Parteitag 1929 vertrat, an der Stelle zitierte Schmidt Leber wörtlich: «Die Spannung zwischen der Wehrmacht der Republik auf der einen, der Arbeiterschaft auf der anderen Seite, ist ein gewaltiger Passivposten der Republik, sie ist auch ein Passivsaldo der deutschen Sozialdemokratie.»

Seine Rede schloss er mit dem Rat, «es wäre gut, wenn die Sozialdemokratie in der letzten Dekade dieses blutigen Jahrhunderts sich bemühte, das zu werden, was man von der SPD Lübecks in den Weimarer Jahren zu sagen pflegte, nämlich: sie sei eine Leber-Partei.»[10] Brandt, dem er vor Jahren vorgeworfen hatte, unter seiner Regie drohe die SPD zu einer «Nenni-Partei» zu werden, hörte zu in der ersten Reihe.

Vor seinem inneren Auge, gleichfalls in der Gethsemanekirche, ließ Willy Brandt dagegen das Jahrhundert Revue passieren und was sich am Beispiel Julius Lebers gewinnen ließe für seine oberste Maxime – Geschichte ist menschengemacht!

Brandt: Berlin als Erinnerungsort – allein das schon sei eine richtige Entscheidung! Hier überstellte ihn der Volksgerichtshof den Scharfrichtern, hier stimmte Leber gemeinsam mit Otto Wels und seiner Fraktion gegen Hitlers Gesetz zum permanenten Verfassungsbruch, hier baute er sich seit 1937 nach Jahren im Folterlager eine bescheidene Existenz auf, und hier traf er Gesinnungsfreunde, die den Tyrannen beseitigen wollten!

Verteidigen wollte Brandt wieder, wie schon so oft in seinem Leben, Opposition und Widerstand generell. Historikern, die am Ausdruck «deutscher Widerstand» zweifelten, weil es keine Organisation und kein Programm gegeben habe, das diesen Begriff rechtfertige, «abgesehen von der Gegnerschaft zum NS-Regime», erwiderte Brandt unverblümt: «Immerhin! – würde ich da gerne hinzufügen und fragen wollen, ob es damals überhaupt ein wichtigeres ‹Programm› geben konnte als den Sturz des hirnrissigen Terrorregimes und das Ende des völkerfressenden Krieges.»

Er wisse, fuhr ein melancholisch gestimmter Redner – ein knappes Jahr vor seinem Tod – fort, dass die Geschichte der Niederlage «meist nur eine begrenzte Zahl von Lesern» finde. Auch gebe es Grenzen der Neigung, den Unzulänglichkeiten einer früheren Generation krampfhaft nachzuspüren. Aber ob dies schon erklärt, dachte er laut, warum die organisierte Nazigegnerschaft hierzulande nicht stärkere Spuren hinterlassen hat?

Brandts Antwort: «Mir stellt es sich so dar, daß es die neue bundesdeutsche Staatlichkeit schon bald nicht mehr nötig zu haben meinte, sich auf ihr antinazistisches Erbe – und dessen Blutzeugen! – deutlich zu berufen. Der Klimawechsel hin zum Kalten Krieg bedeutete eben auch für Deutschland, daß neue politische Wetterkarten gezeichnet wurden.» Brandt legte sogar noch nach: Im gleitenden Übergang habe es kaum noch interessiert, was Theodor Heuss über seine heimlichen Besuche beim Kohlenhändler in Berlin-Schöneberg zu berichten wusste; auch Generaloberst Ludwig Beck, dem es zugefallen wäre, Staatsoberhaupt zu werden, habe den «Kohlenhändler» noch aufgesucht, wenige Tage bevor dieser von der Gestapo abgeholt wurde ...

Sein Fazit: «Die überkommenen Kategorien von Pflicht und Gehorsam hinter sich zu lassen – das mußte, wie die Dinge lagen, die Haltung einer besonders mutigen Avantgarde bleiben. Und diese schälte sich unabhängig von Herkunft und früherer Zuordnung heraus.» Brandt: Von Anfang an töricht war es deshalb, mit erhobenem Zeigefinger danach zu fragen, ob sich ein sozialer Demokrat wie Leber mit rückwärts-gewandten National-Konservativen oder Heerführern ohne politischen Überblick, mit blinden Beamten oder sogar mit solchen hätte einlassen dürfen, die Hitler auf den Leim gegangen waren, bevor sie sein Verbrechertum durchschauten. «Die Frage nach den Prioritäten war so zu beantworten: Gilt es eine überragende Gefahr zu überwinden, so sind dazu ungewöhnliche Bündnisse erlaubt – oder sogar geboten.»

Es hätte ihm Schlimmeres passieren können, formulierte er ironisch, als gelegentlich sein Schüler genannt zu werden, aber der Wirklichkeit entsprach es nicht. Lebers Rat habe er nur als Journalist angenommen, gestand der Gedenkredner freimütig, er habe zu den Radikalen gehört, die gegen die Weimarer Saft- und Kraftlosigkeit aufbegehrten. Von Lebers Vorwurf von der «Lust an der Ohnmacht» habe er sich dennoch nicht getroffen gefühlt. Von der Neigung allerdings, «blutleere Wortungetüme für brauchbaren Politikersatz» zu halten, könne er sein «eigenes, längeres Lied singen».[11]

Seinen eigenen Julius Leber hatte jeder der Redner in der Kirche an diesem Tag vor Augen: Brandt die Heroenfigur der Lübecker Arbeiterschaft, den Mann, der den unaufhaltsamen Aufstieg Hitlers doch aufzuhalten versuchte, seine schützende Hand über ihn hielt, dessen Weitsicht und Entschlossenheit er aber zu spät erkannt hat; Schmidt den Unbeugsamen vor Freislers Gericht, den Reichstagsabgeordneten, der Sozialdemokratie und Militär miteinander zu versöhnen suchte, den «wehrhaften Demokraten», dem alle Theorie fremd war. Und dennoch: So anders sie auch auf ihn sahen, Brandts und Schmidts Bild von Leber war kompatibel, wie man in der

Gethsemanekirche lernen konnte. Unwillkürlich glaubte man zu verstehen, was sie in ihrem Leben verband.

Hinterher, man muss es kaum erwähnen, saßen Willy Brandt und Helmut Schmidt lange zusammen, um sich endlich auszusprechen miteinander.

9. November 1989 Der Mauerfall war das historische Ereignis, mit dem beide nicht gerechnet hatten. Alles veränderte sich, nichts würde so sein wie zuvor – das sahen Brandt und Schmidt ähnlich. Europäisch dachten sie gleichermaßen, deutschnational waren sie nie eingestellt, aber – plötzlich spielte der Altersunterschied von fünf Jahren keine Rolle – zugleich gehörten sie einer Generation an, die den Traum von der geeinten Nation noch bewahrt hatte.

Am Morgen danach, auf dem John-F.-Kennedy-Platz, wählte ein beseelter Willy Brandt als erste Worte in seiner Rede folgende, sorgsam bedacht: «Dies ist ein schöner Tag nach einem langen Weg.» Nicht erst am 13. August 1961 hat das alles begonnen, dem Tag des Mauerbaus – «das deutsche Elend begann mit dem terroristischen Nazi-Regime und dem von ihm entfesselten Krieg». Aus dem Krieg erwuchs die Spaltung Europas, Deutschlands und Berlins. Es brauchte lange, bis etwas in Bewegung kam, vieler kleiner Schritte, an die er erinnerte – nicht zuletzt das Passierscheinabkommen vom 16. März 1963, das Hunderttausenden Deutscher aus Ost und West wenigstens erlaubte, sich wieder zu besuchen. Es war der erste Stein, der aus der Mauer gebrochen wurde. Jetzt, fuhr er fort, wachse zusammen in Europa, was zusammen gehört.[12] In abgewandelter Form – jetzt wächst zusammen, was zusammen gehört – wurde dieser Satz berühmt, Brandt hatte seine Rede selber redigiert und «Europa» herausgestrichen. Dadurch galt es als sein Wort zur nationalen Vereinigung.

Der Tag relativierte alles, natürlich auch die Spannungen zwischen Brandt und Schmidt. Welche Politik zum Mauerfall und zur großen Zäsur in Europa geführt hatte, der Weg zu dieser europäischen Revolution 1989, das interessierte in dem Augenblick nicht. Die Geschichte hatte entschieden, das sahen beide beglückt.

Nach dem Mauerfall: Der SPD-Ehrenvorsitzende und Präsident der Sozialistischen Internationale begrüßt die Herausgeberin der ZEIT Marion Gräfin Dönhoff sowie den Prager Außenminister a. D. Jiri Hajek während eines außerordentlichen SPD-Parteitages in Berlin im Dezember 1989.

Jede Sekunde seit dem Mauerfall schien Brandt zu genießen, eilte nach Rostock, Gotha, Eisenach, Leipzig und natürlich nach Erfurt, überall begeistert begrüßt. Dort, in Thüringen, ließ er den Film vor dem inneren Auge noch einmal Revue passieren: Zwanzig Jahre zuvor, am 19. März 1970, hatte er sich hier mit Willi Stoph getroffen, war kurz ans Fenster des «Erfurter Hofs» getreten, die Zuhörer hinter der Absperrung riefen lautstark «Willy, Willy!» – «unvergesslich» blieb das für ihn. Einige der ostdeutschen Zaungäste seien damals verhaftet worden, er wisse das wohl, vergaß Brandt bei der Wiederbesichtigung dieses wundersamen Tatorts nicht zu erwähnen.

Helmut Schmidt hatte an seiner Überzeugung festgehalten, die Nation bleibe unteilbar. Nicht nur als Kanzler, auch als Autor hatte er das oft wiederholt und sich davon überzeugt gezeigt, dass die staatliche Anerkennung der DDR, der Besuch «Bruder Honeckers» in Bonn, die deutsch-deutsche Kooperation die Bande letztlich festige. Er sollte Recht behalten. Und, ja, gehofft hatte auch er, gute Beziehungen zu Moskau könnten irgendwann einmal zu einem Ende der DDR führen. Schmidt sah sich – ohne Triumphgefühle – darin überraschend noch zu Lebzeiten bestätigt.

Bei Brandt jedoch erfüllte sich in diesen Monaten ein Lebenstraum. Schmidt hätte an ein Comeback nie gedacht. Vorstellen konnte Brandt sich hingegen für einen Moment sogar, Präsident eines «Deutschen Bundes» zu werden, falls die beiden deutschen Staaten – wie er annahm – auch weiterhin nebeneinander fortbestünden. Es kam alles schneller, zwei Monate später wusste auch Brandt, «die Sache ist gelaufen», die Einheit würde kommen.[13] Umso besser! Ein Jungbrunnen aber war die Rückkehr der Geschichte für Brandt, der alles noch einmal möglich zu machen schien.

Nur drei Jahre nach dem Mauerfall erlag er einem Tumorleiden. In der Klinik verzichteten sie im Mai nach zehn Minuten im Operationssaal auf den geplanten Eingriff, es erwies sich als hoffnungslos. Das Haus in Unkel verließ Brandt seitdem nicht mehr, seine Frau, Brigitte Seebacher, pflegte ihn bis zuletzt. Im Oktober 1992 starb er. Eine «Kanzlerbeerdigung» hatte er sich gewünscht, wie Helmut Kohl es von einem Abschiedsbesuch berichtete, ein Staatsbegräbnis im Reichstag mit Offiziersehrenwache und großem Zeremoniell.

Richard von Weizsäcker erinnerte dabei an seinen Kniefall in Warschau als Zeichen eines Regierenden, das keiner erwartet hatte und keiner vergessen hat; Björn Engholm zitierte den Titel seiner Memoiren, *Links und frei*, als Lebensprogramm; Helmut Kohl nannte ihn einen Brückenbauer; und Felipe González, die Zukunftshoffnung der Sozialistischen Internationale, den Brandt sich ausdrücklich als Redner gewünscht hatte, rief ihm ein bewegendes *adiós amigo* zu. Bundeswehrsoldaten trugen ihn unter Trommelwirbel die Treppen aus dem Reichstag herab. Dem «Deserteur», der so oft diffamiert worden war, spielte das Musikkorps, auch das wunschgemäß, das Lied vom guten Kameraden. Keiner der Redner ging darauf ein, weshalb ausgerechnet Brandt, der das Pathetische und das Pompöse hasste, dieses Staatszeremoniell am Herzen lag, aber es war unmissverständlich. Um eine Art Wiedergutmachung ging es ihm, und er erhielt sie auch.

Am Grabe sonnten sich alle – Freunde wie Widersacher, Verehrer wie Verächter – gleichermaßen in seinem Ruhme, als wäre es nie anders gewesen. Ins Kondolenzbuch am Rathaus trugen sich Zehntausende ein. Nur seine Gattin Rut (Hansen) aus dem anderen, skandinavischen Leben durfte an der Beerdigung am Waldfriedhof nicht teilnehmen, Brigitte Seebacher wünschte das so und setzte sich durch. So erinnerte sich noch zwanzig Jahre später einer von Brandts Söhnen, Matthias, voller unversiegter Empörung. Von 1992 bis zu ihrem Tode im Sommer 2006 habe seine Mutter die Ausladung von der Beerdigung Willy Brandts nicht verwunden. «Und ich werde nie verwinden», ließ er sich dann zitieren, «dass ich an diesem Tag bei der Beisetzung meines Vaters war – statt bei meiner Mutter.» Seine Mutter auszuladen und sich mit Kohl hinter den Sarg von Willy Brandt zu stellen, «dazu sind schlicht ungeheure Spezialtugenden erforderlich, oder? Dazu bedarf es einer speziellen seelischen Brutalität … die Frau ist das Grauen.» Soweit Matthias! Wie es im einzelnen war, bleibt letztlich offen. Egon Bahr hatte auf Wunsch des Kanzleramts den Part übernommen, mit Rut wegen der Beerdigung zu sprechen. Sie wisse, sie sei nicht die Witwe, sagte sie ihm, sie werde das Grab später aufsuchen, so erinnert er sich. Aber wie dem auch sei – als Sohn des Tragöden Willy Brandt, schrieb der Autor dieses Porträts, Alexander Gorkow, habe der Sohn Matthias sich für das andere Genre entschieden – das der Komödie.[14]

In der Welt wurde vor allem an seinen – wortlosen – Kniefall am 7. Dezember 1970 vor der Getto-Gedenkstätte in Warschau erinnert. Er selber hatte später dazu nur bemerkt: «Unter der Last der jüngsten deutschen Geschichte tat ich, was Menschen tun, wenn die Worte versagen; so gedachte ich der Millionen Ermordeter.»[15] Die polnischen Medien manipulierten das Foto seinerzeit so, dass man Brandt nicht kniend sah – zu sehr widersprach es dem öffentlich verbreiteten Feindbild von den deutschen Revanchisten. Als Horst Ehmke Brandt fragte, ob ihm in Warschau bewusst gewesen sei, dass es sich um das jüdische Mahnmal handelte, erwiderte er ihm, das habe er «den Polen nicht ersparen können». Die bleibende Formulierung – bei allem Pathos – für diesen Moment fand Hermann Schreiber im *Spiegel*: «Dann kniet er, der das nicht nötig hat, da für alle, die es nötig haben, aber nicht da knien – weil sie es nicht wagen oder nicht können oder nicht wagen können.»[16]

41 Prozent der Befragten in der Bundesrepublik hielten die Geste laut Umfragen für angemessen, 48 Prozent für übertrieben. Aber daran hat bei dem Trauerakt niemand erinnert.

Ein «Übriggebliebener» sei er, hat Willy Brandt vier Jahre vor seinem Tod gesagt, als er sich an seine Weggefährten aus dem Exil erinnerte. Die Freunde aus dem Exil waren tot, die Lebensfreunde. In Deutschland gab es wenige, die er Freunde genannt hätte: Bahr, Ehmke, Koschnick, ihre Namen ließ er auf der Zunge zergehen, viele waren es gewiss nicht.

Jetzt war Helmut Schmidt der letzte der Troika, der Wehner und Brandt überlebte. Respektiert war der Ex-Kanzler auch nach seinem Rücktritt, weltweit genoss er Reputation. Seine Bücher wurden gerne gelesen, nahezu jährlich veröffentlichte er ein neues. Aber das Echo hielt sich in Grenzen, wie für wohlverdiente Politiker üblich. Erst allmählich wurde Schmidt zur nationalen Ikone und zur Kultfigur, und nicht erst mit der Interviewserie in der *ZEIT*, «Auf eine Zigarette …»

Egon Bahr, den ich danach frage, weshalb Schmidt inzwischen derart respektiert, ja verehrt wird von nahezu allen Seiten, hält dafür eine Erklärung parat, die überraschen mag – «der Schatten von ‹Willy› ist weg.» Befreit sei er von einem Übervater, der nicht nur respektiert, sondern verehrt und geliebt wurde. In dieser Freiheit, fügt Bahr hinzu, habe Schmidt sich zu einer Persönlichkeit auf hohem Podest entwickelt: Ein Patriot mit ungeheuer viel Erfahrung, vernünftigen Urteilen, der keine Ämter mehr anstrebe, der sagt, was er denkt. In aller Verbundenheit mit Freund «Helmut» wählt er diese Worte.

Willy Brandt, den Bahr seit dessen Berliner Tagen begleitete, sieht er im Zeitraffer folgendermaßen: In Washington genoss er Vertrauen, seit er in Berlin 1961 beim Mauerbau kühl und aufrecht reagierte, zudem erhielt er noch den Friedensnobelpreis, kurzum, er war unantastbar; unantastbar war er auch für Moskau, obwohl ein Sozialdemokrat, weil er in Skandinavien im Exil war, und von dort aus nach Berlin reiste im Untergrund, während Hitler bereits regierte. Das heißt: «Der Mann hatte Mut!» Schmidt, überlegt Bahr, war so nicht, er unterstützte die Ostpolitik entschieden, «aber gemacht hätte er sie nie».

Noch einmal sei daran erinnert: Im Jahr 1959 hatte Schmidt Brandt erstmals seine «Freundschaft angetragen».[17] Aber er reagierte ausweichend, als wolle er einsam bleiben. Was hat Brandt einsam gemacht? Woher kam dieser Eindruck, all sein Lebensoptimismus sei auf seltsame Weise gepaart mit Melancholie? Welche Gespenster plagten ihn? «Mit am bittersten war die Enge ... die boshafte Enge, mit der manche über mich gesprochen haben wegen der Nazi-Zeit, das hat mir sehr wehgetan», hat Willy Brandt einmal bemerkt, aber nur sehr selten ging er so weit.[18]

Dass auf einer der vier Stimmkarten aus den eigenen Reihen, die ihn 1969 nicht zum Kanzler wählten, «Frahm, nein» notiert war, das hat er wohl nicht verwunden. Nazi durfte man sein, wie Kurt Georg Kiesinger, um zum Kanzler gewählt zu werden, Anti-Nazi nicht?

Ob er sich selber immer ganz unter Kontrolle habe, wollte ein klug bohrender Günter Gaus 1966 vom jungen Politstar Helmut Schmidt vor laufenden TV-Kameras wissen. Bereits in diesem Gespräch – ein rares Dokument der Zeitgeschichte und des Fernsehens vor der Talkshow-Demokratie – bewies er seine Fähigkeit, ein Bild von sich zu zeichnen ohne billige Schauspielerei. Vermessen wäre es, zu sagen, dass er sich ganz unter Kontrolle habe, er glaube aber, «weithin», erwiderte er nuanciert auf die Frage des unvergesslichen Gaus. Kontrolle und Verantwortlichkeit für das, was er machte: Das hatte er sich nach den bitteren Lehrjahren vorgenommen, nach 1945. Er wollte sich selber politisch «führen», aber die Deutschen nach Möglichkeit auch. Das war das Projekt Schmidt.

Seinem Koordinatensystem, seinen Maßstäben – mit Marc Aurel, Immanuel Kant, Max Weber immer im Kopf – wollte er folgen und gerecht werden.

«Schmidt hatte es schwerer», denkt Hans-Dietrich Genscher laut nach über seine Erfahrungen mit beiden Kanzlern, die er dreizehn Jahre am Kabinettstisch beobachtete, Brandt «hatte den mit Abstand schwierigeren Weg, aber auch das ‹Prä› seines Lebensweges, hatte Charisma und verkörperte das ‹andere Deutschland›». Das alles galt für Schmidt nicht. Konrad Adenauer und Theodor Heuss, fährt Genscher fort, verkörperten ein anständiges, aber nicht ein anderes Deutschland. Sie gehörten zu der Generation, die nicht die Uniform anziehen musste. Nach der Übergangsphase mit Erhard und Kiesinger kam der, «der hätte dabei sein können, vom Lebensalter her, der aber ein Internationalist wurde und nach Oslo ging.» Brandt war «Teil der inneren Klärung, auf Seiten der deutschen Linken vor 1933». Die Zäsur, will Genscher sagen, die es bedeutete, dass dann dieser Emigrant Kanzler werden konnte, kann man gar nicht groß genug einschätzen. Ich meine, er hat Recht.

Hätte es die Grünen auch ohne Helmut Schmidt gegeben? Ja! Noch heute ist Schmidt sich sicher darin. Überall in Europa lag das in der Luft, ökologische Parteien blühten auf, das konnte die SPD nicht integrieren.

Willy Brandt dagegen hielt den Bruch, wie er es empfand, also die Neugründung der Grünen für vermeidbar – und für ein Versagen seiner Partei. Darin blieb er mit Schmidt über Kreuz. Ausdrücklich zitierte er in seinen *Erinnerungen* Schmidts Kritik an den Jungen, ihrer Besserwisserei in der Außenpolitik, dem ökonomischen Unfug, den sie glaubten, und auch den Vorwurf an seine eigene Adresse. Er lautete auf «Opportunismus gegenüber der gegenwärtigen dritten Wiederkehr einer bürgerlich-deutschen Jugendbewegung, gekennzeichnet von idealistischem, realitätsfeindlichen Romantizismus».[19] Höflich nennt Brandt das zwar «bedenkenswert», fügt dann aber hinzu, das sei noch nicht die Antwort auf die Frage, ob die neue Partei der Grünen so schnell so groß werden und der Sozialdemokratie so viele junge Leute abspenstig machen musste. Nirgends stand geschrieben, dass die der Umwelt- und Friedensbewegung entwachsende «konkrete Unwillensbildung» in eine eigene Partei münden musste. Er jedenfalls habe möglichst viele der unruhigen, auch träumerischen jungen Leute in die Sozialdemokratie zu integrieren versucht.

Ein Urteil, dem schwer zu widersprechen ist. Große Teile der jüngeren Generation, gerade gut Ausgebildete, trieb Schmidt von der Politik eher weg. Für Randfragen hielt er das, was seine jugendlichen, grünen Kritiker hauptsächlich bewegte. Die Generation, die er für «verführbar» hielt, spaltet sich am Ende auch ab, und er war bereit, den Preis dafür zu zahlen. Ihre Besorgnis wegen der ökologischen Risiken hielt er zumindest für überzogen, die Wachstumskritik für grundfalsch.

Aber – er gewöhnte sich an diese Kritik. Nicht zuletzt die Redaktion der *ZEIT* selbst war eine gute Schulung, viele dachten auch in diesem kleinen Kreis anders als er. Geduldig hörte er es sich an, als Daniel Cohn-Bendit in seinem Beisein bekannte, er und seine Generation, «wir sind ja praktisch die Kinder seiner Politik, ob er es will oder nicht». Versöhnlich fügte der deutsch-französische Revolutionsheld der 68er Jahre hinzu: «Denn ohne die Politik der Koalition, die er gemacht hat,– und die vielleicht gar nicht einmal so falsch war, wie wir es gesagt haben, während unsere Politik vielleicht auch nicht immer so falsch war, wie er es gemeint hat –, wären wir Grünen in dieser Republik wahrscheinlich nicht geboren worden.» Im gleichen Atemzug setzte er dazu an, die angeblich «lausige politische Klasse» gegen ihre Verächter in Schutz zu nehmen.[20]

Aber ob es um Joschka Fischer, Daniel Cohn-Bendit, Erhard Eppler, Henning Scherf geht, seinerseits hat Schmidt bis heute – 93 Jahre ist er jetzt alt – keine Lust auf eine solche Versöhnung. Denn, nicht wahr, den Beitrag seiner Generation zur Selbstverständigung der Republik erkannten diese «Grünen» (oder Linken) nicht an?

Im Jahr vor dem Tod von «Loki» – das Ehepaar Schmidt bei einer ZEIT-Geburtstagsfeier zum 90. des Altkanzlers und Mitherausgebers des Wochenblattes Anfang 2009.

Anderes kam erschwerend hinzu. Brandt fiel es nicht schwer, sich einzulassen auf Experimente, sein Leben bestand daraus. Schmidt warnte vor Risiken, die man nicht überblicken könne, lebenslang. Er war Soldat, er wollte überleben – und gewinnen. Brandt war nicht im Krieg. Er suchte Wege und Auswege, Öffnungen, er entdeckte die Chancen darin, so hatte er überlebt im Exil. Schmidt bevorzugte das «Schließen», er wollte Realist bleiben, er warnte vor der ewigen Suche nach den «Türmen der Kathedrale von Chartres», nicht in der Politik jedenfalls! Brandt zeigte Vertrauen, die Republik werde sich schon selbst erziehen. Schmidt war überzeugt, sie müsse erzogen werden.

Willy Brandt war der Mann der Anfänge. Auf Kontinuitäten legte Helmut Schmidt hingegen besonderen Wert, seit 1949!

Helmut Schmidt, der heldenhaft rauchte auch vor den Fernsehkameras noch mit neunzig Jahren und über Herbert von Karajan spottete, dessen ganzes Leben habe aus Disziplin bestanden, «war eine der politischen Figuren des späten zwanzigsten Jahrhunderts, von denen es nicht gerade zuviele gab», schrieb der britische Historiker Norman Stone respektvoll in seiner Studie über das Ende des Kalten Krieges. Während er Brandts Ostpolitik als Beitrag zur Vertrauensbildung zwischen West- und Osteuropa einen langen Passus widmete, ging er allerdings auf den von Schmidt angestoßenen Nachrüstungsbeschluss nicht ein – voller Bewunderung aber auf «sein strategisches Verständnis dafür, dass gute Beziehungen zu Moskau am Ende auf einen Deal hinauslaufen würden, Ostdeutschland ein Ende zu bereiten».[21] Deutschland, fuhr Stone in seiner ungewöhnlichen Eloge fort, konnte aus Schmidts Sicht ein Modell für Ost und West gleichermaßen sein, und sein Land könnte dabei eine Führungsrolle in Europa übernehmen – gemeinsam mit Frankreich.[22] Strategische Regierungskunst wollte der renommierte Historiker dem deutschen Kanzler bescheinigen.

Helmut Schmidt fürchtete nichts so sehr, wie sich in Zweideutigkeiten zu verheddern. Auf die Frage, was er davon halte, wie Angela Merkel die europäische Krise managt, erwiderte er im Gespräch noch mit 93 Jahren lakonisch: Wenig! Über Kohl, den Kanzler des Abwartens und des Unklaren, hat er ähnlich geurteilt. Klarheit ist Pflicht!

In einer schönen, scheinbar beiläufigen Rede anlässlich seines 70. Geburtstages beschrieb Brandt wiederum es als eine der Erfahrungen seines Lebens, «bei weitem nicht mehr so sicher» zu sein wie einst als junger Mann. Er glaube viel mehr an den Zweifel. Wir hätten «zwischen verschiedenen Wahrheiten zu wählen» und müssten uns im Verhältnis zu ihnen orientieren. Das war sein Vermächtnis.

Skepsis gegenüber der einen Wahrheit, der reinen Lehre hegte Schmidt nicht minder. Aber ein öffentliches Bekenntnis zur Ambivalenz, zum Sowohl-als-auch, zum Zweifel wäre ihm als Bankrotterklärung vorgekommen. Allerdings haben sie damit auch den Blick auf sich selbst verstellt. Brandt galt als Cunctator, Schmidt als Dezisionist.

Mir scheint, das Hamletsche an Schmidt und das Bismarcksche an Brandt geriet deshalb zu oft aus dem Blick.

Ungleich ausgeprägter als Willy Brandt übernahm Schmidt die Rolle des moralischen Lehrmeisters, des politischen Volkspädagogen. Er wollte vorexerzieren, wie man lernt und was: Ein europäisches Deutschland, Zurückhaltung ohne Führungsallüren, und nicht vergessen, dass der Welt noch in tausend Jahren bewusst wäre, welchen Zivilisationsbruch zwischen 1933 und 1945 die Deutschen zu verantworten hätten. Er war der «normale» Deutsche, der gelernt hatte, und das wollte er sichtbar machen.

Als Projektionsfläche eignete Helmut Schmidt sich aber auch noch aus einem anderen Grund. Mit der Rückkehr der «Nation», also der deutschen Einheit, die im 3. Oktober 1990 mündete, hatte die Geschichte einen Schlussstrich gezogen. Die Deutschen wollten nicht mit dem Kopf durch die Wand, sie wollten sich europäisch einbetten. Die Mehrheitsdeutschen hatten ihre Sache nicht schlecht gemacht, sie hatten einen Emigranten und Hitler-Widersacher zum Kanzler gewählt. Mit Brandt und Schmidt waren die Deutschen vollends zurückgekehrt in die Völkergemeinschaft.

Gerade den Deutschen kam die Rolle zu, Stabilität und Gleichgewicht zu garantieren, Stabilität notfalls auch zwischen den Großen. Das Mitspracherecht in der Welt, das Brandt sich genommen hatte, nutzte auch er – kein kleines Kunststück.

Unterschiedliche Temperamente, versuchte Brandt im Rückblick ihre Differenzen zu relativieren, hätten zu einem «wesentlichen Teil» die Meinungsverschiedenheiten bestimmt, tragisch hätten sie es nicht genommen. Betont staatsmännisch fiel die Bilanz des Autors aus, man spürt, er feilte am Doppelporträt: Verstanden hätten sie sich, jeder sich selbst und jeder den anderen, «als deutsche Patrioten in europäischer Verantwortung». Und dann Sätze, gehämmert und ein wenig gestelzt, als Vermächtnis gedacht: «Wir hatten immer das Gefühl, gemeinsam eine Menge bewirken zu können – für unser Land und für unsere Partei. Der deutschen Sozialdemokratie hatten wir uns aus recht unterschiedlichen Richtungen verschrieben. Wir blieben ihr auf unterschiedliche Weise verbunden – doch mit der gleichen inneren Verpflichtung.»[23]

Letztlich, wollte Brandt einfach sagen, hat es geklappt, sie setzten Prioritäten, die alles andere dominierten.

Brandtianer und Schmidtianer

Willy Brandt war ihm näher, überlegt Gerhard Schröder, schon wegen seines Lebenshintergrundes, aber auch, weil er junge Leute wie ihn unbedingt in seine Partei holen wollte. Er hat uns politisiert, bekennt der Kanzler a. D. Wir hätten auch konservativ werden können, oder unpolitisch, aber da war Brandt, der uns anzog.

Im Jahr 1980, als er als Abgeordneter nach Bonn kam, stand für ihn fest, wen er verteidigen wollte: Immer, wenn der amtierende Kanzler, Schmidt, in der Fraktion süffisante Bemerkungen über die Partei und ihren laxen Vorsitzenden machte, der alles so treiben lasse, habe er sich gemeldet und «Willy» verteidigt, «der das nicht nötig hatte, aber gerne geschehen ließ, ohne selbst etwas zu sagen».

Als er dann ankündigte, sich in Hannover um das Amt des Ministerpräsidenten zu bewerben, obwohl die Parteispitze zunächst an die Schmidt-Freunde Hans Apel und Anke Fuchs gedacht hatte, sprach Brandt ihn an auf seine Ambitionen. «Stimmt es, dass Du Dich bewirbst?» Auf sein spontanes «Ja» schmunzelte Brandt amüsiert und erwiderte ihm: «Du verstehst, dass ich Dich nicht unterstützen kann ...» Gewarnt oder gar abgeraten hat er ihm nicht. Typisch Brandt! Für Schröder war das Signal genug, um durchzustarten. Später, als Kanzler, hat er Schmidt oft Abbitte geleistet, wie er im Gespräch gesteht. Mehr gewollt und erreicht hat er, als er seinerzeit sah.

Während seine Kanzlerschaft zu Ende ging, sei er langsam zum «Schmidtianer» geworden, so gut konnte er sich hineinversetzen in dessen Lage. Es war nicht nur eine Ölpreiskrise, der Schmidt konfrontiert war, sondern der erste dramatische Hinweis auf eine Interdependenz in der Welt. Mit dem Währungssystem verhielt es sich ähnlich, alles fing neu an. Schmidts Erfindung des G-6-Gipfels als eine der Antworten darauf – einfach genial, seufzt Gerhard Schröder bewundernd. Inzwischen sei er aber wieder stärker «Brandtianer», gesteht er, zurück zu den Anfängen.

Schröder: Brandt antizipierte die Liberalisierung der Gesellschaften, Schmidt musste sich auf die Globalisierung der Politik einrichten. Sie mussten sich auf etwas einrichten, was uns noch heute beschäftigt, und siehe da, es glückte.

VIII. Die Unvergleichlichen

Ein wenig verwundert reagierte Fritz Stern in dem Gespräch, das er mit Helmut Schmidt über «unser Jahrhundert» führte, über einige Auskünfte zu dessen Leben als junger Mann. Auf seine Frage, weshalb Geschichtsbewusstsein für ihn so wichtig sei, erwiderte Schmidt zunächst: Sehr viel gelesen über Geschichte habe er immer, er habe aber nie unter dem Aspekt der Nützlichkeit darauf geblickt. Das Schicksal des Napoleonischen Feldzugs gegen Russland hatte er aber als Schüler immer deutlich vor Augen. Als Hitlers Krieg gegen Russland begann, wurde ihm klar, «dass Deutschland den Krieg verlieren musste». Es würde den Deutschen genauso ergehen wie den Franzosen: Anfangserfolge, aber am Ende würden die Russen mit ihren Massen und dank ihres großen rückwärtigen Raumes gewinnen. Mit dieser Vorstellung sei er im Juni 1941 nicht allein gestanden, Loki habe es ähnlich gesehen. In den höheren Stäben und unter Generalstabsoffizieren habe es vermutlich auch solche Gespräche über den Ausgang des Krieges gegeben, «aber zu diesen Kreisen hatte der Muschkote Schmidt keinen Zutritt». Auch privat habe er im Sommer 1941 mit einem Verwandten darüber gesprochen, der Feldzug werde enden wie jener Napoleons.

Stern: Er nehme an, ein solches Gespräch werde erst nach dem Dezember 1941, nach dem Rückschlag für die deutschen Truppen vor Moskau, geführt worden sein. Schmidt apodiktisch: «Dieses Gespräch, das ich erinnere, war ganz eindeutig ein halbes Jahr früher.» Für ungewöhnlich halte er das, hielt Fritz Stern ihm geduldig entgegen. Einfache Soldaten, so nehme er an, hätten bei dem schnellen Vormarsch zwischen 22. Juni und 6. Dezember erwartet, es sei zwar alles sehr blutig verlaufen, aber die Deutschen würden schon gewinnen. Schmidt erneut: «Dieses Gefühl habe ich nicht gehabt.»[1]

Eine winzige Irritation steckte von da an in diesem freundschaftlichen Gespräch, sie wollte auch nicht mehr restlos weichen. Als Fritz Stern wissen wollte, ob Schmidt ähnlich wie Richard von Weizsäcker von einer «besonderen Verantwortung gegenüber Polen» sprechen würde, differenzierte Schmidt auffallend umständlich. Von einer «sehr hohen Verantwortung» würde er sprechen; «besondere Verantwortung» klinge so, als ob sie besonders sei im Verhältnis zu unserer Verantwortung gegenüber anderen Staaten und Regierungen.

Genau das hatte Stern tatsächlich gemeint. Also insistierte er, Deutsche und Franzosen hätten viele Kriege geführt, Franzosen hätten im 17. Jahrhundert Teile von Deutschland verwüstet. Es sei aber nie zu einer so unmenschlichen Besatzung wie der deutschen Besatzung Polens gekommen, angefangen im September 1939. «Nie und nirgends hat eine deutsche Armee so viele Gräuel geschehen lassen außer in Polen und dann später in Russland.»[2]

Es war ein Lebensproblem, über das sie scheinbar leichthin sprachen. Etwas war nicht verheilt.

Soldat Wie es ihn belastete, aber wie er sich dem auch unerbittlich stellte, das machte wohl mehr noch eine kleine Episode bei der ZEIT klar, die bereits fünfzehn Jahre zurücklag. Es ging um die Wehrmachtsausstellung. Im Blatt fing der Konflikt klein an. Benedikt Erenz, Redakteur und Historiker, befasste sich mit einer Berliner Ausstellung im Haus der Wannseekonferenz zum fünfzigsten Jahrestag des Überfalls auf die Sowjetunion (die zum Vorläufer der Wehrmachtsausstellung wurde). Sie dokumentierte die industrielle Tötung von sechs Millionen Menschen in deutschen

Vernichtungslagern während der Jahre 1941 bis 1945. Er wehrte sich gegen die Ankündigung, damit werde ein «Schlussstein» gesetzt. Was immer noch fehle, sei eine Dokumentation jener gewaltigen Basis, «auf der die Macht dieses Staates im letzten beruhte, jener Organisation, die seinen Führern mit Begeisterung bei der Ausführung ihrer Verbrechen zu Diensten war und es ihnen überhaupt erst möglich machte, (fast) ganz Europa mit Tod und Vernichtung zu überziehen – bis zu den Inseln Griechenlands, bis in die Fjorde Norwegens, bis in die kleinsten Dörfer der Ukraine hinein». Was, bald fünfzig Jahre nach Kriegsende, immer noch fehlt, spitzte Erenz zu, «ist eine öffentliche Darstellung der größten Mord- und Terror-Organisation der deutschen Geschichte: der deutschen Wehrmacht».[3]

Eine Flut von Leserbriefen folgte, meist entrüstet. An den «sehr geehrten Herrn Altbundeskanzler Schmidt» direkt richtete Alfred Dregger, vormals Fraktionsvorsitzender der CDU/CSU im Bundestag, einen Brief, in dem er sich gegen die «ungeheuerliche Verleumdung der deutschen Wehrmacht und deren Angehöriger» wehrte, «in der Sie – wie ich und Millionen andere – Ihrem Vaterland gedient haben». Insbesondere sei es eine Verleumdung derjenigen, die im Krieg für ihr Vaterland gefallen sind, «wie mein Bruder, und die sich dagegen nicht mehr zur Wehr setzen können». Gleichfalls in den Leserbriefspalten der ZEIT wurde eine Stellungnahme Schmidts abgedruckt, die im Ton zurückhaltend blieb. Sie lautete: «Zweifellos sind auch in Bereichen der Wehrmacht Verbrechen vorgekommen. Aber deshalb kann keiner, der ernsthaft um die historische Wahrheit bemüht ist, die Wehrmacht als Ganze und kollektiv als eine verbrecherische Organisation ansehen, auch der Nürnberger Gerichtshof der Alliierten hat dies nicht getan. Unter den tatsächlich verbrecherischen Organisationen der NS-Zeit ragt an erster Stelle die von Heydrich und Himmler befehligte Gesamtorganisation der Konzentrationslager hervor, die in unvorstellbaren Zahlen Menschen ermordet hat; daneben oder danach rangieren der sogenannte Volksgerichtshof des Roland Freisler, die Gestapo und dergleichen. *Helmut Schmidt, Hamburg.*»[4]

Zum Drama sollte sich das drei Jahre später ausweiten. *ZEIT*-Historiker Karl-Heinz Janßen widmete der Ausstellung «Vernichtungskrieg – Verbrechen der Wehrmacht 1941–1944», die im Hamburger Kulturzentrum Kampnagel eröffnet wurde, eine ungewöhnlich gründliche Analyse.[5] Es sei die «wichtigste historische Ausstellung seit langem», urteilte Janßen. Die provozierend deutliche Überschrift über seinem Artikel lautete: «Als Soldaten Mörder wurden». Janßens Gesamteindruck: «Da zerrinnt die Legende von der ‹sauberen Wehrmacht›, die, fern von allen Naziverbrechen, nur tapfer und treu das Vaterland verteidigt hat, und aufgehoben ist der Freispruch für Millionen Soldaten, die nichts gewusst, nichts gesehen, nichts gehört haben wollten. Stattdessen wird die fürchterliche Wahrheit offenbar, die zwar Fachleuten und einem zeithistorisch interessierten Leser- und Fernsehpublikum schon länger bekannt war, sich jedoch gegen eine Mauer einverständlichen Schweigens in der deutschen Öffentlichkeit nie durchsetzen konnte.» Seinen Bericht, in dem er auch der Frage nachging, wie weit man pauschalieren dürfe, beendete der Autor folgendermaßen: «Sie haben gewusst, was geschah, unsere Väter und Großväter, oder sie konnten es wissen. Noch ist Zeit, sich zu erinnern.»[6]

Empört reagierte Helmut Schmidt. Keinerlei Verständnis brachte er dafür auf, dass ausgerechnet in seiner Stadt diese Ausstellung gezeigt werde, und besonders, dass das Blatt, in dem er Herausgeber ist, sich ein solches Urteil über die Wehrmacht zu eigen machte. An die Grenze dessen rührte es, wie er in einer Hausmitteilung klar machte, was er zu tragen bereit sei.

Aber – er biss die Zähne zusammen. Es ging um sein Leben, seine Reputation. Also nahm er teil an einem Forum des Blattes, das der Frage nachspüren sollte, ob die Wehrmacht der «einzige anständige Verein» des Hitler-Staates gewesen sei oder die zweite Säule des NS-Regimes, eine «verbrecherische Organisation», verstrickt in Rassenkrieg und Holocaust. Am Tisch saßen Helmut Schmidt, Marion Gräfin Dönhoff, Theo Sommer, Karl-Heinz Janßen, Benedikt Erenz sowie Klaus von Bismarck, die Historiker Hannes Heer und Wolfram Wette, Heinrich-Joachim Graf von Moltke vom Verband Deutscher Soldaten und Jürgen Schreiber, Generalmajor a. D. und Präsident des Ringes Deutscher Soldaten. Wer zum hörbaren Unwillen Schmidts allerdings fehlte, war ein kompetenter Vertreter der Bundeswehr. Die «Bürger in Uniform» drückten sich, das missfiel ihm.

Geduldig hörte Helmut Schmidt zu, er intervenierte selten: Von einem Rassen- und Vernichtungskrieg sprachen die Historiker; sie nannten Zahlen von drei Millionen sowjetischer Soldaten, die in deutscher Kriegsgefangenschaft starben oder systematisch umgebracht wurden; sie erwähnten die Unfähigkeit der militärischen Führung, den verlorenen Krieg zu beenden, stattdessen aber den totalen Krieg gegen das eigene Volk fast bis zur völligen Zerstörung hinzunehmen. Der Krieg der Wehrmacht im Osten, hieß es weiter, habe einen anderen Charakter als barbarische Kriege der Vergangenheit gehabt – «zum Beispiel wegen der Ermordung der Juden». Die Wehrmacht war beauftragt, das flache Land «von Juden zu säubern». Von März 1943 bis Oktober 1943 war sie selber daran beteiligt, ihre «Arbeitsjuden» zu liquidieren. Wenn die Mitbeteiligung der Wehrmacht am Völkermord schon damals bekannt gewesen wäre, urteilte Janßen, dann hätten die Nürnberger Richter sie auch als verbrecherisch verurteilt.

Klaus von Bismarck, Regimentskommandeur beim Russlandfeldzug, berichtete von den Schocks, die mit dem Kommissarbefehl 1941 einsetzten und nicht mehr abrissen, er sehe heute, dass sie «auf einer Insel des Selbstbetrugs» lebten. Sie hätten geglaubt, «wir könnten anständige Soldaten bleiben in einem Krieg, der verbrecherische Ziele hatte». Schließlich zum Wort von der «größten Mord- und Terrororganisation der deutschen Geschichte»: Wenn man die Opferzahlen zusammenrechne, so Hannes Heer, fünf Millionen Zivilisten, dreieinhalb Millionen Kriegsgefangene, dann komme dabei als schreckliche Summe mehr heraus, als alle SS-Männer in Auschwitz und an anderen Orten ermordet haben. Und Bismarck: Nicht nur einzelne hätten bei verbrecherischen Handlungen mitgemacht, «sondern am Ende war vermutlich doch auch die Mehrheit der Wehrmacht bereits von der skrupellosen Nazi-Ideologie erheblich infiziert».

Fast stumm hatte Schmidt zugehört, aber dann meldete er sich zu Wort: rückblickend, erklärend, differenzierend, er wollte verstanden werden. Anders als die Herren von Moltke und Bismarck, machte er allerdings zuallererst geltend, stamme er nicht aus dem preußischen Adel, sondern aus dem hamburgischen Kleinbürgertum. Einer der Großväter war ungelernter Hafenarbeiter, der andere ein Hamburger jüdischer Kaufmann, was er erst als Schüler erfuhr. Diese Offenbarung und das Entsetzen über die Ausstellung «Entartete Kunst» in München, seine «großen Heroen» unter den Malern, hätten bedingt, dass er «kein Nazi werden konnte» und ihm klargemacht, sie seien «verrückt». Dass sie «Verbrecher» waren, habe er erst nach dem Krieg begriffen. Und dann, als er eingezogen wurde 1937 und die Abiturienten zu zehnt auf der Rekrutenstube lagen, hatten alle das Gefühl, «Gott sei Dank, jetzt sind wir endlich im einzigen anständigen Verein im ‹Dritten Reich›.» Nationalsozialistische Beeinflussung habe auch später niemand versucht, die beiden Generäle, die er kennenlernte, waren «beide keine Nazis und keine Verbrecher». Zu Beginn des Russlandfeldzuges wurde er abkommandiert zu einer Luftwaffen-Flakeinheit bis zum Dezember, beim Vorstoß auf Leningrad und Moskau war er dabei – aber nein, «von der Vernichtung der Juden haben wir überhaupt nichts gewusst und gehört».

Gleichwohl war er von Anfang an überzeugt, am Ende werde Deutschland in Schutt und Asche liegen. Als jemand, der unter die Nürnberger Rassegesetze fiel, glaubt er aber, «es sei meine vaterländische Pflicht, als Soldat meine Pflicht zu erfüllen.» Schmidt: «Als das erste Mal Zweifel auftauchten, hat mich ein Mann in meiner Batterie – ich war Batterieoffizier –, ein junger katholischer Theologe, auf den Paulusbrief an die Römer aufmerksam gemacht, wo ja der Satz steht, jedenfalls in der lutherischen Übersetzung: ‹Sei untertan der Obrigkeit, denn wo die Obrigkeit ist, die ist von Gott.›» Dann schrieb er wieder drei oder vier Jahre lang Bedienungsvorschriften für neue Flakwaffen. Nach seiner Erinnerung hat er nicht ein einziges Mal Menschen mit einem gelben Stern gesehen. Wegen seiner «großen Klappe» wurde er angezeigt, er betreibe Wehrkraftzersetzung, hieß es, aber er hatte hilfreiche Generalstabsobersten, die ihn beschützten, der Krieg ging zu Ende ohne Verfahren – und «ohne daß ich von den Verbrechen der Nazis wußte».

Man kannte vieles davon schon, aber er wollte es noch einmal zu Protokoll geben.

Und wie würde er in Kenntnis des Geschehenen heute die Wehrmacht beschreiben? Mit seinen 76 Jahren sehe er keine Notwendigkeit, die «Wehrmacht als Institution noch einmal zu bewerten», das sei für ihn erledigt, erwiderte er auf diese Frage. Hat er nicht als Politiker im Adenauer-Staat dazu beigetragen, dass kein oberster Generalstab, sondern ein ziviler Verteidigungsminister zum obersten Befehlshaber der Streitkräfte wird? Hat er nicht als Verteidigungsminister die beiden Bundeswehrhochschulen erfunden, gegen den Willen des Offizierskorps, wo sich künftige Offiziere die nötige Allgemeinbildung erwerben können? Haben sie nicht die staatspolitisch notwendigen Konsequenzen gezogen «aus dem Wissen, das damals noch unvollständig war»? Er persönlich, so Schmidt, könne damit leben, «wenn man mich – einer dieser 19 Millionen Soldaten – als Angehörigen einer verbrecherischen Organisation bezeichnet». Verbrechen seien vorgekommen, «noch und noch», aber nicht pauschal! Und er habe eben «Glück» gehabt, schon dadurch, wo er jeweils stationiert war! Aber die nachwachsende Generation bekomme eine falsche Vorstellung von der deutschen Geschichte, antwortete er sich selbst, und man treibe Leute in eine Ecke, die sich dann wehren – der Nationalismus sterbe nicht aus. Er wünsche, dass die Fakten bekannt und moralisch bewertet werden. Aber man schneide sich selber völlig vom Erfolg ab, wenn man zunächst einmal 19 Millionen beleidige «oder aber die Kinder von 19 Millionen glauben lässt, ihre Eltern seien die Schuldigen». Wenn man also den Eindruck erwecke, selber sei man aufgeklärt und wäre, hätte man damals gelebt, Widerstandskämpfer geworden. Schmidt: «Ich sehe die alle vor mir, die großen Widerstandskämpfer der Studenten von 1968, ich sehe sie alle mit ihrer großen persönlichen Tapferkeit vor mir.»

Sogar zwischen Helmut Schmidt und Marion Dönhoff kam es zu einem kleinen Disput, als er sein Mantra wiederholte, die Herkunft mache eben einen großen Unterschied. Jemand wie Bismarck oder die Gräfin, «Ihr habt in Gesellschaftsschichten gelebt ...»

Dönhoff: «Das stimmt ja nicht.»

Schmidt: «Natürlich, Sie haben im Ausland studiert, machen Sie sich doch nichts vor, Sie haben Maßstäbe bekommen.»

Dönhoff: «Die habe ich von zu Hause, wegen dieser Maßstäbe bin ich ja ins Ausland gegangen.»

Schmidt: «Na gut, von zu Hause, jedenfalls haben Sie Maßstäbe gehabt. Meine Generation und die nachfolgende, die jüngeren Leute hatten überhaupt keine Maßstäbe, wir waren doch völlig hoffnungslos ausgeliefert.»

Aber damit klang das Gespräch noch nicht aus. Hannes Heer resümierte seine Erfahrung aus Archiven, wie viel Offiziere und einfache Soldaten auf allen Ebenen von dem Feldzug gegen die Juden gewusst hätten, alle hätten gewusst, was da vor sich geht. Schmidt: «Das ist nun wirklich Unsinn, daß es alle gewußt haben. Sie müssen anerkennen, wenn Sie hier im Ernst Gespräche führen, daß andere Leute anderes erlernt haben, als was Sie aus ihren Dokumenten generell herauslesen. Sonst muß ich aufstehen und den Raum verlassen, wenn Sie mich für einen Lügner halten.»

Nein, er verließ den Raum nicht.[7]

Mit Willy Brandt fand Helmut Schmidt in der Frage einen Konsens, auch den Soldaten machte Brandt keine pauschalen Vorwürfe. Aber die jüngere Generation sah das inzwischen kritischer, und das Gros der jungen Historiker eben auch. Dass ausgerechnet Brandt, den er wegen seiner Haltung so schätzte, die Brücke zu dieser Generation schlug, den 68ern und auch noch den Grünen, das vermochte Schmidt sich nicht anders zu erklären als damit, er habe sich blind machen lassen. Sein Bündnis mit der jüngeren Generation verübelte er ihm allein deswegen schon zeitlebens.

Dissident Die innere Herausforderung, die im Lebenslauf Willy Brandts schlummerte, war aus ganz anderem Stoff. Keiner hat die Dimension des Problems so pointiert aufgezeigt wie Hans Mayer. Ob man ihm vorbehaltlos zustimmt oder nicht, ich meine, man darf sein Urteil nicht ignorieren. Neun Jahre nach Brandts Tod hat der Literaturwissenschaftler und Schüler Ernst

Blochs mit seinem kleinen Portrait – *Erinnerungen an Willy Brandt* – auf ungewöhnliche Weise das Drama Brandts skizziert: Das, was er allein schon in sich selber versöhnen musste, und welche Welten er dann noch in Einklang zu bringen hatte, als er in seinem ersten Vaterland Politiker werden wollte. Für Mayer blieb der «Bürger und Weltbürger» nämlich vor allem – Außenseiter und Dissident.

Kurz vor seinem Tod verfasste Hans Mayer, sechs Jahre älter als Brandt, diesen Rückblick auf einen Freund.[8] Wie Brandt selber, schwankte der junge Sozialist in Köln zwischen der Weimarer Sozialdemokratie und radikalen Fraktionen. Er gehörte zu den Gründungsmitgliedern der SADP, so lernte der angehende Jurist den Lübecker Gymnasiasten kennen. Sie beide schwärmten für Rosa Luxemburg, erinnerte er sich. Mayer entwickelte Sympathien für die KPD-O, als Jude und Marxist erhielt er 1933 Berufsverbot und ging ins Exil. Brandt zählte er zu jenen, die – wie auch er – in der Weimarer Republik aufbegehrten gegen den Quietismus der Sozialdemokratie, «die sich unerschüttert gab von den geheimen Sympathien der bürgerlichen Reichstagsparteien für die neuen Braunen».[9] In der Gefahr sei Brandt nie gewesen, wie die «revolutionären» Gewerkschaftler am 1. Mai 1933 plötzlich die rote Armbinde mit dem Hakenkreuz zu vertauschen. Seine Bewunderung galt dem Freund, der sich bewusst abgrenzte «sowohl von einer Arbeiterbewegung, die sich als das bessere Bürgertum aufspielen möchte, als auch von der Erstarrung der großartigen sozialistischen Emanzipationsbewegung in Russland».[10] Insgeheim sei dieser Brandt stets Dissident geblieben, «was immer einen Abweichler bedeutet, und ein Sozialist, nicht Kommunist».[11] Ein Nichtjude, der dennoch emigrierte. Nie Mainstream! Als er aus Norwegen zurückkehrte («Heimkehr in die Freiheit», überschrieb er das in seinen Memoiren), entstammte das dem «tiefen Wunsch nach einem Ende des Dissidententums».[12] Aber es folgten die Bezichtigungen als «Verräter», manchmal schien er sich darüber zu verlieren, so als er sich ein Image à la Kennedy verpasste. Von diesem ehemaligen Gefährten wollte Mayer während der Großen Koalition einmal hören, wie es ihm als Außenminister an der Seite Kiesingers ergehe und wie er das aushalte. Brandt hielt sich zurück – ein «Schönredner» sei dieser Kanzler, mehr wollte er nicht sagen. Später traf Mayer Brandt noch einmal bei einer Konferenz zur deutschen Emigration in Luxemburg, Max Horkheimer, Golo Mann und Jean Améry waren auch eingeladen.[13] Und tatsächlich, es zeigte sich, Brandt ließ sich auf das Gespräch mit ihnen ein, er hatte sein erstes Leben nicht vergessen!

«Das Geschehen und das Schweigen», überschrieb Hans Mayer einen seiner Essays über das Exil. Als stillen Gruß Brandts empfand er es verständlicherweise daher, was er zu seiner Überraschung in dessen *Erinnerungen* las: Sein Kapitel über Guillaume betitelte Willy Brandt nämlich knapp «Das Geschehen», den Bericht über seinen Rückzug überschrieb er «Das Schweigen». Der Weggefährte von einst zitierte ihn, ohne den Freund beim Namen zu nennen. Subtiler und schöner hätte die Reverenz tatsächlich kaum ausfallen können. Brandts Politik, so deutete Mayer Brandts Verhalten, habe subversiven Charakter behalten, er meinte es ernst mit dem «Wandel durch Annäherung» – anders als Wehner. Er wollte nicht stabilisieren, im Gegenteil, insgeheim habe er an der Nachkriegsteilung rütteln wollen, nur auf andere Weise,[14] denn demokratischer Sozialist sei er zeitlebens geblieben. Als «Repräsentant» habe er Kompromisse schließen müssen, aber Dissident blieb er «im Innersten». Brandt wollte beides zugleich, aber bevor er austesten konnte, ob es gelingt, musste er seine Kanzlerschaft abbrechen.

Vielleicht war dieses Podest überhöht, auf das Mayer den Jugendfreund stellte. Und doch, man muss sich auf den Gedanken einlassen, dass vom ersten Leben in der Weimarer Republik und in Norwegen insgeheim mehr erhalten blieb, als der Rückkehrer zeigen wollte, der ahnte, was ihm ohnehin schon bevorstand.

An manche der sensiblen Beobachtungen Hans Mayers fühlte man sich beim Lesen des kleinen Buches erinnert, das Lars Brandt seinem Vater widmete. Den Bericht über eine Annäherung machte er daraus, aber auch über ein Entschwinden. Brandts persönliche Arbeitsbibliothek wurde immer schmaler, erinnerte sich der Sohn, der Vater zog es vor, «Bücher, die er brauchte, zu leihen, um sie nicht dauerhaft bei sich aufbewahren zu müssen». Schon in den Jahren seiner Kanzlerschaft habe das begonnen – «ein weiterer Schritt ins

Unpersönliche», wie Lars Brandt lakonisch dazu bemerkte. Vom gemeinsamen Angeln handelte eine andere dieser Metaphern, mit denen er sein Verhältnis zu «V.» beschrieb. Beide liebten sie diese traute Schweigsamkeit nebeneinander. Der Sohn stellte die Ausrüstung, wenn sie sich «miteinander aus dem Staub machen» wollten, der Vater hatte «allein am Fischen selbst Spaß»: «Vielleicht präzisierte sich beim gemeinsamen Fischen unser Gefühl dafür, wie wir miteinander umgehen konnten und das Nähe wie Abstand einschloß – eine Brücke zwischen uns, die bis ans Ende seiner Tage über alle Umstände und Unterschiede hinweg verläßlich stand. Auch über mehrjähriges Schweigen. Es geht beim Angeln ums Geheimnisvolle, in das man eindringt, ohne es aufzulösen. Selbst wenn wir nie darüber sprachen, vielleicht berührte das seine Seele: Beim Angeln spielt sich nur die eine Hälfte des Geschehens oberhalb des Wasserspiegels ab, mehr ereignet sich im Verborgenen, in dessen gefährliche, unermeßliche, finstere Nässe man sich gleichsam mit dem Köder sinken läßt.»[15]

Der Mann, der dem Jugendfreund (Mayer) allenfalls verschlüsselte Signale sandte und der sich dem eigenen Sohn kaum annähern konnte – wie hätte dem Helmut Schmidt als politischer Weggefährte wirklich nahe kommen können? Beinahe ein Ding der Unmöglichkeit! Schmidt suchte Freunde, und er stürzte sich am liebsten offensiv in den Ring; Brandt flüchtete – wie Lars es beschreibt – lieber ins «Unpersönliche», entzog das Innerste gerade den Blicken, um sich abzuschirmen, aber wohl auch, um sich unverletzbar zu machen. Wirklich geglückt ist ihm das nie.

Allein das schon, von Hans Mayer und dem Sohn glänzend skizziert, machte den Brückenschlag zwischen den beiden über Jahrzehnte hinweg anstrengend, immer neuer Anläufe bedurfte es dazu. Ihre unterschiedlichen Leben und Lebenserfahrungen erschwerten das obendrein. Den «wichtigsten Unterschied» beschreibt Helmut Schmidt folgendermaßen: Noch in den 70er Jahren bewegten sie alle sich in einem Umfeld, das in seiner Mehrheit – viele Millionen! – Kriegs- und Vertreibungserfahrungen gemacht hatte, Erfahrungen wie er selbst. Brandt und auch Reuter hingegen, fügt Schmidt hinzu, «kannten das damalige Deutschland aus der Opposition und aus dem Exil heraus, nur von außen». Bei allem Respekt, sie kannten Deutschland nicht wirklich!

Egon Bahr wusste nicht nur, was in Brandt vorging, ihm war klar, dass er darüber nie wirklich hinwegkam. Seiner Analyse, weshalb die Diffamierungskampagnen im Nachkriegsdeutschland derart verfingen, ist wenig hinzuzufügen: «Die ganze Kampagne war ja nur sinnvoll, wenn man glaubte, eine große Anzahl von Menschen lehne Emigranten ab, betrachte den Spanischen Bürgerkrieg als eine Sache, bei der die Legion Condor auf der richtigen Seite gekämpft hat, und den Hitler-Krieg als einen Krieg des deutschen Volkes. Nehmen wir an, diese Einschätzung ist richtig: zahlreiche Deutsche seien dieser Meinung. Dann wird für die Zukunft die Frage entscheidend: Wollen wir diese Haltung fördern? Die in der Diffamierungskampagne praktisch vollzogene Abwendung von der Kollektivscham, von der Theodor Heuß einmal gesprochen hat, führt noch zu einem anderen Problem. Der psychologische Konflikt in unserem Volke kann auf diese Weise verewigt werden. Die geistige Bewältigung einer unrevidierbaren Vergangenheit, lange verdrängt, findet in Feierstunden, Plädoyers, Leitartikeln und Theaterstücken statt, während im handfesten politischen Alltag das Gegenteil praktiziert wird. Statt einer Erlösung, einer Aussöhnung, gibt es die Fortsetzung.»[16]

Mit der Wahl Brandts zum Kanzler, 1969, war scheinbar die «Aussöhnung» erreicht. Aber der Eindruck trog. Brandt spürte zu Recht, dass etwas haften geblieben war, ein verborgenes Ressentiment. Wirklich anerkannt hat die deutsche Mehrheit ihn wohl nur auf dem Zenit seines Ansehens, 1972. Die Welt rühmte ihn als den «anderen Deutschen». Hat auch er letztlich an Deutschland etwas nicht akzeptiert? Ich vermute es, beweisen lässt es sich nicht. Am Ende ertappt man sich bei dem Gedanken, dass Hans Mayer mit seiner Vermutung vom «ewigen Dissidenten» der Wahrheit am nächsten kommt. Aber Brandt hätte über solche Lebensdinge geschwiegen. Der «psychologische Konflikt», von dem Bahr sprach, blieb verewigt. Brandt polarisierte immer, auch wenn es nicht immer öffentlich wurde. Zu Ende war das erst nach seinem Tod, und nachdem er wunschgemäß sein Staatsbegräbnis erhalten hatte.

Da Brandt als Außenseiter und Dissident, dort Schmidt, der deutsche Soldat unter 19 Millionen – man muss sich vor Augen führen, was damit zusammenkam, und sie waren sich dessen bewusst. Ausgesprochen haben sie sich über ihre große Lebensdifferenz freilich nicht.

Weshalb gewinnt man den Eindruck, Schmidt werbe in seinen Briefen derart um Anerkennung, und weshalb erwiderte Brandt respektvoll, sorgsam und gleichwohl distanziert? Woher diese eigentümliche Asymmetrie? Das «andere Deutschland», von dem Willy Brandt gerne sprach, hatte es in Rudimenten bereits gegeben – und er war bereit, Spuren davon nach der Rückkehr aus Norwegen auch in der Bundesrepublik zu suchen. Er brachte der deutschen Mehrheit Vertrauen entgegen, aber er wollte mehr «Anfang» als Schmidt.

Helmut Schmidt aber brauchte Brandts Anerkennung, allein schon wegen seiner «Jugendsünden»: Anerkennung dafür, dass es nicht grundfalsch war, das zu tun, was er «schizophren» nannte – tags als Soldat seiner Pflicht nachzugehen und nachts am Regime zu zweifeln. Ja, dass es ein richtiges Leben im falschen gab. Seine eigene Lebenserzählung, einmal gefunden, hat er hie und da leicht variiert, aber nie korrigiert. Eine langjährige Selbstvergewisserung wäre sonst in Frage gestellt worden, ein Lebenskonstrukt, das ihm Halt gab. Er war davon überzeugt, dass es so war, wie er sich erinnert – und so muss man es stehen lassen. Dieser Schmidt und dieses Schmidt-Bild wurden fast unumschränkt respektiert, wenn nicht bewundert. Auch das war ihm klar, er spiegelte es ihnen zurück. Versöhnt konnte er auf sein Leben zurückblicken, ohne offene Wunden. Ja, er war die «19 Millionen Soldaten», er war die deutsche Mehrheit, er war mit sich identisch als alter Herr. In ihm sahen die Deutschen, die deutsche Mehrheit, sich.

Mit Selbstbewusstsein blickt Helmut Schmidt im Gespräch auf die Jahre zurück. Ja, sie beide haben ihren Anteil an der Selbstverständigung der Republik, also an dem, was aus ihr wurde. Geleugnet habe er zwar, die westliche Politik zu führen, «aber zum Teil haben wir Führung ausgeübt». «Aber wenn man einen Strich darunter zieht unter die Jahre von 1969 bis 1982, dann war für die Republik der Wechsel von Kiesinger zu Brandt und zu dem neuen Jahrzehnt von größerer Bedeutung als die Beseitigung von Schmidt durch die FDP.» Kohl und Genscher, resümiert er, haben die Außen- und Deutschlandpolitik fortgesetzt und den Nachrüstungsbeschluss exekutiert. Der «eigentliche politische Wechsel» für die Bundesrepublik, urteilt Schmidt, fand 1969 statt, mit Brandt als Kanzler. Er wollte etwas nachholen von der «Stunde Null», zu der es 1949 nicht kam. Und die 68er Generation wünschte – aus anderen Gründen als Brandt – gleichfalls die große Zäsur. Viele der überfälligen «Reformen» waren doch schon angelegt in der Großen Koalition, findet er.[17]

Eingeprägt hat sich das Bild von einem störanfälligen, labilen Verhältnis, ja langjähriger Rivalität zwischen Brandt und Schmidt. Unter der Lupe lernt man, anders auf sie zu sehen: Betrachtet man ihre Kanzlerschaften als Einheit, zeigt sich, wie sehr sich die Bundesrepublik damals emanzipierte, ohne sich zu verirren. Sie hielt europäischen Kurs. Das sei «wahrscheinlich richtig», wägt Schmidt sorgsam ab, keinesfalls möchte er auftrumpfen mit einem solchen Bekenntnis. Aber ja, die Republik wurde erwachsener.

Zum wachsenden Vertrauen in Europa haben beide Kanzlerschaften viel beigetragen. Das wiederum hat – ohne Vermessenheit – den Umbruch in Polen und Gorbatschow ermöglicht. Die Zäsur von 1989 allerdings, das zu betonen ist Schmidt wichtig, hätte es ohne die Gewerkschaftsbewegung in Danzig nicht gegeben, und endlich dürfe man auch nicht «die Duplizität von Reagan und Gorbatschow» vergessen. Dass sie sich 1987 auf einen Abrüstungsvertrag verständigten, das «brachte die Wende für die Welt» – und das waren nicht die Deutschen!

Dass Willy Brandt Kanzler wurde vor Helmut Schmidt, diese Reihenfolge war wichtig, mit ihr hatte die Bundesrepublik einfach Glück: Zuerst zog der Exilant ein ins Palais Schaumburg mit seiner Fassade aus der Jahrhundertwende und dem Adenauer-Flair, dann folgte ihm der «normale» Deutschen in das neu errichtete, spröde,

Large Two Forms: 1979 ließ Helmut Schmidt die Plastik seines Freundes Henry Moore im Garten des neuen Bonner Kanzleramts aufstellen. Das Werk, das er als Ausdruck von Menschlichkeit und menschlicher Verbundenheit betrachtete, wurde zum Symbol zumal der sozialdemokratischen Kanzlerjahre. Gerhard Schröder verkörperte es zuviel der rheinischen Konsensdemokratie – er wollte die Skulptur für Berlin nicht haben.

nüchterne Kanzleramt, mit einer imposanten Plastik von Henry Moore – *Large Two Forms* – die Schmidt so am Herzen lag. Die Republik verschließt sich nicht der Moderne, sollte sie verkünden. Sicher, auch Helmut Schmidt wollte Kanzler werden, er war ehrgeizig und selbstbewusst. Aber er wollte Brandt nicht demontieren. Das besorgte Wehner. Schmidt hätte sich – anders als Wehner – selbst beschädigt, das wusste er, er profitierte von dem moralischen Kredit, den Brandt genoss.

Von dem «Ergänzungsverhältnis der Eigenschaften beider», Brandts und Schmidts, habe die Republik profitiert, meinte rückblickend Horst Eberhard Richter kurz vor seinem Tod, «von dem strategischen Rechner wie dem Politiker der ‹compassion›». Keine der beiden Begabungen sei entbehrlich.[18] Ergänzungsverhältnis? Ein schönes Wort, das einleuchtet.

Sie waren unvergleichlich: Der Wehrmachtssoldat und der Emigrant – der Zufall hatte sie zusammengeführt, zweierlei geradezu ideale Projektionsflächen boten sie für die Deutschen. Kurt Georg Kiesinger und Willy Brandt, das Duo für drei Jahre gemeinsam am Kabinettstisch, hat als Versöhnungsangebot nicht funktioniert. Helmut Schmidt und Brandt hingegen gelang dieses Kunststück. Im Selbstverständigungsprozess der Bundesrepublik übernahmen sie, anfangs kaum bemerkt auch von ihnen selbst, allmählich eine Schlüsselrolle, als Stimmen mit eigener Autorität, von denen es gar so viele nicht gab. Ihre unterschiedlichen Lebensgeschichten blieben als Differenz, das konnte nicht anders sein. Nur fünf Jahre lagen zwischen Brandt und Schmidt, aber ein entscheidender Unterschied war es gleichwohl. Brandt hatte, ach, zwei Seelen in der Brust, nur sehr schwer kam Schmidt damit zurecht. Wer nicht? Etwas an Schmidt blieb aber auch Brandt fremd bis zuletzt.

Wenn aber der politische Brückenschlag nicht geglückt wäre, das wurde ihnen zunehmend bewusst, wäre viel mehr gescheitert damit. Aus ihrem Miteinander, Nebeneinander, Gegeneinander kristallisierte sich – unter dem Strich – etwas ungewöhnlich Komplementäres heraus, von dem die Bundesrepublik profitierte.

Als «Freunde» haben sie sich verabschiedet, schilderte Schmidt ihre letzte Begegnung. «Freund» nannte Willy Brandt Schmidt nicht, «Freunde» nannte er nur die Weggefährten aus dem anderen Leben. Jetzt sprach der Übriggebliebene Helmut Schmidt für sie beide zugleich, für den «Außenseiter» und den Mann mit der «normalen» Biographie, für den Wehrmachtssoldaten und den Exilanten, für die besiegte Mehrheit, aber für die befreite Minderheit auch.

Anhang

Anmerkungen

* Marion Dönhoff: *Ein Leben in Briefen*, Hamburg 2009, Seite 152 f.

I. Letztes Bild

1 Helmut Schmidt: *Weggefährten*, Berlin 1996, Seite 128.
2 Helmut Schmidt: *Weggefährten*, a. a. O., Seite 452.
3 David Binder: *The Other German. Willy Brandt's Life&Times*, Washington 1975, Seite 331.
4 Rut Hansen: *Freundesland*, Hamburg 1992, Seite 111 f.
5 Theo Sommer: *Unser Schmidt. Der Staatsmann und der Publizist*, Hamburg 2010, Seite 351 f.

II. Zweierlei Irrtümer

1 Auch sein anderes autobiographisches Buch gibt nicht so viel preis. Es erschien im Jahr 1960 in München: Willy Brandt: *Mein Weg nach Berlin*. Aufgezeichnet von Leo Lania.
2 Helmut Schmidt: *Politischer Rückblick auf eine unpolitische Jugend*. In: *Kindheit und Jugend unter Hitler*, mit einer Einführung von Wolf Jobst Siedler, Berlin 1992.
3 Willy Brandt: *Links und frei*, Hamburg 1982, Seite 10.
4 Helmut Schmidt: *Menschen und Mächte*, Berlin 1987, Seite 12 f.
5 Willy Brandt: *Links und frei*, Seite 11.

6 Ebd., Seite 13.

7 Willy Brandt: *Erinnerungen*, Frankfurt 1989, Seite 88.

8 Siehe dazu auch Seite 39.

9 Helmut Schmidt: *Kindheit und Jugend*, Seite 209.

10 Helmut Schmidt: *Kindheit und Jugend*, Seite 210.

11 Ebd.

12 Der Kommissarbefehl erging am 6. Juni 1941, kurz vor der Invasion in die Sowjetunion. Er enthielt die Anweisung an die Wehrmacht, Politkommissare der sowjetischen Armee nicht nach dem Völkerrecht als Kriegsgefangene zu behandeln, sondern sie ohne Verhandlung zu erschießen.

13 Helmut Schmidt: *Menschen und Mächte*, Seite 21 f.

14 Ebd., Seite 23 f.

15 Brandt-Biograph Hartmut Soell zufolge hat Brandt 1981 nach einem Moskau-Besuch Schmidt berichtet, Breschnew habe ein «schlechtes Gewissen» wegen der Stationierung einer neuen Generation nuklearer Mittelstreckenraketen, SS-20, was heiße, die Militärs hätten ihn damit überfahren. Auf diesen Aspekt geht Schmidt nicht ein. In: Hartmut Soell: *Helmut Schmidt II. Macht und Verantwortung*, München 2008, Seite 841.

16 1972 wollte der Kremlchef immerhin den amtierenden Bonner Kanzler, Brandt, vor dem Scheitern retten beim konstruktiven Misstrauensvotum. Also schickte er einen Emissär, Wjatscheslaw Keworkow, mit einer Million Mark an den Rhein, Egon Bahr sollte damit einen Unionspolitiker herauskaufen, um die Mehrheit für Brandt zu retten. Bahr wusste, was das bedeutete, und sandte den Emissär Breschnews mit einem klaren «Nein» nach Moskau zurück. Aber den starken Mann in Moskau hinderte das nicht, im Jahr 1974, als Brandt wegen des Ostberliner Agenten Günter Guillaume zurücktreten wollte, noch einmal zu sondieren, ob er heimlich helfen und den Rücktritt verhindern könne. Wieder blieb es fruchtlos. In: Hartmut Soell: *Helmut Schmidt II*, ebd.

17 Willy Brandt: *Links und frei*, Seite 65.

18 Ebd., Seite 39.

19 Ebd., Seite 38.

20 Ebd., Seite 56.

21 Ebd., Seite 65 f.

22 Ebd., Seite 22.

23 Ebd., Seite 23 f.

24 Ebd., Seite 26.

25 Ebd., Seite 33.

26 Willy Brandt: *Erinnerungen*, Seite 85.

27 Ebd., Seite 85.

28 Ebd.

29 Mieczysław Tomala: Deutschland – von Polen gesehen, Marburg 2000, Seite 302. Brandts Sohn Peter sagt dazu, er habe vom Vater nie etwas darüber gehört.

30 Willy Brandt: *Erinnerungen*, Seite 89.

31 1932 musste er Franz von Papen weichen, da der «unvorstellbar einfältige Reichspräsident» Hindenburg ihn fallen ließ. In: Willy Brandt: *Links und frei*, Seite 49.

32 Willy Brandt: *Erinnerungen*, Seite 90.

33 Helmut Schmidt: *Kindheit und Jugend*, Seite 215.

34 Ebd., Seite 216.

35 Ebd., Seite 217.

36 Ebd., Seite 225.

37 Ebd., Seite 223.

38 Siehe auch Seite 40.

39 Hartmut Soell: *Helmut Schmidt I: Vernunft und Leidenschaft*, München 2003, Seite 51; und Helmut Schmidt: *Kindheit und Jugend*, Seite 227.

40 Siehe dazu auch: Hartmut Soell: *Helmut Schmidt I*, Seite 48 ff., sowie: Martin Rupps: *Helmut Schmidt. Eine politische Biographie*, Stuttgart-Leipzig 2002, Seite 46 ff.

41 Ebd.

42 Hartmut Soell: *Helmut Schmidt I*, Seite 74 f.

43 Hartmut Soell: *Helmut Schmidt I*, Seite 76.

44 Hartmut Soell: *Helmut Schmidt I*, Seite 76 f.

45 Hartmut Soell: *Helmut Schmidt I*, Seite 89.

46 Hartmut Soell: *Helmut Schmidt I*, Seite 166.

47 Helmut Schmidt: *Kindheit und Jugend*, Seite 231; dazu auch Hartmut Soell: *Helmut Schmidt I*, Seite 84.

48 Helmut Schmidt: *Kindheit und Jugend*, Seite 237.

49 Helmut Schmidt: *Kindheit und Jugend*, Seite 234.

50 Helmut Schmidt: *Kindheit und Jugend*, Seite 237.

51 Helmut Schmidt: *Kindheit und Jugend*, Seite 239. Dazu auch Hartmut Soell: *Helmut Schmidt I*, Seite 105 f.

52 Helmut Schmidt: *Kindheit und Jugend*, Seite 240. Es ging nicht nur darum, urteilt auch Hartmut Soell, dass Schmidt einerseits den Nationalsozialismus ablehnte, andererseits an seinen Pflichten als Sol-

dat jedoch nicht zweifelte; neben der «klaren Kontrastellung» zum Nationalsozialismus habe es, wie Schmidt einräume, «immer wieder Annäherungen an NS-Ideen» gegeben. Das Bewusstsein, will Soell sagen, war nicht nur gespalten zwischen Pflicht bei Tage und Zweifeln bei Nacht, beides stand generell nebeneinander. Dazu Hartmut Soell: *Helmut Schmidt I*, Seite 98.

53 Helmut Schmidt: *Kindheit und Jugend*, Seite 241.

54 Ebd.

55 Helmut Schmidt: *Kindheit und Jugend*, Seite 243.

56 Dazu auch Hartmut Soell: *Helmut Schmidt I*, Seite 101.

57 Ihr Sohn Helmut Walter starb im Februar 1945, noch vor seinem ersten Geburtstag; die Tochter, Susanne, die als Volkswirtin für den britischen TV-Sender Bloomberg arbeitete, kam 1947 zur Welt.

58 Helmut Schmidt: *Kindheit und Jugend*, Seite 266.

59 Ebd.

60 Hartmut Soell: *Helmut Schmidt I*, Seite 162.

61 Siehe Gunter Hofmann: *Willy Brandt*, Reinbek 1988, Seite 87.

62 So in einem Gespräch mit Ulrich Wickert, *Unsere Soldaten hatten keine kollektive Ehre*, in: *Die Welt* vom 20. Dezember 2008.

63 Marion Gräfin Dönhoff, Helmut Schmidt und Richard von Weizsäcker: *Im Namen der Moral*, in: *DIE ZEIT* vom 15. Juli 1994, Nr. 29.

64 Hartmut Soell: *Helmut Schmidt I*, Seite 120.

65 Hartmut Soell: *Helmut Schmidt I*, Seite 107 f.

66 Hartmut Soell: *Helmut Schmidt I*, Seite 168 f.

67 Helmut Schmidt: *Kindheit und Jugend*, Seite 282.

68 Ebd., Seite 268.

69 Willy Brandt: *Links und frei*, Seite 51.

70 Ebd., Seite 54.

71 Peter Merseburger: *Willy Brandt. 1913–1992. Visionär und Realist*, Stuttgart-München 2002, Seite 54.

72 Willy Brandt: *Links und frei*, Seite 67.

73 Ebd., Seite 71 f.

74 Willy Brandt: *Zwei Vaterländer. Deutsch-Norweger im schwedischen Exil – Rückkehr nach Deutschland 1940–1947*, Berliner Ausgabe Bd. 2, Bonn 2009, Seite 111.

75 Ebd., Seite 127.

76 Willy Brandt: *Links und frei*, Seite 73.

77 Ebd., Seite 74.

78 Willy Brandt: *Erinnerungen*, Seite 97. Auch Willy Brandt: *Links und frei*, Seite 67 ff.

79 Willy Brandt: *Erinnerungen*, Seite 262.

80 Willy Brandt: *Auf dem Weg nach vorn. Willy Brandt und die SPD 1947–1972*, Berliner Ausgabe Bd. 4, Bonn 2009, Nr. 35, Schreiben des Kanzlerkandidaten der SPD, Brandt, an den Bundespräsidenten a. D., Heuss, 18. Januar 1961, Seite 228 sowie Seite 557.

81 Berliner Ausgabe Bd. 4, Nr. 59A, Interview mit Terence Prittie 21. August 1972, Seite 360 ff.

82 Egon Bahr: *Zu meiner Zeit*, München 1996, Seite 179.

83 Berliner Ausgabe Bd. 4, Nr. 56, Interview für *Der Spiegel*, 11. August 1965, Seite 332 ff.

84 Willy Brandt: *Links und frei*, Seite 74 f.

85 Ebd., Seite 106.

86 Willy Brandt: *Links und frei*, Seite 107.

87 Ebd., Seite 107 ff.

88 Gunnar Gaasland gab es tatsächlich, er heiratete 1936 Gertrud Meyer, die frühere Freundin und politische Mitstreiterin Brandts aus Lübecker Tagen, die im Juli 1933 mit ihm nach Norwegen floh.

89 Willy Brandt: *Erinnerungen*, Seite 113.

90 Willy Brandt: *Links und frei*, Seite 240.

91 Ebd., Seite 239.

92 Ebd., Seite 245.

93 Willy Brandt: *Erinnerungen*, Seite 118.

94 Willy Brandt: *Erinnerungen*, Seite 121; dazu auch Willy Brandt: *Links und frei*, Seite 140 ff.

95 Peter Merseburger: *Willy Brandt*, Seite 164 f. Im Jahr 1944, so Merseburger, habe Brandt die Sowjetunion erneut falsch eingeschätzt und in einer plötzlich wiedererweckten Sympathie «Elogen» auf die Moskauer Politik angestimmt. Auch: Merseburger, Seite 190 ff.

96 Willy Brandt: *Links und frei*, Seite 261.

97 Ebd.

98 Ebd., Seite 263.

99 Dazu auch Peter Merseburger: *Willy Brandt*, Seite 166 f. Seinen norwegischen Namen allerdings kannten sie nicht, so Merseburger Seite 169.

100 Zitiert nach Berliner Ausgabe Bd. 2, Seite 65, Schreiben Brandts vom 27. Dezember 1941 an Arne Ording.

101 Berliner Ausgabe Bd. 2, Seite 66.

102 Ebd., auch Seite 72 ff., Nr. 3.

103 Berliner Ausgabe Bd. 2, 105, *Offener Brief an die Kommunisten, Ny Dag*, August 1943, Nr. 6.

104 Berliner Ausgabe Bd. 2, 110. Brandts leidenschaftliche Auseinandersetzung mit dem Vansittartismus ist gleichfalls von seinen Kritikern nie wirklich zur Kenntnis genommen worden. Nach Robert Lord Vansittart, dem Chefberater der britischen Regierung, war die Unterscheidung zwischen Deutschen und Nazis pure Fiktion, so gut wie alle Deutschen seien Nazis, und so müssten sie auch behandelt werden. Der Nationalsozialismus sei eine logische Konsequenz und Widerspiegelung der deutschen Mentalität und des «Volkscharakters». In: Berliner Ausgabe Bd. 2, 115 ff.

105 Willy Brandt: *Erinnerungen*, Seite 136.

106 Ebd., Seite 136 f.

107 Ebd., Seite 138.

108 Willy Brandt: *Links und frei*, Seite 37 f.

109 Willy Brandt: *Erinnerungen*, Seite 139.

110 Ebd., Seite 143.

111 Ebd., Seite 143 f.

112 Dazu eine überaus lehrreiche, sorgfältige Studie, die ein neues Licht auf die dramatische, nie wirklich gebührend zur Kenntnis genommene Exilarbeit und auch auf Brandt selbst wirft: Gertrud Lenz: *Eine Biographie im Schatten Willy Brandts. Gertrud Meyer, 1914–2002. Ein politisches Leben im Kampf gegen Nationalsozialismus und Faschismus zwischen Lübeck, Oslo und New York*, In: *The International Newsletter of Communist Studies* XVII, 2011, no. 24, Seite 49 ff. «Trudel» Meyer war Assistentin des Psychoanalytikers Wilhelm Reich, der gleichfalls nach Norwegen geflohen war und mit dem sie nach New York emigrierte. Dazu auch Willy Brandt: *Links und frei*, Seite 321. Während Brandt bereits im Oktober 1944 wieder zur SPD zurückfand und sich der Ortsgruppe Oslo anschloss, blieb seine Lebensgefährtin Gertrud Meyer politisch auf der Seite der SAP und Jacob Walchers. Das heißt, er mutierte zum demokratischen Sozialisten, der nicht länger einem revolutionären Sozialismus huldigte oder auf eine sozialistische Arbeiterregierung baute.

113 Brandt leugnete die Freundschaft zu Walcher nicht, auch wenn sich ihre Wege nach dem Krieg spätestens seit dessen Engagement für die SED trennten. Brandt nahm in Kauf, dass man ihn der Freundschaft mit einem «Exponenten der SED» verdächtigte, aber auch Walcher musste sich wegen der Freundschaft mit Brandt bei der SED verteidigen. Dazu Gertrud Lenz: *Eine Biografie im Schatten Willy Brandts*, Seite 73.

114 Gregor Schöllgen: *Willy Brandt. Die Biographie*, Berlin 2001, Seite 78.

115 Dazu Siegfried Heimann in: *Willy Brandt*. Berliner Ausgabe Bd. 3, *Berlin bleibt frei. Politik in und für Berlin 1947–1966*, Bonn 2009, Seite 41.

116 Hier zitiert nach: Willy Brandt: *Verbrecher und andere Deutsche. Ein Bericht aus Deutschland 1946*. Bearbeitet von Einhart Lorenz, Willy-Brandt-Dokumente, übersetzt von Dietrich Lutze und dem Bearbeiter, Bonn 2007. Auszüge erschienen 1966 in Willy Brandt: *Draußen. Schriften während der Emigration*, hrsg. von Günter Struwe, München 1966.

117 Willy Brandt: *Verbrecher und andere Deutsche*, Seite 40 f.

118 Ebd., Seite 38.

119 Ebd., Seite 55.

120 Willy Brandt: *Links und frei*, Seite 213.

121 Ebd., Seite 212.

122 Willy Brandt: *Verbrecher und andere Deutsche*, Seite 143 ff.

123 Ebd., Seite 145.

124 Ebd., Seite 152 ff.

125 Ebd.

126 Ebd., Seite 209.

127 Ebd., Seite 346 f.

128 Mitschnitt der Buchpräsentation im DHM vom 20. Februar 2008. Dazu auch Gunter Hofmann: *Richard von Weizsäcker: Ein deutsches Leben*, München 2010, Seite 153.

129 Willy Brandt: *Erinnerungen*, Seite 151.

130 Peter Merseburger: *Willy Brandt*, Seite 210.

131 Ebd., Seite 240.

132 Ebd., Seite 262.

133 Willy Brandt und Richard Löwenthal: *Ernst Reuter. Ein Leben für die Freiheit. Eine politische Biographie*, München 1957.

134 Willy Brandt: *Erinnerungen*, Seite 20.

135 Ebd., Seite 17.

136 Willy Brandt und Richard Löwenthal: *Ernst Reuter*, Seite 419.

137 Ebd., Seite 425 f.

138 Ebd., Seite 432.

139 Willy Brandt: *Erinnerungen*, a. a. O., Seite 23.

140 Ebd., Seite 18.

141 Ebd., Seite 20.

142 Ebd., Seite 19.

143 Helmut Schmidt: *Weggefährten*, Seite 405 f.

144 Ebd.

145 Ebd., Seite 406.
146 Willy Brandt und Richard Löwenthal: *Ernst Reuter*, Seite 314.
147 Ebd., Seite 315.

III. Mauerbau und Sturmflut

1 Willy Brandt: *Erinnerungen*, Seite 28.
2 Gregor Schöllgen: *Willy Brandt*, Seite 98.
3 Zitiert nach: Gregor Schöllgen: *Willy Brandt*, Seite 99.
4 Willy Brandt: *Erinnerungen*, Seite 9.
5 Peter Merseburger: *Willy Brandt*, Seite 410.
6 Willy Brandt: *Erinnerungen*, Seite 11.
7 Ebd., Seite 11 f.
8 Egon Bahr: *Berührt wurden nur Rechte der Berliner*, Interview mit *Das Parlament* vom 1. August 2011, Seite 9.
9 Willy Brandt: *Erinnerungen*, Seite 14.
10 Willy Brandt und Richard Löwenthal: *Ernst Reuter*, Seite 663.
11 Zitiert nach FES. *Egon Bahr in Tutzing*: Archiv der sozialen Demokratie.
12 Helmut Schmidt: *Weggefährten*, Seite 440.
13 Helmut Schmidt: *Ein Geburtstagswunsch für Willy Brandt*, in: *Der Spiegel* vom 17. Dezember 1973, Nr. 51.
14 Harald Steffahn: *Helmut Schmidt*, Reinbek 1990, Seite 76 f.
15 Martin Rupps: *Helmut Schmidt*, Seite 83.
16 Hartmut Soell: *Helmut Schmidt I*, Seite 282.
17 Bundestagsprotokolle 22. März 1958.
18 Bundestagsprotokolle 22. März 1958. Dazu auch Jonathan Carr: *Helmut Schmidt*, München 1987, Seite 39 sowie Martin Rupps: *Helmut Schmidt. Eine politische Biographie*, Stuttgart 2002, Seite 80.
19 Helmut Schmidt: Parteitagsrede vom 4. Dezember 2011, Protokoll des SPD-Parteivorstands.
20 So der *Spiegel* in einer Titelgeschichte vom 6. September 1961, Nr. 37.
21 In seinem «Versuch einer Annäherung» begründet Hartmut Soell seine These, der Jüngere, der als eher links galt, habe den als eher rechts geltenden Berliner «Regierenden» unterstützt, mit einleuchtenden Argumenten. Hartmut Soell: *Helmut Schmidt I*, Seite 358.
22 Siehe dazu Siegfried Heimann: Einleitung zu Berliner Ausgabe Bd. 3, Seite 66 ff.
23 Zitiert nach: Hartmut Soell: *Helmut Schmidt I*, Seite 361.

24 Zitiert nach: *Willy Brandt ... auf der Zinne der Partei ... Parteitags-reden 1960 bis 1983*, Bonn 1984, Seite 23 ff.

25 Hartmut Soell: *Helmut Schmidt I*, Seite 361 f.

26 Siehe auch Seite 109 ff.

27 Hartmut Soell: *Helmut Schmidt I*, Seite 571.

28 WBA A1 200, 21. Januar 1965 Entwurf für *WAMS*.

29 Neben Fritz Erler wurde Herbert Wehner Stellvertretender Vorsitzender, das hatte Brandt auch so zur Bedingung gemacht. Gregor Schöllgen: *Willy Brandt*, Seite 118.

30 Am 22. November 1963 wurde John F. Kennedy in Dallas von zwei Gewehrkugeln tödlich getroffen, Ende des Monats wurde er in Arlington bestattet, Brandt nahm an den Trauerfeierlichkeiten teil.

31 Hartmut Soell: *Helmut Schmidt I*, Seite 485; von *Stern*, *Spiegel* und den Springer-Zeitungen wurde aber Schmidt als Alternative gezielt aufgebaut. Dazu auch Peter Merseburger: *Willy Brandt*, Seite 485.

32 Dazu auch Kapitel «Briefpartner», Seite 238 ff. sowie Hartmut Soell: *Helmut Schmidt I*, Seite 500.

33 Helmut Schmidt: *Weggefährten*, Seite 441.

34 Siehe dazu: Klaus Schönhoven: *Wendejahre. Die Sozialdemokratie in der Zeit der Großen Koalition 1966–1969*, Bonn 2004, Seite 63 f.

35 Siehe dazu auch: Wolther von Kieseritzky: Einleitung zu Berliner Ausgabe Bd. 7, *Mehr Demokratie wagen*, Seite 22.

36 Egon Bahr: *Zu meiner Zeit*, Seite 201.

37 Berliner Ausgabe Bd. 4, Nr. 69, Schreiben von Günter Grass an Brandt 26. November 1966, Seite 390.

38 Zitiert nach Gregor Schöllgen: *Willy Brandt*, Seite 141.

39 Dazu Peter Merseburger: *Willy Brandt*, Seite 489 f.

40 Willy Brandt: *Erinnerungen*, Seite 264.

41 Dazu auch Peter Merseburger: *Willy Brandt*, Seite 527.

42 Gregor Schöllgen: *Willy Brandt*, Seite 145 f.

43 Ebd., Seite 151.

44 Zitiert nach: *Willy Brandt ... auf der Zinne der Partei ... Parteitagsreden 1960 bis 1983*, Seite 139 ff., Nürnberger Parteitag 18. März 1968.

45 Lars Brandt: *Andenken*, München 2006, Seite 82 f.

46 Dazu Peter Merseburger: *Willy Brandt*, Seite 555.

47 Parteitagsprotokoll 1968, Seite 195.

48 Parteitagsprotokoll 1968, Seite 195 f. Dazu auch Hartmut Soell: *Helmut Schmidt I*, Seite 659 ff.

49 Dazu Hartmut Soell: *Helmut Schmidt I*, Seite 702 ff.

50 Peter Merseburger: *Willy Brandt*, Seite 554.

51 Hartmut Soell: *Helmut Schmidt I*, Seite 858 f.

52 Siehe dazu Martin Rupps: *Troika*, Seite 152 ff.

53 So ließ Schmidt sich in einer Verhandlungsgrunde am 26. November 1966 zwischen Christdemokraten und Sozialdemokraten ein. Zitiert nach: Klaus Schönhoven: *Wendejahre*, Seite 70.

54 Zitiert nach: Willy Brandt: *Erinnerungen*, Seite 274. In den *Erinnerungen* rückte er sich selbst in ungleich mehr Abstand von der Protestgeneration, als er ihn tatsächlich hielt. Fruchtlos sei es geblieben, als er geraten habe, der kritischen Jugend erst einmal zuzuhören. Empört habe er sich über Proteste der Studenten, als dem senegalesischen Präsidenten Léopold Senghor der Friedenspreis des Deutschen Buchhandels verliehen werden sollte, den 68er SPD-Parteitag hatten sie auch schon gestört, kurzum, ihm sei «ohne sonderliches Verdienst das Image zugewachsen, mich nicht abgekapselt zu haben, sondern gesprächsbereit und lernfähig geblieben zu sein». Er habe «nicht gut verstanden, vielleicht auch nicht verstehen wollen», um was es ihnen gegangen sei, und der «abgestandene Wortradikalismus» habe den Zugang erschwert. Solche Distanzierungen, zumal von sich selber, mögen private Gründe gehabt haben, inzwischen war Brandt mit Brigitte Seebacher verheiratet – den authentischen Brandt des Jahres 1968 geben sie nicht wieder, und sie sind auch hier nicht das Thema. Brandt hat sich manches Mal verbogen, und dieser Passus der *Erinnerungen* gehört eindeutig dazu. Es war ein anderer Brandt, der das schrieb, er wollte ein anderes Bild von sich entwerfen. Aber auch das gehört zweifellos zu ihm.

55 Manfred Görtemaker: *Geschichte der Bundesrepublik Deutschland. Von der Gründung bis zur Gegenwart,* München 1999, Seite 475 ff.

56 WBA A3/293, 17. Dezember 1968 Brandts und Schmidts Texte erschienen in der Zeitschrift *Neue Gesellschaft*, dem Theorieorgan der Sozialdemokraten.

57 Helmut Schmidt: *Menschen und Mächte*, Seite 177.

58 Dazu Hartmut Soell: *Helmut Schmidt I*, Seite 848.

59 Zitiert nach: Klaus Schönhoven: *Wendejahre*, Seite 486.

IV. Nebeneinander

1 Es bedurfte dreier Wahlgänge, die Mehrheit in der Bundesversammlung war mit 512 zu 506 Stimmen sehr knapp; Heinemanns Gegenkandidat, Gerhard Schröder, CDU, hatte allenfalls Chancen, wenn er bereit wäre, sich auch mit den Stimmen der NPD wählen zu lassen.

2 Peter Merseburger: *Willy Brandt*, Seite 576.

3 Manfred Görtemaker: *Geschichte der Bundesrepublik Deutschland*, München 1999, Seite 499.

4 Hartmut Soell: *Helmut Schmidt I*, Seite 846.

5 Arnulf Baring: *Machtwechsel. Die Ära Brandt–Scheel*, Stuttgart 1982, Seite 194.

6 Egon Bahr: *Zu meiner Zeit*, Seite 432.

7 Ebd., Seite 433.

8 Willy Brandt: *Erinnerungen*, Seite 269.

9 Willy Brandt: *Erinnerungen*, Seite 269.

10 Zitiert nach Christoph Meyer: *Herbert Wehner. Biographie*, München 2006, Seite 350.

11 Willy Brandt: *Begegnungen und Einsichten. Die Jahre 1960–1975*, Hamburg 1976, Seite 296.

12 Siehe auch Manfred Görtemaker: *Geschichte der Bundesrepublik Deutschland*, Seite 505.

13 Willy Brandt: *Erinnerungen*, Seite 268.

14 Ebd., Seite 271.

15 Ebd., Seite 186.

16 Willy Brandt an Helmut Schmidt, 22. Dezember 1970, siehe auch Kapitel «Briefpartner», Seite 242.

17 Hartmut Soell: *Helmut Schmidt II*, Seite 195.

18 Bei Alex Möller, dem Finanzminister a. D., beschwerte er sich brieflich offen, in der «Causa Schiller» das «Ohr Willy Brandts» leider nicht zu haben, um dann den schriftlichen Stoßseufzer hinterherzuschicken, es sei «überhaupt nicht ganz einfach, mit ihm zu einem sorgfältig geführten grundsätzlichen Gespräch zu kommen oder gar auf die Dauer in einem solchen Gespräch zu bleiben». So Hartmut Soell: *Helmut Schmidt II*, Seite 164, Helmut Schmidt an Alex Möller, 31. August 1972.

19 Jonathan Carr: *Helmut Schmidt*, Seite 92.

20 Ebd., Seite 92 f.

21 Siehe auch Hartmut Soell: *Helmut Schmidt I*, Seite 45.

22 Brandt habe Schmidt für den risikoreichen Weg der Ostpolitik «die Aufgabe der sicherheitspolitischen Brandmauer der Regierung zugedacht», urteilt Hartmut Soell, «die nach innen wie nach außen, besonders im Bündnis, für den notwendigen Flankenschutz sorgen sollte». In: Hartmut Soell: *Helmut Schmidt II*, Seite 17.

23 Willy Brandt: *Erinnerungen*, Seite 189.

24 Ebd., Seite 187 ff.

25 Ebd.

26 David Binder, Seite 281.

27 Willy Brandt: *Erinnerungen*, Seite 560 f.

28 Rut Brandt: *Freundesland*, Hamburg 1992, Seite 247.

29 Willy Brandt: *Erinnerungen*, Seite 563.

30 Ebd., Seite 285.

31 Dazu: Hans Georg Lehmann: *Öffnung nach Osten. Die Ostreisen Helmut Schmidts und die Entstehung der Ost- und Entspannungspolitik*, Bonn 1984, Seite 160 ff.; sowie Rupps: *Helmut Schmidt*, Seite 140.

32 Helmut Schmidt: *Menschen und Mächte*, Seite 44.

33 Helmut Schmidt: *Weggefährten*, Seite 440 ff.

34 Dazu auch: Bernd Faulenbach: *Das sozialdemokratische Jahrzehnt*, Bonn 2011, Seite 354 ff.

35 Willy Brandt: *Erinnerungen*, Seite 302.

36 David Binder berichtete in seiner Biographie aus dem Jahr 1975, ein paar Tage, nachdem Brandt die Abstimmung über das konstruktive Misstrauen gewonnen hatte, sei ein prominenter Unionspolitiker zu ihm gekommen, um seine Meinung über ein merkwürdiges Tauschgeschäft zu hören: Mit den Stimmen der Christdemokraten solle er sich zum Bundespräsidenten wählen lassen, während Barzel mit den Stimmen der SPD ins Kanzleramt verholfen werden solle. Da Brandt diese Biographie gegengelesen hatte, kann man davon ausgehen, dass diese Version aus Brandts Sicht zutraf. In: David Binder: *Willy Brandt*, Seite 294.

37 Willy Brandt: *Erinnerungen*, Seite 286.

38 Klaus Dreher: *Rainer Barzel. Zur Opposition verdammt*, München 1972.

39 Willy Brandt: *Erinnerungen*, Seite 291.

40 Peter Merseburger: *Willy Brandt*, Seite 689 ff.

41 Willy Brandt: *Erinnerungen*, Seite 291.

42 Peter Merseburger: *Willy Brandt*, Seite 631.

43 Zitiert nach Hartmut Soell: *Helmut Schmidt II*, Seite 152, Fußnote 104a, Seite 968: M. Gräfin Dönhoff an H. Schmidt, 25. Januar 1972, H. Schmidt an M. Gräfin Dönhoff, 17. Februar 1972. Soell zitiert auch Horst Ehmke, der ihm 1972 sagte, wenn sein früherer Chef so weitermache, werde er «die nächsten fünf Monate nicht überleben».

44 David Binder, Seite 330.

45 Schmidt: «Der Willy hat diese Partei verludern lassen. Da arbeitet jeder gegen jeden. Das muß er allein in Ordnung bringen.» In: *Der Spiegel* vom 10. Dezember 1973, Nr. 50.

Oder auch: «Ich warne davor, so zu tun, als ob wir alles so weiter-machen wollten wie bisher … dieses kann nur noch zusätzlich ein paar Leute bestärken darin, dass sie recht daran getan haben, dies-mal die CDU zu wählen.»

«Jetzt haben wir so ziemlich alle möglichen Wechselwähler entwe-der verunsichert oder in Zweifel gebracht gegenüber der SPD. Und wir haben einige in Angst gebracht … einige haben wirklich Angst, daß etwa das gemacht wird, was unsere jungen Leute auf ihrem Kon-greß in München beschlossen haben. Ich hätte auch Angst.» *Der Spiegel* vom 1. April 1974, Nr. 14. Nichts blieb vertraulich, und nach sonderlichem Respekt klang es nicht.

46 Peter Merseburger: *Willy Brandt*, Seite 659. Soell hält den Vorwurf für unsinnig, das gehe auf einen «mythenverhangenen Diskurs» zu-rück, den Zeitzeugen aus der Partei und den Medien, die Brandt nahe standen, beherrscht hätten. Man müsse doch fragen, ob Brandts Überlegungen «der Lage angemessen» waren und ob das Personal zur Verfügung stand, wie er es wünschte, aber diese Frage sei nicht ge-stellt worden. In: Hartmut Soell: *Helmut Schmidt II*, Seite 197.

47 Hartmut Soell: *Helmut Schmidt II*, Seite 201.

48 Siehe auch Kapitel «Briefpartner», Seite 246 sowie Hartmut Soell: *Helmut Schmidt II*, Seite 207 ff.

49 Jonathan Carr: *Helmut Schmidt*, Seite 94.

50 Hartmut Soell: *Helmut Schmidt II*, Seite 293.

51 Peter Merseburger: *Willy Brandt*, Seite 662.

52 *«Wenn das Zirkuspferd die Trompete hört»,* in: *Der Spiegel* vom 25. März 1974, Nr. 13.

53 Theodor Eschenburg: *Des Kanzlers ungebetene Ratgeber*, in: *DIE ZEIT* vom 15. März 1974. Nr. 12.

54 Siehe dazu *Der Spiegel* vom 13. Mai 1974, Nr. 20.

55 Siehe dazu: Klaus Schönhoven, *Wendejahre*, Seite 314. Aus der Rolle des Juniorpartners an der Seite Brandts und Wehners, die schon in der Weimarer Republik und im Exil aktiv waren, sei Schmidt schon seit 1967 herausgewachsen, urteilt Schönhoven, zumal er «die Zügel der Fraktion straff führte» und «im Konflikt um die Lösung der Ruhrkrise sich gegen seinen akademischen Lehrer Karl Schiller behauptete».

56 Siehe dazu: Christoph Meyer: *Herbert Wehner*, Seite 222.

57 Ebd., Seite 223.

58 Berliner Ausgabe Bd. 4, Nr. 26, Redebeitrag des Mitglieds des SPD-Parteivorstands auf dem Außerordentlichen Parteitag der SPD in Bad Godesberg 13. November 1959, Seite 206 ff.

59 Heinrich Krone: *Tagebücher. Erster Band 1945–1961*, Düsseldorf 1995, Seite 430.

60 Zitiert nach: Christoph Meyer: *Herbert Wehner*, Seite 237.

61 Ebd., Seite 239; Quellen aus dem Wehner-Archiv.

62 Martin Rupps: *Troika*, Seite 26.

63 Ebd., Seite 103 f.

64 Ebd., Seite 106 ff.

65 Siehe dazu auch: Christoph Meyer: *Herbert Wehner*, Seite 389 f.

66 Hartmut Soell: *Helmut Schmidt II*, Seite 296.

67 Willy Brandt: *Erinnerungen*, Seite 309.

68 Horst Ehmke, *Mittendrin*, a. a. O., Seite 230.

69 Willy Brandt: *Erinnerungen*, Seite 31.

70 Hans Ulrich Kempski: *Um die Macht*, Berlin 1999, Seite 212.

71 Helmut Schmidt: *Ein Geburtstagswunsch für Willy Brandt*, in: *Der Spiegel* vom 17. Dezember 1973, Nr. 51.

72 Siehe auch Seite 95.

73 Helmut Schmidt: ebd.

74 Hartmut Soell: *Helmut Schmidt II*, Seite 307. Klaus Harpprecht war überrascht, wie das «Element der Pflicht» bei Schmidt dominierte, wie fremd ihm das war, was er für Brandts grenzenlose «Nachgiebigkeit» hielt, und wie wenig er sich vorstellen konnte, dass es hinter Brandts Geduld ein «Element der Härte» geben könne, das weiter reichte und weiter führte als bei Schmidt. Schmidt hatte darauf gedrängt, dass Harpprecht auch ein wenig Distanz erkennen lasse. Alles war durchgeplant.

75 *Der Spiegel* vom 10. Dezember 1973, Nr. 50.

76 David Binder, Seite 308.

77 Helmut Schmidt: *Weggefährten*, Seite 445.

78 Dazu Hartmut Soell: *Helmut Schmidt II*, Seite 328 ff.

79 Helmut Schmidt: *Der Kärrner. Herbert Wehner zum 100. Geburtstag*, in: *DIE ZEIT* vom 29. Juni 2006, Nr. 27.

80 Helmut Schmidt: *Weggefährten*, Seite 446 f.

81 David Binder, Seite 352.

82 Willy Brandt: *Erinnerungen*, Seite 330.

83 Ebd.

84 Willy Brandt: *Erinnerungen*, Seite 258.

85 Ebd., Seite 167 f.

86 Ebd., Seite 186 f.

87 Ebd., Seite 280.

88 Helmut Schmidt: *Weggefährten*, Seite 94 f.

89 Ebd., Seite 92.

90 Dazu: Gunter Hofmann: *Willy Brandt. Portrait eines Aufklärers*, Hamburg 1988, Seite 67.

91 Hartmut Soell: *Helmut Schmidt II*, Seite 350.

92 Erhard Eppler: *Das Schwerste ist Glaubwürdigkeit*, Hamburg 1978, Seite 102.

93 Ebd., Seite 69.

94 Ebd.

95 Auch Marion Dönhoff, die Herausgeberin der *ZEIT*, vermochte nicht, Schmidt in Sachen «Wachstum» zum Umdenken zu bewegen. Unbescheidenheit, Konsumzwänge und menschliche Anmaßung, meinte sie, führten in eine geistige Krise. Sehr allgemein stimmte Schmidt – der Mann aus dem Reihenhaus in Langenhorn – ihr zu, ja, Unbescheidenheit in unserer Gesellschaft reiße ein. Aber er philosophierte nachdrücklich darüber, wie mit technischem Fortschritt auch ein vernünftiges Wachstum zu erreichen sei und Güter produziert werden könnten, die auch bei veränderten Maßstäben zu produzieren sich lohne. Dazu Hartmut Soell: *Helmut Schmidt II*, Seite 356. Am 6. Oktober 1974 schrieb Dönhoff an Schmidt, am 14. Oktober erwiderte er. Über Grenzen des Wachstums allerdings wollte er nicht wirklich nachdenken. Das entpuppte sich aber nicht nur als Erhard Epplers oder auch Marion Dönhoffs großes Thema, sondern als das der jüngeren Generation, die über ihre Zukunft und die des Planeten neu nachdachte.

96 Willy Brandt: *Über den Tag hinaus. Eine Zwischenbilanz*, Hamburg 1974, Seite 9.

97 *Süddeutsche Zeitung* vom 10. November 1975.

98 Parteitagsprotokoll SPD Mannheim vom 11. bis 15. November 1975.

99 Karsten Rudolph resümiert daher auch in der Einleitung zu dem Sammelband mit Brandts *Schriften zwischen 1972 und 1992* über seine Partei, die Troika sei manchen Belastungsproben ausgesetzt gewesen, habe aber immer wieder zur sachlichen Zusammenarbeit zurückgefunden. Insbesondere nach dem Wahlerfolg von 1976 hätten Brandt und Schmidt eine enge Abstimmung gesucht. Aus dem Tritt sei sie erst in Zusammenhang mit dem dramatischen Vertrauensverlust geraten, der durch «interne Zerwürfnisse» mit Wehner Anfang der 80er Jahre entstand. Eine wichtige Erklärung dafür, dass die Troika trotz aller politischen Spannungen ihre Konflikte einzudämmen vermochte, findet er darin, «dass keiner nach den Ämtern des anderen strebte». Karsten Rudolph in: Berliner Ausgabe, Bd. 5, *Die Partei der Freiheit. Willy Brandt und die* SPD 1972–1992, Bonn 2009, Seite 28.

100 Willy Brandt: *Begegnungen und Einsichten*, Seite 586.

101 Ebd.

102 Ebd., Seite 586.

103 Siehe dazu: Bernd Rother/Wolfgang Schmidt, in: Berliner Ausgabe Bd. 8: *Über Europa hinaus. Dritte Welt und Sozialistische Internationale*, Einleitung Seite 26.

104 Ebd., Seite 67.

105 Ebd., Seite 84 f.

106 Ebd., Seite 104.

107 Zitiert nach Hartmut Soell: *Helmut Schmidt II*, Seite 685.

108 Dazu Soell: *Helmut Schmidt II*, Seite 529 f. Der Brief von Helmut Schmidt datiert vom 7. Januar 1975. Dazu auch Karsten Rudolph, in: Berliner Ausgabe, Bd. 5, Einleitung Seite 46.

109 Eine Mahnung, in die Gremien zu kommen, schickte Brandt ihm in einem Brief im Mai 1975 ins Haus. Dazu Karsten Rudolph: Ebd., Seite 503 f., Anm. 50. Rudolph erklärt das zum Teil auch mit Schmidts Arbeitsüberlastung als Kanzler.

V. Schisma

1 Helmut Schmidt: *Menschen und Mächte*, Seite 228.

2 Ebd.

3 Ebd., Seite 229.

4 Auf die Frage, ob Giscard und er sich zuvor abgestimmt hätten über diese Intervention, erwiderte Schmidt, seiner Erinnerung nach sei das die Folge früherer Zwiegespräche zwischen ihnen gewesen. Siehe dazu: Hartmut Soell: *Chancen und Grenzen französisch-deutscher Europa- und Weltpolitik*, Vortrag vom 27. März 2012. Soell zitiert darin aus einem Antwort-Brief Schmidts vom Dezember 2011 auf seine Bitte, den genauen Verlauf der Gespräche auf der Antillen-Insel noch einmal zu klären. Schmidts Vorgehen passt exakt ins Gesamtbild: Insgesamt bemühte er sich ja noch nachdrücklicher als Brandt, den Eindruck zu vermeiden, die Bundesrepublik beanspruche als *économie dominante* oder als wirtschaftliche und politische «Weltmacht» – wie es im *Wall Street Journal* 1978 hieß – eine Rolle als primus inter pares und überließ Giscard gezielt bei deutsch-französischen Initiativen stets den Vortritt.

5 Zitiert nach: Hartmut Soell: *Sich barfuß in die Tür der Weltpolitik klemmen?*, in: *FAZ* vom 12. November 1983, Seite 10.

6 Hartmut Soell: *Helmut Schmidt II*, Seite 716. Dazu auch Helmut Schmidt: *Menschen und Mächte*, Seite 88 ff.

7 Helmut Schmidt: *Menschen und Mächte*, Seite 90.

8 Ebd.

9 Ebd., Seite 225.

10 Ebd., Seite 226.

11 Ebd., Seite 97 f.

12 Ebd.

13 Wehner kritisierte in einem Beitrag für die *Neue Gesellschaft* die Pläne offen und sprach von der «vorgeblichen Notwendigkeit» neuer Waffensysteme; siehe dazu Peter Merseburger: *Willy Brandt*, Seite 780.

14 So Brandt in einem Gespräch mit dem Autor. In: Gunter Hofmann: *Willy Brandt. Porträt eines Aufklärers aus Deutschland*, Seite 66.

15 Helmut Schmidt: *Weggefährten*, Seite 267 f.

16 Dazu auch Helmut Schmidt: *Ein Schuss ins Schwarze*, in: *DIE ZEIT* vom 9. März 1984, Nr. 11.

17 Helmut Schmidt: *Null-Lösung: im deutschen Interesse*, in: *DIE ZEIT* vom 8. Mai 1987, Nr. 20. Theo Sommer, der frühere *ZEIT*-Chefredakteur, berichtete, Schmidt habe mit seinem Generalinspekteur Ulrich de Maizière eine «stillschweigende Übereinkunft» getroffen, die weiße Fahne zu hissen, wenn im Ernstfall die erste taktische Atomwaffe auf deutschem Boden eingesetzt würde – «Kapitulation also um des nationalen Überlebens willen». Als er 1996 schrieb, der Minister und der Inspekteur hätten sich seinerzeit dazu regelrecht «verschworen», meldete *ZEIT*-Herausgeber Schmidt keinerlei Einwände an. In: Theo Sommer: *Unser Schmidt*, Hamburg 2010, Seite 204.

18 Helmut Schmidt: *Menschen und Mächte*, Seite 256.

19 Peter Merseburger: *Willy Brandt*, Seite 779.

20 Dazu: Gunter Hofmann: *DIE ZEIT* vom 29. Februar 1980, Nr. 10.

21 Parteitagsprotokoll vom 17. Mai 1981 in Wolfratshausen.

22 Peter Merseburger: *Willy Brandt*, Seite 739 ff.

23 Annemarie Renger, Vorsitzende der Kurt-Schumacher-Gesellschaft und Bundestagspräsidentin a. D., die zu den permanenten Kritikern Brandts zählte, bat Löwenthal, seine Kritik an Brandts Kurs in Thesen schriftlich zusammenzufassen. Sie wurden dann an fünfzig Sozialdemokraten übersandt, mit der Bitte, zu unterschreiben. Die *Neue Gesellschaft* veröffentlichte sie in ihrem Heft Nr. 28, 1981. Brandt ging daraufhin gegen seine Gewohnheit direkt zum Gegenangriff

über, spottete über seinen Freund Löwenthal und Annemarie Renger, die nicht gerade für die «Arbeiterbewegung» sprechen könnten, und berief sich auf den Schulterschluss mit den Gewerkschaften. Wehner, der zu den Angeschriebenen gehörte, erklärte wider besseres Wissen, er habe von der Idee der Veröffentlichung der Löwenthal-Thesen nichts gewusst, und weder mit dem Parteivorsitzenden noch mit dem Kanzler wolle er konkurrieren. Die Chefredaktion der *Neuen Gesellschaft* legte er nieder. Das war formell das Ende der Troika. Dazu Karsten Rudolph in: Berliner Ausgabe, Bd. 5, Einleitung Seite 52.

24 Hartmut Soell: *Helmut Schmidt II*, Seite 846.

25 In seinem letzten Buch, kurz vor dem Tod publiziert, ging Horst-Eberhard Richter darauf noch einmal ein: *Moral in Zeiten der Krise*, Frankfurt 2012. Richter, dem Brandt näher war, zeigte sich spürbar beeindruckt von Schmidts Ernsthaftigkeit.

26 Hartmut Soell: *Helmut Schmidt II*, Seite 864 f. Er stützt sich auf einen Vermerk aus dem Bundeskanzleramt über das Gespräch. Horst-Eberhard Richter berichtete darüber erstmals, ohne Schmidt namentlich zu erwähnen, in seinem Buch *Zur Psychologie des Friedens*, Hamburg 1982, Seite 63 ff.

27 Hartmut Soell: *Helmut Schmidt II*, Seite 848.

28 Zitiert nach Karsten Rudolph in: Berliner Ausgabe Bd. 5, Einleitung Seite 53.

29 Helmut Schmidt: *Menschen und Mächte*, Seite 335.

30 Aus nationalen militärstrategischen Interessen habe Richard Perle, hoher Beamter im Pentagon, die Ablehnung durchgesetzt, weil sie die Pershing II und Cruise-Missile «auf jeden Fall in Europa haben wollten». In: Helmut Schmidt: *Menschen und Mächte*, Seite 338.

31 *Stern* vom 15. Juli 1982, Nr. 29, Seite 55 f.

32 Siehe auch: Hartmut Soell: *Helmut Schmidt II*, Seite 1057, Fußnote 294.

33 Ebd., Seite 899 f.

34 Brief Brandts vom 6. September 1982 sowie Brief Lafontaines vom 13. September 1982, in: Vorstandssekretariat/Parteivorstandssitzung vom 13. September 1982, Archiv der sozialen Demokratie, Mappe 377. Dazu auch ausführlich: Bernd Faulenbach: *Das sozialdemokratische Jahrzehnt*, Seite 741.

35 Helmut Schmidt: *Eine ungehaltene Rede,* in: *DIE ZEIT* vom 24. November 1995, Nr. 48.

36 Helmut Schmidt: *Ein Mindestmaß an Ehrgeiz ist notwendig*, Gespräch mit Günter Gaus am 8. Februar 1966, In: Günter Gaus: *Zur Person*, Köln 1987, Seite 243 f.

37 Brief Brandts an Schmidt vom 11. Oktober 1982, in: Willy Brandt: Berliner Ausgabe Bd. 5, Seite 389.

38 Hartmut Soell: *Der Regierungswechsel 1982 aus der Sicht der* SPD, Vortrag vor der Konrad Adenauer Stiftung 2012.

39 Willy Brandt: *Erinnerungen*, Seite 367 ff.

40 Berliner Ausgabe Bd. 10: *Gemeinsame Sicherheit*, Nr. 3, Seite 130 ff.

41 Zitiert nach: Protokoll des außerordentlichen Parteitages der SPD, Köln 18.–19. November 1983, Seite 98 ff.

42 Helmut Schmidt: *Weggefährten*, Seite 234.

43 Willy Brandt: *Erinnerungen*, Seite 363.

44 Gregor Schöllgen: *Willy Brandt*, Seite 242 ff.

45 Dazu auch Gunter Hofmann: *Polen und Deutsche. Der Weg zur europäischen Revolution 1989/90*, Berlin 2011, Seite 64.

46 Willy Brandt: *Erinnerungen*, Seite 363.

47 Ebd. Seite 362 ff.

48 Gunter Hofmann: *Polen und Deutsche*, Seite 240 f.

49 Salomonisch bilanziert Peter Merseburger, erst im Laufe dieser schwierigen Debatte sei Schmidt «zum Gefangenen sogenannter militärischer Expertenlogik» geworden, obgleich er oft Auswege gesucht hatte. Ändern konnte er nichts an der Entschlossenheit der neuen Reagan-Administration, eine neue Raketengeneration in der Bundesrepublik zu stationieren, die von deutschem Boden aus erstmals das Territorium der UdSSR erreichen kann. In: Peter Merseburger: *Willy Brandt*, Seite 778 f. Soell schreibt dazu: «Er konnte bei einem Misserfolg der Verhandlungen lediglich die Stationierung der für die Nachrüstung vorgesehenen Systeme verweigern. Das hätte sogleich die Bündnisfrage aufgeworfen – und zu einem Regierungswechsel in Bonn geführt.» Soell fügt hinzu, diesen «Geburtsfehler» des Doppelbeschlusses habe er nie verschwiegen. In: Hartmut Soell: *Helmut Schmidt II*, Seite 838.

50 Gunter Hofmann: *Polen und Deutsche*, Seite 241 f.

51 Egon Bahrs Fazit in seinen Memoiren lautete, der Nato-Doppelbeschluss habe dazu beigetragen, das Gewicht des militärischen Komplexes in der Sowjetunion zu stärken, er habe damit die Reformpolitik Gorbatschows erschwert. Und weiter: «Auch wenn das alle Beteiligten bis ans Ende ihrer Tage leugnen werden: Der Umweg, aufzurüsten um abzurüsten, war sinnlos; denn nicht die Nachrüstung und die dann folgende Nach-Nachrüstung im Osten, sondern erst ein rein politischer Ansatz hat die Lösung ermöglicht. Dem Doppelbeschluss ist nicht zu verdanken, daß Gorbatschow an die Spitze kam.» In: Egon Bahr: *Zu meiner Zeit*, Seite 523.

52 Dazu auch: Gunter Hofmann in: *DIE ZEIT* vom 29. Januar 1988, Nr. 5.

53 Bernd Faulenbach, a. a. O., Seite 568.

VI. Briefpartner

1 Im Folgenden werden Passagen aus den Briefen im Wortlaut jeweils kursiv wiedergegeben, und es werden auch nicht annähernd alle Briefe erwähnt. Eine umfassende Edition mit zum Teil bislang unveröffentlichten Briefen soll im Herbst 2013 in der Reihe «Willy-Brandt-Dokumente» des Dietz-Verlags in Bonn erscheinen. Herausgegeben wird der Band von Meik Woyke.

2 Schmidt an Brandt vom 30. Mai 1960, HS-Archiv.

3 Brandt an Schmidt vom 2. Januar 1964, HS-Archiv.

4 Schmidt an Brandt vom 7. Januar 1964 – Antwort auf Brief Brandts vom 2. Januar 1964.

5 Brief Schmidts vom 29. Juni 1964.

6 Brandt an Schmidt vom 23. Juli 1964, HS-Archiv.

7 Brief Schmidts vom 11. Oktober 1965, HS-Archiv.

8 Brandt an Schmidt vom 25. Oktober 1965, HS-Archiv.

9 Brandt an Schmidt vom 28. Oktober 1966, HS-Archiv.

10 Schmidt an Brandt vom 14. April 1967, WBA.

11 Brandt an Schmidt vom 23. Juni 1967, geschrieben im «Grand Hotel Stockholm», WBA.

12 Brandt an Schmidt vom 29. Juni 1968, WBA.

13 Brandt an Schmidt vom 22. Dezember 1969, HS-Archiv.

14 Brief Schmidt an Brandt vom 10. Januar 1970, HS-Archiv.

15 Schmidt an Brandt vom 21. Oktober 1970, HS-Archiv.

16 Schmidt an Brandt vom 10. Dezember 1970, HS-Archiv.

17 Schmidt an Brandt vom 28. November 1970, HS-Archiv.

18 Brandt an Schmidt vom 22. Dezember 1970, HS-Archiv.

19 Schmidt an Brandt vom 30. Dezember 1970, HS-Archiv.

20 Zitiert nach: Christoph Meyer: *Herbert Wehner*, Seite 369.

21 Brief Schmidt an Brandt vom 7. Juli 1971, HS-Archiv.

22 Brief von Schmidt an Brandt vom 13. September 1971, WBA.

23 Schmidt an Brandt 12. Mai 1972, WBA.

24 Brandt an Schmidt vom 4. Oktober 1972, HS-Archiv.

25 Schmidt an Brandt vom 4. Oktober 1972, HS-Archiv.

26 Schmidt an Brandt vom 5. Dezember 1972, HS-Archiv.

27 Brief Schmidt an Brandt vom 12. Dezember 1973, HS-Archiv.

28 Brief von Schmidt an Brandt vom 14. Juni 1972, WBA.

29 Brief Brandt an Schmidt vom 13. Juni 1976, persönlich.

30 Schmidt an Brandt vom 5. Januar 1977 aus Marbella, HS-Archiv.

31 Brief von Schmidt an Brandt/persönlich vom 3. November 1977, HS-Archiv.

32 Brief Brandt an Schmidt vom 4. November 1977, HS-Archiv.

33 Brandt an Schmidt vom 22. Dezember 1978, HS-Archiv.

34 Schmidt an Brandt vom 12. Dezember 1979, HS-Archiv.

35 Brief von Schmidt an Brandt vom 16. September 1981, WBA; sowie Brief von Brandt an Schmidt vom 21. September 1981, WBA.

36 Brief Brandts an Schmidt vom 11. Oktober 1982, in: Berliner Ausgabe Bd. 5, Nr. 88, Seite 389.

37 Brief Brandts an Schmidt vom 2. November 1982 und Brief Schmidts an Brandt vom 11. November 1982, WBA. In einem Brief an Herbert Wehner ließ er anklingen, er wolle wie dieser künftig zwar in der Politik bleiben, aber eine zurückhaltende Rolle spielen, nicht in der ersten Reihe; und sie beide sollten die Partei «vor der Versuchung zu Fundamentalopposition oder zu opportunistischer Versprechungspolitik» bewahren. Dazu Hartmut Soell: *Helmut Schmidt II*, Seite 913 f.

38 Brandt an Schmidt vom 18. Dezember 1983, WBA, zitiert nach Soell II, Seite 1060.

39 Brief Schmidts an Brandt vom 30. Januar 1984, WBA.

40 Brief von Schmidt an Brandt vom 18. Dezember 1988, HS-Archiv.

41 Brandt an Schmidt vom 12. Juni 1989, sowie Schmidt an Brandt vom 26. Juni 1989, HS-Archiv.

42 Brandt an Schmidt vom 23. Dezember 1988, HS-Archiv.

43 Brandt an Schmidt vom 18. Oktober 1990, Bundeshaus Bonn, HS-Archiv.

44 Brandt an Schmidt vom 29. September 1990, HS-Archiv.

45 Schmidt an Brandt: Telegramm vom 18. Dezember 1990, HS-Archiv.

46 Schmidt an Brandt vom 18. Juni 1991, Langenhorn, HS-Archiv.

47 Brief Schmidt an Brandt vom 17. Juni 1992 HS-Archiv.

VII. Abschiede

1 Peter Merseburger: *Willy Brandt*, Seite 795.

2 Willy Brandt: *Begegnungen und Einsichten*, Seite 318.

3 Einhart Lorenz: Berliner Ausgabe, Bd. 1: *Hitler ist nicht Deutschland. Jugend in Lübeck – Exil in Norwegen 1928–1940*, Bonn 2009, Einleitung Seite 68. Lorenz übrigens bringt diese Denkentwicklung

Brandts in einen direkten Zusammenhang mit Norwegen. Er sei nicht pragmatisch geworden aus Opportunismus, sondern weil er sich die Fähigkeit erworben habe, sich in die Denkweise anderer hineinzuversetzen, Sprachen zu lernen und sich mit skandinavischen und westeuropäischen Politikern vertraut zu machen. «Kurz: der Emigrant Brandt blieb nicht auf einem ungeöffneten Koffer sitzen, sondern nahm die Chance wahr zu lernen.» In: Einhart Lorenz, ebd., Seite 72.

4 Willy Brandt: *Draußen. Schriften während der Emigration*, Bad Godesberg 1976, Seite 60 f.

5 So Bernd Rother und Wolfgang Schmidt in: Berliner Ausgabe, Bd. 10, Einleitung, Seite 22.

6 Zitiert nach: Berliner Ausgabe Bd. 10, Rother/Schmidt: Einleitung, Seite 22.

7 Willy Brandt: *Reden zu Deutschland. «... was zusammengehört»*, Bonn 1990, Seite 15 ff.

8 Bundestagsprotokolle 10. September 1986.

9 Zitiert nach: Willy Brandt: *Die Abschiedsrede*, Berlin 1987.

10 Sonderdruck Bibliothek Friedrich-Ebert-Stiftung Bonn: Gedenkveranstaltung Julius Leber, Berlin Gethsemanekirche 15. November 1981, hrsg. FES 1992.

11 Ebd.

12 Siehe dazu auch Seite 262 f.

13 Willy Brandt: *Reden zu Deutschland*, Seite 99 ff.

14 Alexander Gorkow: *Ein anderes Leben*, in: *Süddeutsche Zeitung* vom 13. August 2011, Seite 3.

15 Willy Brandt in: Berliner Ausgabe, Bd. 6: *Ein Volk der guten Nachbarn. Außen- und Deutschlandpolitik 1966–1974*, Bonn 2009, Seite 59.

16 Hermann Schreiber: *Ein Stück Heimkehr*, in: *Der Spiegel* vom 14. Dezember 1970, Nr. 51, Seite 29.

17 Siehe auch Seite 12.

18 Zitiert nach einem *Arte*-Film über Brandt vom 1. Dezember 2010.

19 Willy Brandt: *Erinnerungen*, Seite 344.

20 Daniel Cohn-Bendit während eines Symposiums anlässlich von Helmut Schmidts 75. Geburtstag, in: *Politiker, Publizist, Patriot, DIE ZEIT* vom 24. Dezember 1993, Nr. 52, Seite 25 ff.

21 Norman Stone: *The Atlantic and its Enemies. A History of the Cold War*, London 2010, Seite 397.

22 Ebd., Seite 399.

23 Willy Brandt: *Erinnerungen*, Seite 331.

VIII. Die Unvergleichlichen

1 Helmut Schmidt/Fritz Stern: *Unser Jahrhundert. Ein Gespräch*, München 2010, Seite 17 ff.

2 Ebd., Seite 21.

3 Benedikt Erenz: *Was fehlt*, in: DIE ZEIT vom 31. Januar 1992, Nr. 6.

4 *DIE ZEIT* vom 28. Februar 1992, Nr. 10.

5 Die umstrittene Ausstellung, die durch mehrere Städte wanderte, wurde nach zahlreichen Einwänden gegen einzelne Fotos und Dokumente später neu konzipiert.

6 Karl-Heinz Janßen: *Als Soldaten Mörder wurden*, in: DIE ZEIT vom 17. März 1995, Nr. 12.

7 Zitiert nach: *Gehorsam bis zum Mord? Der verschwiegene Krieg der deutschen Wehrmacht*, ZEIT-Punkte, Nr. 3, 1995, Seite 70 ff.

8 Hans Mayer: *Erinnerungen an Willy Brandt*, Frankfurt 2001.

9 Ebd., Seite 14.

10 Zu den «wichtigen Bewegern des 20. Jahrhunderts» zählte er Brandt, dessen Deutschtum von Neidern und Gegnern in Frage gestellt wurde, weil er «nicht ausgeharrt habe als Deutscher unter den anderen Deutschen». Ebd., Seite 9.

11 Ebd., Seite 20.

12 Ebd., Seite 22.

13 Ebd., Seite 43.

14 Ebd., Seite 73.

15 Lars Brandt: *Andenken*, Seite 60 f.

16 Egon Bahr: *Emigration – ein Makel?*, in: DIE ZEIT vom 29. Oktober 1965, Nr. 44.

17 Die große Untersuchung von Klaus Schönhoven – *Wendejahre. Die Sozialdemokratie in der Zeit der Großen Koalition 1966–1969*, Bonn 2004 – liefert eine Menge Argumente für diese Deutung. Aber womöglich ist es gar kein Widerspruch, die Große Koalition zu interpretieren als Auftakt zu einer Modernisierung der Innen- und Außenpolitik, die sozialliberale Koalition von 1969 dann aber doch als tiefe Zäsur zu betrachten, die der Bundesrepublik am Ende ein neues Gesicht gab.

18 Horst-Eberhard Richter: *Moral in Zeiten der Krise*, Frankfurt 2010, Seite 36 ff. Über das Gespräch zwischen Schmidt und Richter siehe auch Seite 210.

Bildnachweis

S. 27, 55: akg-images, Berlin

S. 30, 97 (Keystone), 154 (dpa), 223 (Fotograf: Sven Simon), 303 (Fotografin: Sabine Simon): ullstein bild, Berlin

S. 44, 45, 80: AdsD/Friedrich-Ebert-Stiftung, Bonn

S. 89 (AP), 283 (dapd, Fotograf: Maurizio Gambarini/Pool): ddp images, Hamburg

S. 115, 198, 226, 276 (Fotograf: Marc Darchinger): J. H. Darchinger/Friedrich-Ebert-Stiftung, Bonn

S. 126, 143 (ddp images/AP), 162 (ddp images/AP): Süddeutsche Zeitung Photo, München

S. 135 (B 145 Bild-00104456, Fotograf: Engelbert Reineke), 267 (B 145 Bild-00113088, Fotograf: Richard Schulze-Vorberg): Bundesbildstelle, Presse- und Informationsamt der Bundesregierung, Berlin

Personenregister

Adenauer, Konrad 14, 33, 56 f.,
87–90, 93, 95, 99, 102–104,
106 f., 110, 124 f., 130, 136, 162,
178, 233, 248, 272, 281, 295, 302
Ahlers, Conrad 142, 241
Albertz, Heinrich 72, 88
Améry, Jean 298
Andersen Nexö, Martin 31
André, Gerd 33
Apel, Hans 18, 160, 286
Arendt, Walter 134 f.
Augstein, Rudolf 175

Baader, Andreas 118 f., 208
Bachmann, Josef 119
Bahr, Egon 57 f., 72 f., 89, 91,
93–95, 111, 126, 132, 143, 146,
167–169, 172 f., 183, 201, 203,
213, 227, 230 f., 241, 278–280,
300
Ball, George 222
Barbusse, Henri 31
Barzel, Rainer 48, 113, 130,
147–150, 233, 242

Bebel, August 23, 30, 105, 253
Beck, Ludwig 273
Bender, Peter 208, 261
Bernstein, Eduard 272
Binder, David 12, 142, 172, 177
Bismarck, Klaus von 292–295
Bismarck, Otto von 30, 105, 285
Bloch, Ernst 118, 296 f.
Böll, Heinrich 181, 210
Bölling, Klaus 180, 204
Bohnenkamp, Hans 47
Bontjes van Beek, Cato 44, 46, 50,
51
Bontjes van Beek, Olga 43
Brandt, Rut (geb. Hansen, verw.
Bergaust) 13 f., 70, 72 f., 109,
112, 142–145, 154, 206, 278
Brandt, Lars 117, 143, 145,
298 f.
Brandt, Matthias 109, 278
Brandt, Peter 57, 73, 116 f.
Brauer, Max 22, 64
Brecht, Bertolt 63
Brentano, Heinrich von 90